工业和信息化部"十四五"规划教材

现代舰船战术通信原理与应用

主编 窦峥 张雅彬 林云

科学出版社

北京

内 容 简 介

本书着重介绍近现代舰船战术通信的基本原理和技术应用，对舰船战术通信系统和技术的演进以及系统的组成进行了比较全面的介绍。重点阐述海洋无线电波传播特性，以及应用在舰船战术通信系统中的信道编码技术、调制技术、接入技术、舰船天线、高速无线传输技术和组网技术等。本书也对比较前沿的基于软件无线电的认知通信技术、面向应用的舰船通信对抗效果评估理论与技术进行了介绍。

本书可作为通信工程、通信与信息系统及其相关专业高年级本科生和研究生的教材或参考用书，也可供从事现代舰船战术通信技术研究、开发的科研人员参考。

图书在版编目(CIP)数据

现代舰船战术通信原理与应用 / 窦峥，张雅彬，林云主编. —北京：科学出版社，2024.11

工业和信息化部"十四五"规划教材

ISBN 978-7-03-077760-7

Ⅰ.①现… Ⅱ.①窦… ②张… ③林… Ⅲ.①军用船-航海通信-高等学校-教材 Ⅳ.①U674.7

中国国家版本馆 CIP 数据核字（2023）第 252930 号

责任编辑：王喜军　高慧元 / 责任校对：任苗苗
责任印制：赵　博 / 封面设计：无极书装

科学出版社出版
北京东黄城根北街 16 号
邮政编码：100717
http://www.sciencep.com

中煤（北京）印务有限公司印刷
科学出版社发行　各地新华书店经销

*

2024 年 11 月第　一　版　开本：787×1092　1/16
2025 年 1 月第二次印刷　印张：16 1/2
字数：391 000

定价：78.00 元
（如有印装质量问题，我社负责调换）

作者名单

主　　编　窦　峥　张雅彬　林　云

参　　编　韩　宇　姜　航　齐　琳

　　　　　韩志韧　李含辉　李　莉

　　　　　易观理　付江志

前　言

随着信息技术和通信技术在军事领域的广泛应用，人类战争的形态开始由机械化向信息化转变，现代舰船战术通信系统正朝着软件化、一体化、网络化和智能化的方向发展。但海洋电波传播环境的复杂性、时变性等特点，使得舰船战术通信系统的可靠性、有效性和稳定性都承受了极大挑战。因此，在复杂的海洋环境下，如何保证顽强、稳定、可靠和高效的信息传输，是舰船战术通信技术领域研究的核心问题。

本书从构建面向未来数字化海战场通信体系及对抗评估技术的视角，介绍和讨论具有海上无线通信及对抗特色的基本理论和关键技术，反映出舰船战术通信及对抗技术的发展趋势和应用特点。内容涵盖舰船战术通信系统、海洋无线通信技术、软件无线电技术、认知无线电技术以及对抗效果评估等方面，系统化介绍舰船战术通信理论发展历程、系统组成、运用模式，涉及的技术领域主要有总体和系统工程、网络技术、信号和数据处理技术、软件与模块化技术、信道技术、信息终端、天线等基础技术，为培养舰船编队战术通信领域的人才提供平台，从而促进海洋舰船战术通信技术水平的提高和装备的发展，为我军舰船战术通信与对抗装备现代化服务。

全书共10章，以现代舰船战术通信系统原理总体设计为主线，分别介绍舰船战术通信系统发展历史、海洋无线电波传播特性、信道编码技术、调制技术、接入技术、舰船天线、高速无线传输技术、组网技术、基于软件无线电的认知通信技术、舰船通信对抗效果评估理论与技术。

本书的编写人员有：窦峥、韩志韧、李莉（第9章）、张雅彬（第1、2章）、林云、李含辉（第10章）、齐琳、易观理（第8章和第7章部分内容）、韩宇（第3、5章）、付江志（第4章和第7章部分内容）、姜航（第6章）。全书由窦峥统稿。

编者在本书的编写过程中，参考了大量的国内外相关著作和学术论文，均列于参考文献中，在此谨向有关作者表示诚挚的感谢。

由于编者水平有限，书中难免存在疏漏之处，恳请广大读者不吝指正。

编　者
2023年6月

目 录

前言
第1章 绪论···1
  1.1 战术通信基本概念··1
  1.2 通信技术发展历史··2
    1.2.1 简易通信阶段···3
    1.2.2 有线电通信阶段···3
    1.2.3 无线电通信阶段···4
    1.2.4 网络化通信阶段···5
  1.3 舰船战术通信技术演进··6
    1.3.1 简易通信阶段···6
    1.3.2 无线电通信阶段···6
    1.3.3 网络化通信阶段···7
  1.4 舰船战术通信系统··8
    1.4.1 战术通信网··9
    1.4.2 卫星通信系统···11
    1.4.3 战术数据链··14
  1.5 本章小结···17
  参考文献··17
第2章 海洋无线电波传播特性···18
  2.1 海洋无线电波传播概述··18
  2.2 海洋无线电波传播影响因素及海上传输信道建模···19
    2.2.1 海况与海情··19
    2.2.2 海杂波的统计特性···20
    2.2.3 海杂波模型··21
    2.2.4 信道衰弱与噪声··23
    2.2.5 海上射线跟踪···24
  2.3 海洋无线电波传播机制··27
    2.3.1 电波反射···28
    2.3.2 电波绕射···32
    2.3.3 电波散射···35
  2.4 海洋无线电波传播模型··38
    2.4.1 Okumura-Hata 模型··38

2.4.2 Longley-Rice 模型 38
　　2.4.3 抛物方程模型 39
　　2.4.4 海洋无线电波传播模型选择 40
2.5 本章小结 40
参考文献 40

第 3 章 信道编码技术基础 42
3.1 信道编码 42
　　3.1.1 信道编码基本概念 42
　　3.1.2 判决准则以及信道编码定理 43
　　3.1.3 信道编码的性能评价 45
　　3.1.4 几种简单的检错码举例 46
3.2 线性分组码 47
　　3.2.1 线性分组码的编译码 48
　　3.2.2 循环码 50
　　3.2.3 BCH 码 52
3.3 卷积码 54
　　3.3.1 卷积码的基本概念 54
　　3.3.2 卷积码的表示方法 56
　　3.3.3 卷积码的距离特性 57
　　3.3.4 卷积码的维特比译码 58
3.4 Turbo 码 59
　　3.4.1 Turbo 码的背景 59
　　3.4.2 Turbo 码编码原理 59
　　3.4.3 Turbo 码译码原理 60
3.5 LDPC 码 61
　　3.5.1 LDPC 码的背景 61
　　3.5.2 LDPC 码的表示方法 62
3.6 极化码 63
　　3.6.1 极化码基本原理 63
　　3.6.2 极化码的编码 64
　　3.6.3 极化码的 SC 译码算法 65
3.7 本章小结 66
参考文献 66

第 4 章 调制技术基础 67
4.1 数字调制技术 67
　　4.1.1 开关键控 68
　　4.1.2 频移键控 69
　　4.1.3 相移键控 70

目 录

- 4.2 信号成形 70
- 4.3 舰船无线通信系统中的调制 75
  - 4.3.1 正交 PSK 调制 75
  - 4.3.2 QAM 调制 78
  - 4.3.3 OQPSK 调制 80
  - 4.3.4 MSK 调制 80
  - 4.3.5 GMSK 调制 82
  - 4.3.6 π/4-DQPSK 调制 84
- 4.4 衰落和多径信道中的调制性能 85
  - 4.4.1 衰落信道中数字调制的性能 85
  - 4.4.2 频率选择性信道中数字调制的性能 88
- 4.5 本章小结 89
- 参考文献 89

第 5 章 舰船战术系统接入技术 91
- 5.1 时分多址接入技术 91
- 5.2 码分多址接入技术 94
- 5.3 空分多址接入技术 96
- 5.4 分组无线电接入技术 97
  - 5.4.1 分组无线协议 97
  - 5.4.2 预留协议 100
  - 5.4.3 分组无线电的截获效应 100
- 5.5 基于分组的舰船战术系统调度 101
- 5.6 舰船战术系统的容量 107
  - 5.6.1 CDMA 容量：单舰船编队情况 107
  - 5.6.2 CDMA 系统的误比特率性能 108
  - 5.6.3 CDMA 容量计算：CDMA 与 TDMA 比较 111
- 5.7 本章小结 116
- 参考文献 116

第 6 章 舰船天线 118
- 6.1 基本概念 118
  - 6.1.1 基本振子辐射 118
  - 6.1.2 天线的指标参数 121
- 6.2 舰船常用天线 125
  - 6.2.1 线状天线 125
  - 6.2.2 面状天线 129
  - 6.2.3 多天线系统 131
- 6.3 舰船天线的应用及前景 135
  - 6.3.1 舰船天线应用案例分析 135

6.3.2 舰船天线的未来发展 140
6.4 本章小结 140
参考文献 140

第 7 章 高速无线传输技术 142
7.1 OFDM 技术 142
7.1.1 基本原理 143
7.1.2 系统模型 144
7.1.3 OFDM 的参数选择 153
7.1.4 OFDM 中的关键技术 154
7.2 MIMO 技术 155
7.2.1 基本原理 155
7.2.2 系统模型及信道容量 156
7.2.3 空时编码 159
7.2.4 空间复用 164
7.3 MIMO-OFDM 技术 167
7.3.1 系统原理 167
7.3.2 信号模型 168
7.3.3 关键技术 169
7.4 本章小结 170
参考文献 170

第 8 章 舰船战术通信系统组网技术 171
8.1 舰船战术通信网络的发展 171
8.1.1 点对点通信 171
8.1.2 网络化通信 172
8.2 舰船战术通信网络总体结构 172
8.2.1 网络拓扑结构及组成 172
8.2.2 协议体系结构 173
8.3 舰船战术移动 Ad Hoc 网络技术 174
8.3.1 移动 Ad Hoc 网络概述 174
8.3.2 媒介访问控制协议 174
8.3.3 网络层路由协议 178
8.4 舰船编队战术 Mesh 网络技术 182
8.4.1 无线 Mesh 网络概述 182
8.4.2 媒介访问控制协议 183
8.4.3 路由协议 185
8.5 舰船无线传感器网络技术 186
8.5.1 无线传感器网络概述 186
8.5.2 媒介访问控制协议 187

8.5.3 组网及路由技术 ··· 190
8.6 本章小结 ··· 192
参考文献 ··· 192
第9章 基于软件无线电的认知通信技术 ·· 195
9.1 软件无线电 ·· 195
　　9.1.1 无线电定义 ··· 195
　　9.1.2 软件无线电概念理解 ··· 197
9.2 SDR 体系结构及框架技术 ·· 199
　　9.2.1 SDR 硬件与信号处理架构 ·· 199
　　9.2.2 以软件为中心的 SDR 平台框架 ·· 208
　　9.2.3 SDR 开发框架和流程 ··· 211
9.3 认知无线电 ·· 214
　　9.3.1 认知无线电发展 ··· 215
　　9.3.2 认知无线电特征 ··· 216
9.4 认知关键技术 ··· 218
　　9.4.1 频谱感知 ··· 218
　　9.4.2 认知决策 ··· 221
　　9.4.3 频谱共享 ··· 223
9.5 认知引擎设计 ··· 224
　　9.5.1 基本概念 ··· 224
　　9.5.2 认知引擎架构设计 ·· 225
　　9.5.3 典型的认知引擎 ··· 226
9.6 智能无线电 ·· 228
　　9.6.1 问题分析 ··· 228
　　9.6.2 智能无线电的技术特点 ·· 229
　　9.6.3 智能无线电的应用场景 ·· 230
9.7 本章小结 ··· 231
参考文献 ··· 231
第10章 舰船通信对抗效果评估理论与技术 ··· 233
10.1 通信语音干扰效果评估概述 ·· 233
10.2 语音质量主观评估方法 ·· 234
　　10.2.1 诊断押韵测试法 ··· 234
　　10.2.2 平均意见得分法 ··· 236
10.3 语音质量客观评估方法 ·· 236
　　10.3.1 感知语音质量测量 ·· 236
　　10.3.2 感知语音质量评估 ·· 238
　　10.3.3 感知客观听觉质量评估 ·· 240
10.4 利用机器学习的语音质量评估方法 ··· 242

  10.4.1 受扰语音特征提取……………………………………………………242
  10.4.2 测度计算………………………………………………………………244
  10.4.3 单一测度的评估方法…………………………………………………244
  10.4.4 多测度融合评估方法…………………………………………………247
  10.4.5 性能评价标准…………………………………………………………248
 10.5 利用深度学习的语音质量评估方法……………………………………………249
  10.5.1 受扰语音的图像表示…………………………………………………249
  10.5.2 卷积神经网络…………………………………………………………250
 10.6 本章小结……………………………………………………………………………252
参考文献…………………………………………………………………………………………252

第1章 绪 论

古往今来，信息的传递和交换始终都是人类必不可少的社会活动。信息就是采用某种语言或技术手段描述的客观存在的事物及其变化的状态。而通信（communication）则是指人与人或人与自然之间通过某种行为或介质进行的信息交流与传递的方式或手段。

20世纪80年代以来，以信息和通信技术为标志的技术变革，促使人类由工业社会进入信息化社会，并向数字时代迈进。信息和通信技术在军事领域的广泛应用，引发世界新军事变革浪潮，人类战争形态开始由机械化战争向信息化战争转变。机械化战争形成的是粗放的兵力、火力打击系统，而信息化战争建立在信息革命的基础上，形成的是精密的综合电子信息系统，以及在该系统支持下的精确打击能力。

信息化作战强调整体力量的综合，即将武器系统之间、武器系统内各子系统之间以及单个装备之间结合成一个有机互动的整体，实现杀伤力、机动力、防护力、信息力、指挥控制力等优化组合，生成具有倍增效应的体系作战能力。但前提条件是各组成部分之间在目标探测、情报、跟踪、火控、指挥、攻击、毁伤评估等方面的信息畅通，而信息的畅通则高度依赖于通信技术在军事领域中的应用。因此，以卫星通信、光纤通信和网络通信等为代表的新一代通信技术的迅猛发展，为军事通信系统提供了各种大容量、高速度、低损耗、远距离、高质量的信息传输手段，使其成为体系作战的"聚合剂"和提高整体作战效能的"倍增器"[1]。

军事通信系统的组成和结构与其具体应用有关。从通信手段的角度，军事通信可分为无线电通信、有线电通信、光通信、运动通信和简易信号通信；从通信任务的角度，军事通信可分为指挥通信、协同通信、后方通信等；从通信保障范围的角度，军事通信又可分为战略通信、战役通信和战术通信。以上的每种通信又会涉及陆、海、空、天及赛博空间（网络电磁空间）等。

本书主要介绍现代海军舰船战术通信系统的原理与应用，因此本章首先介绍战术通信的概念，然后回顾通信技术的发展，并进一步介绍舰船通信的技术演进，最后对舰船战术通信系统及其相关构成进行重点介绍。

1.1 战术通信基本概念

战术通常是指进行战斗的方法，包括战斗原则、战斗部署、战斗指挥、战斗协同、战斗行动的方法，以及各种保障措施等。恩格斯对于技术和战术关系有过经典的论述："一旦技术上的进步可以用于军事目的并且已经用于军事目的，它们便立刻几乎强制地，而且往往是违反指挥目的意志而引起作战方式的改变甚至变革。"[2]

古往今来的战争中，战术和技术始终都是密不可分的。信息作战系统是现代战场建设的一个重要指标。没有强大的信息获取能力，将无法为任何作战提供依托。

而作为信息作战的核心，战术通信是保障战术兵团、部（分）队实施战斗指挥而建立的通信，它是信息作战指挥控制系统的神经网络，是连接信息作战指挥控制系统各要素的纽带和桥梁。其主要任务是迅速、准确、保密、可靠地传输各种指挥、控制、情报信息，将信息作战指挥控制系统连接为一个有机的整体，它决定了信息作战指挥控制系统的作用空间和控制范围，是实现信息作战指挥控制的基础[3]。

信息作战指挥控制对战术通信提出了很高的技术要求。一是快速反应能力强，通信系统要具备快速响应、实时调整、补充网络资源的能力，以保证情报和指挥信息的时效性。二是具有足够大的通信容量和通信带宽，能够传输话音、数据、图形、图像等综合信号和多媒体信息。三是协同通信能力强，能够适应各种不同的指挥样式，保障各军兵种之间、各作战集团之间、各战场之间能互联、互通，以及区分敌我、打击目标。四是机动通信能力强，能够随作战部队高度地机动，提供不间断的"动中通"能力，具备迅速部署、展开、连通、转移能力。五是抗电子战和安全保密能力强，具备干扰与反干扰、侦察与反侦察、保密与窃密、定位与反定位等能力，以确保在复杂的电磁环境中正常工作。六是抗毁能力强，通过改进网络组织、装备性能、维修水平以及采取隐蔽、伪装等战术措施，使信息传输有较好的抗火力摧毁能力。七是可靠性高，要求作战传输设备可靠，有冗余备份、迂回路由措施，确保信息传输的连续、不间断。

目前，海军战术作战通常以海上舰船编队为单位进行，因此舰船战术通信主要包括海上舰船编队与岸基指挥中心、海上舰队间、舰队内部舰艇间、舰机间的通信。但由于海洋环境恶劣、各种因素复杂多变、海上施工十分困难等，海上舰船通信与信息技术的发展明显滞后于陆地通信与信息技术。然而，越来越多的海事任务，使海军不仅仅需要新的作战平台，而且还需要指挥、控制、通信、计算机、情报、监视和侦察能力。特别是处于中远海战场上的大型舰船，需要大量使用各种数字化传感器、传感信息采集网络、感知数据处理网络、上通下联数传网络、战场态势生成网络、辅助决策数据库、作战想定计划编制系统、快速反应作战推演系统、战场战术效果评估系统、多路径多手段通信系统，以及高可靠性平台保障系统等，从而构成数字化的智能平台。而平台的感知及报告，编队感知、报告及战术组织，战役层面感知、态势分析与通报，战役计划的推进，战区层面感知，多战役态势综合与分析，战役进程分析，形势与战区战略使命分析决策等，都需要网络和信息作为支撑[4]。这些都是和战术通信密不可分的。

因此，基于现代海上战争的战术要求和舰船装备情况，舰船的战术通信需要能够检测并识别海战场中来自陆、海、空、天及电磁空间传感器的多源战场信息，并将有效信息转变为作战行动决策依据，使得各分散配置的舰船编队共同感知战场态势，从而协调行动，发挥最大作战效能。

1.2 通信技术发展历史

在漫长的历史长河中，通信主要经历了以下几个典型阶段：简易通信阶段、有线电通信阶段、无线电通信阶段和网络化通信阶段。

1.2.1 简易通信阶段

简易通信阶段包括运动通信和简易信号通信。

运动通信主要是由人员徒步或乘坐交通工具传递文书或口信的通信方式,如驿站通信、军邮接力通信等。

简易信号通信主要是指使用简易工具、普通器材和简便方法,按照预先规定的信号或记号来传递信息,如利用光、声、旗帜等手段进行的简单通信。烽火通信,鼓、金通信,鸿雁传书,信号旗等,都是简易信号通信的典型方式。

1.2.2 有线电通信阶段

1753 年,在《原始的格兰人》杂志上发表的一封书信中,作者提出了用电流进行通信的大胆设想。1793 年,法国查佩兄弟俩在巴黎和里尔之间架设了一条 230 km 长的接力方式传送信息的托架式线路。

1796 年,休斯提出用话筒接力传送语音信息的办法。虽然这种方法不太切合实际,但他给这种通信方式起了一个一直沿用至今的名词——telephone[5]。1832 年,俄国外交家希林在当时著名物理学家奥斯特电磁感应理论的启发下,制作出了用电流计指针偏转来接收信息的电报机。

1837 年,英国青年库克制作的电报机首先在铁路上进行应用,获得了第一个电报发明专利权。1844 年,美国画家莫尔斯研制的第一台电报机问世,他将电报和人类的语言连接起来,用电流的"通"、"断"和"长短"来代替人类文字进行传送,这就是大名鼎鼎的莫尔斯码。

1854 年,美国军队在克里米亚战争中建立了电报线路,开启了电通信的时代。1876 年,美国人亚历山大·贝尔发明了有线电话(图 1.1),并于次年在波士顿和纽约之间架设了第一条军事电话线路。

图 1.1 贝尔发明电话

1881年，英籍电气技师皮晓浦在上海十六铺沿街架起一对露天电话，电话开始传入我国。1889年，安徽省安庆州候补知州彭名保自行设计了我国第一部电话。电话通信不仅简单，而且可以进行双向实时的信息交流，因而得到迅速的发展。它很快便超过电报，成为在通信领域里占主导地位的一种通信方式。

1.2.3 无线电通信阶段

人类通信史上的革命性变化，是从把电作为信息载体后发生的，典型的电信手段包括电话、电报、无线电台等。无线电专向通信是指通信双方采用上述通信工具实现点对点的通信方式。这一时期通信的组网模式以专网、专向为主，重点满足远距离通信的实时性。

无线电通信起源于19世纪末，它通过无线电波传输信息。1864年，英国人麦克斯韦发表了电磁场理论，从理论上预言了电磁波的存在。1887年，德国人赫兹试验成功电磁波的产生和接收，得出了电磁能量可以越过空间进行传播的结论，开辟了通信技术的新纪元，这是从"有线电通信"向"无线电通信"的转折点[6]。

受到赫兹发现电磁波消息的鼓舞，波波夫在1894年改进了无线电接收机并为之增加了天线，使其灵敏度显著提高。1896年，波波夫第一次成功地用无线电进行莫尔斯码的传送，距离为250 m。1897年5月18日，马可尼用改进的无线电传送和接收设备（图1.2），在布里斯托尔海峡进行无线电报通信并取得成功，通信距离达12 km。1901年，英国的无线电报能发送到大西洋彼岸，不过当时的天线是用风筝牵着的金属导线。1902年，美国人史特波斐德在肯塔基州穆雷市进行了第一次无线电广播试验并获得了成功。同年，在英国与加拿大之间正式开通了越洋无线电报通信电路，使国际电报通信跃入一个新的阶段。

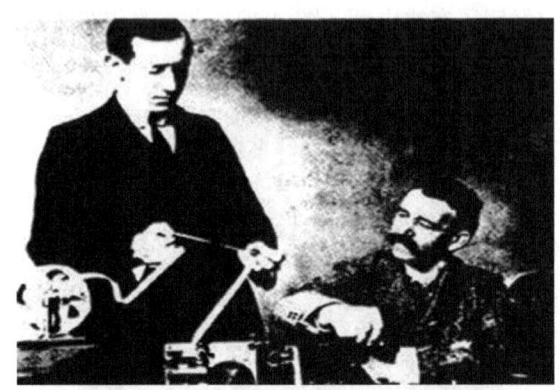

图1.2 马可尼发明无线电收发报机

1931年，在英国多弗尔与法国加来之间建立了世界上第一条超短波接力通信线路。1951年，美国建成第一条有100个中继站的微波接力通信线路。20世纪70年代，数字微波接力通信系统逐步完善，80年代，毫米波波段开始用于接力通信。

1945 年 10 月，英国空军雷达专家阿瑟·克拉克提出地球静止轨道卫星通信的设想，首次揭示了人类使用卫星进行通信的可能性。1957 年 10 月 4 日，苏联成功发射了第一颗人造卫星；1958 年，美国发射了第一颗人造通信卫星"斯科尔"，拉开了卫星通信发展的帷幕。1965 年，美国发射了对地静止卫星"国际通信卫星-1 号"及苏联发射对地非静止卫星"闪电-1 号"的成功，标志着卫星通信进入实用化阶段。

目前，具备全球通信卫星的国家和地区主要有美国、欧洲、俄罗斯和中国，主要功能有通信、导航、测量、授时等。下面是一些典型的系统。

（1）美国的全球定位系统（global positioning system，GPS）由 24 颗卫星组成（21 颗工作，3 颗备用），同属军用和商用。

（2）欧洲的集 GPS、全球导航卫星系统（global navigation satellite system，GLONASS）于一体的伽利略导航卫星系统由 30 颗卫星组成，属民用。

（3）俄罗斯的 GLONASS 类似于美国的全球定位系统及欧洲的伽利略导航卫星系统，属军民两用。

（4）我国的北斗导航卫星系统由 52 颗在轨卫星组成。

1.2.4　网络化通信阶段

无线电通信阶段主要依靠无线电台进行点对点通信，信息很难及时传达到每个接收设备，只能逐个下达或者逐级转达，通信速度慢，协同能力弱，不能有效满足现代通信的要求。

多点之间通信的需求推动了交换技术和网络的发展。磁石电话交换机在第一次世界大战期间就得到了广泛应用。20 世纪 70 年代，出现了基于电路交换技术的地域通信网，支持话音越级通信以及友邻协同传输，实现了通信的网络化。数字程控交换技术和计算机技术的发展，促进了非话业务如数据业务和图像业务通信的发展，产生了分组交换技术。20 世纪 70~80 年代，出现了世界上第一个分组交换网——高级研究计划署网络（advanced research projects agency network，ARPA Net），通过在电路交换网上叠加分组数据交换网，使得通信网络能够更快、更好地支持话音和数据业务。分组交换网络的出现，加快了信息分发的及时性和有效性，提高了通信系统的抗毁、抗扰能力。在该时期，一种通信网络主要承载一种业务，如电话网主要用于通话，数据网主要用于数据通信。如果一个用户需要多种业务，就需要多种终端接到不同网络上。

1972 年，国际电报电话咨询委员会正式提出了综合业务数字网（intergrated service digital network，ISDN）概念，即在一个通信网络中提供多种类型的通信业务，以解决多网并存的问题。20 世纪 80 年代后期，西方国家发展了以快速分组交换为基础的通信网，提供了以数据通信为主、话音通信为辅的业务，支持围绕数字地图的指挥控制系统和武器控制系统。法国的"里达"（rita）系统、英国的"松鸡"（ptarmigan）系统和美国的移动用户设备（mobile subscriber equipment，MSE）系统都是著名的战术通信系统。20 世纪 90 年代，美国构建战术互联网，大力发展和使用战术数据链，并研制软件无线电台。进入 21 世纪，相继出现了标记交换、软交换和其他一些新技术，使得通信演进到海、陆、空、天一体化通信网络的新时代[1]。

1.3 舰船战术通信技术演进

舰船战术通信与海军作战指挥密切相关，也经历了三个阶段：使用无线电波前的第一阶段；使用无线电通信的第二阶段；20 世纪末至今，是使用微电子技术、计算机技术、通信网络技术相结合的信息化阶段。

1.3.1 简易通信阶段

早期的海上船舶只能靠声、光信号，如烟火、闪动灯光、悬挂旗帜、鸣汽笛甚至施放信鸽来与其他船舶或地面进行通信。近距离的通信可选择摇铃、敲锣、鸣汽笛、吹口哨或号角等，以及借助声、光的不同排列来传递特定的信息，主要用于报告情况、识别敌我、指示目标等简单的信息传送。这些传递信息的方式严重地限制着舰队的通信范围。

1.3.2 无线电通信阶段

无线电以电磁波作为信息的载体，可传输电话、电报、数据、图像等信息，是军队指挥作战的主要手段，它的出现使得海军迅速明白它的潜力：舰船可能首次可以在视野外进行通信。1897 年，俄国人波波夫在波罗的海进行了舰间无线电通信试验。1899 年，意大利人马可尼在英国海军三艘军舰上安装无线电通信设备，实现了无线电通信。同年，美国在纽约附近建立了舰-岸的无线电通信线路。1901 年英国皇家海军已经开始测试船载短程战术通信设备，并在 1904 年的鱼雷战演习中学会了如何利用无线电在浓雾中聚集驱逐舰。

1905 年，在日俄战争期间的马岛战役中，无线电报展现了有效的侦察能力。

在中国，电报的最早应用是 1920 年 7 月中华邮政开办邮船电报业务。

第一艘装有无线电台的船只是美国的"圣保罗号"邮船[7]。

第一次世界大战期间，世界各国的海军广泛使用无线电台，均具有舰-舰、岸-舰无线电通信的能力。

1914 年，英国皇家海军给几艘巡洋舰安装了波尔森设备，作为本土的远程基站与部署在外的舰载短程火花无线电设备之间的连接器，并开始利用信号情报建立海洋监测系统，从而获取大量的作战情报。

20 世纪 50 年代，美国海军率先采用海军战术数据系统（naval tactical data system，NTDS）进行舰载计算机间的数据通信。

1954 年 7 月，美国海军利用月球表面对无线电波的反射进行了地球上两地的电话传输试验。试验成功后于 1956 年在华盛顿和夏威夷之间建立了通信业务。

1976 年，以美国通信卫星公司（Communication Satellite Corporation，COMSAT）为首的四家通信公司合作，先后向大西洋（15°W）、太平洋（176.5°E）和印度洋（73°E）上空

的静止轨道发射了三颗海事卫星（Marisat），正式开放海事卫星通信业务。到 1979 年末形成第一个覆盖全球的商用海事移动卫星通信系统。Marisat 的成功运行，加快了国际海事组织建立全球性海事卫星通信系统的进程。1976 年，通过了《国际海事卫星组织公约》和《国际海事卫星组织业务协定》。1979 年 7 月 16 日，国际海事卫星组织（International Maritime Satellite Organization，INMARSAT）正式宣告成立，先后租用了美国 Marisat、欧洲空间局和国际通信卫星组织的卫星来运营海事卫星通信。1982 年 2 月，INMARSAT 开始提供全球海事卫星通信服务[8]。

1995 年国际海事卫星组织更名为国际移动卫星组织。INMARSAT 可以为海、陆、空提供电话、电传、传真、数据、国际互联网及多媒体通信业务。由于移动卫星通信方便、灵活及可靠，其业务量在不断扩大，带来了巨大的市场。卫星移动通信市场前景十分广阔。除 INMARSAT 系统外，还有全球卫星系统、奥德赛系统、日本电报电话（nippon telegraph and telephone，NTT）系统、欧洲先进通信技术研究计划（research in advanced communications for Europe，RACE）系统，都有着广阔的发展前景。

2018 年 7 月，美国海军研制移动舰载/离舰卫星通信系统，为大小型海军舰艇提供全面的安全网络连接。它基于宽带卫星网络，可弥补舰载网络拥塞问题。该系统还可从舰艇转移到地面车辆，在极端环境下提供连续高带宽通信服务。该系统可同时使用商业 Ku 波段和 X 波段频率，数据收发速率高达 6 Mbit/s。X 波段舰载卫星通信系统可支持"天网"、"XTAR"和"宽带全球系统"等卫星通信系统。该系统重量轻、体积小、便于运输，30 min 内便可完成上舰设置，进入运行状态。它的两个终端通过射频汇流箱连接，在移动中自动管理天线，锁定连续调制解调器[9]。

1.3.3 网络化通信阶段

20 世纪 40 年代前，舰船通信主要依靠无线电台完成，功能较为单一，以点对点直接通信为主，无组网能力。作战行动主要围绕武器平台进行，其主要缺点在于上下级之间的战场信息交流少而慢，而且平台之间的信息共享也非常有限，造成了战斗力和时间的浪费以及作战效能的降低。

进入 20 世纪中期，微波接力机开始大规模运用。战术通信系统的网络结构逐渐发展到以树状结构为主，点对点结构为辅，显著提高了信息共享能力。但是这种集中式的网络架构快速部署能力弱，抗毁性差，一旦中心节点被摧毁将导致整个系统瘫痪，同时信息经过层层处理和传输，系统反应速度慢[6]。

1997 年，美国海军作战部部长杰伊·约翰逊上将提出"网络中心战"，作为美军正在发展的一种新的协同作战概念，它既是一种作战理论，也是信息时代的基本战争形态。"网络中心战"利用强大的计算机信息网络，将分布在广阔区域内的各种传感器、探测器、指挥所和打击武器合成一个大系统，实现战场态势和打击武器的共享。在该模式下，可以融合各种信息，实时地提供给各级作战人员和各武器平台。作战人员可以迅速、全面、可靠地洞察整个战场的局势，互相协同，指挥本平台或其他平台上的武器，以更快的指挥速度实施连续作战，从而提高部队整体协同作战力[10]。

21世纪初，战术通信网络向多手段融合以及陆、海、空、天一体化发展，通过综合运用无线电台、微波接力、散射、卫星、流星余迹等多种通信手段，形成一体化战术信息栅格，网络结构朝着扁平化、分布式、自组织、网状网等方向发展。

1.4 舰船战术通信系统

舰船战术通信系统是综合利用无线电台、微波接力机、散射、卫星等多种通信方式构建的多手段、多层次、立体化的战术级网络，为战场各类传感器系统（情报侦察、预警探测）、武器平台系统、指挥控制系统提供信息传输与交换的公共平台。先进、完善的舰船战术通信系统在未来海战中的运用将满足部队迅速、准确、保密和不间断联络的要求，成为部队力量要素（兵力、兵器）和组织要素（指挥与控制）的"聚合剂"，成为情报侦察、指挥控制、预警、电子战等信息系统各自的基本信息运行网络，使它们联结成高效的综合信息系统，发挥各种武器装备的综合战斗效能，实现战斗力的倍增[9]。

从全球范围来看，舰船战术通信系统在20世纪80年代基本成熟。它以电子计算机为核心，通过通信网络，与海上作战平台、传感器和武器系统终端相连接。

舰船战术通信系统基本结构如图1.3所示，其功能支撑图如图1.4所示。

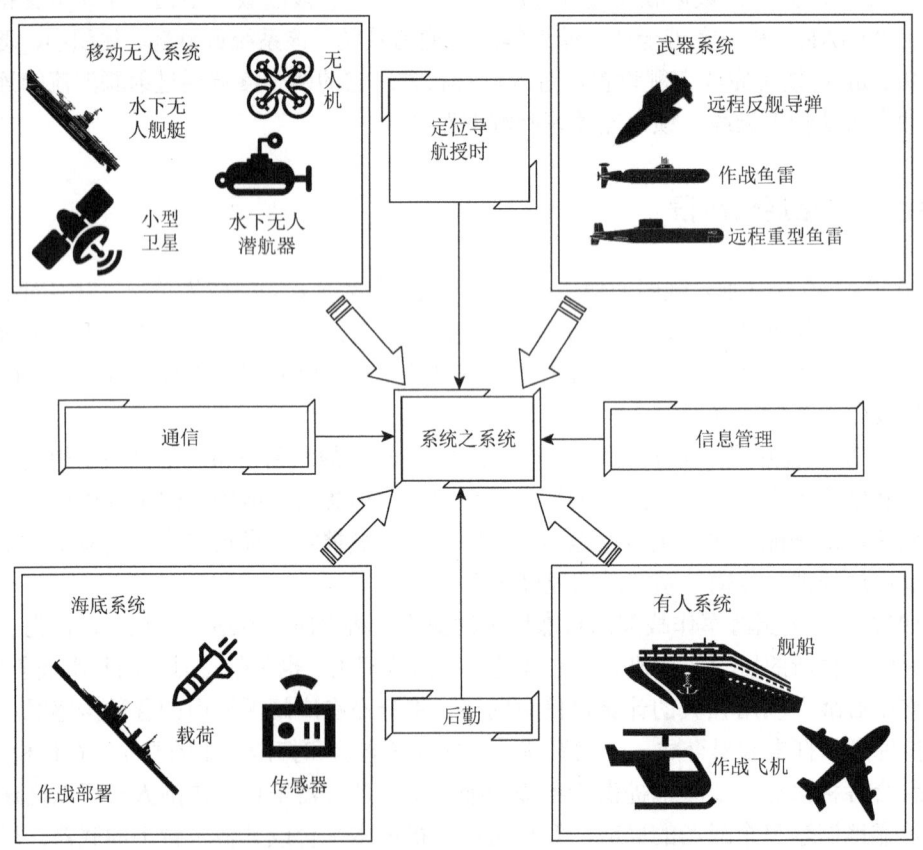

图1.3 舰船战术通信系统基本结构

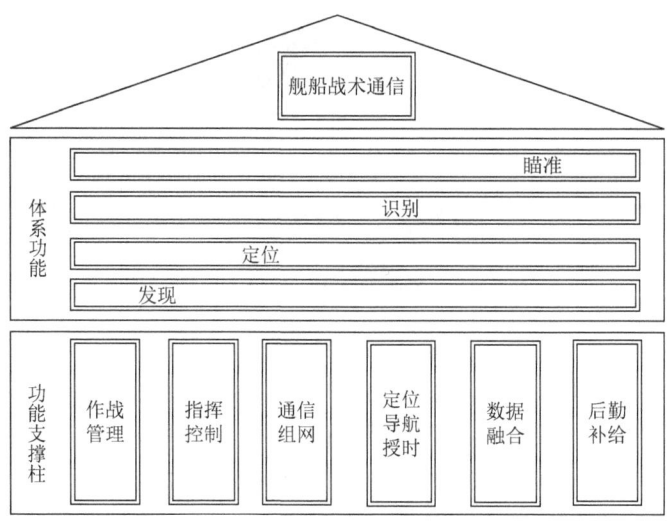

图 1.4　功能支撑图

舰船战术通信系统主要用于武器系统、移动无人系统、固定无人值守（海底）系统和有人系统等。其中，移动无人系统包含无人机、水下无人舰艇、水下无人潜航器等装备；武器系统包括远程反舰导弹、作战鱼雷等；固定无人值守系统包含海底部署的各类载荷、传感器等装置；有人系统则包括常规的舰船、潜艇、作战飞机等。

目前，舰船战术通信系统主要由战术通信网、卫星通信系统和战术数据链等构成。其功能包括作战管理、指挥控制、通信组网、定位导航授时、数据融合、后勤补给等。利用这些功能可实现对情报的迅速收集和处理、自动查找和提取，对敌方的发现与定位，辅助生成作战计划，实时观察战场态势，对武器系统进行自动控制等，这适应了现代海战所具有的战场空间广阔、投入兵种多、武器装备复杂、作战节奏快、组织协同难度大和战场情报浩如烟海的需要，使海战指挥员能够对错综复杂的战场进行迅速、可靠和高效的指挥与控制[11]。

1.4.1　战术通信网

支持海上舰船编队的作战指挥需要大量的无线战术通信网络，包括由卫星信道构成的战术通信网络、利用中频（MF）/高频（HF）信道构成的超视距战术网络，以及利用甚高频（VHF）/特高频（UHF）电台构成的视距战术网络。常规战术通信网络如图 1.5 所示。

战术通信网是通过网络互联协议将主要战术通信平台和信息终端互联为一体，面向数字化战场的一体化战术机动通信系统，是战术通信系统的组成部分。战术通信网融合了战场态势感知功能，并将综合业务数字网和战术电台互联网互联在一起，且可通过卫星通信系统和升空平台通信系统扩大和延伸网络覆盖范围，从而形成信息优势和倍增的通信能力，使作战部队从依赖于地理连接向依赖于电子信息连接转移，作战指挥从相对机动战术指挥向高度移动指挥转移[12]。

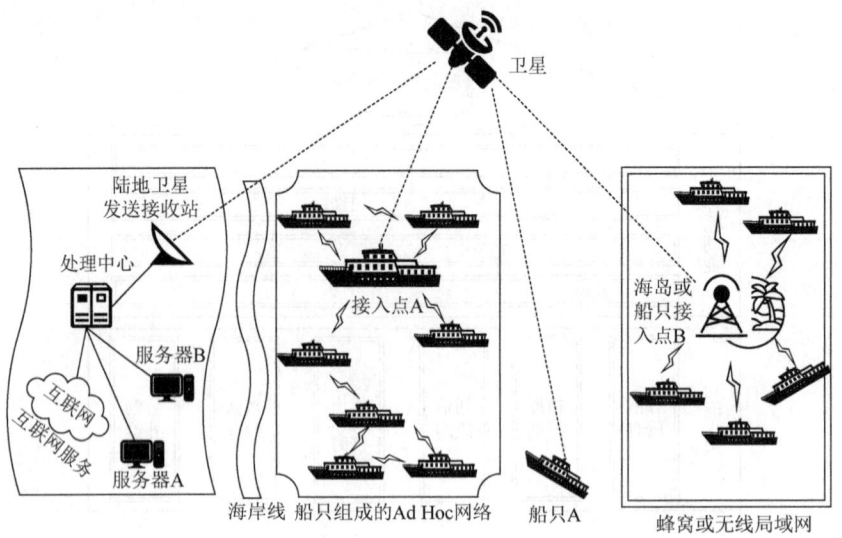

图 1.5 战术通信网络

战术通信网是数字化部队机动作战的信息基础设施，是各兵种遂行联合作战时指挥控制、情报侦察、火力支援和电子对抗等电子信息系统传输交换的公共平台。其主要功能是为作战区域内实施运动作战的各要素提供战场态势、指挥控制、武器控制和战斗支援等指挥控制数据的共享，为部队提供近实时的战场态势感知，完成战斗单元的动态组网与协调通信，提高部队的整体作战能力。

基于战术应用的特殊性，战术通信网具有以下特点。

（1）网络和用户的移动性，要求战术通信网具有动态拓扑变化和动态路由，实现数据和话音的"动中通"。

（2）由于受无线信道带宽的限制，信息传输速率不高，业务容量较小。

（3）无线信道必须具有抗干扰能力和信息安全保密措施。

结构组成上，战术通信网主要由信道传输、路由交换、网络保障、用户服务和装载平台等分系统组成。信道传输分系统包括空、天、地的传输手段，为网络各类节点、终端提供综合可靠的传输通道；路由交换分系统包括异步传输模式（asynchronous transfer mode，ATM）交换机、互联网控制器、网关电台等路由交换设备，为网络业务提供交换和路由支持，提供端到端的信息传送服务；网络保障分系统包括战术通信网的综合网络管理和网络安全保密两个子系统，为网络的安全、高效、可靠运行提供保障；用户服务分系统为战术通信网用户提供接入网络服务的功能，包括各种终端系列和用户末端网络，如指挥所或指挥舰内的局域网；装载平台分系统包括舰载系列平台[13]。

网络层面上，战术通信网主要采用分层的网络架构，通常分为三层结构，每一层都是分布式的自组织网络。第一层是无线分组子网层或战术用户接入网层，主要由无线电台和各种无线通信终端组成。第二层是无线骨干网络层，主要依靠宽带无线通信设备及其终端构成的通信网络，形成对作战区域内的有效覆盖，具备大容量骨干传输能力，构成战术通信系统中信息传输与交换的公共平台。接入网层与骨干网层之间通过接入节点连接，接入网层用户通过自组织网络，以一跳或多跳的形式接入骨干网层，形成一体化无缝互联网络。第三层是宽带数据网层，由宽带数传设备组成，可以通过有线、无线、卫星等多种手段接入战略通信系统，实现战略通信与战术通信的有机融合[1]。

战术通信网络系统是作战人员实现战场信息实时共享的先决条件，是海军通信保障能力建设的重点方向。在瞬息万变的信息化战场上，任何单一军种都难以"包打天下"，联合作战已是大势所趋。战术通信网络的发展，对海军提升联合作战能力与网络化协同作战，起到基础性支撑作用[14]。

因此，战术通信网将会呈现如下发展趋向：一是 ATM 组网技术既可用于战略网，也能组成无线 ATM 网用于战役战术通信，既能适用于要求不同带宽的通信，又能容纳现有已知和将来未知的通信业务。二是实现军网一体化，包括陆、海、空、天的各种战术通信系统互通互联，各军兵种战术通信系统浑然一体，战略通信与战术通信系统联合一体，利用民用通信设施传输战术作战信息等，形成全方位、全天候、业务种类齐全、功能和形式一体化的"透明"军用网，从而使部队对战场态势能够作出实时反应。三是建立有星际中继链路的极高频（extremely high frequency，EHF）频段卫星通信网，从而减少对地面中继站的依赖。四是保密技术将较多地领先破译技术，从而提高军用通信网络设备的战场抗摧毁率。五是超小型、多功能、高可靠、全自动通信终端设备将大量出现。多媒体通信将是未来通信技术的显著特点和重大发展方向。六是军网实现宽带综合业务数字网（broadband integrated service digital network，B-ISDN），最终实现"一个军队，一个战场，一个网络"[12]。

1.4.2 卫星通信系统

卫星通信是利用人造地球卫星作为中继站来转发或反射无线电信号，在两个或多个地球站之间进行通信。一个卫星通信系统主要由空间分系统、地球站、跟踪遥感及指令分系统、监控管理分系统等四部分构成。卫星通信的频段一般分为三类，即 UHF、超高频（super high frequency，SHF）和 EHF。军事固定通信一般使用 8 GHz/7 GHz 的 SHF 频段，如美国的国防卫星通信系统（defense satellite communications system，DSCS Ⅰ、Ⅱ、Ⅲ）；军事移动卫星通信通常使用 400 MHz/250 MHz 的 UHF 频段，如美国的舰队卫星（fleet satellite，FLTSAT）通信系统；重要的指挥控制链路逐渐向使用频率更高的 EHF/SHF（44 GHz/20 GHz）系统发展，如美国的军事战略与战术中继卫星以及激光卫星通信。

由于卫星通信具有覆盖面积广、通信距离远、组网灵活、可提供情报、定位、预警、气象信息等优点，卫星通信已成为船舶出海期间岸船通信的重要手段之一。目前，舰船卫星通信包括海军战术卫星通信和民用舰船卫星通信。其中，民用舰船卫星通信包括 C 段船载卫星通信地球站、船载海事卫星通信、北斗卫星通信等多种卫星通信手段。

1. 海军战术卫星通信

美国海军的战术卫星通信由陆、海、空三军共用的 DSCS 网络和海军专用的舰队卫星通信系统组成。舰队卫星通信系统主要为海上机动舰队和陆上反潜航空兵部队提供通信服务。其通信业务主要由运行于赤道上空同步轨道的工作于 UHF 频段的卫星提供。它除了向舰队提供广播信道外，还能提供舰队与陆上司令部之间的作战通信和其他一般通信，以及机动编队间的作战通信。同时，还可替代数据链进行可靠的数据交换。美国海军 UHF 卫星通信系统包括：舰队卫星广播分系统、战术指挥信息交换分系统、潜艇用卫星信息交换分系统、战术情报分系统、战术数据信息交换分系统、保密电话分系统、公共用户数字信息交换分系统、海军模块化自动通信分系统等。俄罗斯用于支持海军战术通信的低轨卫星系统由 12 颗"宇宙"卫星组成，这些通过一次发射的 6 颗卫星分布在两个轨道上，形成了战术通信卫星网络。法国海军的战术卫星通信系统是"锡拉库斯"。英国海军的战术卫星通信系统是"天网-4"。日本海上自卫队是利用美国"超鸟"卫星上的调波段转发器与岸基站和舰载站构成卫星通信系统网来支持战术作战的。

2. C 频段船载卫星通信地球站

C 频段船载卫星通信地球站是岸船通信系统的重要组成部分，主要包括 7.3m 船载卫星通信地球站（简称大卫通）和 3.8m 船载卫星通信地球站（简称小卫通）。C 频段船载卫星通信地球站作为远洋船舶与岸上通信的重要手段，可使用圆极化和线极化同步卫星进行通信，通过可以覆盖太平洋、印度洋和大西洋上空卫星的 C 频段转发器，与岸上信息中心组成岸船通信网。大卫通用于正常的岸船通信，小卫通可作为大卫通的备份使用。C 频段船载卫星通信地球站作为岸船卫星通信最重要的手段，有着性能稳定、可靠性高、误码率低等优点，在远洋船舶日常岸船通信中发挥着非常重要的作用[7]。

3. 船载海事卫星通信

船载海事卫星通信主要包括海事船载宽带通信站（martime fleet broadband station，FBB）和海事 C 站设备，海事 FBB 站主要用于船载卫星通信地球站设备出现故障，导致岸船通信中断时的应急岸船通信，海事 C 站设备为船舶提供全球海事遇险与安全系统业务。

（1）海事 FBB 站是通过三颗第四代海事地球同步卫星和宽带全球局域网（broadband global area network，BGAN）业务实现岸船通信的。三颗第四代海事地球同步卫星覆盖了全球 85%的面积，除南北纬 72°以外的区域，均在Ⅰ-4 卫星的覆盖范围内。亚太卫星覆盖了亚洲、大洋洲和太平洋、印度洋区域，欧非卫星覆盖了欧洲、非洲、中东和大西洋、印度洋区域，北美卫星覆盖了南北美洲和太平洋、大西洋区域。BGAN 具有全球无缝隙的宽带网络接入、移动实时视频直播、兼容 3G 等多种前卫通信能力，可提供有服务质量（quality of service，QoS）32/64/128/256 kbit/s 的速率业务，支持的最高速率可达 492 kbit/s。

（2）海事 C 站，即 Inmarsat-C，或"标准 C"，Inmarsat-C 终端通过一个十几厘米高的全向天线、以存储转发方式提供电传和低速数据服务。Inmarsat-C 终端为全向性天线，能在行进中进行通信，并且与 GPS 综合在一起作为定时位置报告手段。Inmarsat-C 除提供普通的电传、数据、文字传真外，还有许多其他服务：增强群呼安全网和车船管理网、数据报告、查询、一文多址、多文多址等。Inmarsat-C 作为满足要求的设备，还广泛应用于发送级别优先的遇险报警信息，为全球海上遇险与安全系统（global maritime distress and safety system，GMDSS）的要求所必备[4]。

4. 北斗卫星通信

以卫星为中心模式的组网是解决船舶通信最好的方法之一，而现有技术的限制使得卫星与地面、海洋通信不能满足实际应用需求，其遇到的技术瓶颈是通信带宽。近些年对卫星定位和卫星低数据量通信的相关研究与应用取得了一定的进展。

中国北斗导航卫星系统（Beidou navigation satellite system，BDS）、GPS、俄罗斯全球卫星导航系统（GLONASS）、欧洲伽利略导航卫星系统（Galileo navigation satellite system，GALILEO）是当今全球四大卫星导航系统。

北斗导航卫星系统由空间段、地面段和用户段三部分组成，空间段目前由 39 颗地球静止轨道卫星、倾斜地球同步轨道卫星和中圆地球轨道卫星组成。地面段包括主控站、时间同步/注入站和监测站等若干地面站，以及星间链路运行管理设施。用户段包括北斗及兼容其他卫星导航系统的芯片、模块、天线等基础产品，以及终端设备、应用系统等。

北斗系统具有以下特点。

（1）北斗系统空间段采用三种轨道卫星组成的混合星座，与其他卫星导航系统相比，高轨卫星更多，抗遮挡能力更强，尤其低纬度地区性能特点更为明显。

（2）北斗系统提供多个频点的导航信号，能够通过多频信号组合使用等方式提高服务精度。

（3）北斗系统创新融合了导航与通信能力，具有实时导航、快速定位、精确授时、位置报告和短报文通信服务五大功能。

我国在北斗卫星应用于船舶战术通信方面已有较多研究和实践。比较有代表性的是"北斗船联网"，其以北斗系统为基础，综合集成互联网与移动通信网等技术及船舶自动识别系统（automatic identification system，AIS）与地理信息系统（geographic information system，GIS）等设备构建覆盖我国东部沿海地区的海、天、地一体化运营服务网络，可提供船舶监控、短信通信、渔船出入港报告等服务。

未来针对北斗卫星通信，可在以下方面进一步发展。

（1）整合北斗装备，构建北斗态势网。将舰船动态监控系统、舰船装备指挥控制系统、北斗手持机三型装备进行集成改造，构建统一的北斗态势网，主要用于显示战场态势、感知战场态势、融合战场态势，便于各级指挥员实时掌握舰船动态，快速作出指挥决策。整合过程中，将各类船载北斗装备的定位信息统一引入舰船动态监控系统，船载机为主用，手持机为备用，北斗短报文功能作为一种应急备用通信手段，用于海上通信"补盲"。

（2）加装卫星装备，构建卫星通信网。加装卫星装备，用于在我国领海范围内进行岸舰通联，实现语音、图像等信息传输。建立统一制式，实现与全军其他卫星装备的互联互通，构建纵向贯通各级指挥机构、横向通联诸军兵种的卫星通信网。安装"天通一号"船载卫星终端，配发专用保密模块，实现全海域岸舰语音、视频通联，从根本上提高岸舰通联水平。

(3) 融合信息系统，构建集成信息网。申请专项气象信息保障、海情信息推送，融合 AIS 系统，加装敌我识别系统，构建综合集成信息网，具备接收、上传、发送功能，提高单艇战场生存能力。加强陆军舰船数据链建设，通过信息实时交换，实现信息资源共享，增强综合指挥效能[4]。

1.4.3 战术数据链

战术数据链是现代信息技术、新的作战指挥理念和先进武器平台相结合的产物，是战术通信系统的组成部分。数据链，又称战术信息链或战术数据链，其定义目前尚无统一说法。美国参谋长联席会议主席令对其定义是"战术数字信息链通过单网或多网结构和通信介质，将两个或两个以上的指控系统和（或）武器系统链接在一起，是一种适合于传送标准化数字信息的通信链路，简称为 TADIL"。TADIL 是美国国防部对战术数据链的缩写，而北约和美国海军对战术信息链的简称是 LINK，二者通常是同义的[14]。

数据链可以看作为了适应机动条件下作战单元共享战场态势和实时指挥控制的需要，采用网络通信技术和应用协议，实现机载、陆基和舰载战术数据系统之间的数据信息交换，从而最大限度地发挥战术系统效能的系统。数据链的作用是以提高作战效能、实现共同的战术目标为目的，将作战理念与信息编码、数据处理、传输组网等信息技术进行一体化综合，采用专用数字信道作为链接手段，以标准化的消息格式为沟通语言，建立从传感器到武器系统之间的无缝链接，将不同地理位置的作战单元组合成一体化的战术群，以便在要求的时间内，把作战信息提供给需要的指挥人员和作战单元，对部队和武器系统实施精确的指挥控制，构成"先敌发现、先敌攻击"的作战优势，快速、协同、有序、高效地完成作战任务[15]。

对数据链最早提出需求的是美国空军和海军。早在 20 世纪 50 年代，美军就启用了半自动防空地面环境（semi-automatic ground environment，SAGE）系统，它是数据链的雏形。SAGE 使用各种有线/无线的数据链，将系统内 21 个区域指挥控制中心、36 个不同型号共 214 部雷达连接起来，通过数据链自动地传输雷达预警信息，从而显著地提高了北美大陆的整体防空能力。

20 世纪 60 年代，美国海军构建了海军战术数据系统（naval tactical data system，NTDS），使海军舰队中各舰艇或飞行编队中的各机通过数据链共享全舰队或整个机队的信息资源，其战场感知范围由原先的各舰或各机所装备的传感器探测范围扩大到全舰队或全机队所有的传感器探测范围，从而使编队内的各平台被数据链连接为一个有机整体，极大地提高了各平台的战场态势感知能力。

数据链的最大特点是传输能力强和传输效率高，可以按照共同的通信协议和信息标准，使用自动化的无线（或有线）收发设备实时地传送和交换战术信息，是将传感器、指控系统与武器系统三者一体化的重要手段和有效途径，目前已成为提高武器系统信息化水平和整体作战能力的关键。数据链的应用模型如图 1.6 所示。

图 1.6 中，传感器网络包括分布在陆、海、空、天的各类传感器，对战场环境进行不间断的侦察和监视，并通过数据链将获取的战场态势信息实时、可靠地分发给各级指挥

第 1 章 绪 论

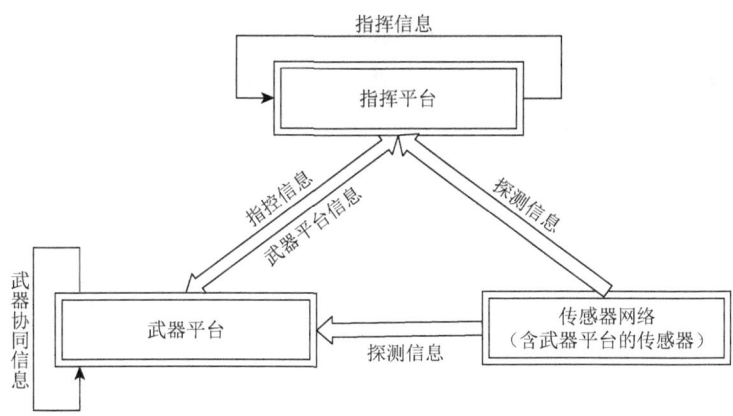

图 1.6 数据链的应用模型

单位，形成实时、完整、统一的战场态势图。指挥平台包括各级各类指挥所，是部队实施作战指挥的核心，需要在全面掌握战场态势的基础上，将指挥控制命令和情报支援信息实时、可靠地传输至各类作战平台。武器平台包括各类陆基武器平台、海上武器平台、空中武器平台和天基武器平台。

从应用角度分析，数据链有三种类型：指挥控制数据链、情报侦察数据链和武器协同数据链。

指挥控制数据链是传送指挥控制命令和态势信息的数据链，可覆盖整个战场区域，用于命令传递、战情汇报和请示、勤务通信及战术行动的引导指挥。例如，可用于控制中心向战斗机编队传送控制命令或配合作战命令，也可用于指挥所之间传送协调信息。它所传送的信息通常是简单的非话音命令数据或态势信息（包括传感器获取的目标参数、平台自身的导航参数、对机动平台的引导信息、超视距目标指示信息等）。指挥控制数据链大致可以分为两类。一类是适用于各军兵种多种平台、多种任务类型的通用数据链，例如，美军的 Link 4、Link 11、Link 16 等。其中，Link 4 以指挥命令传达、战情报告和请示、勤务收集和处理、战术数据传输和信息资源共享等功能为主；Link 11 以远距离情报资料收集和处理、战术数据传输和信息资源共享等功能为主；Link 16 则有下达命令、战情报告和请示、勤务通信等功能，可在网络内互相交换平台位置与平台状况信息、目标监视、电子战情报、威胁警告、任务协同、武器控制与引导信息等。另一类指挥控制数据链是专为某型武器系统而设计的，例如，美军"爱国者"导弹专用的"爱国者数字信息链"（Patriot digital information link，PADIL）[15]。

情报侦察数据链的功能是完成图像、视频等高速侦察情报信息的分发，把情报侦察设备获取的信息从侦察平台传输到情报处理系统，然后将产生的情报产品分发给相关用户。情报侦察数据链是实现传感器、情报处理中心、指挥控制系统和武器平台之间无缝链接的关键环节，是实现情报侦察数据实时共享、完成侦察打击一体化目标的重要装备。目前该类数据链已可用于多种平台，包括有人侦察机、预警机、战斗机、无人侦察机，以及海上侦察平台、侦察卫星等，甚至单兵也开始装备。例如，美军的"多平台通用数据链"能够实现多种类型作战平台的大规模高速组网。

武器协同数据链是用于实现多军兵种武器协同的数据链，装载于飞机、舰艇、装甲战车导弹发射架等武器平台以及炮弹、导弹、鱼雷等弹药上，实现各种武器联合防御和协同攻击，以达到作战效果。武器协同数据链主要传递复合跟踪、精确提示和武器协同信息。例如，美军典型的武器协同数据链"战术瞄准网络技术"（tactical targeting network technology, TTNT），未来，将在有人、无人空中平台与地面站之间建立一个高速数据链网络，以满足空军作战飞机对机动性强的地面活动目标的精确打击需求。

这几种数据链相辅相成，将显著增强系统作战的整体效能。除专用数据链之外，也可构成既具备作战指挥又具备武器协同功能的数据链，即具备多种功能的综合数据链，如联合战术信息分发系统（joint tactical information distribution system, JTIDS）。

数据链系统的三个基本组成要素是传输信道、通信协议和标准化的消息格式，如图1.7所示。与三要素对应，数据链系统通常由信道传输设备、通信协议控制器和信息处理设备组成。信道传输设备主要由信道机、传输控制器和保密设备组成，负责信息的传输和加密；通信协议控制器用来产生点对点、一点对多点、多点对多点等数据通信协议；信息处理设备将战术数据依照规范的通信协议和消息标准进行处理。有的数据链还有网络管理中心，负责接纳入网用户，分配信道资源，维持网络的有效运行。

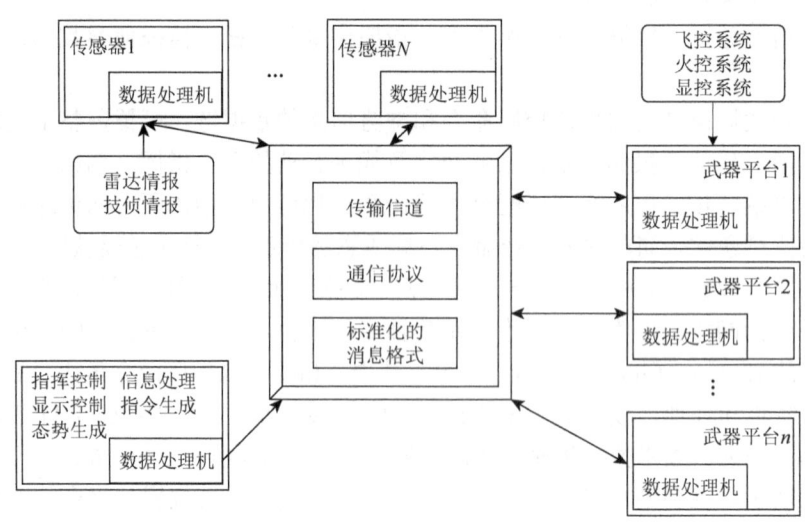

图1.7 数据链系统构成

数据链的工作过程：首先由平台信息处理系统将本平台欲传输的战术信息，通过战术数据系统按照数据链消息标准的规范转换为标准的消息格式，经过接口处理及转换，由终端机上的组网通信协议进行处理，再通过传输设备发送出去（通常是通过无线信道）。接收平台（可能有数个）的无线电终端机接收到信息后，由战术数据系统还原成原来的战术信息，送交到平台信息处理系统进行进一步处理和应用，并显示在平台的显示器上。

数据链的工作频段一般为 HF、VHF、UHF、L、S、C、K。具体的工作频段选择取决于被赋予的作战使命和技术体制。例如，HF 一般传输速率较低，却具有超视距传输的能力；VHF 和 UHF 可用于视距传输或者传输速率较高的作战指挥数据链系统；L 频段常用于视距传输、大容量信息分发的战术数据链系统；S、C、K 频段常用于宽带高速率传输的武器协同数据链和大容量卫星数据链。

1.5 本章小结

本章以战术通信的概念为起点，回顾了通信技术的发展历史，并对舰船战术通信技术的演进进行了介绍，重点介绍了舰船战术通信系统及其重要的三大相关部分——战术通信网、卫星通信和战术数据链的工作原理和应用情况。

参 考 文 献

[1] 于大鹏, 曲晶. 外军通信概论[M]. 北京：国防工业出版社, 2018.
[2] 郭统. 战术变革思维方式研究[M]. 武汉：武汉大学出版社, 2021.
[3] 曹雷. 指挥信息系统[M]. 2 版. 北京：国防工业出版社, 2016.
[4] 王福斋, 陈褒丹. 现代海上通信与信息技术[M]. 西安：西安电子科技大学出版社, 2021.
[5] 张冬辰, 周吉. 军事通信：信息化战争的神经系统[M]. 2 版. 北京：国防工业出版社, 2008.
[6] 于全. 战术通信理论与技术[M]. 北京：人民邮电出版社, 2020.
[7] 杨永康, 毛奇凰. 海上无线电通信[M]. 2 版. 北京：人民交通出版社, 2009.
[8] 张华. 船舶通信与导航[M]. 北京：海洋出版社, 2016.
[9] 军事科学院军事科学信息研究中心. 海战领域科技发展报告[M]. 北京：国防工业出版社, 2018.
[10] 段立, 刘志坤, 刘亚杰. 舰艇编队协同作战中数据融合关键技术与应用[M]. 北京：国防工业出版社, 2017.
[11] 休斯. 舰队战术和近岸战斗[M]. 易亮, 译. 北京：海洋出版社, 2016.
[12] 王海, 彭来献, 牛大伟. 战场数据通信网[M]. 北京：国防工业出版社, 2016.
[13] 艾尔马. 战术无线通信与网络：设计概念与挑战[M]. 曾浩洋, 田永春, 译. 北京：国防工业出版社, 2014.
[14] 封锦昌, 李文静, 米宏伟. 未来海域安全信息系统支持技术研究[M]. 石家庄：河北科学技术出版社, 2020.
[15] 赵文栋, 张磊. 战术数据链[M]. 北京：清华大学出版社, 2019.

第 2 章　海洋无线电波传播特性

海洋是地球表面最广阔的区域，其覆盖面积达到了 71%以上，海洋无线电波传播的特性对于海上通信的发展具有至关重要的作用，同时，海洋无线电波传播也是舰船战术通信中不可或缺的一环。舰船战术通信是现代舰船的重要功能之一，舰船可以与其他舰艇、地面和空中的基地以及指挥中心等进行联络，完成多种任务和活动。而海洋无线电波传播环境的复杂性、不确定性、时变性以及多径等特点，使得舰船通信在海洋中的可靠性、稳定性和效率都受到了很大影响。因此，了解海洋无线电波传播环境对舰船通信性能的影响，能够帮助我们更好地了解舰船通信的机制和规律，指导舰船通信设备的设计与优化，提高通信的可靠性和效率。

本章将介绍海洋无线电波传播的基本理论和特性，包括海洋无线电波传播影响因素、海洋无线电波传播现象、海洋无线电波传播模型三方面内容。同时还将介绍海洋气象因素对无线电波传播的影响，如海浪和海风等。通过深入剖析海洋无线电波传播的特性，可以使读者更好地理解海洋环境对无线电信号的影响，从而为相关领域的研究和应用提供有力的支持。

2.1　海洋无线电波传播概述

海洋通信中，水面以上主要使用无线电波进行通信，水面以下主要使用声波。目前多数研究工作者将目光集中在水下，信道方面的研究多是关于水下声信道，而对水面以上无线电信道的研究较少。海上的无线通信不同于陆地无线通信，复杂的海况与海情是海上无线通信发展的难点，例如：

（1）海水温度、盐度影响介电常数、散射参数；
（2）海上的浪谷、泡沫、浪花等造成的海杂波使无线电波产生散射；
（3）海上潮汐导致反射面变化；
（4）海浪起伏形成光滑海面和粗糙海面；
（5）海洋大气环境中普遍存在大气波导现象等。

海上无线电波传播，主要考虑直接射线与海面的反射射线合成的相干效果。对于海面和海底刚性效应反射是很好理解的，但是由于海浪起伏及海上潮汐变化，海面通常并不是稳定的光滑的镜面，所以不能用理想的镜面反射理论公式来计算接收点的场强。另外，海面上的大气环境也影响海上无线电波传播，这主要是由于大气中垂直层结有时会产生层结温度高于正常层结温度的现象，使该层结密度与下面大气密度发生微弱的变化，这种微小的变化在无线电波传播中起到折射的作用。

无线电波在海洋环境中的传播特性与信道建模是海上无线电通信的关键。目前可用的海上传播信道模型主要包括由陆地应用的 Okumura-Hata 模型的简单扩展、Longley-Rice 模型以及考虑复杂大气环境的抛物方程模型。

2.2 海洋无线电波传播影响因素及海上传输信道建模

海洋无线电波传播影响因素包括海况与海情、海杂波、信道衰弱与噪声等。海面风浪、潮汐、海流、海水温度、盐度、浊度、海洋生物等海况与海情都会对海洋无线电波传播产生影响；海杂波是指在海洋中传播的电波中，由海洋环境因素的影响而产生的噪声信号，海杂波对海洋无线电波传播的影响包括使电波在传播的路径损耗增加，加剧电波在传播中的多径效应，引起信号相位变化，导致相位失真，降低传输信号的信噪比等；海洋信道衰弱与噪声会导致信号的失真和衰减，影响接收信噪比，从而影响通信的质量和可靠性。

建立准确的海洋无线电波传播模型，必须考虑以上因素的影响。射线跟踪是一种被广泛用于移动通信和个人通信环境中预测电波传播特性的先进技术，由于电波在海洋环境中可近似直线传播，因此可以采用射线跟踪对传输信道进行建模。

2.2.1 海况与海情

道格拉斯海况等级（Douglas scale）是一种国际通用的方法[1]，用于描述海况等级和相应的风速以及有效浪高，以提供更准确的海面描述。该等级比对应的海表面状态等级大约高一个等级。只有当风速足够大并持续足够长的时间时，才能在足够大的风浪区引起海面的变化，并且才能明确地将风速和浪高联系起来。因此，只有在远洋海域充分形成的海面，风速、浪高和海况之间的对应关系才比较符合表 2.1 中的数据。

表 2.1 给出道格拉斯海况中的风速和有效浪高之间的关系以及它们所对应的海况等级。

表 2.1 海况分级信息表

道格拉斯海况等级	风速/kn	有效浪高/ft	持续时间/风浪区/(h/n mile)
1（轻风）	<7	2	1/20
2（微风）	7～12	1～3	5/50
3（和风）	12～16	3～5	15/100
4（大风）	16～19	5～8	23/150
5（强风）	19～23	8～12	25/200
6（巨风）	23～30	12～20	27/300
7（狂风）	30～45	20～40	30/500

海况是用风速或最大海浪高度来描述海浪汹涌程度或海面状态的参数。海况等级由国际海洋规范规定。海况分级信息表（表2.1）列出不同海况下的海面状态、风速、有效浪高、持续时间/风浪区等信息，风速单位为kn（节），有效浪高单位为ft（英尺，1ft = 0.3048m），持续时间/风浪区单位为h/n mile（小时/海里）。

海洋表面的波浪和涌浪会使电波在传播过程中发生散射、反射、折射和衍射等现象，从而影响电波传输和接收。此外，波浪和涌浪还会引起信号的多径效应，导致信号衰落和抖动。因此，在海洋环境下，电波传输的信号质量往往会受到波浪和涌浪的影响。而且海水的电导率、盐度、温度等物理参数对海洋无线电波传播也有着重要的影响。其中，电导率和盐度会影响电波的传输损耗和多径效应，而温度则会影响电波的折射和反射。此外，水平风速和水汽含量等也会影响电波的传输和接收。总的来说，海况的变化会影响电波传输的路径损耗、传输速度和信噪比等关键参数。

2.2.2 海杂波的统计特性

海杂波对海洋电波传播的影响包括增加电波在传播中的路径损耗、加剧电波在传播中的多径效应。引起信号相位变化导致相位失真、降低传输信号的信噪比。

海杂波统计建模的任务是高速有效地生成具有指定相关性和幅度分布特性的海杂波序列。海杂波的建模，最早是采用高斯模型和瑞利分布统计模型来拟合海杂波的幅度分布，即通过概率分布函数表征。但由于海浪尖峰的存在，在出现较高幅度变化时，高斯分布已不能正确预测。其他描述杂波幅度的非瑞利分布还有对数正态分布和韦布尔分布等。这些模型大多出于经验和对数据的拟合，或者是在数学上计算的方便。研究发现对于几百毫秒量级的短时间，用瑞利分布可以很好地拟合海杂波幅度；而对30 ms的海杂波数据做平均，平滑处理去掉其中的快速变化后，余下的较长时间变化可以用χ^2分布拟合。

海面电磁散射特征的研究有多种方法，其中最直观的方法是进行海杂波试验观测。在20世纪60年代，美国海军实验室开展了大规模机载雷达海杂波测量，工作频段包括UHF、L、C和X，这些测量数据来自波多黎各、北大西洋等海域[2]。通过这些数据的搜集和研究，科学家深入探究了海杂波的特征和规律。另外，美国国防部和海军还支持了"山顶计划"试验，旨在为预警机的设计和性能评估提供技术支持。该试验采用了UHF频段的雷达，并在1994年使用了逆相位中心偏置天线（inverse displaced phase center antenna，IDPCA）技术，观测了邻近海域的海杂波以及低空目标如船只和无人机等。这些试验观测研究为海杂波的探测和应用提供了重要的数据和技术支持。

1993年和1998年，加拿大在东海岸进行了大量小擦地角情况下的海面观测试验，试验频段为X波段，由麦克马斯特大学通信研究实验室主持研究[3]。该试验涉及海杂波和漂浮物目标的测量，研究内容包括海杂波特性统计、频谱特性分析和非线性等方面。此外，该项目形成了智能像素处理雷达数据库，其中包括双极化通道、距离分辨率为30 m、擦地角为0.645°等数据。

澳大利亚防御科学与工程学院（The Defence Science and Technology Organisation，DSTO）于2006年12月在袋鼠岛进行了S波段（3.25 GHz）海杂波测量试验[4]，主要集

中在雷达数据处理和海杂波的特性统计方面，以及水平（HH）极化和垂直（VV）极化的海杂波多普勒谱测量。2008 年 5 月，DSTO 再次进行了 L 波段雷达测量试验[5]，研究陆海交界区域的海杂波特性，包括幅度均值、时间和空间相关特性、幅度概率分布和多普勒频移。2007 年，Dong 等使用 DSTO 开发的全极化 X 波段机载雷达成像系统 Ingara[6]，分析了南澳大利亚林肯港以南约 100 km 处的南部海域中高擦地角（擦地角 45°～80°）海杂波数据。结果表明，K 分布对 VV 极化幅度均值有很好的拟合，但 HH 极化由于尖峰现象出现拖尾现象，更符合 KK 分布。2016 年，日本 Matsukuma 等利用 X 波段雷达对第二海堡海港区域的海杂波数据进行统计特性研究[7]，深入分析发现韦布尔分布更符合当时的海杂波数据分布，并详细记录了海浪形态和有效波高参数（波高、波周期、波向等）。Guerraou 等针对中擦地角机载高分辨率 X 波段海杂波试验的多普勒频移问题[8]，详细阐述了模型的建立，并分析了海杂波多普勒频移与谱密度函数之间的相关性。此外，南非 Fynmeet 雷达（X 波段）试验数据也用于分析海杂波多普勒特性。

从统计模型的角度来看，海杂波是由大量独立的小散射体相互作用形成的。海杂波的产生机制非常复杂。由于海杂波是一个多变量的随机过程，因此准确地描述海杂波是非常困难的。通常，我们会根据需要分析其主要特征。在对海杂波进行分析时，我们主要关注海杂波的幅度分布情况和杂波之间的相关性。由于海杂波受到海面多种因素的影响，其幅度和相位会随机起伏。同时，由于杂波回波信号之间的空间相关性，模拟海杂波的复杂程度也显著增加。杂波统计模型通常有两个局限性，一方面是用于描述随机过程的样本函数有很大的自由度，另一方面是这些模型大多从数学角度出发，没有对杂波的物理机制做出全面而合理的解释。

2.2.3 海杂波模型

模拟海杂波模型中有三种常用的后向散射系数模型，包括佐治亚理工学院（Georgia Institute of Technology，GIT）模型、Morchin 模型和 Hybrid 模型等[9]。GIT 模型能够很好地匹配低入射角情形；Morchin 模型是一种简化的海杂波模型，虽然没有考虑极化方式对海杂波的影响，但在工程上比较常用；Hybrid 模型是一种较为完善的海杂波模型。这三种海杂波模型中的后向散射系数 σ_0 与入射角的关系满足如图 2.1 所示的曲线。在近掠入射区，入射角增大，σ_0 迅速增大；在平直区，入射角增大，σ_0 缓慢变化；在近垂直入射区，入射角增大，σ_0 迅速增大。

模拟海杂波常用的幅度分布模型包括：对数正态分布、瑞利分布、复合 K 分布、韦布尔分布等。

瑞利分布模型低估实际杂波分布的动态范围，而对数正态分布高估实际杂波分布的动态范围。韦布尔分布模型则对实际杂波分布的动态范围进行了中等估计。无论模拟地杂波还是模拟海杂波，具有幅度起伏较为均匀的杂波都可以用韦布尔分布近似描述。此外，相对于正态分布函数，韦布尔分布函数具有更小的不对称性，在某些情况下，韦布尔分布更接近实际情况。

韦布尔分布的概率密度函数如式（2.1）所示：

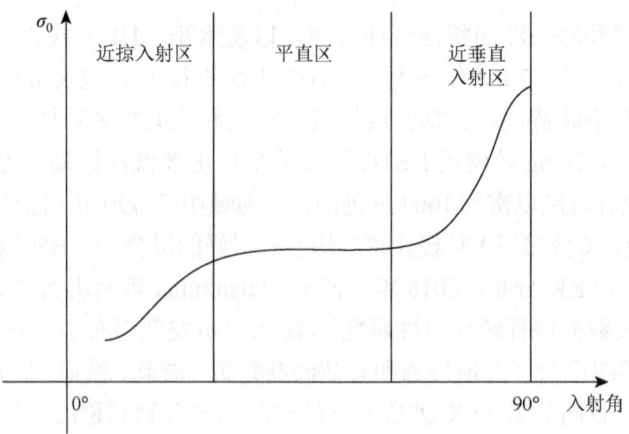

图 2.1 σ_0 与入射角之间的关系

$$p(\gamma) = \frac{v \ln 2}{\mu_m} \left(\frac{\gamma}{\mu_m} \right) \exp\left(-\ln 2 \left(\frac{\gamma}{\mu_m} \right)^v \right), \quad v > 0; \mu_m > 0 \tag{2.1}$$

式中，v 是形状参数，决定韦布尔分布的倾斜度，当 $v = 2$ 时，韦布尔分布变为瑞利分布；μ_m 是尺度参数，决定分布的中位数，由形状参数 v 和后向散射截面积共同决定，其关系式如式（2.2）所示：

$$\frac{\sqrt{\sigma_c}}{\mu_m} = \frac{\Gamma(1+1/v)}{(\ln 2)^{1/v}} \tag{2.2}$$

其中，$\Gamma(\cdot)$ 是伽马（Gamma）函数；σ_c 为后向散射截面积的标准差，由形状参数 v 和后向散射截面积共同决定。图 2.2 给出了尺度参数变化时，韦布尔分布的概率密度曲线随不同形状参数 v 的变化情况。

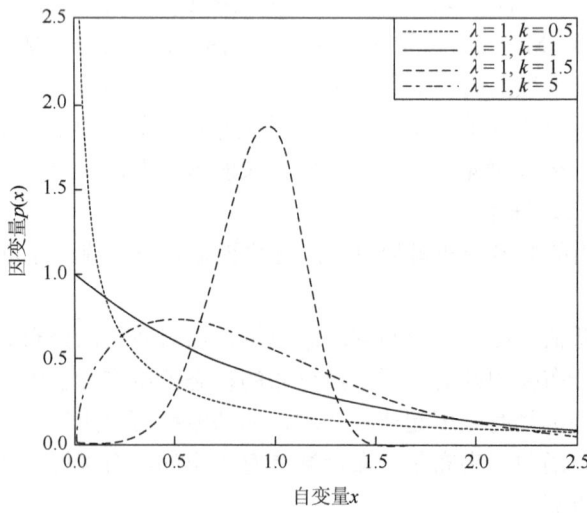

图 2.2 韦布尔分布随形状参数的变化情况

在工程应用中使用较多的海杂波功率谱是高斯谱。一般定义的高斯型功率谱密度为两个半功率点之间的频谱宽度，如式（2.3）所示：

$$s_p(f) \frac{1}{\sqrt{2\pi \cdot \sigma_f^2}} \cdot \exp\left\{\frac{f^2}{2\sigma_f^2}\right\} \tag{2.3}$$

式中，σ_f 为标准偏差带宽，由杂波速度起伏展宽值 σ_v 决定，如式（2.4）所示

$$\sigma_f = \frac{2\sigma_v}{\lambda} \tag{2.4}$$

利用统计学研究海杂波的幅度分布特性一直是通信领域的重点，其所涵盖的研究内容包括实测海杂波的幅度分布特性、基于幅度分布的海杂波建模、模型的参数估计、模型的变化规律以及特定场景下的杂波模拟与仿真问题。

目前，国内外已经结合实测海杂波在时域中的起伏特性和分布特性（如动态范围、偏斜程度、拖尾程度等），对海杂波的建模问题展开了一系列全面深入的研究，建立了一套丰富的海杂波幅度分布模型体系。为提高理论模型与实际测量数据的概率密度函数之间的吻合度，一些多参数的非高斯模型，如对数正态分布、韦布尔分布、K 分布和帕累托分布等，相继被提出并在海杂波幅度分布的建模中得到应用。

海情等级的提高，对海杂波的特性研究已经不仅仅限于早期的统计学中的非高斯性，而且扩展到了更为复杂的非平稳非线性起伏和重拖尾现象的研究。虽然有一些新的海杂波幅度分布模型已经被提出，但是这些模型都是基于实测数据建立的宏观模型，无法对海面起伏的非线性细节进行具体表征。因此，引入非线性数学分析方法对海杂波进行特性分析可以更好地刻画杂波的变化规律和运动细节。将非线性理论与统计学模型相结合可以实现海杂波特性研究的微观特性和宏观特征的融合和补充。

针对海面的非线性起伏特性，研究人员已经提出了许多研究方法，其中包括混沌模型和分形模型。混沌模型主要利用海杂波的短期可测性进行研究，而分形模型则利用到海杂波的尺度不变性进行研究。然而，由于缺乏数据论证和理论支持，混沌模型目前仍然存在一些质疑。相比之下，基于分形理论的海杂波研究和应用更加广泛，因为分形理论具有较强的物理机理可解释性。

2.2.4 信道衰弱与噪声

小尺度衰落指的是信号在短距离内发生的信道衰落，通常由多径效应引起。在海上通信中，由于海水、海浪等环境因素的影响，信号在传播过程中会受到反射、散射、折射等的影响，从而形成多条路径。当这些路径的长度、相位差等参数不同时，它们的叠加就会出现混叠现象，导致信号的幅度、相位等参数发生变化，从而产生小尺度衰落。小尺度衰落会导致信号的时延扩展、频率选择性衰落等问题，进而影响通信质量。

大尺度衰落是指信号在长距离传输过程中发生的衰落，通常由自由空间传输损耗和海水衰减引起。在海上通信中，由于海水的吸收、散射、反射等因素，信号在传输过程中会发生衰减。此外，自由空间传输损耗也会导致信号的衰减。这些因素共同作用导致

信号的功率逐渐减小，从而产生大尺度衰落。大尺度衰落会导致信号的衰减、信噪比下降等问题，进而影响通信距离和可靠性。

在海上通信中，信道中的噪声主要来自海水、海浪、电磁干扰等因素。海水和海浪的运动会产生涡流和湍流，从而形成水声噪声；电磁干扰来自雷达、船舶等，也会对信号产生干扰。这些噪声会导致信号的失真、信噪比下降等问题，进而影响通信质量。

除上述影响外，海上无线通信信道衰落还会受海浪阴影效应、发射机接收机相对运动、海洋表面电波稀疏散射、海上气象环境损耗等诸多复杂因素的影响，具有稀疏性、多径不稳定性、受气象环境影响大等特性。

海上无线通信信道大尺度衰落描述信道衰落的总体变化趋势，主要指因传输距离产生的路径损耗以及障碍物产生的阴影衰落；小尺度衰落是在小范围内的快速波动，主要由海浪、发射机与接收机的相对运动产生，具有随机性。海上无线信道衰落建模如图2.3所示。

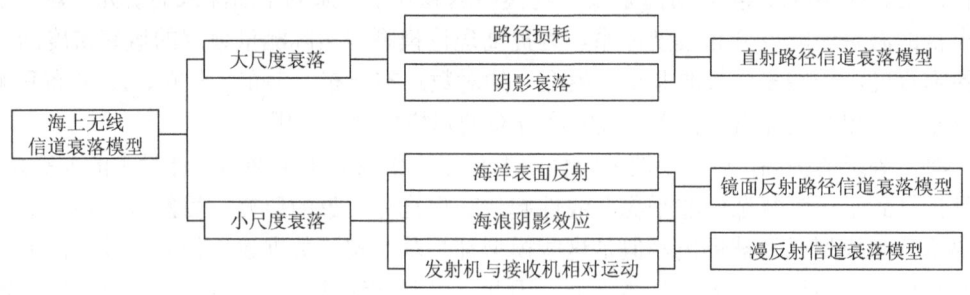

图2.3　海上无线信道衰落建模

2.2.5　海上射线跟踪

海洋信道环境不同于目前主要应用的陆内通信环境，海上无线电波传播也受各种因素影响，因此海洋信道建模也备受影响，射线跟踪方法是对确定性海洋无线通信信道建模的主要方法。

1. 射线跟踪基本原理

射线跟踪是一种被广泛用于移动通信和个人通信环境中预测电波传播特性的先进技术，可以用来辨认出多径信道中收发之间所有可能的射线路径。一旦所有可能的射线被辨认出，就可根据无线电波传播理论来计算每条射线的幅度、相位、延迟和极化，然后结合天线方向图和系统带宽就可得到接收点的所有射线的相干合成结果。

射线跟踪方法最早出现在20世纪80年代初，基于几何光学（geometrical optics，GO）原理，通过模拟射线的传播路径来确定反射、折射和阴影等。对于障碍物的绕射，通过引入绕射射线补充GO理论，即几何绕射理论（geometric theory of diffraction，GTD）和一致性绕射理论（uniform theory of diffraction，UTD）。

海洋通信系统的工作频率一般比较高，因此电波的波长较海面波的尺寸要大，从而能够用几何光学来近似描述电波的传播,即认为电波是沿着直线传播的。远场区的电波可以视为局部平面波,因此可用射线跟踪法来研究。

海洋表面非常光滑且弧度比较小,不如陆地表面、建筑物等障碍突刺多,绕射对射线跟踪的影响非常小,因此,在海洋射线跟踪过程中只考虑海洋表面的反射和直射情况。

2. 二维海洋射线跟踪原理

海表快速射线跟踪算法(高效射线跟踪算法)的基本思想:在 xOy 平面内,设置发射源横纵坐标 (T_x,T_y),确定海洋研究范围,并根据具体实际设置接收的位置 (R_x,R_y),为了模拟发射源真实情况,将发射源圆面等间隔分配,以角度 θ_k 承载并确定发射源射线的方向向量 $\boldsymbol{S}_{ik} = -[\cos\theta,\sin\theta]$。根据海洋表面风速大小,生成 Pierson-Mosknowitz(PM)谱,再根据傅里叶逆变换,将 PM 谱变换生成二维海洋表面,然后判断每一条射线 k 与海洋表面的交点。如果存在交点,求得该交点,并在该交点处,根据入射射线的方向向量 $\boldsymbol{S}_{ik}$,求出该交点处的法向量 $\boldsymbol{n}_{ik}$ 以及反射向量 $\boldsymbol{S}_{rk}$,根据反射向量 $\boldsymbol{S}_{rk}$,判断其传播方向,若向左(右)传播则向左(右)遍历海洋表面。若无交点,射线跟踪结束。若与海面继续有交点,则求出交点,继续求出该点法向量以及反射向量,并判断反射向量传播方向、向左(右)遍历海洋表面直至完成整个射线跟踪。其具体算法流程如图 2.4 所示。

该算法最大的特点在于快速查找并记录射线与海洋表面交点,在判断第二次以上交点时无须遍历整个海洋表面,与二叉树算法有异曲同工之妙,其算法复杂度为 $O(\log n)$。需要注意的是,由于经过 3 次反射后接收到的能量已经非常小,本小节主要考虑直射、一次反射、二次反射、三次反射。

快速射线跟踪算法能够快速查找射线与海洋表面的交点,可以根据从该交点起射线的反射方向判断射线的传播路径,向海面左侧或是向海面右侧查找交点,从而避免牛顿迭代法的多交点问题,非常适合二维海洋表面射线跟踪。在二维海洋表面射线跟踪过程中,主要涉及四个关键算法:Fresel 反射定律求反射向量算法、海面求交点算法、海面求法向量算法、反射射线方向判定算法等。

3. 三维海洋表面射线跟踪

在二维空间中,海洋表面表现为一条曲线,射线反射也只存在两个方向,因此海表快速射线跟踪算法非常适合二维海洋表面射线跟踪。在三维海洋表面,海洋被分割成一个个非常小的海洋表面片,每一次反射可能朝三维空间的任何一个方向传播,因此海表快速射线跟踪算法不适合三维海洋表面。此时,可采用一种基于角度搜索的三维海洋射线跟踪算法。

基于角度搜索的三维海洋射线跟踪算法:将射线束表示为天顶角和方位角 (θ,φ),将海洋表面划分为一个个小的栅格像素块 $ABCD_{(x_i,y_i)}$,射线束在确定的天顶角和方位角 (θ_i,φ_i) 下,遍历海洋表面的每一个栅格像素块,若存在交点,则求出交点的法向量 $\boldsymbol{n}_{(i,i)}$ 和反射向量 $\boldsymbol{S}_{r(i,i)}$,再根据该交点和反射向量 $\boldsymbol{S}_{r(i,i)}$ 确定反射射线,并遍历海洋表面,若存在交点,则重复该过程,否则结束射线跟踪。

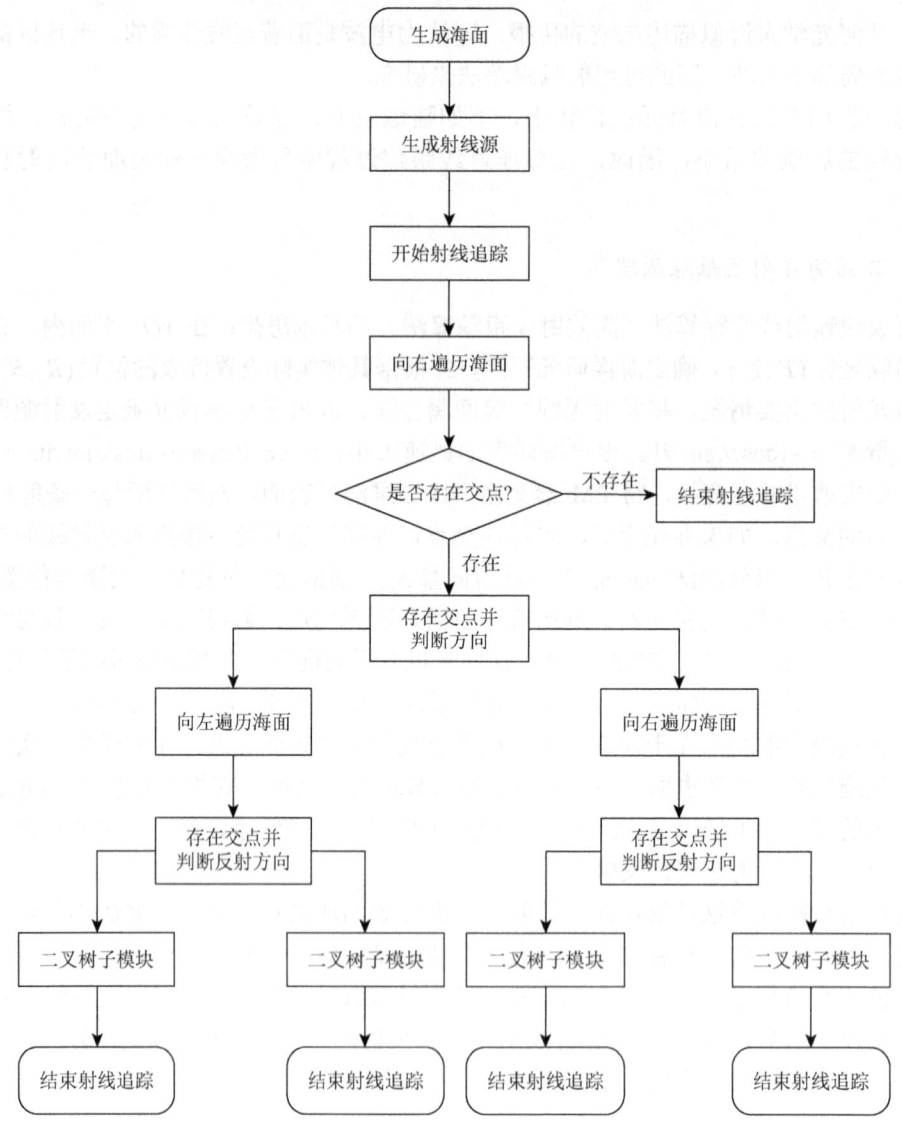

图 2.4 快速射线跟踪算法流程

4. 分段射线跟踪

在海洋通信带限信道建模中,存在海洋蒸发波导中多径信号场强计算和时延估计问题,射线跟踪认为电波在非常小的射线管内传播,跟踪每一条射线传播轨迹有传统积分和泰勒级数展开近似两种模式。鉴于海洋蒸发波导高度一般不高于 40 m,针对电波的超视距传播问题,选用适于低仰角无线电波传播计算的泰勒级数近似法。

对大气折射指数 n 引入平坦地球近似将电波沿地表的传播等效为水平传播,则修正大气折射指数为

$$n_{\mathrm{mod}}(z) = n(z) + z/r_{\mathrm{e}} \tag{2.5}$$

式中，r_e 为地球半径。修正大气折射率 M 为

$$M = (n_{\text{mod}} - 1) \times 10^6 \tag{2.6}$$

设 r_1、h_1、a_1 和 r_2、h_2、a_2 分别为射线初始位置和到达位置的距离、高度及仰角，ΔM 为折射率变化量，g 为修正大气折射率 M 在分段内的线性变化率，射线跟踪的求解方程组为

$$r_2 = r_1 + (a_2 - a_1)/g \tag{2.7}$$

$$h_2 = h_1 + (a_2^2 - a_1^2)/(2g) \tag{2.8}$$

$$a_2 = \sqrt{a_1^2 + 2\Delta M \times 10^{-6}} \tag{2.9}$$

在某一折射率分层内部，上述射线的轨迹会有三种情况：单调向上、单调向下或者在层内拐弯（达到最高或最低点）。如果进入别的分层则以进入点作为终点，而对于层内拐弯射线（根据初始点和终点的角度符号相反可以判断）从最高点或最低点处拆成两段分别计算。这样就统一成单调向上和单调向下两种情况，这种大气分层条件下的分段射线跟踪（subsection ray tracing，SRT）计算方法既简化了运算又便于进行传播路径长度和时间的计算[1]。

单调向上和层内达到最高点两种情况如图 2.5 所示，而单调向下和层内达到最低点的情况具有与图 2.5 对称的形式。

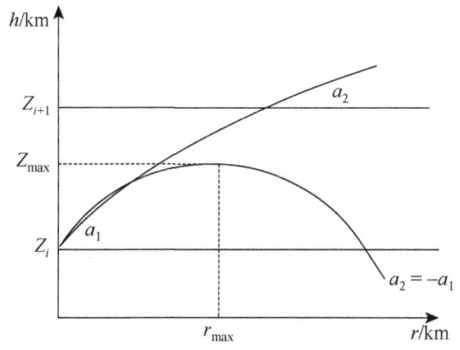

图 2.5 分段射线跟踪

根据式（2.7）～式（2.9）可以由射线初始位置、高度、仰角以及折射率分层情况求得射线通过的路径。

2.3 海洋无线电波传播机制

本节介绍海洋无线电波传播现象中的电波反射、电波绕射和电波散射等内容。这些现象对于舰船战术通信具有重要意义。在现代海上作战中，舰船间的通信是必不可少的，良好的通信能力可以帮助指挥官更好地掌控战场，提高反应速度和作战效率。因此，深入了解海洋无线电波传播现象，对于优化舰船战术通信的效果具有重要意义。

2.3.1 电波反射

电波入射到两个具有不同介电特性的介质的分界面处时，会发生镜面反射。一部分电波被反射，另一部分则进入第二种介质中。如果平面波入射到理想电介质的表面，则一部分能量进入第二种介质中，一部分能量被反射回第一种介质中，没有能量损耗。如果第二种介质是理想导体，则所有的入射能量都能被反射回第一种介质，同样也没有能量损失[10]，反射波模型如图2.6所示。反射波的电场强度取决于入射波在介质中的菲涅耳反射系数Γ。反射系数是材料属性的函数，通常取决于电波的极性、入射角和频率。

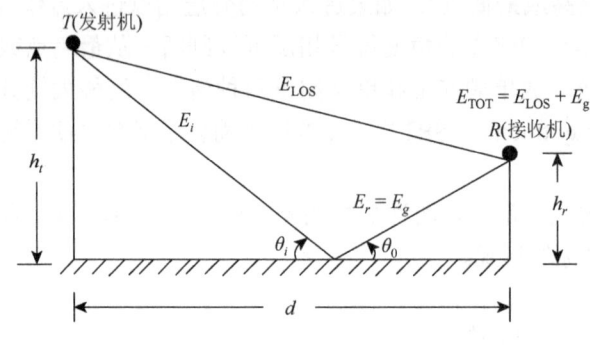

图 2.6 反射波模型

对于平静无风的海面，电波将在海面产生镜面反射，因此对于非垂直入射的接收机，无法接收来自海面反射的电波能量。对于有风的海面，风生表面张力波和短重力波（统称微尺度波）使得海面变得粗糙，这相当于海面生成了许多不同方向的小反射面，致使偏离天底点方向的非垂直入射接收机也可以接收海面的电磁回波。

即使最粗糙的海面也不可能产生相对于水平面倾斜 20°~50°的斜率，因此镜面反射只对于小于 20°的入射角才是最重要的。对于大于 20°的入射角，只能通过海面的后向散射得到信号，该信号的强弱很大程度上取决于海面的粗糙程度。无线电波在海面传播时主要有海洋对无线电波的吸收、海洋信号反射以及移动船舶信号反射。

1. 海洋对无线电波的吸收

海洋平静时，电波较为均衡。因此，只需考虑折射和反射对无线电传播的影响。电波在介质界面上反射和折射时，平行于入射面的分量（又称平行分量，用 p 表示，或简称 p 分量）和垂直于入射面的分量（又称垂直分量，用 s 表示，或简称 s 分量）不同。根据菲涅耳公式，可得无线电波在 s 方向的能量比为

$$\frac{I_s}{I_t} = t_s^2 \tag{2.10}$$

在 p 方向的能量比为

$$\frac{I_p}{I_t} = t_p^2 \tag{2.11}$$

式中，t_s 和 t_p 分别表示 s 分量和 p 分量的振幅透射比；I_s、I_p 和 I_t 分别表示折射波在 s 方向的强度、折射波在 p 方向的强度和入射波的强度。对于在自由空间中的损耗较小的电波，可近似认为无线电波在传输过程中的损耗主要由两部分组成，即电离层的损耗和海洋表面的损耗。

$$L_b = L_a + L_w \tag{2.12}$$

式中，L_b 是高频无线电波在传输过程中的损耗；L_a 是电离层吸收损耗；L_w 是海洋表面反射损耗。

2. 海洋信号反射

海况用来描述海水在一定位置和时刻的一般状况，根据海况可得代表电磁特性的海洋介电常数 ε_s：

$$\varepsilon_s = \begin{cases} 70, & f \leqslant 2253.5895\mathrm{MHz} \\ \dfrac{1}{a+bf+cf^2+df^3+ef^4}, & f > 2253.5895\mathrm{MHz} \end{cases} \tag{2.13}$$

式中，$a = 1.4114535 \times 10^{-2}$；$b = -5.2122497 \times 10^{-8}$；$c = 5.8547829 \times 10^{-11}$；$d = 1.4114535 \times 10^{-2}$；$e = 2.9856318 \times 10^{-21}$，海洋介电常数与波频率有关。通过决定电磁特性，可以影响无线电波反射的强度。

当反射离开完美的电介质时，基于反射定律可计算出水平偏振菲涅耳反射系数 $\varGamma_H$ 和垂直偏振菲涅耳反射系数 $\varGamma_V$：

$$\varGamma_V = \frac{\varepsilon\sin\phi - \sqrt{\varepsilon - \cos^2\phi}}{\varepsilon\sin\phi + \sqrt{\varepsilon - \cos^2\phi}} \tag{2.14}$$

$$\varGamma_H = \frac{\sin\phi - \sqrt{\varepsilon - \cos^2\phi}}{\sin\phi + \sqrt{\varepsilon - \cos^2\phi}} \tag{2.15}$$

菲涅耳反射系数在计算接收信号功率的函数中起着至关重要的作用。它由入射角和海洋介电常数决定。另外，菲涅耳反射系数可以看作反射发生在波浪噪声较小的平静海面上时的反射系数。如果反射面是湍流海洋，则必须改变反射系数：

$$\rho_s = \rho\varGamma \tag{2.16}$$

式中，ρ_s 为修正后的粗糙度系数；ρ 为未修正的粗糙度系数；$\varGamma$ 为菲涅尔反射系数。然后确定确切的粗糙度修正系数：

$$\rho = \frac{1}{\sqrt{3.2g - 2 + \sqrt{(3.2)^2 - 7g + 9}}} \tag{2.17}$$

在菲涅耳反射系数的基础上乘以粗糙度修正系数，得到粗糙面反射系数。最终得到海上传播渠道模拟图，如图 2.7 所示。

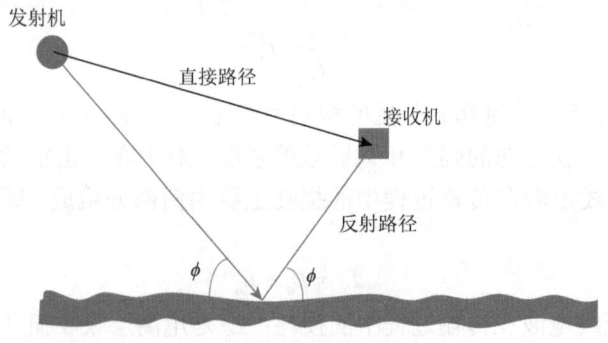

图 2.7　海上传播渠道模拟图

接收信号功率来自直接路径和反射路径的功率的矢量和,由于衰落和信号损失,它将小于发射机的总功率。

3. 移动船舶信号反射

多普勒效应使得发射和接收无线电波之间出现频率差异,称为多普勒频移。它揭示了当观测者移动时,接收到的最终波与发出的初始波不同。因此,横跨大洋的舰船可能无法顺利接收无线电信号,甚至可能根本没有收到信号。根据多普勒效应:

$$f' = \frac{f(1-\beta^2)^{\frac{1}{2}}}{1-\beta\cos\theta} \tag{2.18}$$

式中,f'为观察到的信号频率;f为信号的传输频率;β为目标相对运动速度与波传播速度的比值;θ为多普勒角。对于纵向多普勒效应和横向多普勒效应,θ分别等于 0 和 0.5π。观察到的信号的频率与传输的频率不同,它们之间有数学关系:

$$f' = \left(\frac{v \pm v_0}{v \mp v_s}\right)f \tag{2.19}$$

如果观测船的移动速度v_0接近发射源的速度,则分子等于$(v+v_0)f$;如果不是,则等于$(v-v_0)f$。如果发射源的移动速度v_s接近观测船的速度,则分子等于$(v-v_0)f$;如果不是,则等于$(v+v_0)f$。

$$\Delta f = f' - f \tag{2.20}$$

当观察者移向波源时,观察到的波频率f'大于波频率f,即$\Delta f > 0$。

当观察者离开波源时,观察到的波频率f'小于波频率f,即$\Delta f < 0$[11]。

4. 考虑了地球曲率的双径反射模型

船载天线在海面上接收的信号除了直达波外,还有海面的反射波。根据反射面即海面的粗糙程度,反射信号可以分为相干的镜面反射分量和非相干的漫反射分量[12]。文献[13]利用粗糙度判决法、瑞利判决法、修正系数函数法等分析了海上无线电波的反射特性,得出了在海情为3~7级的情况下,入射擦海角φ_g比较小时镜面反射信号占据绝对优势,漫反射可以忽略不计的结论。即设表面起伏高度为Δh,若

$$\Delta h \leqslant \frac{\lambda}{8\sin\varphi_g} \tag{2.21}$$

一般可认为反射面是平坦的,其反射信号的主要成分是镜面反射分量,漫反射分量可以忽略。其中 λ 为入射波波长。本小节假设海面比较平静,只考虑镜面反射的影响。镜面反射的双径模型如图 2.8 所示。其中,P 为镜面反射点,φ_g 为入射擦海角,h_t、h_r 为发射天线高度、接收天线高度。R_1 和 R_2 为反射路径,R_d 为直射路径。为使传播模型更精确,必须考虑地球曲率的影响[14]。

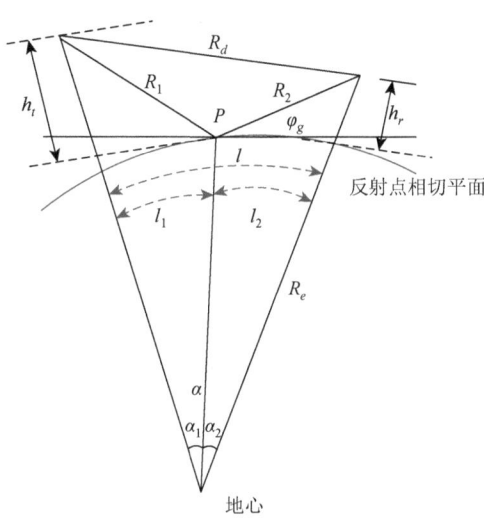

图 2.8 考虑地球曲率的镜面反射双径模型

l 为发射和接收天线间的几何长度;l_1、l_2 分别为发射、接收天线与镜面反射点间的几何距离;α 为发射和接收天线间的夹角;α_1、α_2 分别为发射、接收天线与镜面反射点间的夹角

一般情况下,根据时间延迟可以计算出直射路径距离 r_d,再根据余弦定理求 α:

$$\alpha = \arccos\left(\frac{(h_t+R_e)^2+(h_r+R_e)^2-r_d^2}{2(h_t+R_e)(h_r+R_e)}\right) \tag{2.22}$$

式中,R_e 为地球的有效半径,水平距离 $l=R_e\alpha$,要求得反射路径距离 r_1、r_2,首先要确定反射点。当天线高度和天线尺寸都远小于地球半径时,可利用下方的方程求出 l_1:

$$2l_1^3 - 3ll_1^2 + (l^2 - 2R_e(h_r+h_t))l_1 + 2R_eh_rl = 0 \tag{2.23}$$

根据 l_1 得到

$$\alpha_1 = l_1/R_e \tag{2.24}$$

$$\alpha_2 = (l-l_1)/R_e \tag{2.25}$$

根据余弦定理求得

$$R_1 = \sqrt{R_e^2+(R_e+h_t)^2-2R_e(R_e+h_t)\cos\alpha_1} \tag{2.26}$$

$$R_2 = \sqrt{R_e^2 + (R_e + h_r)^2 - 2R_e(R_e + h_r)\cos\alpha_2} \qquad (2.27)$$

则考虑了地球曲率的入射擦海角为

$$\varphi_g = \arcsin\left(\frac{h_r}{R_2} - \frac{R_2}{2R_e}\right) \qquad (2.28)$$

在海洋环境中，无线电波传播会受到海水的吸收和反射的影响。海洋表面的水波和海浪会形成起伏的曲面，导致信号反射产生多个传播路径。在舰船移动的情况下，信号的反射和传播路径将更为复杂，因此理解电波反射的原理和特性对于保证舰船通信的稳定和可靠至关重要。

2.3.2 电波绕射

电波的绕射又称为衍射，在电波传播过程中遇到障碍物，这个障碍物的尺寸与电波的波长接近时，电波可以从该物体的边缘绕过去继续前进，这种偏离了原来传播方向的现象称为电波的绕射。绕射可以帮助无线通信系统进行阴影区域的覆盖。电波的绕射能力与电波的波长有关，波长越长，绕射能力越强，波长越短，则绕射能力越弱。无线电波传播过程中主要出现的绕射现象如下所述。

1. 边缘、表面绕射

边缘绕射线与边缘的夹角等于相应的入射线与边缘的夹角，入射线与绕射线分别在绕射点与边缘垂直的平面的两侧或同在该平面上，一条入射线激起无数条绕射线，它们都位于一个以绕射点为顶点的圆锥面上。圆锥轴为绕射点边缘的切线，圆锥的半顶角等于入射线与边缘切线的夹角。当入射线与边缘垂直时，圆锥面就退化为与边缘垂直的平面圆盘，如图2.9所示。

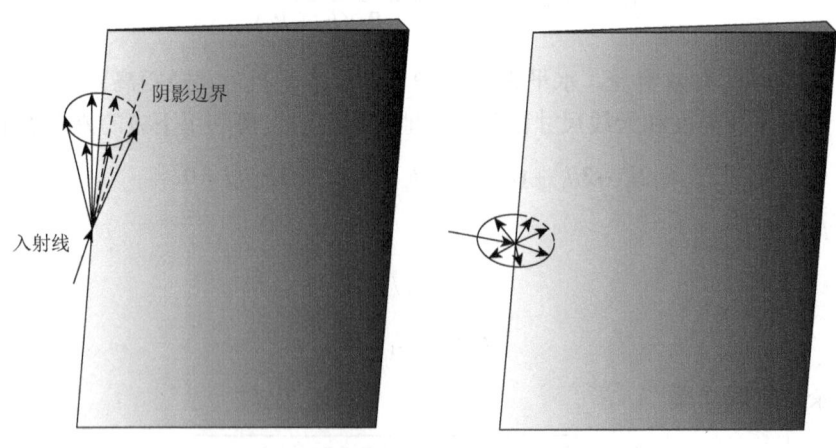

图2.9 边缘绕射场

当有射线向光滑的理想导电曲面入射时,即沿其阴影边界入射时,它将分为两部分:一部分入射能量将按几何光学定律继续照直前进,另一部分入射能量则沿物体的表面传播,成为表面射线。表面射线在传播时将不断沿切向发出绕射线。如图 2.10 所示,对于阴影区域的场点 P,入射线与绕射线分别和表面上的 Q_1 和 Q_2 点相切,与边缘绕射线和尖顶绕射线不同的是,在曲面上一定区域内,两点之间只有一条曲线能使两点间的光程最小。

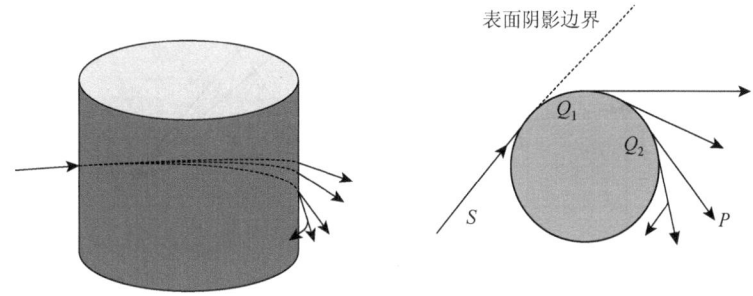

图 2.10　表面绕射线

2. 单峰刃形障碍物绕射

当阻挡是由单个物体引起时,通常把阻挡体看作单峰刃形障碍物来估计绕射损耗。这种情况下的绕射损耗可用针对刃形后面(称为半平面)场强的经典菲涅耳方法来估计。

考虑 R 为接收机,并位于阴影区(也称为绕射区)。图 2.11 中 R 点场强为刃形上所有二次惠更斯源的场强矢量和。刃形绕射波场强 E_d 为

$$\frac{E_d}{E_0} = F(v) = \frac{1+\mathrm{j}}{2}\int_v^\infty \exp((-\mathrm{j}\pi t^2)/2)\mathrm{d}t \tag{2.29}$$

式中,E_0 为没有地面和刃形的自由空间场强;$F(v)$ 为复杂的菲涅耳积分。菲涅耳积分 $F(v)$ 为绕射参数 $v = h\sqrt{\dfrac{2(d_1+d_2)}{\lambda d_1 d_2}} = \alpha\sqrt{\dfrac{2(d_1 d_2)}{\lambda(d_1+d_2)}}$ 的函数,对给定的 v 值,经常使用图表进行计算。对比自由空间场强,由刃形引起的绕射增益为

$$G_d(\mathrm{dB}) = 20\log|F(v)| \tag{2.30}$$

实际上,图表或数值解依赖于计算绕射增益。G_d 的图表表示为 v 的函数,由图 2.12 给出。G_d 的近似解由 Lee[15]给出:

$$G_d = 0, \quad v \leqslant -1 \tag{2.31}$$

$$G_d = 20\log|0.5 - 0.62v|, \quad -1 < v \leqslant 0 \tag{2.32}$$

$$G_d = 20\log|0.5\exp(-0.95v)|, \quad 0 < v \leqslant 1 \tag{2.33}$$

$$G_d = 20\log\left|0.4 - \sqrt{0.1184 - (0.38 - 0.1v)^2}\right|, \quad 1 < v \leqslant 2.4 \tag{2.34}$$

$$G_d = 20\log\left|\frac{0.225}{v}\right|, \quad v > 2.4 \tag{2.35}$$

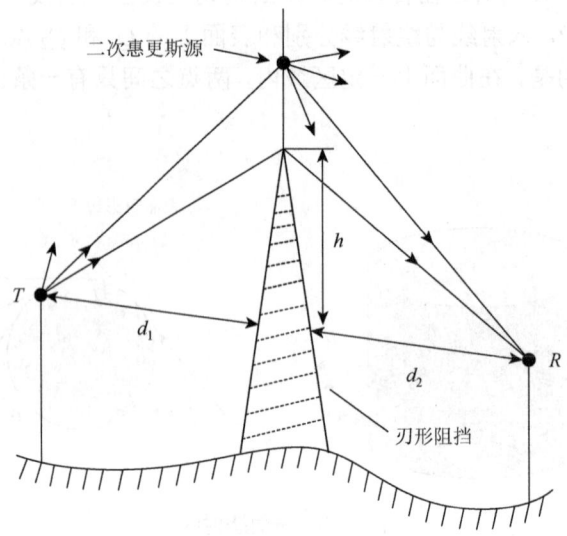

图 2.11 单峰刃形绕射几何图(接收点 R 位于阴影区)

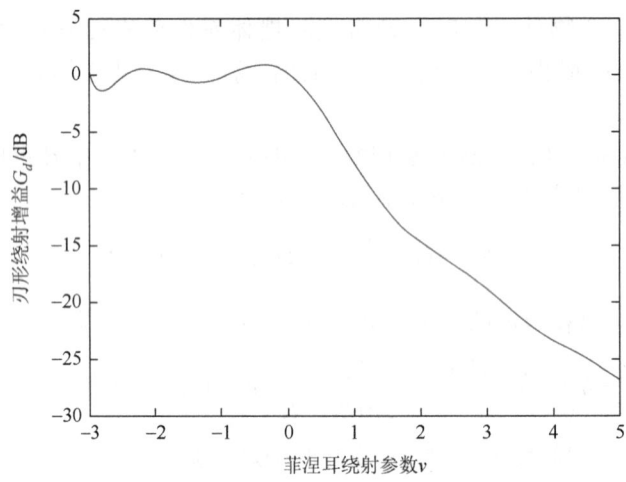

图 2.12 刃形绕射增益与菲涅耳绕射参数 v 的关系图

3. 多重刃形绕射

在很多情况下,传播路径上不只一个阻挡体,这样所有阻挡体引起的绕射损失都必须计算。Bullington[16]提出了用一个等效阻挡体代替一系列阻挡体,就可以使用单刃形绕射模型计算路径损耗,图 2.13 所示的这种方法极大地简化了计算,并且给出了比较好的接收信号强度的估计。Millington 等[17]给出了连续双刃后区域的电波理论解法。这种解法非常有用,可用于预测由双刃引起的绕射损耗。

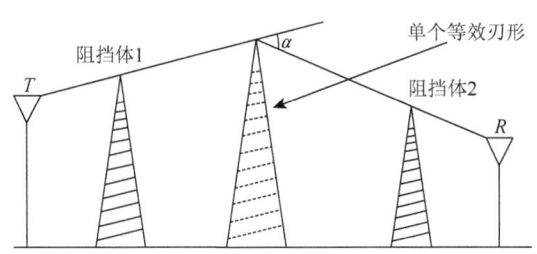

图 2.13　等效于单个刃形的布灵顿结构

海上无线电波传播同陆地上无线电波传播相比有自己的特点。首先，在地形上，海上障碍物遮挡比较少，这样导致的直接结果是无线电波传播余隙大，所以电波在海上传播时绕射损耗比陆地上小，同时，传播余隙增大，增加了传播反射。

海上电波绕射主要是在海上遇到障碍物，通常会考虑遇到的障碍物在天气恶劣时引起海浪所造成的单刃峰绕射、多刃峰绕射或在船和船之间存在岛屿间隔时所造成的边缘绕射和表面绕射。

在舰船战术通信中，电波绕射的现象十分重要。由于舰船周围有各种大小不一的物体，例如，桅杆、天线、雷达等，这些物体都会对电波的传播产生影响，导致电波在传播过程中出现绕射现象。因此，深入了解电波绕射的原理和特点，对于舰船战术通信系统的设计和优化具有重要意义。

2.3.3　电波散射

在舰船战术通信中，电波散射现象对于信号的传输有着重要的影响。例如，海面微波散射模型可以用来研究雷达在海上的探测效果，进而提高海上通信和导航的准确性。同时，对于舰船之间的通信，粗糙表面散射现象也需要被考虑，以提高通信的稳定性和可靠性。

电波散射的产生是由于传播介质本身密度不均匀或者传播介质中存在尺寸远小于电波波长的其他物质的微粒。当电波在介质中传播的时候，部分电波会偏离直线传播的方向而分散到各个方向继续传播，该现象常发生于粗糙物体或者不规则物体的表面，这样就会使物体在所有方向上散射能量，从而使得电波可以传输到更远的地方，使接收点的信号增强。图 2.14 为电波散射图。

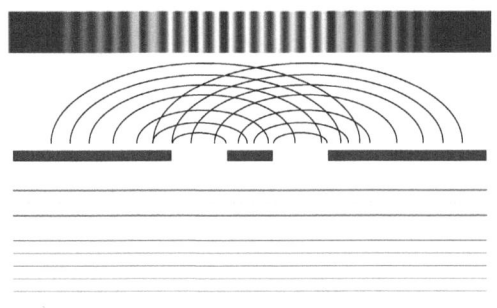

图 2.14　电波散射

1. 粗糙表面散射

当电波遇到粗糙表面时，反射能量由于散射几乎分布于所有方向。对于粗糙表面，反射系数需要乘以一个散射损耗系数以代表减弱的反射场。Ament[18]提出了表面凸起高度 h 是服从具有局部平均值的高斯分布的随机变量。散射损耗系数 ρ_s 为

$$\rho_s = \exp\left(-8\left(\frac{\pi\sigma_h\sin\theta_i}{\lambda}\right)^2\right) \tag{2.36}$$

式中，σ_h 为表面高度与平均表面高度的标准偏差；θ_i 为入射角；λ 为电波的波长。Boithias[19]对由 Ament 推导出的散射损耗因子进行了修正，使其与测量结果更加一致。

$$\rho_s = \exp\left(-8\left(\frac{\pi\sigma_h\sin\theta_i}{\lambda}\right)^2\right) J_0\left(8\left(\frac{\pi\sigma_h\sin\theta_i}{\lambda}\right)^2\right) \tag{2.37}$$

式中，J_0 为第一类零阶贝塞尔（Bessel）函数。

粗糙表面的修正反射系数求解为

$$\Gamma_{\text{rough}} = \rho_s \Gamma \tag{2.38}$$

2. 海面微波散射模型

现阶段描述随机粗糙表面散射的模型主要有 Kirchhoff 散射模型、Bragg 共振散射模型等。

Kirchhoff 散射模型适用于大尺度起伏的粗糙海面和小入射角（0°～20°）的情况。Bragg 共振散射模型主要应用于小尺度起伏的粗糙海面和中等入射角（20°～70°）的情况。改进的组合表面模型在此基础上做了改进，同时考虑到了长波和中波对短波的调制。半经验模型则是在二尺度散射模型的基础上又考虑了海浪破碎导致的非 Bragg 散射。到目前为止，上述模型应用较为广泛的是 Bragg 共振散射模型。

1）Kirchhoff 散射模型

当散射体或者散射面的曲率半径相对于电波波长很大时，表面场可以用表面各点切平面的场来近似表示。用这种近似方法得到散射场的过程称为 Kirchhoff 法或者物理光学法。根据该方法可推导有限粗糙海面的散射结果，单位面积上的散射截面与粗糙海面的概率密度函数 $p(\zeta_x, \zeta_y)$ 成正比，其中 ζ 为海面波高，$\zeta_x = \partial\zeta/\partial x$、$\zeta_y = \partial\zeta/\partial y$ 是其在 x、y 方向上的斜率。单位面积的散射截面可以表示为

$$\sigma_{BA} = \pi\sec^4\theta p(\zeta_x,\zeta_y)\big|_{S_p} \times |R(0)|^2 \tag{2.39}$$

式中，$R(0)$ 为垂直入射时的菲涅耳反射系数。此方程表明仅垂直于入射电波方向的表面上的散射对接收机接收信号有贡献。该方程与入射电波的波长和极化方式无关，仅依赖于菲涅耳反射系数和海面斜率。对呈高斯分布的各向同性的粗糙海面来说，式（2.39）可以变成下面的形式：

$$\sigma_1 = \frac{|R(0)|^2}{s^2}\sec^4\theta\exp(-\tan^2\theta/s^2) \tag{2.40}$$

$$R(0) = \frac{1-\varepsilon_r}{1+\varepsilon_r} \tag{2.41}$$

式中，s^2 为总的海面斜率；ε_r 为海水的复介电常数。式（2.40）表明在海洋应用中，仅当海浪尺度大于入射电波波长时，海浪的均方斜率才对后向散射系数有贡献。这种物理光学模型只在接近垂直入射时有效（一般入射角 $|\theta| < 20°$）。此时小扰动理论不再适用，直到 20°左右，小扰动的近似开始变得显著起来，即发生 Bragg 散射。

2）Bragg 共振散射模型

20 世纪 60 年代以来，一系列的海洋调查和水槽试验研究表明，在中等入射角和中等风速的情况下，海面散射以 Bragg 共振散射为主。

Bragg 共振散射认为，对于一束入射角为 θ、波长为 λ 的雷达波，它与波峰线和雷达视线垂直的波长为 $\lambda_B = \dfrac{\lambda}{2\sin\theta}$ 的微尺度波（称为 Bragg 波）发生 Bragg 共振散射从而使后向散射最强，这部分波长的波称为 Bragg 波，如图 2.15 所示。

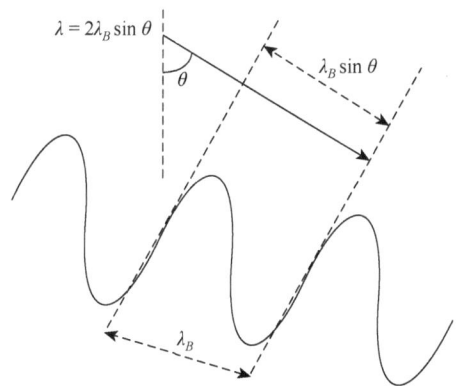

图 2.15 Bragg 共振散射机理示意图

Bragg 共振散射理论中，电波与海面波相互作用产生的归一化海面后向散射强度的表达式为

$$\sigma_{pp}(\theta) = 16\pi k_R^4 \cos^4\theta \, |g_{pp}(\theta)|^2 \, \Psi(k_B, 0) \tag{2.42}$$

$$g_{\mathrm{HH}}(\theta) = \frac{\varepsilon_r - 1}{\left(\cos\theta + \sqrt{\varepsilon_r - \sin^2\theta}\right)^2} \tag{2.43}$$

$$g_{\mathrm{VV}}(\theta) = \frac{(\varepsilon_r - 1)\varepsilon_r(1+\sin^2\theta) - \sin^2\theta}{\left(\varepsilon_r \cos\theta + \sqrt{\varepsilon_r - \sin^2\theta}\right)^2} \tag{2.44}$$

式中，电波波数 $k_R = 2\pi/\lambda$；Bragg 波数 $k_B = 2\pi/\lambda_B$；Ψ 为海面微尺度波高谱，角度零表示波数与海面风向的夹角为零；g_{pp} 为极化函数，下标 HH 和 VV 表示发射和接收信号的极化方式，HH 为水平发射和水平接收极化方式，VV 为垂直发射和垂直接收极化方式。

2.4 海洋无线电波传播模型

海洋通信环境较为复杂，地形多样、气候类型复杂、海面粗糙度不同（反映海浪的汹涌度）、通信距离变化范围大、接收信号动态范围大等，这些特点决定了海洋舰船通信系统的设计对通信信道模型依赖性较大，只有对特定通信信道进行有效的建模才能设计出可靠实用的通信系统。目前可用的海上传播信道模型主要包括由陆地应用的信道模型Okumura-Hata 模型的简单扩展、Longley-Rice 模型以及考虑复杂大气环境的抛物方程模型。其中，Okumura-Hata 模型具有通用性，不考虑地形、地面电波特性的影响；Longley-Rice 模型则考虑了路径剖面、地面的介电特性，反映了气候类型以及地面折射率的影响参数；抛物方程模型作为波动方程的近似，考虑了电波的反射、绕射等的传播效应，得到波动方程的全波解。

2.4.1 Okumura-Hata 模型

Okumura 模型以日本东京附近大量详细的场强实测数据为基础，由 Okumura 等总结出了完整的准平坦地形市区的传播曲线，同时给出了一系列修正因子。由于使用 Okumura 模型需要查找其给出的各种曲线，不利于计算预测，因此 Hata 根据 Okumura 模型的基本场强中值曲线，通过曲线拟合，提出了传播损耗的经验公式，即 Okumura-Hata 模型[20]。城区的路径损耗中值公式：

$$L_{50} = 69.55 + 26.16\lg f_c - 13.82\lg h_{te} - a(h_{re}) + (44.9 - 6.55\lg h_{te})(\lg d)^\gamma \quad (2.45)$$

式中，f_c 为频率（MHz）；h_{te}、h_{re} 分别为基站天线以及移动台天线的有效高度（m）；d 为基站到移动台天线的距离（km）；$a(h_{re})$ 为移动台天线有效高度的修正因子；γ 为距离修正因子，该因子扩大了该公式的适用距离范围。

$a(h_{re})$ 是区域覆盖范围的函数。对于中小型城市来讲，移动台天线的修正因子：

$$a(h_{re}) = (1.1\lg f_c - 0.7)h_{re} - 1.56\lg f_c + 0.8 \quad (2.46)$$

距离修正因子 γ 在 $d \leqslant 20$ 时取 1，而 $d > 20$ 时按式（2.47）计算：

$$\gamma = 1 + (0.14 + 1.87 \times 10^{-4} f_c + 1.07 \times 10^{-3} H_{te})\left(\lg \frac{d}{20}\right)^{0.8} \quad (2.47)$$

在开阔区域，考虑到修正因子，有开阔区域路径损耗的表达式：

$$L_b = L_{50} - 4.78(\lg(f_c))^2 + 18.33\lg f_c - 40.98 \quad (2.48)$$

式中，L_{50} 为城区损耗预测中值。针对海上舰船的移动通信预测，可采用式（2.48）所示的开阔区域的传播模型。

2.4.2 Longley-Rice 模型

Longley-Rice 模型[21]以传播理论为依据，同时结合了上千组实测数据，因此 Longley-Rice

模型也被称为半经验预测模型。该模型将预测区域分为三个区域：①视距区域，以反射传播机制为主；②绕射传播区域，以绕射传播机制为主；③更远的距离（远远超出地平线），以前向散射传播机制为主。超出自由空间的传输损耗参考中值可表示为

$$A_{\text{ref}}(d) = \begin{cases} \max\left(0, A_{\text{el}} + K_1 d + K_2 \ln\left(\dfrac{d}{d_{\text{Ls}}}\right)\right), & d_{\min} \leqslant d \leqslant d_{\text{Ls}} \\ A_{\text{ed}} + m_d d, & d_{\text{Ls}} < d \leqslant d_x \\ A_{\text{es}} + m_s d, & d > d_x \end{cases} \quad (2.49)$$

式中，$d_{\min} \leqslant d \leqslant d_{\text{Ls}}$ 为视距传播距离；$d_{\text{Ls}} < d \leqslant d_x$ 为绕射传播距离；$d > d_x$ 为散射传播距离。Longley-Rice 模型考虑了路径剖面、地面的介电特性，反映了气候类型以及地面折射率的影响参数，可以对不同区域的传输损耗进行计算。它适用的频段为 20 MHz～20 GHz，计算的路径长度为 1～2000 km。

2.4.3 抛物方程模型

标准抛物方程（standard parabola equation，SPE）模型[22]能够考虑复杂大气环境以及不规则地形（粗糙海面），且其解可采用分步傅里叶算法，易于计算实现，因此在电波传输损耗中得到广泛应用。标准抛物方程如式（2.50）所示。

$$\frac{\partial u(x,z)}{\partial x} = \frac{\mathrm{i}k_0}{2}\left(\frac{1}{k_0^2}\frac{\partial^2}{\partial z^2} + n^2(x,z) - 1\right)u(x,z) \quad (2.50)$$

式中，$u(x,z)$ 为电场或者磁场分量；k_0 为波数；$n(x,z)$ 为传播方向上不同距离、不同高度的大气折射指数。SPE 属于窄角抛物方程，即在传播仰角小于 15°时具有很好的计算精度。考虑地球曲率影响，SPE 的算法求解形式如下：

$$u(x+\Delta x, z) = \mathrm{e}^{\mathrm{i}k_0(n^2-1+2z/r_e)\Delta x/2}\mathrm{F}^{-1}(\mathrm{e}^{-\mathrm{i}p\Delta x/2k_0}\mathrm{F}(u(x,z))) \quad (2.51)$$

式中，r_e 为地球半径；p 为变换域变量；F 和 F^{-1} 分别为傅里叶变换及其逆变换。折射率剖面可采用标准大气或者实际的复杂大气剖面，其中实际复杂的大气环境包括异常传播。

根据实际地表条件的不同，需要在不同边界条件下求解上述抛物方程。当处理垂直极化波的传播或粗糙海面问题时，通常采用 Leontovich 边界条件：

$$\left.\frac{\partial u(x,z)}{\partial z}\right|_{z=0} + \alpha u(x,z)|_{z=0} = 0 \quad (2.52)$$

式中，α 反映了边界面上的阻抗特性，其具体形式为

$$\alpha = \mathrm{i}k\sin\theta\left(\frac{1-R}{1+R}\right) \quad (2.53)$$

式中，θ 为擦地角；R 为反射系数。粗糙海面反射系数 R_r 为

$$R_r = R\exp(-\xi)J_0(\mathrm{i}\xi) \quad (2.54)$$

$$\xi = 8\left(\frac{\pi\sigma_h}{\lambda}\sin\theta\right)^2 \tag{2.55}$$

J_0 为零阶贝塞尔函数；σ_h 为海面均方根高度

$$\sigma_h = 0.0051u_w^2 \tag{2.56}$$

式中，u_w 表示风速。

相对于统计性模型来说，确定性抛物方程模型考虑了海浪引起的地形不规则情形以及复杂的大气环境。抛物方程计算传播因子 F 为

$$F = \sqrt{x}\,|u(x,z)| \tag{2.57}$$

式中，x 为径向距离；$u(x,z)$ 为抛物方程的解。最终抛物方程的传播损耗计算模型为

$$L(R) = 20\lg\left(\frac{4\pi d}{\lambda}\right) - 20\lg F \tag{2.58}$$

式中，F 为传播因子；d 为测量点到发射点的距离；λ 为电波的波长。

2.4.4 海洋无线电波传播模型选择

Okumura-Hata 模型具有一般通用性，但依然受到海面特征、周围环境等的限制。Longley-Rice 模型考虑了更多与地形有关的因素，同时兼顾了传播环境中介质的电气特性，包括海面折射率、海面电导率、介电常数等，还考虑了不同的气候类型和天线的位置标准，Longley-Rice 模型更适用于海面无线电波传播的预测。对于抛物方程模型，该方法不但可以计算视距及超视距范围内的无线电波传播问题，而且其数值解具有良好的稳定性和准确性，更重要的是抛物方程模型很容易考虑大气折射率对无线电波传播的影响，因此被广泛应用于海洋无线电波传播。

2.5 本章小结

本章首先介绍了海洋无线电波传播的研究内容及研究难点，其次介绍了海洋气象因素对无线电波传播的影响和预测无线电波传播特性的海上射线跟踪技术，然后介绍了三种海洋无线电波传播现象，并探讨了这些现象在舰船战术通信中的应用，最后介绍了三种无线电波传播模型。

参 考 文 献

[1] Leonard T P, Antipov I, Ward K D. A comparison of radar sea clutter models[C]. RADAR 2002, Edinburgh, UK, 2002: 429-433.

[2] Daley J C, Davis W T, Mills N R. Radar sea return in high sea states[R]. Washington, D. C.: Naval Research Laboratory, 1970.

[3] Drosopoulos A. Description of the OHGR Database[R]. Ontario: Defence Research Establishment Ottawa, 1994.

[4] Dong Y. Distribution of X-band High Resolution and High Grazing Angle Sea Clutter[M]. Canberra, Australia: DSTO, 2006.

[5] Dong Y, Merrett D. Analysis of L-band multi-channel sea clutter[J]. IET Radar, Sonar & Navigation, 2010, 4(2): 223-238.

[6] Dong Y. High grazing angle and high resolution sea clutter: correlation and polarisation analyses[R]. Edinburgh: Defence

Science and Technology Organization, 2007.

[7] Matsukuma T, Sayama S, Ishii S. Factors affecting the statistical properties of sea clutter[J]. Electronics and Communications in Japan, 2016, 99 (6): 13-21.

[8] Guerraou Z, Angelliaume S, Rosenberg L, et al. Investigation of azimuthal variations from X-band medium-grazing-angle sea clutter[J]. IEEE Transactions on Geoscience and Remote Sensing, 2016, 54 (10): 6110-6118.

[9] Horst M M, Dyer F B, Tuley M T. Radar sea clutter model[J]. Antennas and Propagation, 1978: 6-10.

[10] 徐然. 无线电波的传播方式及发展简史[J]. 传播力研究, 2019, 3 (22): 289.

[11] 李嘉懿. 不同反射情况下的无线电波传播研究[J]. 中国高新区, 2018 (19): 62.

[12] 张瑜, 李玲玲. 低角雷达跟踪时的多路径散射模型[J]. 电波科学学报, 2004, 19 (1): 5.

[13] 董玫, 赵永波, 张守宏. 米波段下海面多径模型研究[J]. 电子学报, 2009 (6): 5.

[14] 胡晓琴, 陈建文, 王永良. 米波雷达测高多径模型研究[J]. 电波科学学报, 2008, 23 (4): 7.

[15] Lee W Y. Mobile Cellular Telecommunications Systems[M]. New York: McGraw-Hill, 1989.

[16] Bullington K. Radio propagation at frequencies above 30 megacycles[J]. Proceedings of the IRE, 1947, 35 (10): 1122-1136.

[17] Millington G, Hewitt R, Immirzi F S. Double knife-edge diffraction in field-strength predictions[J]. Proceedings of the IEE-Part C: Monographs, 1962, 109 (16): 419-429.

[18] Ament W S. Toward a theory of reflection by a rough surface[J]. Proceedings of the IRE, 1953, 41 (1): 142-146.

[19] Boithias L. Radio Wave Propagation [M]. New York: McGraw-Hill, 1987.

[20] Li H, He W, He X. Prediction of radio wave propagation loss in ultra-rugged terrain areas[J]. IEEE Transactions on Antennas and Propagation, 2020, 69 (8): 4768-4780.

[21] Kasampalis S, Lazaridis P I, Zaharis Z D, et al. Comparison of Longley-Rice, ITU-R P. 1546 and Hata-Davidson propagation models for DVB-T coverage prediction[C]. IEEE International Symposium on Broadband Multimedia Systems and Broadcasting (BMSB 2014), Beijing, 2014: 1-4.

[22] 姚景顺, 杨世兴. 抛物方程模型在海上电波传播中的应用[J]. 电波科学学报, 2009, 24 (3): 493-497.

第 3 章 信道编码技术基础

1948 年,香农(Shannon)在一篇具有里程碑意义的论文中曾经证明,只要信息传输速率低于信道容量,通过对信息进行适当编码,可以在不牺牲信息传输的情况下,将有噪信道或存储介质引入的差错降到任意低的程度[1]。自香农的著作发表以来,人们为了在噪声环境下控制差错,在设计有效的编译码方法方面做出了大量的努力。差错控制编码的应用已经成为现代通信系统和数字存储系统设计中不可分割的一部分。

随着编码技术的出现,军事作战也发生重大改变。军事指挥需要对大量的信息进行接收和处理,这些信息包括海量的报文、大规模的多媒体数据以及大量的电子地图等,这也对军事作战的信息交互能力提出了更高的要求。由于无线网具有便捷和灵活的特点,因此在舰船战术通信领域中也得到了广泛的应用。然而与一般无线网络相比,舰船战术通信领域对无线网在安全性、可靠性和速率方面有了更高的要求。编码理论研究的不断发展,完全满足舰船战术通信无线网络对于传输信息高可靠性和高安全性的要求。

本章以信道编码的基本概念及准则、信道编码定理、性能评价为切入点,分别阐述了检错码及多种纠错码的原理,包括线性分组码、卷积码,并简要介绍了主流 Turbo 码、低密度奇偶校验码(low density parity check code,LDPC)、极化码的背景和编译码原理。

3.1 信 道 编 码

3.1.1 信道编码基本概念

信道编码就是按一定的规则给信源输出序列增加某些冗余符号,使其变成满足一定数学规律的码序列(或码字),再经信道进行传输。信道译码就是按与编码器同样的数学规律去掉接收序列中的冗余符号,恢复信源消息序列[2]。一般地,所加的冗余符号越多,纠错能力就越强,但传输效率越低。因此在信道编码中明显体现了传输有效性与可靠性的矛盾。信息传送的过程如下所述。

1. 消息产生

由信源发出 M 个等概率消息:$U = \{1, 2, \cdots, M\}$。

2. 信道编码

编码器将消息映射成码字,编码函数 $f:U = \{1,2,\cdots,M\} \to C = \{c_1,c_2,\cdots,c_M\}$,其中,$c_i(i=1,2,\cdots,M)$ 为码长为 n 的码字,码符号集 A 的大小为 r。

3. 信道传输

x 为 n 维矢量，取自码字集 C，作为 n 次扩展信道的输入，$C \in A^n$，y 是 n 维矢量，为信道输出，$y \in A^n$，信道单符号输出与输入的关系用条件概率或转移概率 $p(y|x)$ 来描述。

4. 信道译码

译码器根据接收的 y 完成译码功能，译码函数 $g: Y^n \to V = \{1, 2, \cdots, M\}$。

图 3.1 为简化的通信系统模型图，等概率消息 U 经过信道编码得到码长为 n 的码字 X^n，经信道传输后得到接收序列 Y^n，再经信道译码后得到恢复的消息 V。

图 3.1　简化的通信系统模型图

3.1.2　判决准则以及信道编码定理

为提高传输可靠性，除采用有效的信道编码外，还应采用适当的译码准则。本节介绍最大后验概率（maximum a posteriori，MAP）准则和最大似然（maximum likelihood，ML）准则。下面将针对离散概率分布情况进行推导，实际上，类似的结果可以推广到连续分布，只是用概率密度代替原来的离散概率分布。

1. 最大后验概率准则

最大后验概率准则是指在收到一个符号后，译成具有最大后验概率的那个输入符号。在数字通信中常用的准则是最小平均误码率准则，平均误码率由式（3.1）决定：

$$p_c = \sum_r p(r) p(e|r) \tag{3.1}$$

式中，$p(e|r) = p(\hat{c} \neq c|r)$ 表示接收码字为 r 的时候产生的误码判决，$\hat{c}$ 为译码后的码字，c 为发送的码字；$p(r)$ 表示 r 发生的概率。所以可以得到以下最小平均误码率公式：

$$\begin{aligned}
\min p_c &= \min \sum_r p(r) p(\hat{c} \neq c|r) \\
&= \sum_r p(r) \min p(\hat{c} \neq c|r) \\
&= \sum_r p(r) \min \left(1 - p(\hat{c} = c|r)\right) \\
&= \sum_r p(r) \max p(\hat{c} = c|r)
\end{aligned} \tag{3.2}$$

因此，从式（3.2）可以看出，最小平均误码率等效于最大后验概率。下面就根据一个例子来设计译码准则。

假设有一个二进制对称信道（binary symmetric chamel，BSC），如图 3.2 所示，在发射端信息等概率发送时，求一种译码算法使得平均错误概率最小。

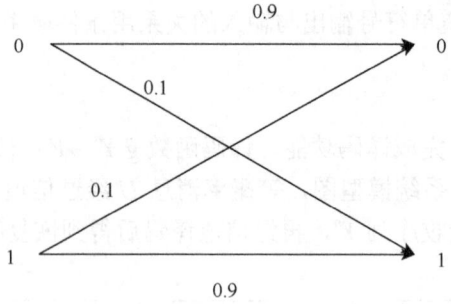

图 3.2 BSC 转移概率

若发送"0"译作"0"，发送"1"译作"1"，则正确接收的概率为
$$P = P(0)P_0^{(0)} + P(1)P_1^{(1)} = 0.9$$
若发送"0"译作"1"，发送"1"译作"0"，则平均错误概率为
$$P_e = P(0)P_0^{(1)} + P(1)P_1^{(0)} = 0.1$$
因此，从上面的过程中可以看出错误概率与译码准则有关，好的译码准则可以很好地降低平均错误概率。

2. 最大似然准则

设信源 x 的信源空间为
$$\begin{bmatrix} X \\ P(X) \end{bmatrix} = \begin{bmatrix} x_1 & x_2 & \cdots & x_n \\ p(x_1) & p(x_2) & \cdots & p(x_n) \end{bmatrix} \tag{3.3}$$
信道的转移矩阵为
$$\boldsymbol{P} = \begin{bmatrix} p(y_1/x_1) & p(y_2/x_1) & \cdots & p(y_m/x_1) \\ p(y_1/x_2) & p(y_2/x_2) & \cdots & p(y_m/x_2) \\ \vdots & \vdots & & \vdots \\ p(y_1/x_n) & p(y_2/x_n) & \cdots & p(y_m/x_n) \end{bmatrix} \tag{3.4}$$
当收到每一个 $y_j (j=1,2,\cdots,m)$ 后，都对应地有 n 个信道转移概率，为
$$p(y_j/x_1), p(y_j/x_2), \cdots, p(y_j/x_n) \tag{3.5}$$
其中必有一个为最大的，设其为 $p(y_j/x^*)$，即有
$$p(y_j/x^*) \geqslant p(y_j/x_i), \quad i=1,2,\cdots,n; j=1,2,\cdots,m \tag{3.6}$$
如果收到符号 y_j 后就译为输入符号 x^*，即译码函数选为
$$F(y_j) = x^*, \quad j=1,2,\cdots,m \tag{3.7}$$
这种译码准则称为最大似然译码准则。

最大后验概率译码方法是理论上的最优译码方法,但实际中,最大后验概率必须已知后验概率,而信道的统计特性描述一般是给出信道转移概率,最大似然准则就是利用信道转移概率的译码准则。当发送码字先验概率相等时,最大似然等价于最大后验概率。

3. 信道编码定理(香农第二编码定理)

一个离散无记忆信道,信道容量为 C,传输率 $R \leqslant C$ 时,只要码长足够长,总可以找到一组码和相应的译码准则,使信道输出端的平均错误译码概率达到最小[3]。

信道编码定理的核心思想是,通过适当的信道编码技术,可以在有限的带宽和受到噪声干扰的信道中,实现可靠的信息传输。对于给定的信道容量 C,如果发送速率 R 小于 C,那么可以通过合适的编码方法,使得错误概率趋近于零。也就是说,当发送速率低于信道容量时,可以在通信过程中实现任意小的错误率。信道编码定理揭示了信息传输的极限能力。它表明,通过增加编码的复杂性和使用更高级的调制方式,可以接近信道容量。

3.1.3 信道编码的性能评价

1. 最小码距和纠检错能力的关系

码距(汉明距离):两组码各个对应位上不同位数的总和。

记一个码组的最小码距为 $d_{\min}$。若要能检出 e 个错误,则 $d_{\min} \geqslant e+1$;若要能纠正 t 个错误,则 $d_{\min} \geqslant 2t+1$;若要能纠正 t 个错误并同时检出 e 个错误,则 $d_{\min} \geqslant e+t+1$。

证明:如果发送的码字中出现 e 个随机错误,使得这个码字变成另一个合法的码字,则这样的错误是不可被检测出的。只要错误矢量不使发送的码字变成其他码字,则这种错误总可被检测出。显然当最小码距 $d_{\min} \geqslant e+1$ 时,任何 e 个错误都不可能把一个码字变成另一个码字,从而使得任何 e 个错误均可被检测出来。图 3.3(a)表示当发送码字为 c_i 时,只要接收到的序列落到阴影区内,则它不可能变成另一个码字,这样的错误都是可以被检测出来的。当然有时也可能出现某种 d 个或更多错误使得接收到的序列仍不是一个码字,这样的 d 个或更多错误也是可被检测出的,但最小码距为 d 的码并不能保证所有 d 个或更多错误都可被检测出。

同样,由图 3.3(b)可见,如果 c_i 被发送,而 c_i 与任何其他码字 c_j 的距离不小于 d,若在传输中发生了 t 个错误,但 t 满足 $d_{\min} \geqslant 2t+1$,则接收到的序列 r 仍然是与 c_i 的码距最近,从而当采用最小距离译码时,判定发送码字仍然为 c_i,从而可以纠正这 t 个错误。

这里的"同时"是指当错误个数小于等于 t 时,该码能纠正这些错误,当错误个数大于 t 而小于等于 e 时,可以检测出该码字发生错误。对于这种混合形式的分组码的译码是这样进行的,根据接收到的序列 r 寻找与之最近的码字 c_i,如果二者码距小于 t,则认为发送的码字为 c_i。否则,认为码字发生了错误,但不可纠正。由图 3.3(c)可见,当

$d_{\min} \geqslant e+t+1(e>t)$ 时发送码字在错了 t 位后,还是与原来发送码字最近,所以能纠正 t 位错误。另外,若发送码字最多错了 e ($e>t$) 位,则接收到的序列不会落到任何以其他码字为中心、半径为 t 的球内,从而不会被误纠成其他的码字。

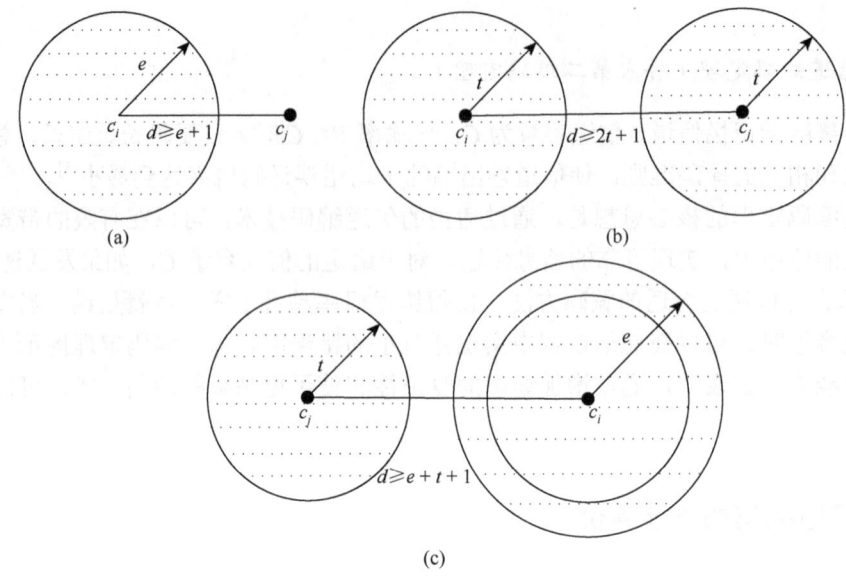

图 3.3 汉明距离和纠检错能力的关系

2. 编码效率

当一个 n 位码组中包括 k 位信息位和 $n-k$ 位的监督位的,其编码效率为 $\eta = k/n$,η 越小,纠检错能力越强,可靠性越强,但编码效率越低。

编码效率是衡量编码有效性的参数,在一定的纠检错能力下,编码效率越高越好。

3. 编码增益

针对同一通信系统,在一定误码率的前提下,非编码系统和编码系统所需信噪比的差值的单位用 dB 表示。

$$G = \left(\frac{E_b}{N_0}\right)_u - \left(\frac{E_b}{N_0}\right)_c \quad (3.8)$$

式中,$(E_b/N_0)_u$ 和 $(E_b/N_0)_c$ 分别表示未编码和编码后满足误码率所需要的信噪比。例如,在某种调制解调方式下,为了获得 10^{-4} 的误码率指标,未编码时需要信噪比为 9 dB,而编码后只需要 5 dB,即表示系统具有 4 dB 的编码增益。

3.1.4 几种简单的检错码举例

1. 奇偶校验码

设置一位奇偶校验位,使编码中 1 的个数为奇数(奇校验)或者为偶数(偶校验),可以通过将各个位进行异或来实现校验。实现方式简单，编码效率高，但只能通过检验发现是否有奇数个码元出错。如式（3.9）所示，计算各信息位异或的结果，对于偶校验，则使信息位和校验位中 1 的个数为偶数个，对于奇校验，则使信息位和校验位中 1 的个数为奇数个。

$$\begin{cases} a_0 \oplus a_1 \oplus \cdots \oplus a_{n-1} = 0（偶校验）\\ a_0 \oplus a_1 \oplus \cdots \oplus a_{n-1} = 1（奇校验） \end{cases} \quad (3.9)$$

2. 水平奇偶监督码

上述奇偶监督码检错能力不高，尤其是不能检测突发错误的缺点，而水平奇偶监督码很好地弥补了这个缺点。即将经过奇偶监督码的码元序列按行排成方阵，每行为一组奇偶监督码，如表 3.1 所示，但发送时按列的顺序传输：111011000011…。接收端仍将码元排成发送时的方阵形式，然后对每行进行奇偶校验。

表 3.1 水平奇偶监督码

信息码元										监督码元
1	1	1	0	0	1	1	0	0	0	1
1	1	0	1	0	0	1	1	0	1	0
1	0	0	0	0	1	1	1	0	1	1
0	0	0	1	0	0	0	0	1	0	0
1	1	1	0	1	1	1	0	1	1	1
1	1	1	0	1	1	0	0	0	0	1

3. 定比码（恒比码）

在确定码长的码组中，选用 1 和 0 的比例为恒定值的码组为许用码组。这样在接收端，只需统计每个码组中 1 或 0 的个数，即可判断是否有错误发生。表 3.2 所示为我国五单位保护电码表，这就是一种定比码。

表 3.2 我国五单位保护电码表

数字	电码					数字	电码				
0	0	1	1	0	1	5	0	0	1	1	1
1	0	1	0	1	1	6	1	0	1	0	1
2	1	1	0	0	1	7	1	1	1	0	0
3	1	0	1	1	0	8	0	1	1	1	0
4	1	1	0	1	0	9	1	0	0	1	1

3.2 线性分组码

将信息中 k 个码元（信息位）划为一段，通过编码器变成长度为 n 个码元（增加 $n–k$ 个监督位）的一组，记为（n, k）线性分组码的一个码字，其中监督位和信息位存在某种线性约束关系[4]。二进制位 2^k 个码字为许用码组，其余 2^n-2^k 个称为禁用码组。

3.2.1 线性分组码的编译码

1. 生成矩阵

一个（n, k）线性分组码中的码字可用 n 维矢量空间的一个 n 维行矢量 v 表示，记为 $v=[v_{n-1},\cdots,v_0]$，对应的信息分组用一个 k 维行矢量 u 表示，记为 $u=[u_{k-1},\cdots,u_0]$。在二进制编码中，所有 v_i、u_i 都取值 0 或 1。v、u 之间的关系可用矩阵表示：

$$v = uG \tag{3.10}$$

式中，G 为分组码的生成矩阵。

将 G 写成 $G=[g_i^T,\cdots,g_k^T]^T$，换言之，就是通过 G 将 k 维信息向量 u 扩张成 n 维向量 v。

生成矩阵 G 的性质可总结为以下几条：

（1）G 为 k 行 n 列；

（2）每个码字是 G 各行的线性组合；

（3）G 的每行都是一个码字；

（4）各行线性无关，但并不唯一，只要 k 个线性无关码字即可组成 G。

假设（7, 3）线性分组码符合以下编码规则：

$$\text{信息位：}\begin{cases}c_6=u_2\\c_5=u_1\\c_4=u_0\end{cases}\text{，校验位：}\begin{cases}c_3=p_3=u_2+u_0\\c_2=p_2=u_2+u_1+u_0\\c_1=p_1=u_2+u_1\\c_0=p_0=u_1+u_0\end{cases}$$

则由 $c=(u_2\ u_1\ u_0)\begin{bmatrix}1&0&0&1&1&1&0\\0&1&0&0&1&1&1\\0&0&1&1&1&0&1\end{bmatrix}$，生成矩阵 $G=\begin{bmatrix}1&0&0&1&1&1&0\\0&1&0&0&1&1&1\\0&0&1&1&1&0&1\end{bmatrix}$。当 $u=(1\ 1\ 0)$ 时，其编码结果为 $c=(1\ 1\ 0\ 1\ 0\ 0\ 1)$。

2. 监督矩阵（校验矩阵）

如果码字向量为 $c=[c_{n-1},c_{n-2},\cdots,c_1,c_0]$，对于系统码，其前 k 位为信息位，后 r 位为监督位。即信息位 $m=[m_{k-1},m_{k-2},\cdots,m_1,m_0]=[c_{n-1},c_{n-2},\cdots,c_{n-k}]$，监督位 $c=[c_{n-k-1},c_{n-k-2},\cdots,c_0]$。由于线性分组码的监督元与信息码元之间为线性代数关系，因此用二元域上的线性方程组来描述，记为

$$c_{n-k-1}=h_{r-1,\ n-1}c_{n-1}+h_{r-1,\ n-2}c_{n-2}+\cdots+h_{r-1,\ n-k}c_{n-k}$$

$$c_{n-k-2}=h_{r-2,\ n-1}c_{n-1}+h_{r-2,\ n-2}c_{n-2}+\cdots+h_{r-2,\ n-k}c_{n-k}$$

$$\vdots$$

$$c_0=h_{0,\ n-1}c_{n-1}+h_{0,\ n-2}c_{n-2}+\cdots+h_{0,\ n-k}c_{n-k}$$

这个方程组称为线性分组码的监督方程，整理这个方程组可得

$$\begin{bmatrix} h_{r-1,\,n-1} & h_{r-1,\,n-2} & \cdots & h_{r-1,\,n-k} & 1 & 0 & \cdots & 0 \\ h_{r-2,\,n-1} & h_{r-2,\,n-2} & \cdots & h_{r-2,\,n-k} & 0 & 1 & \cdots & 0 \\ \vdots & \vdots & & \vdots & \vdots & \vdots & & \vdots \\ h_{0,\,n-1} & h_{0,\,n-2} & \cdots & h_{0,\,n-k} & 0 & 0 & \cdots & 1 \end{bmatrix} \begin{bmatrix} c_{n-1} \\ c_{n-2} \\ \vdots \\ c_0 \end{bmatrix} = 0 \quad (3.11)$$

即监督方程写成矩阵的形式：

$$\boldsymbol{H}\boldsymbol{c}^{\mathrm{T}} = 0 \quad (3.12)$$

监督矩阵 $\boldsymbol{H}$ 的性质可总结为以下几条：

(1) 监督矩阵 $\boldsymbol{H}$ 为 $n-k$ 行 n 列；
(2) 对于 C 中任意码字有 $\boldsymbol{H}\boldsymbol{c}^{\mathrm{T}} = 0$，可用于判断码字是否合法；
(3) 监督矩阵 $\boldsymbol{H}$ 各行线性无关；
(4) C 最小码距是 d，$\boldsymbol{H}$ 中任意 $d-1$ 列线性无关。

定理 3.1 对于 (n, k) 线性分组码，校验矩阵为 $\boldsymbol{H}$，若 $\boldsymbol{H}$ 中任意 t 列线性无关，且 $t+1$ 列相关，则其最小码距为 $t+1$；反之最小码距为 $t+1$，$\boldsymbol{H}$ 的任意 t 列线性无关。

$\boldsymbol{G}$ 和 $\boldsymbol{H}$ 之间的关系：

(1) $\boldsymbol{G}$ 每行都属于 C，所以有 $\boldsymbol{H}\boldsymbol{G}^{\mathrm{T}} = 0$；
(2) 当生成矩阵 $\boldsymbol{G}$ 通过初等行变换变为 (I_k, P) 时，监督矩阵 $\boldsymbol{H}$ 可写为 (Q, I_{n-k})，其中 $\boldsymbol{Q} = \boldsymbol{P}^{\mathrm{T}}$。

3. 伴随式

发送的二元码字 $\boldsymbol{c} = [c_{n-1}, c_{n-2}, \cdots, c_1, c_0]$ 在有噪信道上传输将受到干扰并产生差错，反映到接收码字上可以用一个二元向量来表示，称为错误图样（error patterns），表示为

$$\boldsymbol{e} = [e_{n-1}, e_{n-2}, \cdots, e_1, e_0] \quad (3.13)$$

式中，$e_i = 1$ 表示相应位有差错；$e_i = 0$ 表明相应位无差错。这时接收码字可以表示为

$$\boldsymbol{r} = \boldsymbol{c} + \boldsymbol{e} = [c_{n-1} + e_{n-1}, c_{n-2} + e_{n-2}, \cdots, c_1 + e_1, c_0 + e_0] \quad (3.14)$$

对于一个通信系统来说，译码器的作用就是从接收码字 $\boldsymbol{r}$ 中得到发送码字的估计值，或者从接收码字中确定错误图样 $\boldsymbol{e}$，然后由 $\boldsymbol{c} = \boldsymbol{r} - \boldsymbol{e}$ 得到发送码字的估计值（对于二元编码 $\boldsymbol{c} = \boldsymbol{r} + \boldsymbol{e}$）。如果估计正确则译码正确，否则为译码错误。对于接收码字 $\boldsymbol{r}$，译码器根据已知的监督矩阵 $\boldsymbol{H}$ 计算如下关系式：

$$\boldsymbol{s} = \boldsymbol{r}\boldsymbol{H}^{\mathrm{T}} \quad (3.15)$$

由于 $\boldsymbol{c}\boldsymbol{H}^{\mathrm{T}} = 0$，则有

$$\boldsymbol{s} = \boldsymbol{r}\boldsymbol{H}^{\mathrm{T}} = \boldsymbol{c}\boldsymbol{H}^{\mathrm{T}} + \boldsymbol{e}\boldsymbol{H}^{\mathrm{T}} = \boldsymbol{e}\boldsymbol{H}^{\mathrm{T}} \quad (3.16)$$

设接收到的码字为 Y，当 $s = 0$，则 Y 满足校验，即为 C 中码字；当 $s \neq 0$，则 Y 不是码字，传输出错。这里称 s 为伴随式（校验子、监督子），并且 s 为发生错误的比特位数所对应的 $\boldsymbol{H}$ 中各列的加和，根据 s 可以确定发生错误的位置。

3.2.2 循环码

1. 循环码的定义

一个 (n, k) 线性分组码,若将其任意一个码字的码元向左或向右循环位移一位所得仍为可用码字,则称其为循环码,$[a,b,c,d] \Rightarrow [d,a,b,c] \Rightarrow [c,d,a,b] \cdots$。

2. 码多项式

把码组中各码元当作一个多项式的系数,将长为 n 的码组与 $n-1$ 次多项式建立一一对应的关系。这样就可以将码组用多项式来表示,称为码多项式。如码组 $A = [a_{n-1}, a_{n-2}, \cdots, a_1, a_0]$,则相应的码多项式可表示为

$$A(x) = a_{n-1}x^{n-1} + a_{n-2}x^{n-2} + \cdots + a_1x^1 + a_0 \tag{3.17}$$

在码多项式中,x 为一任意的实变量,只代表码元位置的标记。对于二进制码,多项式系数 $a_i (i = n-1, n-2, \cdots, 1, 0)$ 取 0 或 1。码多项式中 x^i 的存在只表示该位对应的码信息是 "1" 码,否则为 "0" 码。

3. 生成多项式

定义:在一个 (n, k) 循环码的码组中,有且仅有一个次数为 $n-k = r$ 码字的多项式,记为

$$g(x) = x^r + g_{r-1}x^{r-1} + \cdots + g_1x + 1 \tag{3.18}$$

同时,每个码字多项式都是 $g(x)$ 的倍式,并且每个次数小于等于 $n-1$ 的 $g(x)$ 的倍式都是一个码字多项式,这时称 $g(x)$ 为 (n, k) 循环码的生成多项式。

生成多项式的性质可总结为以下几条:

(1) 生成多项式 $g(x)$ 是 $C(x)$ 中除 0 外的次数最低的;

(2) $g(x)$ 的次数为校验位个数 $(n-k)$;

(3) $g(x)$ 是唯一系数为 1 的零次项;

(4) $C(x)$ 中的多项式都是 $g(x)$ 次数小于 n 的倍式,同时 $g(x)$ 次数小于 n 的倍式都是 $C(x)$ 中的多项式;

(5) $g(x)$ 是 $x^n + 1$ 的因式。

4. 循环码的编码(利用生成多项式)

循环码作为一种线性分组码,也分为系统码和非系统码[5]。已知循环码的生成多项式可以按照一定的编码方法产生系统循环码。首先,给出消息码字多项式、循环码字多项式分别为

$$m(x) = m_{k-1}x^{k-1} + m_{k-2}x^{k-2} + \cdots + m_1x + m_0$$

$$c(x) = c_{n-1}x^{n-1} + c_{n-2}x^{n-2} + \cdots + c_1x + c_0$$

系统循环码的编程包括以下三个步骤:

（1）用 x^{n-k} 乘 $m(x)$；

（2）用 $x^{n-k}m(x)$ 除以 $g(x)$，得到模 $g(x)$ 的余式 $r(x)$

$$\frac{x^{n-k}m(x)}{g(x)} = q(x) + \frac{r(x)}{g(x)}$$

（3）利用 $c(x) = x^{n-k}m(x) + r(x)$ 得到系统循环码的码字多项式。

此处举一个例子来解释循环码序列的生成，假设（7,4）循环码的生成多项式为 $g(x) = x^3 + x + 1$，消息序列 $m = [1, 0, 1, 0]$ 的系统循环码字序列生成的过程如下所述。

由消息序列可得到消息码字多项式为 $m(x) = x^3 + x$，按系统循环码的编码方法可得

$$x^{n-k}m(x) = x^3(x^3 + x) = x^6 + x^4$$

$$\frac{x^{n-k}m(x)}{g(x)} = \frac{x^6 + x^4}{x^3 + x + 1} = x^3 + 1 + \frac{x+1}{x^3 + x + 1}$$

$$r(x) = x + 1$$

$$c(x) = x^{n-k}m(x) + r(x) = x^6 + x^4 + x + 1$$

$$c = [1, 0, 1, 0, 0, 1, 1]$$

循环码也具有生成矩阵，通过将生成多项式进行移位，取 k 个位移后的多项式组成生成矩阵：

$$G(x) = \begin{bmatrix} x^{k-1}g(x) \\ x^{k-2}g(x) \\ \vdots \\ g(x) \end{bmatrix} \quad (3.19)$$

相应地生成矩阵的一般形式为

$$G = \begin{bmatrix} g_{n-k} & g_{n-k-1} & \cdots & g_1 & g_0 & 0 & 0 & \cdots & 0 \\ 0 & g_{n-k} & g_{n-k-1} & \cdots & g_1 & g_0 & 0 & \cdots & 0 \\ \vdots & \vdots & \vdots & \vdots & \vdots & \vdots & \vdots & \vdots & \vdots \\ 0 & \cdots & \cdots & 0 & g_{n-k} & g_{n-k-1} & \cdots & g_1 & g_0 \end{bmatrix} \quad (3.20)$$

5. 循环码的译码

校验子译码的过程如下所述。

（1）根据接收码字多项式 $r(x)$ 计算校验子多项式 $s(x)$；

（2）根据校验子多项式 $s(x)$ 计算错误图样多项式 $e(x)$；

（3）利用 $\hat{c}(x) = r(x) - e(x)$ 计算译码器输出的估计值。

设发送的码多项式为 $C(x)$，错误图样多项式为 $e(x)$，接收端接收的码多项式为 $R(x)$，则 $R(x) = C(x) + e(x)$：

$$\frac{R(x)}{g(x)} = \frac{C(x) + e(x)}{g(x)} = \frac{e(x)}{g(x)}$$

$$S(x) = \frac{e(x)}{g(x)} = e(x)$$

若无错误传输，则 $S(x) = 0$，否则 $S(x) \neq 0$。

3.2.3 BCH 码

1. BCH 码的定义

对于任意给定的正整数 $m \geq 3$，$t < 2^{m-1}$，一定存在下列参数可纠正 t 位码元错误的二元 BCH 码：

$$n = 2^m - 1, \quad n - k = r \leq mt, \quad d_{\min} \geq 2t + 1$$

且其生成的多项式 $g(x)$ 是 GF(2) 上以 $\beta, \beta^2, \beta^3, \cdots, \beta^{2t}$ 为根的最低次数多项式，其中 β^i 为 GF(2^m) 上的元素。如果 $m_1(x), m_2(x), \cdots, m_{2t}(x)$ 是以 $\beta, \beta^2, \beta^3, \cdots, \beta^{2t}$ 为根的最小多项式，并为 $x^n + 1$ 的因式 ($n = 2^m - 1$)，则有

$$g(x) = \text{LCM}\{m_i(x), m_{i+1}(x), \cdots, m_{i+2t-1}(x)\}$$

如果 $\beta = \alpha$，即 $i = 1$，且 α 为 GF(2^m) 中的本原元，则码长 $n = 2^m - 1$，产生的 BCH 码为本原 BCH 码。

如果 $\beta = \alpha^i$，即 $i \neq 1$，且 $\beta = \alpha^i$ 不是 GF(2^m) 中的本原元，并为一个阶数为 $n \neq 2^m - 1$ 的元素，则 n 一定为 $2^m - 1$ 的因子，产生的 BCH 码是一个码长为 n 的非本原 BCH 码。

2. BCH 码编码

对于任意给定的正整数 $m \geq 3$，$i < 2$，一定存在下列参数可纠正 t 位码元错误的二元本原 BCH 码，其生成多项式 $g(x)$ 是 GF(2) 上以 $\alpha, \alpha^2, \alpha^3, \cdots, \alpha^{2t}$ 为根的最低次数多项式，α 为 GF(2^m) 上的本原元。如果 $m(x), m_2(x), \cdots, m_{2t}(x)$ 是以 $\alpha, \alpha^2, \alpha^3, \cdots, \alpha^{2t}$ 为根的最小多项式，并且为 $x^n + 1$ 的因式，则有

$$g(x) = \text{LCM}\{m(x), m_2(x), \cdots, m_{2t}(x)\} \tag{3.21}$$

最小码距 $d_{\min}$ 一定大于其生成多项式 $g(x)$ 的最大相邻根的个数。如果循环码生成多项式 $g(x)$ 的最大相邻根的个数为 N，则有 $d_{\min} \geq N + 1$。

由有限域上多项式的基本关系可知，对于二元 BCH 码，生成多项式 $g(x)$ 和 $x^n + 1$ 均为 GF(2^m) 上的多项式，因为二元有限域上 $f^2(x) = f(x^2)$，所以有 $m_i(x) = m_{2i}(x)$，即如果 α^i 为 $m_i(x)$ 的根，则 $(\alpha^i)^2$ 也为 $m_{2i}(x)$ 的根。因此式 (3.21) 可以写为

$$g(x) = \text{LCM}\{m(x), m_3(x), \cdots, m_{2t-1}(x)\} \tag{3.22}$$

BCH 码的编码方法与循环码完全一致，系统码的编码方法为

（1）用 x^{n-k} 乘 $m(x)$；

（2）用 $x^{n-k} m(x)$ 除以 $g(x)$，得到模 $g(x)$ 的余式 $r(x)$ 为

$$\frac{x^{n-k} m(x)}{g(x)} = q(x) + \frac{r(x)}{g(x)}$$

（3）利用 $c(x) = x^{n-k} m(x) + r(x)$ 得到系统循环码的码字多项式。

3. BCH 码译码

（1）查表法：在接收端将所有可能的码字和对应的译码结果以表格形式存储起来，将收到的码字按照最大似然译码规则在表中找到对应码字进行译码。

优点：译码速度快，硬件实现比较容易。

缺点：信息复杂时，存储表格会消耗大量存储资源。

（2）通过监督矩阵进行译码：(n, k) 循环码的生成多项式 $g(x)$ 必然是 GF(2) 上多项式 x^n+1 的因式，即 $x^n+1 = g(x)h(x)$。其中，$g(x)$ 为 $r = n-k$ 次多项式，$h(x)$ 为 k 次多项式。如果 α 为 $GF(2^m)$ 中的阶数为 n 的元素，即有 $\alpha^n = 1$，则 $\alpha^0 = 1, \alpha, \alpha^2, \cdots, \alpha^{n-1}$ 为 x^n+1 的 n 个根，即有

$$x^n + 1 = (x-1)(x-\alpha)(x-\alpha^2)\cdots(x-\alpha^{n-1}) = g(x)h(x)$$

实际上，这 n 个元素的集合 $G(n) = \{1, \alpha, \alpha^2, \cdots, \alpha^n\}$ 为有限域 $GF(2^m)$ 中的非零元素构成的循环群。其中，α 为循环群的生成元，它的阶数 n 必然是 2^m-1 的因子。如果 $n = 2^m-1$，则 α 为 $GF(2^m)$ 的本原元；如果 $n \neq 2^m-1$，而是 2^m-1 的因子，则 α 为有限域 $GF(2^m)$ 的非零元素构成的循环群的一个子群的生成元。

$g(x)$ 为 x^n+1 的一个 $n-k = r$ 次因式，因此它的 r 个根也一定在这个循环群 $G(n)$ 中，而 $G(n)$ 中的其他 k 个元素一定为多项式 $h(x)$ 的根。

由 BCH 码的定义可知，如果码长为 $n = 2^m-1$，可以纠 t 个码元错误，则生成多项式 $g(x)$ 一定以 $\alpha, \alpha^2, \cdots, \alpha^{2t}$ 为根。如果 BCH 码字多项式为

$$c(x) = c_{n-1}x^{n-1} + c_{n-2}x^{n-2} + \cdots + c_1 x + c_0$$

则有

$$c_{n-1}(\alpha)^{n-1} + c_{n-2}(\alpha)^{n-2} + \cdots + c_1(\alpha) + c_0 = 0$$
$$c_{n-1}(\alpha^2)^{n-1} + c_{n-2}(\alpha^2)^{n-2} + \cdots + c_1(\alpha^2) + c_0 = 0$$
$$\vdots$$
$$c_{n-1}(\alpha^{2t})^{n-1} + c_{n-2}(\alpha^{2t})^{n-2} + \cdots + c_1(\alpha^{2t}) + c_0 = 0$$

用矩阵表示这个方程组为

$$\begin{bmatrix} (\alpha)^{n-1} & (\alpha)^{n-2} & \cdots & \alpha & 1 \\ (\alpha^2)^{n-1} & (\alpha^2)^{n-2} & \cdots & \alpha^2 & 1 \\ (\alpha^3)^{n-1} & (\alpha^3)^{n-2} & \cdots & \alpha^3 & 1 \\ \vdots & \vdots & \vdots & \vdots \\ (\alpha^{2t})^{n-1} & (\alpha^{2t})^{n-2} & \cdots & \alpha^{2t} & 1 \end{bmatrix} \begin{bmatrix} c_{n-1} \\ c_{n-2} \\ \vdots \\ c_1 \\ c_0 \end{bmatrix} = 0 \qquad (3.23)$$

根据循环码的监督矩阵和码字向量的关系，这个 BCH 码的监督矩阵为

$$\boldsymbol{H} = \begin{bmatrix} (\alpha)^{n-1} & (\alpha)^{n-2} & \cdots & \alpha & 1 \\ (\alpha^2)^{n-1} & (\alpha^2)^{n-2} & \cdots & \alpha^2 & 1 \\ (\alpha^3)^{n-1} & (\alpha^3)^{n-2} & \cdots & \alpha^3 & 1 \\ \vdots & \vdots & \vdots & \vdots \\ (\alpha^{2t})^{n-1} & (\alpha^{2t})^{n-2} & \cdots & \alpha^{2t} & 1 \end{bmatrix}$$

式（3.23）就是监督矩阵与码字多项式的基本关系，可简化为
$$Hc^T = 0$$
与循环码类似，BCH 码的译码也主要分为三个步骤：
(1) 首先由接收码字多项式 $r(x)$ 计算校验子多项式 $s(x)$；
(2) 由 $s(x)$ 得到错误图样多项式 $e(x)$；
(3) 利用 $\hat{c}(x) = r(x) - e(x)$ 得到发送码字多项式的估计值。

如果是非系统码，还必须由发送码字的估计值得到信息码字多项式，即 $\hat{m}(x) = \dfrac{\hat{c}(x)}{g(x)}$。

接收码字多项式为
$$r(x) = c(x) + e(x) = r_{n-1}x^{n-1} + r_{n-2}x^{n-2} + \cdots + r_1 x + r_0 \quad (3.24)$$
$$s_j = e(\alpha^j) = e_{n-1}(\alpha^j)^{n-1} + e_{n-2}(\alpha^j)^{n-2} + \cdots + e_1(\alpha^j) + e_0, \quad j = 1, 2, \cdots, 2t \quad (3.25)$$

利用式（3.24）和式（3.25）就可以根据一个接收码字序列求出相应的校验子向量，通过查找错误图样和校验子之间的关系表就可以实现纠检错。然而，对于 BCH 码，可以进一步利用生成多项式与最小多项式及其共轭根的关系来计算校验子。对于 BCH 码，校验子向量的分量 s_j 也一定是 GF(2^m) 上的元素。已知接收码字多项式 $r(x)$ 和以 α^j 为根构成的生成多项式 $g(x)$ 的最小多项式 $m_j(x)$，可以用以下方法求出校验子向量的分量 s_j。

用 $m_j(x)$ 除以接收码字多项式 $r(x)$，可以表示为
$$r(x) = A_j(x)m_j(x) + B_j(x)$$
式中，$B_j(x)$ 为余式，因为 α^j 为 $m_j(x)$ 的根，所以 $m_j(\alpha)^j = 0$，则
$$s_j = r(\alpha) = B_j(\alpha^j), \quad j = 1, 2, \cdots, 2t$$
也就是说，校验子向量的分量 s_j 的求法是用接收码字多项式 $r(x)$ 除以 α^j 的最小多项式 $m_j(x)$，即 $r(x)$ 模 $m_j(x)$ 的余式 $B_j(x)$，并代入 $x = \alpha^j$。

3.3 卷 积 码

在信道编码中，与分组码相对应的另一大类编码是卷积码。卷积码与分组码的不同之处在于编码器是具有记忆的，通过卷积引入时间相关性，增强纠错能力。

卷积码是由 Elias 在 1955 年首先提出来的[6]。1967 年，维特比（Viterbi）提出了最大似然译码算法，也就是 Viterbi 译码算法[7]。现在 Viterbi 译码算法已被广泛地应用于通信和信号处理的各个领域。

3.3.1 卷积码的基本概念

当前卷积码广泛应用在数字通信中，特别是用作数字语音传输的信道编码和级联码的内码。卷积码是信息序列通过一个有限状态卷积编码器产生的。常用的编码器由 k 个 m 级移位寄存器和 n 个模二加器组成。这些模二加器的输入来自移位寄存器的某些抽头。

当编码器工作时,将输入序列分成每组 k bit 的并行数据流,依次进入 k 个移位寄存器,每次产生 n 个模二加结果轮流从编码器的输出端输出,$R=k/n$ 为编码器的码率,$v=m+1$ 为卷积码的约束长度,常记为 (n,k,m) 卷积码。

根据工作原理图,编码器中移位寄存器的各级与移位寄存器的连接关系可用生成多项式来表示,其中多项式的系数"1"表示连接,"0"表示不连接,为了简化,也可用行矢量表示。例如,图 3.4 中上下支路输出对应的生成多项式分别为

$$g_0(D) = 1 + D^2$$
$$g_1(D) = 1 + D + D^2$$

也可简单表示为 $g_0 = (1\,0\,1)$ 和 $g_1 = (1\,1\,1)$。

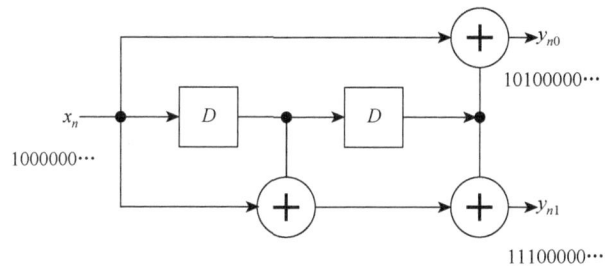

图 3.4 (2,1,2) 卷积编码器的工作原理图

移位寄存器的内容确定了编码器的状态,该编码器有 $2^2 = 4$ 个状态。通常,编码器的初始状态定为"0"状态,即移位寄存器的内容为全"0"。编码器工作时,输入信息序列按照时钟节拍脉冲不断进入编码器,在每个时钟周期先后产生两个模二加器的输出,从而产生编码序列,随后信息符号移入移位寄存器,使编码器进入新状态。设当前输入为 x_n,移位寄存器的内容为 $x_{n-1}x_{n-2}$,那么对应的上下支路输出就是 $x_n \oplus x_{n-2}$ 和 $x_n \oplus x_{n-1} \oplus x_{n-2}$,写成矩阵形式为

$$[y_{n0} \quad y_{n1}] = [x_n \quad x_{n-1} \quad x_{n-2}] \begin{bmatrix} 1 & 1 \\ 0 & 1 \\ 1 & 1 \end{bmatrix}$$

如果考虑输入序列是一条半无限长的序列,那么输入与输出的关系可写成如下矩阵形式:

$$y = xG$$

式中,x 和 y 分别表示编码器的输入与输出半无限行矢量;G 表示卷积码的生成矩阵(假设编码器从零状态开始),这就是卷积码的矩阵表示:

$$G = \begin{bmatrix} 1 & 1 & 0 & 1 & 1 & 1 & 0 & 0 & 0 \\ & & 0 & 0 & 1 & 1 & 0 & 1 & 1 & 1 & 0 \\ & & & & 0 & 0 & 0 & 0 & 1 & 1 & 0 & 1 & 1 \\ & & & & & & \cdots & & 0 & 0 & 1 & 1 & 0 \end{bmatrix}$$

3.3.2 卷积码的表示方法

除生成矩阵外，卷积码的其他表示方法主要有三种：状态转移图、码树、网格图。

1. 状态转移图

移位寄存器的内容对应着编码器的状态。编码器的输出由其状态和当前输入所决定，并且每当输入一个符号后，编码器就变成下一个状态，状态转移图如图3.5所示。

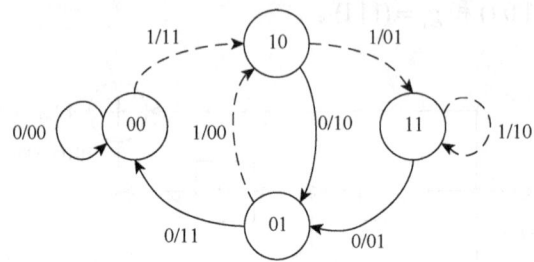

图 3.5　(2, 1, 2) 卷积编码器的状态转移图

2. 码树

卷积码可用码树表示，树状图的分支表示一个输入符号。通常来讲，输入 0 对应上分支，输入 1 对应下分支。每个分支上标有对应的输出，包含 n 个符号（n 为模二加器个数）。因此，任何编码序列都与码树中的一条特殊路径相对应（图 3.6）。

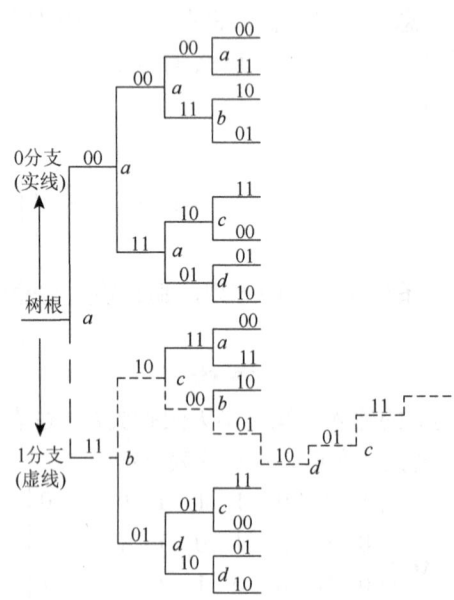

图 3.6　(2, 1, 2) 卷积编码器的树状图

3. 网格图

从码树上可以看出，从任何状态出发的分支都相同，因此可以把同级相同状态的点合并而得到网格图。图 3.7 所示为图 3.6 的卷积码网格表示图。与码树规定相同，输入 0 对应上分支，输入 1 对应下分支，每个分支上面标有对应的输出。由于码率为 1/2，所以每个分支的输出有两个符号。与码树一样，任何可能的输入序列都对应网格图中的一条特殊路径。例如，输入序列 10110 对应的输出序列为 1101001010。

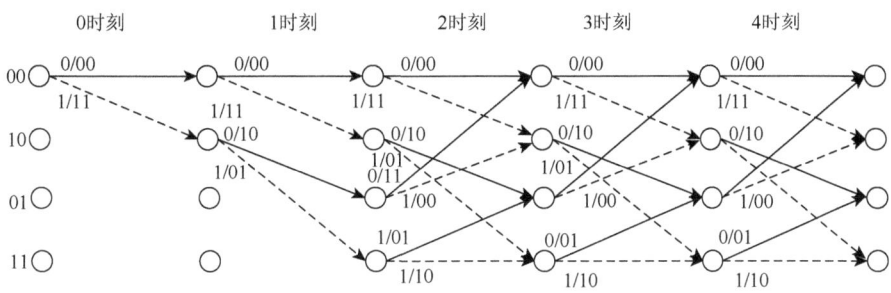

图 3.7　卷积码的网格图

3.3.3　卷积码的距离特性

纠错码的距离是一个重要参数，与分组码不同，卷积码可以根据译码方法对距离进行定义。当利用维特比译码和序列译码时，通常采用自由距离作为距离量度。自由距离定义为任意长的编码序列之间的最小汉明距离。

卷积码的分支度量是指从第 i 步到第 $i+1$ 步的编码输出与实际接收到的码字之间的汉明距离，如图 3.8 所示。

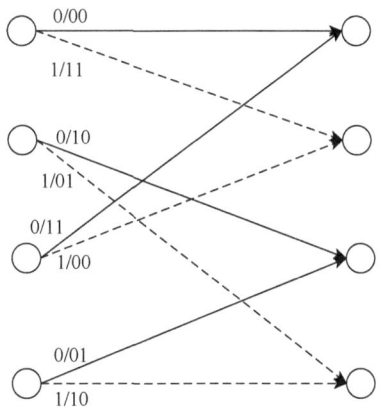

图 3.8　卷积码的分支度量关系

路径上各个分支度量之和就是该路径与接收序列的码距，最大似然序列译码准则就是要找到累计度量最小的路径。在信息序列完成后，利用一些特定比特使各个残留路径到达某一已知状态（一般全零），使最后只有一条残留路径，一般称为截尾。

3.3.4 卷积码的维特比译码

卷积码的译码可分为代数译码和概率译码。代数译码是基于码的代数结构，主要用于系统卷积码的译码。概率译码就是通过信道统计特性的研究，使用不依赖于编码的代数运算实现译码，主要用于非系统卷积码的译码。

Viterbi 译码算法就是一种概率译码方法，也是最大似然译码，与传统的译码算法相比复杂度明显降低，并能保持很好的译码性能。如前所述，最大似然译码就是将接收序列与所有可能的发送序列相比较（求其汉明距离或欧氏距离），从中选择对应最大似然函数的信息序列，作为译码输出。以二进制编码为例，如果信息序列长度为 L bit，那么这种比较就要进行 2^L 次。这样译码计算量与列长度呈指数关系增长。因此，当 L 很大时，这种译码方式很难实现。

从网格图上可以看到，如果某一路径是最佳的，那么在此路径上从起点到每一级节点的子路径与到此节点的其他路径相比也是最佳的，否则便不能保证整个路径最佳。维特比算法就是把所有 2^L 次比较转化成在网格图上逐级比较。在每一级的每个节点，通过比较找到一条最佳子路径而抛弃其他路径，然后以这一级为基础，找到下一级节点的最佳子路径，直到对整条序列进行译码。逐级比较与整条序列直接比较相比节省了很多运算。

下面介绍 Viterbi 译码算法流程。设卷积码约束长度 $v = m + 1$，则网格图上每级的节点数为 2^m。对于码率为 $1/n$ 的二进制编码，每个节点有两条输入支路和两条输出支路，如图 3.9 所示，称此图为蝶形运算单元，一般地，有如下关系：$j = 2s$，$k = 2s + 1$，$t = s + 2^{m-1}$。在每个节点，每次对累计度量进行对比后，只保留一条累计度量最大的路径（称为幸存路径）。因此，在整个译码过程中，路径数始终保持恒定，等于状态数 2^m。

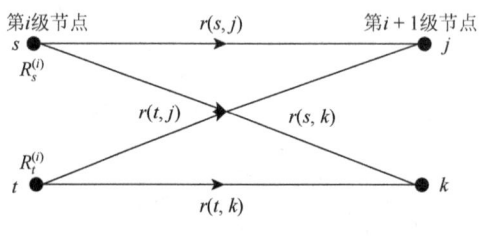

图 3.9 蝶形运算单元

Viterbi 译码算法的核心思想：累加分支度量→比较累计度量→选择幸存路径→得到输入序列。任何编码序列对应网格图上唯一一条路径，译码器要找到这条路径，使发射端和接收端序列码距最小（最大似然序列译码准则）。

例如，假设接收序列为 0111011100，在图 3.10 所示的网格图上找到累计度量最小的路径（粗线路径），将其对应的输入序列作为译码结果，译码结果为 11000。

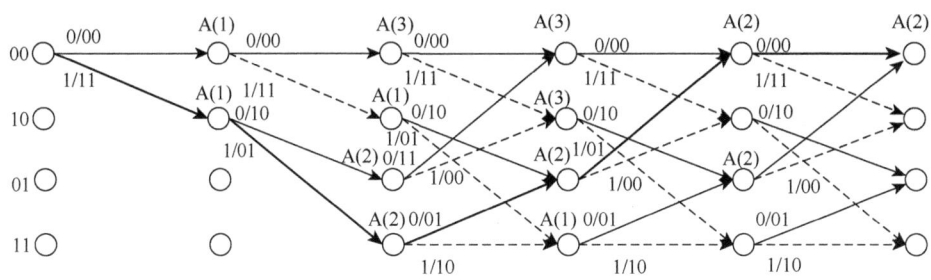

图 3.10 Viterbi 译码算法的幸存路径

3.4 Turbo 码

3.4.1 Turbo 码的背景

1993 年，Berrou 等提出一种新的信道编码方案——Turbo 码[8]。Turbo 码译码算法的特点是，利用两个子译码器之间信息的往复迭代递归调用，增加后验概率对数似然比，从而提高判决可靠性，Turbo 码由此得名，这种算法也属于最大后验概率算法。由于 Turbo 码很好地应用了香农信道编码定理中的随机性编译码条件，从而获得接近香农理论极限的译码性能，这一理论成果的公布立即在编码界引起轰动。

Turbo 码由两个循环系统卷积码并行级联而成，译码采用迭代的串行译码，而编译码中的交织器可以使信息序列随机化，增加各码字间的距离，从而提高信息抗信道衰落的能力。

3.4.2 Turbo 码编码原理

典型的 Turbo 码编码器由两个递归系统卷积码（recursive systematic convolutional code，RSCC）编码器和交织器等构成，其原理如图 3.11 所示，编码器Ⅰ、Ⅱ又称为成员码，共同构成了 RSCC 编码器。编码器Ⅰ、Ⅱ只输出编码的校验序列，通过开关单元与输入信息序列一起输出得到 Turbo 码编码输出序列。由图 3.11 可知，输入的信息数据，经过编码器Ⅰ进行编码，同时，该信息数据还将进入交织器和编码器Ⅱ进行编码。通过开关单元控制编码器Ⅰ和编码器Ⅱ编码后的信息进行输出，再由复接器将原始数据，编码器Ⅰ、编码器Ⅱ的输出数据进行拼接，从而实现输入 1 位信息数据产生 3 位输出数据的编码功能。因此如果没有截断，如图 3.11 所示的 Turbo 码的码率为 1/3。通常情况下图中的两个编码器是相同的，Turbo 码之所以利用 RSCC 编码器，是因为循环编码器可以改善码的误码率性能。交织器是 Turbo 码的一个重要组成部分，常用的交织器有分组交织器和伪随机交织器两种。一般而言，交织器的作用是允许解码器能够对同样的信息作出不相关的估计。两个估计的相关程度越低，解码算法迭代的收敛性越好。

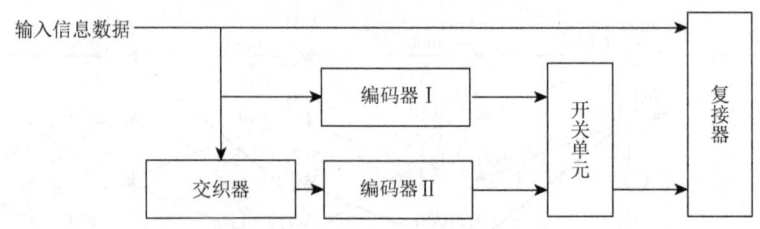

图 3.11 Turbo 码编码器原理图

3.4.3 Turbo 码译码原理

Turbo 码的优异性能不仅在于它独特的编码结构,尤其是其中的交织器结构,更重要的是与编码结构相匹配的译码算法。Turbo 码译码算法采用了 MAP 算法,在译码的结构上又做了改进,再次引入了反馈的概念,取得了性能和复杂度之间的折中。同时,Turbo 码的译码采用的是迭代译码,这与经典的代数译码是完全不同的。Turbo 码译码算法最早是在 BCJR(Bahl-Cocke-Jelinek-Raviv)算法的基础上改进而来的,称为 MAP 算法,后来又形成了 Log-MAP 算法、Max-Log-MAP 算法,以及软输出维特比算法(soft output Viterbi algorithm,SOVA)。MAP 算法在性能上是最优的,但复杂度也是最高的。Log-MAP 算法相比 MAP 算法其复杂度有所降低,但性能基本一致。Max-Log-MAP 算法的复杂度比 Log-MAP 算法要低,但在信噪比低时,性能上有 0.6dB 左右的下降。SOVA 是最简单的,相比 MAP 算法有接近 1dB 的性能差。当信噪比大于 3dB 时,4 种算法的性能基本一致。

图 3.12 中的两个分量译码器对应于编码器中的两个编码器,如果两个编码器是相同的,那么这里的译码器也是相同的。每个译码器都可以使用上述的译码算法中的一种。交织器也和编码器中使用的交织器是一样的,解交织器和交织器是配套使用的。每一个分量译码器都可以产生一个称为外部信息的变量 $L_{1e}(x_k)$ 或 $L_{2e}(x_k)$,这个变量在迭代过程中被传递。

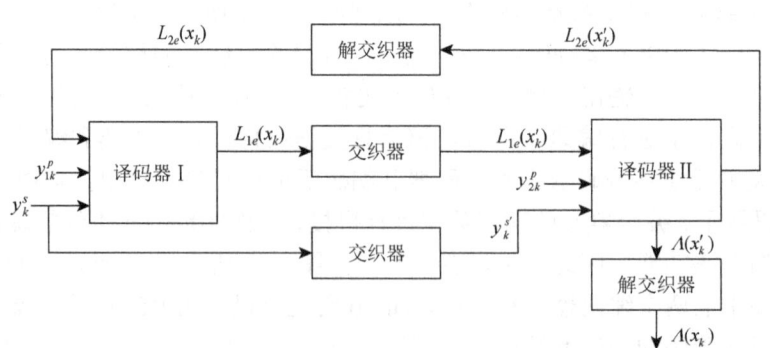

图 3.12 Turbo 码译码原理

在第一次译码时,由于没有 $L_{2e}(x_k)$,所以译码器 I 的输入只有接收到的信息位 y_k^s

和对应于第一个编码器产生的校验位的接收比特 y_{1k}^p，它们经过译码器后计算出外部信息的变量 $L_{1e}(x_k)$。在 Turbo 码的编码器端，由编码器Ⅱ产生的校验位是经过交织后的信息位产生的，因此在译码时，译码器Ⅱ的输入信息也要经过交织，所以译码器Ⅱ的输入是 y_{2k}^p 和经过交织后的系统位 $y_k^{s'}$ 以及 $L_{1e}(x_k')$。译码器Ⅱ的输出经过解交织后作为下一次的输入再传递给译码器Ⅰ，这样就形成了迭代过程。到达预定的迭代次数后，译码器Ⅱ的输出经过解交织后就可以得到信息的对数似然比。可以看出，Turbo 码译码器具有以下特点：

（1）串行级联；
（2）迭代译码；
（3）在迭代译码过程中交换的是外部信息；
（4）概率译码。

Turbo 码的优越性在于：即使在较低的信噪比下也能获得较好的性能。Turbo 码的性能提高是通过增加交织长度和迭代次数来实现的。同时，在 Turbo 码中存在错误平台的问题，即开始误码率随着信噪比的增加急剧下降，但是到了一个特定点后，曲线下降会变得非常缓慢。这种错误平台现象的出现是 Turbo 码的距离特性造成的，即虽然 Turbo 码具有良好的性能，但它的自由距离较小。不过尽管其自由距离特性差，但低距离的路径数目即距离的重复度比较小。在低信噪比的情况下，重复度对编码性能的影响比较大，而在高信噪比的情况下，自由距离的作用会更大[9]。

Turbo 码具有优异的性能，理论上也取得了不少成果，因此已经广泛地应用于舰船战术通信系统中。

3.5 LDPC 码

3.5.1 LDPC 码的背景

LDPC 码是近年来研究比较热的一种信道编码技术，在已有的 4G 移动通信系统、航天通信、军事通信中都有采用[10]。为了理解 LDPC 码，首先需要简单回顾一下线性分组码和香农定理。虽然线性分组码的设计是完美的，但是其性能和香农定理的极限性能还有很大差距。所谓的性能指的是达到某个要求的误码率所需的最小信噪比的值。常用的线性分组码所需的信噪比都比香农极限大得多。

其主要原因就是常用的线性分组码太短了，而香农极限则是在码充分长的情况下得到的。因此，要提高编码性能，就必须增加码长。但是，增加码长会使译码复杂度呈级数增加。例如，对于码长为 500、信息序列为 200 的线性分组码，其伴随矩阵的个数为 $2^{500-200}=2^{300}$，这是一个天文数字，在目前和未来很长一段时间内都是不可实现的。因此，这样的码字是不可译的。所以问题的关键就在于寻找对长码有效的译码方法，其性能接近最大似然译码，且复杂度可以接受。

所谓的"好码"，其必须满足性能接近香农极限且实现复杂度较低。LDPC 码就是长码中的一类"好码"，由 Gallager 博士于 1963 年提出，其全称为低密度校验码，LD

表示低密度，PC 表示校验码[11]。LDPC 的码一般很长，可达数千位，其校验矩阵 $\boldsymbol{H}$ 也很大，但 $\boldsymbol{H}$ 的一个重要特征就是其为稀疏矩阵，即 $\boldsymbol{H}$ 中的非零元素很少，也就是 1 的密度很低，故称为低密度。LDPC 码不仅性能接近香农极限，还解决了长码不可译的难题。

3.5.2 LDPC 码的表示方法

LDPC 本质上属于线性分组码，因此 LDPC 码可以通过校验矩阵 $\boldsymbol{H}$ 以矩阵的形式来表示。不过由于 LDPC 码比较复杂，在分析中更多地利用因子图（也称为 Tanner 图）来表示，这两种方法是等效的，下面对其进行说明。

1. 矩阵表示法

二元域上的 LDPC 码是一种线性分组码 (n, k)，其中，n 为码长，k 为信息位的长度，每个 LDPC 码都可以由其校验矩阵 $\boldsymbol{H}$ 唯一定义。设 $\boldsymbol{H}$ 是一个 $m\times n$ 的矩阵，则每一行对应一个校验方程，每一列对应码字的一位。每一行中非零元素的个数称为行重，每一列中的非零元素的个数称为列重，一般列重都小于行重。

Gallager 定义的 LDPC 码，其校验矩阵中每一列包含 d_v 个非零元素，每一行包含 d_c 个非零元素，若码长为 N，则可以记为（N, d_v, d_c）。在校验矩阵 $\boldsymbol{H}$ 中，每一行和每一列中“1”的数目是固定的。任意两行（或两列）之间“1”的重叠数目小于或等于 1，这称为行列约束。图 3.13 是由 Gallager 构造的一个（20, 3, 4）LDPC 码的校验矩阵，它的 $d_{\min} = 6$，设计码率为 1/4，实际码率为 7/20。

	x_1	x_2	x_3	x_4																
z_1	1	1	1	1	0	0	0	0	0	0	0	0	0	0	0	0	0	0	0	0
z_2	0	0	0	0	1	1	1	1	0	0	0	0	0	0	0	0	0	0	0	0
z_3	0	0	0	0	0	0	0	0	1	1	1	1	0	0	0	0	0	0	0	0
z_4	0	0	0	0	0	0	0	0	0	0	0	0	1	1	1	1	0	0	0	0
z_5	0	0	0	0	0	0	0	0	0	0	0	0	0	0	0	0	1	1	1	1
	1	0	0	0	1	0	0	0	1	0	0	0	1	0	0	0	0	0	0	0
	0	1	0	0	0	1	0	0	0	1	0	0	0	0	0	0	1	0	0	0
	0	0	1	0	0	0	1	0	0	0	0	0	0	1	0	0	0	1	0	0
	0	0	0	1	0	0	0	0	0	0	1	0	0	0	1	0	0	0	1	0
	0	0	0	0	0	0	0	1	0	0	0	1	0	0	0	1	0	0	0	1
	1	0	0	0	0	1	0	0	0	0	0	1	0	0	0	0	0	1	0	0
	0	1	0	0	0	0	1	0	0	0	1	0	0	0	0	1	0	0	0	0
	0	0	1	0	0	0	0	1	0	0	0	0	1	0	0	0	0	0	1	0
	0	0	0	1	0	0	0	0	1	0	0	0	0	1	0	0	1	0	0	0
	0	0	0	0	1	0	0	0	0	1	0	0	0	0	1	0	0	0	0	1

图 3.13　（20, 3, 4）LDPC 码校验矩阵

这种校验矩阵每行和每列中"1"的数目（汉明重量）相同的 LDPC 码称为规则 LDPC 码。与规则 LDPC 码相对应的是非规则 LDPC 码，其校验矩阵 H 中每行中"1"的个数不同，每列中"1"的个数也不一样。非规则 LDPC 码的性能要好于规则 LDPC 码，最近几年的研究表明，对于在 GF(8)构造的非规则码，它的性能要比 Turbo 码还好，能够显著地提高码字性能，其性能非常接近香农极限。

2. Tanner 图

LDPC 发展到 20 世纪 90 年代，出现了新的表示方式——因子图，即 Tanner 图[12]。LDPC 码的校验矩阵 H 为一个 $M×N$ 的矩阵，该矩阵可以由 Tanner 图表示。图的下边有 N 个节点，每个节点表示校验矩阵的列，称为变量节点；上边有 M 个节点，每个节点表示一个校验集，称为校验节点。与校验矩阵中"1"元素相对应的上下两个节点之间存在连接边，称这条边为两端节点的相邻边，相邻边两端的节点称为相邻点。每个节点相邻边数称为该节点的度数。对于规则 LDPC 码来说，校验矩阵中每一行和每一列中"1"的个数各自相同，对应的 Tanner 图中上边节点度数和下边节点度数分别对应一个固定值。图 3.14 为规则 LDPC 码 Tanner 图，其中下边的变量节点的度数为 3，上边校验节点的度数为 4。

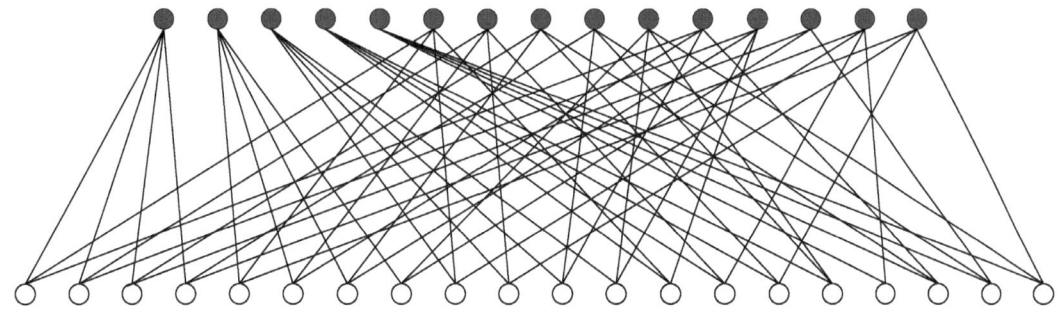

图 3.14 规则 LDPC 码 Tanner 图

图 3.14 下方的每一个节点 X_n 代表的是变量节点，上方每一个节点 Z_m 代表的是校验节点。在校验矩阵 H 中，某列 X_n 中有若干个非零元素，例如，对于 X_2 列，这列中 3 个"1"分别对应于 Z_1、Z_7 和 Z_{12} 行，这样就在 Tanner 图中把 X_2 和 Z_1、Z_7 和 Z_{12} 连接起来。从行的角度考虑，把某一行 Z_m 中非零点处的 X_n 相连，得到同一个 Tanner 图。在规则 LDPC 码中，与每个变量节点相连的边的数目是相同的，校验节点也具有相同的特点。在译码端，对与某一个校验节点 Z_m 相连的 X_n 求和，结果若为 0，则无错误发生。

3.6 极 化 码

3.6.1 极化码基本原理

极化码是由 Arikan 于 2009 年提出的，是第一个理论上证明可以达到信道容量的编码方案[13]。

令 $W: \mathcal{X} \to \mathcal{Y}$ 表示一个二进制离散无记忆信道（binary-discrete memoryless channel，B-DMC），其中 $\mathcal{X}$ 和 $\mathcal{Y}$ 为输入和输出。令 $W(\mathcal{Y}|\mathcal{X})$ 为信道转移概率，其中 $\mathcal{X} \in \{0,1\}$。$I(W)$ 表示信道的信道容量，$Z(W)$ 表示信道 Bhattacharyya 参数（也称 Z 参数），则有

$$I(W) \triangleq \sum_{y \in \mathcal{Y}} \sum_{x \in \mathcal{X}} \frac{1}{2} W(y|x) \log \frac{W(y|x)}{\frac{1}{2}W(y|0) + \frac{1}{2}W(y|1)} \tag{3.26}$$

$$Z(W) \triangleq \sum_{y \in \mathcal{Y}} \sqrt{W(y|0)W(y|1)} \tag{3.27}$$

Z 参数可以代表信道的误码性能，误码率越高，Z 参数越大。对于 B-DMC 信道，$I(W)$ 和 $Z(W)$ 之间存在如下关系：

$$I(W) \geqslant \log \frac{2}{1+Z(W)} \tag{3.28}$$

$$I(W) \leqslant \sqrt{1-Z(W)} \tag{3.29}$$

信道极化现象指的是可以通过合成 N 个独立的 B-DMC 信道 W 产生一组新的二进制信道 $\{W_N^{(i)}, 1 \leqslant i \leqslant N\}$，使得当 N 逐渐增大时：对于一部分信道标号 i，信道容量 $I(W_N^{(i)})$ 趋近于 1，这部分信道的比例为 $I(W)$；对于另一部分信道标号 i，信道容量 $I(W_N^{(i)})$ 趋近于 0，这部分信道的比例为 $1 - I(W)$。

3.6.2 极化码的编码

极化码是利用信道极化现象来构造可以达到对称信道最大信道容量的编码方式[14]。其基本思想是创造一个编码系统使得我们可以独立使用每一个信道，并且只利用信道容量接近于 1 的那部分信道发送数据。

由信道组合形式可知，极化码要先将信息 u_1^N 线性映射为 x_1^N，然后将 x_1^N 经过信道发送。对于 $N(N=2^n, n \geqslant 0)$，编码方式为

$$x_1^N = u_1^N G_N \tag{3.30}$$

式中，G_N 是生成矩阵。

令 Λ 表示 $\{1, \cdots, N\}$ 的一个子集，Λ^C 是 Λ 在集合 $\{1, \cdots, N\}$ 的补集，则式（3.30）可以写成

$$x_1^N = u_\Lambda G_N(\Lambda) \oplus u_{\Lambda^C} G_N(\Lambda^C) \tag{3.31}$$

式中，$G_N(\Lambda^C)$ 是从 G_N 中抽出与补集中 Λ^C 元素相对应行构成的子矩阵；u_Λ 是一个由发送信息 0，1 构成的向量；u_{Λ^C} 是一个全零向量。因为对于 u_{Λ^C} 发送双方都已知，所以 Λ^C 中的元素表示的信息位也叫固定位。假如固定 Λ 和 u_{Λ^C}，将 u_Λ 看作由发送信息 0，1 构成的自由向量，则可以得到从可用信息 u_Λ 到 x_1^N 的一种编码。这是线性陪集码，它是由线性

编码矩阵 $G_N(\Lambda)$ 与 $u_{\Lambda^c}G_N(\Lambda^c)$ 决定的陪集来构造的。这种线性陪集编码的参数为 $(N, K, \Lambda, u_{\Lambda^c})$，其中，$N$ 为码长，K 为信息位长（Λ 的大小），Λ 指定了具体哪些位作为可用信息位，u_{Λ^c} 给出了固定位信息，比值 K/N 为码率。

例如，对于 $(4, 2, \{2, 4\}, (1,0))$ 极化码，其编码形式为

$$x_1^4 = u_1^4 G_4 = (u_2, u_4)\begin{bmatrix} 1 & 0 & 1 & 0 \\ 1 & 1 & 1 & 1 \end{bmatrix} + [0, 1]\begin{bmatrix} 1 & 0 & 0 & 0 \\ 1 & 1 & 0 & 0 \end{bmatrix} \quad (3.32)$$

假定信息位为 $(u_2, u_4) = (1, 1)$，则编码结果是 $x_1^4 = (1, 1, 0, 1)$。

3.6.3 极化码的 SC 译码算法

给定一个 $(N, K, \Lambda, u_{\Lambda^c})$ 的线性陪集码，将信息 u_1^N 编成码字 x_1^N，并将 x_1^N 送入信道 W^N，经过信道后接收端收到了 y_1^N，译码就是在已知 Λ、u_{Λ^c} 和 y_1^N 的前提下给出 u_1^N 的一个估计序列 $\hat{u}_1^N$。考虑到固定位信息 u_{Λ^c} 已知，所以可无误地译出 $\hat{u}_{\Lambda^c} = u_{\Lambda^c}$，剩下译码的任务是给出 u_Λ 的估计序列 $\hat{u}_\Lambda$。

首先定义似然值为

$$L_N^{(i)}\left(y_1^N, \hat{u}_1^{i-1}\right) \triangleq \frac{W_N^{(i)}\left(y_1^N, \hat{u}_1^{i-1} | 0\right)}{W_N^{(i)}\left(y_1^N, \hat{u}_1^{i-1} | 1\right)} \quad (3.33)$$

Polar 码的 SC 译码算法判定法则如下：

$$\hat{u}_i \triangleq \begin{cases} u_i, & i \in \Lambda^c \\ h_i\left(y_1^N, \hat{u}_1^{i-1}\right), & i \in \Lambda \end{cases} \quad (3.34)$$

式中

$$h_i(y_1^N, \hat{u}_1^{i-1}) \triangleq \begin{cases} 0, & L_N^{(i)}\left(y_1^N, \hat{u}_1^{i-1}\right) \geq 1 \\ 1, & \text{其他} \end{cases} \quad (3.35)$$

基于信道合并与信道分离的思想，可以得出 SC 译码算法的递归迭代公式：

$$L_N^{(2i-1)}\left(y_1^N, \hat{u}_1^{2i-2}\right) = \frac{L_{N/2}^{(i)}\left(y_1^{N/2}, \hat{u}_{1,o}^{2i-2} \oplus \hat{u}_{1,e}^{2i-2}\right) L_{N/2}^{(i)}\left(y_{N/2+1}^N, \hat{u}_{1,e}^{2i-2}\right) + 1}{L_{N/2}^{(i)}\left(y_1^{N/2}, \hat{u}_{1,o}^{2i-2} \oplus \hat{u}_{1,e}^{2i-2}\right) + L_{N/2}^{(i)}\left(y_{N/2+1}^N, \hat{u}_{1,e}^{2i-2}\right)} \quad (3.36)$$

$$L_N^{(2i)}\left(y_1^N, \hat{u}_1^{2i-1}\right) = \left(L_{N/2}^{(i)}\left(y_1^{N/2}, \hat{u}_{1,o}^{2i-2} \oplus \hat{u}_{1,e}^{2i-2}\right)\right)^{1-2\hat{u}_{2i-1}} L_{N/2}^{(i)}\left(y_{N/2+1}^N, \hat{u}_{1,e}^{2i-2}\right) \quad (3.37)$$

当 $N/2 = 1$ 的时候，该递归公式结束。此时有

$$L_1^{(1)}(y_i) = \frac{W(y_i | 0)}{W(y_i | 1)} \quad (3.38)$$

该式的值可以直接从信道 W 的分布中得到。SC 译码算法的译码复杂度为 $O(N\log N)$。

3.7 本章小结

本章首先介绍了编码技术在军事舰船战术通信无线网络中起到的重要作用。随后介绍了编译码的基本概念、基本原理以及性能评价指标。在介绍纠错码前,给出了几种简单的检错码例子,这种检错码只能检验码字在传输过程中是否发生错误,即使发生错误,也不能进行纠错。其优点是编码效率高,实现相对简单。随后介绍了线性分组码的基本编译码原理,并以循环码和 BCH 码为例进行讲解。另外介绍了在实际通信系统中常用的卷积码、Turbo 码、LDPC 码、Polar 码的编译码原理。

参考文献

[1] Shannon C E. A mathematical theory of communication[J]. Bell System Technical Journal, 1948, 27 (3): 379-423.

[2] 李梅, 李亦农. 信息论基础教程[M]. 2 版. 北京: 北京邮电大学出版社, 2008.

[3] 江晓林. 信息论与编码[M]. 哈尔滨: 哈尔滨工业大学出版社, 2011.

[4] Lin S, Costello D J. 差错控制编码: 基础和应用[M]. 王育民, 王新梅, 译. 北京: 人民邮电出版社, 1986.

[5] Prange E. The use of information sets in decoding cyclic code[J]. IEEE Transactions on Information Theory, 1962, 8 (5): 5-9.

[6] Elias P. Coding for noisy channels[J]. IRE Convention Record, 1955, 1 (2): 13-14.

[7] Viterbi A J. Error bounds for convolutional codes and an asymptotically optimum decoding algorithm[J]. IEEE Transactions on Information Theory, 1955, 13 (2): 260-269.

[8] Berrou C, Glavieux A, Thitimajshima P. Near Shannon limit error-correcting coding and decoding: Turbo codes[C]. IEEE International Conference on Communications, Geneva, Switzerland, 1993: 1064-1070.

[9] Qiu M, Wu X W, Yuan J H, et al. Analysis and design of partially information and partially parity-coupled Turbo codes[J]. IEEE Transactions on Communications, 2021, 69 (4): 2107-2122.

[10] Liao Y H, Qiu M, Yuan J H. Design and analysis of delayed bit-interleaved coded modulation with LDPC codes[J]. IEEE Transactions on Communications, 2021, 69 (6): 3556-3571.

[11] Gallager R G. Low-Density Parity-Check Codes[M]. Cambridge, MA: MIT Press, 1963.

[12] Tanner R M, Sridhara D, Sridharan A, et al. LDPC block and convolutional codes based on circulant matrices[J]. IEEE Transactions on Information Theory, 2004, 50 (12): 2966-2984.

[13] Arikan E. Channel polarization: A method for constructing capacity-achieving codes for symmetric binary-input memoryless channels[J]. IEEE Transactions on Information Theory, 2009, 55 (7): 3051-3073.

[14] Ghaddar N, Kim Y H, Milstein L B, et al. Joint channel estimation and coding over channels with memory using polar codes[J]. IEEE Transactions on Communications, 2021, 69 (10): 6575-6589.

第4章 调制技术基础

战术通信是军队为实施作战指挥、协同和武器控制，综合运用各种通信手段进行的信息传递，包括语音、电报、数据、图像等。第二次世界大战以来，各国的陆、海、空三军都大量装备无线电台作为战术指挥和控制的通信手段。广义来说，车载、机载、舰载等无线通信设备，都属于移动通信的范畴，除具有一般移动通信设备的所有特征外，还会根据军事需求，具有各自的工作方式和特点。对于移动通信设备来说，无线电是唯一的通信手段[1]。

通常，信源输出的原始电信号都是频率较低的，称为基带信号。而传输的无线信道都是带通型的，如空气、海水等，不能直接传送基带信号。并且无线信道对信号的传输损害是多方面的，包括长距离传播引起的信号损耗、多径传播引起的信号衰落、信道引入的噪声和各种干扰、移动无线信道的多普勒频移、长的传播时延引起的话音质量下降等。尤其在复杂变化的海洋环境中，舰船使用的无线电波的传输信道更是复杂多样。为此，需要将基带信号进行载波映射处理，成为以载波频率为中心的带通信号，以便在不同的信道中传输。接收端将带通信号进行与发射端调制相反的变化，以还原基带信号，称为解调[2]。

映射过程通常是将信息携带在正弦波或脉冲序列的某个参量或几个参量上。若该参量的取值范围是连续的、可有无限多个取值，映射后的信号为模拟信号；若该参量的取值为有限个数值，映射后的信号为数字信号。当前，基于战术通信的需求，相较于模拟调制技术，数字调制技术已在海上和传播通信中占据主要地位。因此，本章主要描述各种已提出或已使用的、能最有效利用信道的数字调制技术。

本章将首先描述最简单的基本数字调制技术，包括开关键控（on-off keying，OOK）或幅度键控（amplitude shift keying，ASK）、频移键控（frequency shift keying，FSK）、相移键控（phase shift keying，PSK），以及数字通信中的信号成形；然后，介绍舰船无线通信系统中常用的数字调制技术，如正交相移键控（quadrature phase shift keying，QPSK）、正交振幅调制（quadrature amplitude modulation，QAM）、偏移正交相移键控（offset quardrature phase shift keying，OQPSK）、最小移频键控（minimum shift keying，MSK）、高斯最小移频键控（Gaussian minimum shift keying，GMSK）、$\pi/4$-DQPSK（differential quadrature phase shift keying，差分正交相移键控）等；最后，介绍不同信道下的调制性能。

4.1 数字调制技术

假设一个未经调制的连续正弦载波 $A\cos(\omega_0 t + \varphi)$，其频率为 f_0(Hz)或 $\omega_0 = 2\pi f_0$(rad/s)。该载波的幅度、频率和相位就是可控的参量，可以分别被携带某种信息的信号所调制，前两者产生了人们所熟悉的在模拟无线广播系统中常用的幅度调制（amplitude modulation，

AM）和频率调制（frequency modulation，FM）高频信号。因为二进制数字基带信号是离散的，所以数字调制就像用数字信息去控制开关一样，从几个具有不同参量的独立振荡源中选择参量，因此数字调制又称为键控。最简单的数字调制分别被称为开关键控或幅度键控（OOK 或 ASK）、频移键控（FSK）和相移键控（PSK）。

4.1.1 开关键控

在 OOK 情况中，基带信号序列中的二进制"0"会将载波截断，而二进制"1"出现的地方则有 $A\cos(\omega_0 t)$ 传输。设二进制序列的传输比特率为 R(bit/s)，则每个二进制符号或比特持续 $1/R$(s)。图 4.1 表示了对应于 3 个连续比特"1, 0, 1"的 OOK 信号。注意，OOK 信号不适合数字无线系统的传输，因为 OOK 传输信号的幅度有变化，在具有衰落特性的环境下使用会导致无法准确解调。相对来说，恒定包络的信号更适合衰落环境。这里通过讨论 OOK 传输来使大家对数字通信有一个全面的认识。

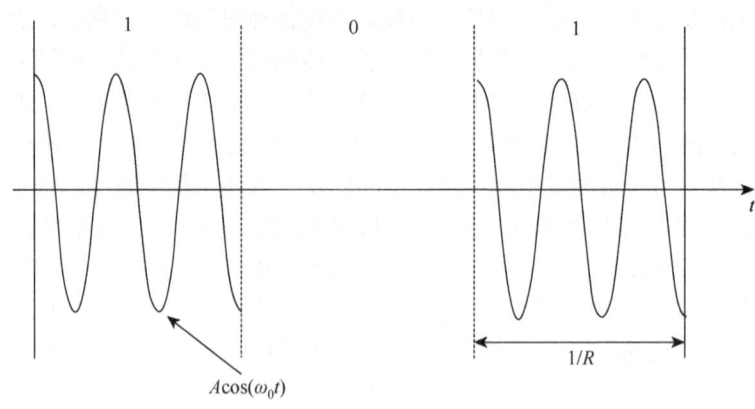

图 4.1 OOK 调制信号

事实上，图 4.1 显示的 OOK 信号突然消失和再次出现的情况在现实中不可能发生，因为这么陡峭的转换需要无限的带宽。实际操作中，传输信号一般需要经过成形或预滤波才能在"0"和"1"之间进行更加平缓的过渡。对应于基带序列"1"的传输信号可以写成 $Ah(t)\cos(\omega_0 t)$。低频时间函数 $h(t)$ 代表一个信号成形函数，通过设计这个函数使通信系统可以以指定的带宽传输 OOK 序列，而没有失真或只有很小的失真。因此载波传输带宽，也就是载波调制的传输信号的频谱为 $2B$，B 是基带带宽，即传输二进制的 0, 1 序列所需的带宽。基带带宽的单位是 Hz，随着成形类型的不同，在 $R/2$ 和 R 之间变化，因此传输信号带宽在 R(Hz)和 $2R$ 之间变化。例如，如果在无线信道中传输一个 10 kbit/s 的数字信号，基带带宽根据使用的成形类型的不同在 5～10 kHz 变化，而无线信道的传输带宽则是 10～20 kHz。由于是 OOK 传输，即使有信号成形，还是会有幅度变化，因此不满足无线通信要求，需要其他类型的数字调制来提供所需数字信号的调制。实际中，大部分无线通信是使用各种相移键控（PSK）来实现的[3]。

4.1.2 频移键控

FSK 调制信号如图 4.2 所示，可以看作 FM 的二进制形式。

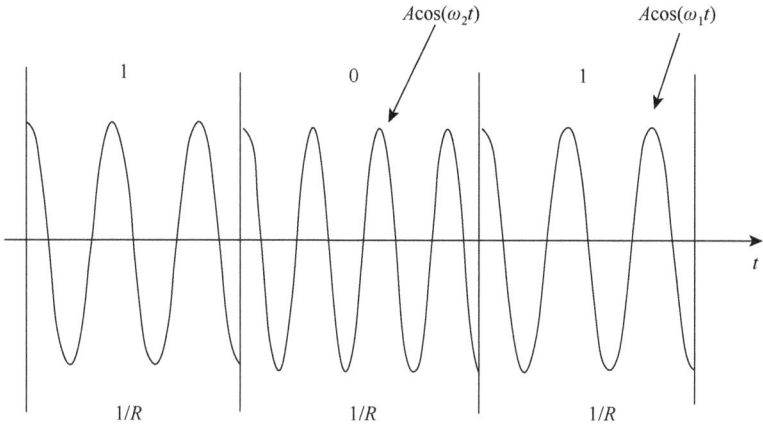

图 4.2 FSK 调制信号

FSK 中，载波频率在两个不同的频率 $f_1 = f_0 - \Delta f$ 和 $f_2 = f_0 + \Delta f$ 之间转换，取决于传输的是"0"还是"1"。其中，Δf 被称为关于平均载波频率 f_0 的频率偏差。若用角频率表示，则为 $\omega_1 = \omega_0 - \Delta\omega$ 和 $\omega_2 = \omega_0 + \Delta\omega$，每个角频率是对应的用 Hz 表示的频率的 2π 倍。具体地，在一个长 $1/R(s)$ 的二进制间隔中，设 $A\cos(\omega_1 t)$ 对应于传输的"1"，而 $A\cos(\omega_2 t)$ 对应于传输的"0"（严格来讲，每个载波都要乘以信号成形函数 $h(t)$，但为了简单起见将这些项忽略），图 4.2 中，传输信号带宽大约是 $2\Delta f + 2B$，其中基带带宽 B 根据使用信号成形方法的不同在 $R/2$ 和 R 之间变化。FSK 传输带宽比 OOK 传输需要的带宽大很多。对于模拟 FM 调制也有相同的结果。在图 4.3 中表示了一个简单的 FSK 的载波频率和传输带宽。

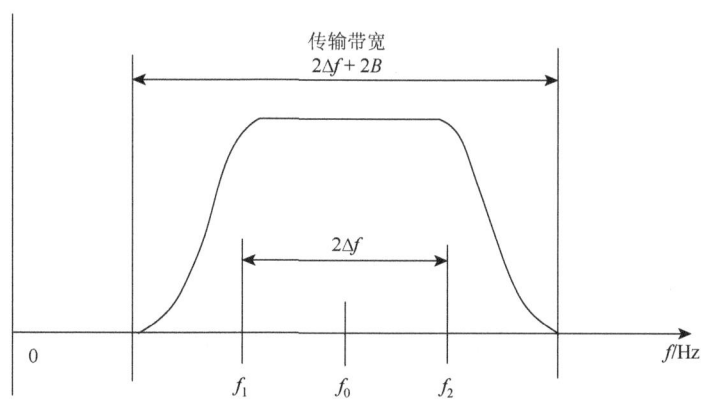

图 4.3 FSK 频谱

4.1.3 相移键控

PSK 是对承载着信息的二进制数字序列进行载波调制的 3 种基本方法的最后一种。这种情况下，举个例子，当基带二进制序列中有"1"出现时载波项是 $A\cos(\omega_0 t)$，当有"0"出现时载波项是 $-A\cos(\omega_0 t) = A\cos(\omega_0 t + \pi)$（为了讨论简便，再一次忽略成形因素）。PSK 信号如图 4.4 所示。

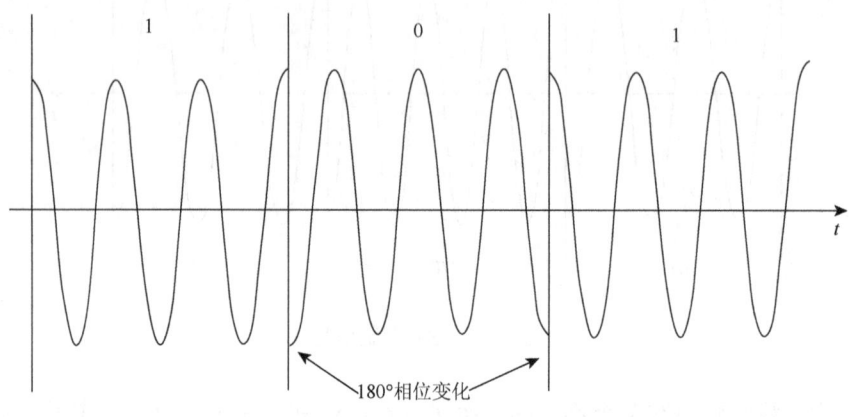

图 4.4 PSK 信号

PSK 传输是噪声存在情况下最好的调制方案。然而，为了保证准确无误地检测出传输的二进制序列，在接收端需要有相位参考。注意，FSK 和 PSK 都是恒定包络的传输，这是伴随着随机幅度变化的信号在衰落环境下需要的特征。由图 4.4 可以看出，信号 1～0 变换时会发生陡峭的相位变化（这种效果在图 4.4 没有信号成形的情况下更加明显）。相位上的陡峭变化（图 4.4 中的 π 或 180°）在传输过程中会被一定程度地修改和平滑化，因为陡峭的变化意味着信号频谱上无限的带宽，这在实际中是不可能的。然而，相位的变化一定会导致不需要的信号传输带宽的增加和相应的由有限的传输带宽而导致的传输信号幅度的变化。因此，必须采取一定的措施来减小这些大的陡峭的相位变化[3]。

在这之前，需要先定量讨论信号成形的问题。这个问题很重要，因为在后面将要讨论的适用于舰船无线通信系统的调制技术中，信号成形将发挥关键的作用。

4.2 信 号 成 形

本节主要关注在数字通信系统设计中使用了多年的一系列成形函数。其他类型的成形函数会在下一节讨论舰船无线通信系统特定的调制方案时遇到。

一个高频频率为 f_0 的无线载波信号，可以写成 $h(t)\cos(\omega_0 t)$ 的形式，如图 4.5 所示，时变函数 $h(t)$ 即为成形函数。为了保持调制信号的平滑，尤其是在从"1"到"0"的转换期间保持平滑,显然,函数 h(t) 必须有如图 4.5 所示的形式。函数在二进制间隔 1/R 的中间有最大值,然后在最大值的两边平缓地下降。这样,无论"0"还是"1"都可以通过中心值抽样来再生原来的二进制符号。

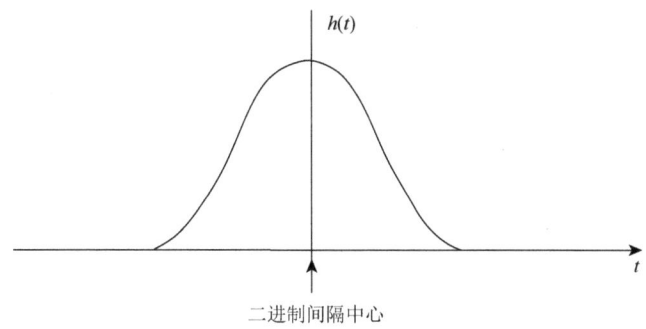

图 4.5 典型成形函数

可以看到,如果这样的一个函数乘以图 4.1 中的 OOK 正弦波,可以明显地减小从"1"到"0"转换时幅度的陡峭变化。先不考虑对图 4.1、图 4.2 和图 4.4 中高频调制信号以及将它们乘以函数 h(t) 效果的分析,只考虑基带二进制信号"0,1"序列的成形情况会更加简单。乘以 $\cos(\omega_0 t)$ 会使成形后的频谱移动到以载波频率为中心的频谱上。成形可以在基带实现,也可以直接在载波频率上实现,其结果是一样的[4]。

考虑一个基带"0,1"序列,对应的比特率是 R(bit/s),每比特乘以 h(t),如图 4.6 所示。比特"1"用 h(t) 函数的出现来表示,而比特"0"则表示时间序列上的空白。从傅里叶分析可以得到,如果一个时间函数变窄,则在频域上其频带会相应地增加。而如果函数在时域上加宽,则频域上带宽就会减小。脉冲的宽度和它的带宽彼此互为反相关关系。因此,如果图 4.6 中的 h(t) 宽度减小,则基带信号序列的带宽就会增加;而 h(t) 的宽度增加,则相应的带宽就会减小。然而,随着 h(t) 宽度的增加,脉冲开始扩展到邻近的二进制间隔,就会引起符号间的干扰,如图 4.6 所示。最初没有问题,因为总是能够通过在脉冲的中心抽样来决定是"0"还是"1"。但是,当最后符号间干扰大到影响了二进制信号在其时间间隔中心的值时,把"1"混淆成"0"就可能发生。当存在噪声干扰传输信号时,这种情况更加明显。这样就存在一个在符号间干扰和传输脉冲序列所需的带宽

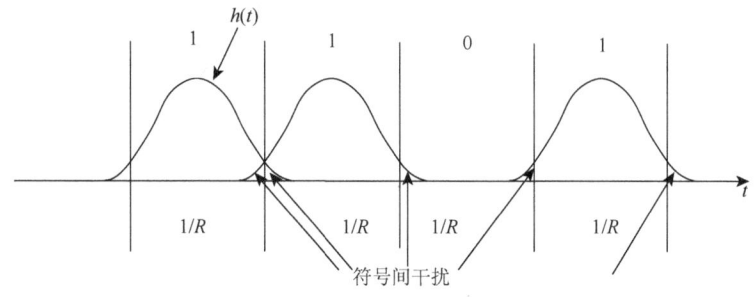

图 4.6 二进制序列

之间的权衡折中。同样的结论也适用于乘以 $\cos(\omega_0 t)$ 并移动到载波频率 f_0 的调制信号。这个折中也经常出现在其他数字通信系统使用的特定的成形函数中[4]。

为了更加具体地阐明带宽和符号间干扰这一权衡关系,现在讨论在许多数字通信系统中使用的一种特定类型的成形函数。这种成形称为正弦滚降成形。为了介绍这种成形,先来看一种特殊情况——升余弦成形,其频谱结构如图 4.7 所示。

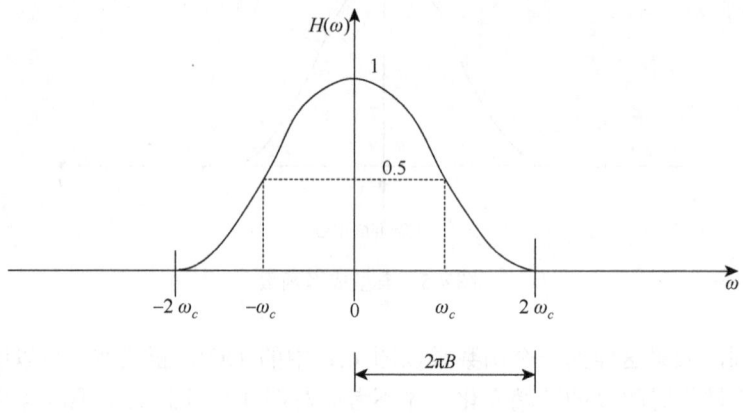

图 4.7 升余弦频谱

使用升余弦这个词是因为函数 $h(t)$ 的傅里叶变换或其频谱 $H(\omega)$ 是升余弦形状,如式(4.1)表示:

$$H(\omega) = \begin{cases} \dfrac{1}{2}\left(1+\cos\dfrac{\pi\omega}{2\omega_c}\right), & |\omega| \leqslant 2\omega_c \\ 0, & \text{其他} \end{cases} \quad (4.1)$$

这种成形类型和正弦滚降成形都是 Nyquist 成形函数中的特殊例子,这类函数以物理学家 Nyquist 命名,他于 20 世纪 20 年代在对电报的研究中第 1 次描述了这些成形函数。注意到式(4.1)的升余弦频谱和图 4.7 中的带宽都是 $2\omega_c$,单位是 rad/s, ω_c 是一个可调整的参数。可以得到用此参数表示的带宽 $B = \omega_c/\pi$。用 OOK 或 PSK 传输的高频或 RF 带宽是这个值的两倍。定义变量 $\Delta\omega \equiv \omega - \omega_c$, $\Delta\omega$ 用来表示与变量 ω 的偏差,如图 4.8 所示。

可以得到式(4.1)的另一种写法,更直接地接近下面讨论的正弦滚降成形的一般情况。

$$H(\omega) = \dfrac{1}{2}\left(1-\sin\dfrac{\pi\Delta\omega}{2\omega_c}\right), \quad -\omega_c \leqslant \Delta\omega \leqslant \omega_c \quad (4.2)$$

取式(4.1)或式(4.2)的逆变换,可得到脉冲函数或成形函数 $h(t)$,在时域可写成

$$h(t) = \dfrac{\omega_c}{\pi} = \dfrac{\sin(\omega_c t)}{\pi}\dfrac{\cos(\omega_c t)}{1-(2\omega_c t/\pi)^2} \quad (4.3)$$

这个函数的大致形状如图 4.9 所示。函数具有以 π/ω_c(s)的间隔穿过"0"的特性。

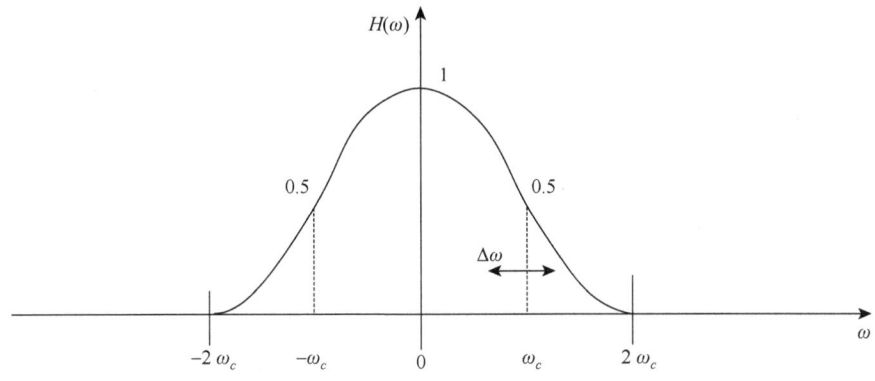

图 4.8 替代变量的图示

以这个间隔分开并以其他数列的 0 点为中心的二进制数列不会互相干扰。图 4.9 中,在主脉冲两边用以 π/ω_c 为间隔的两条虚线表示的脉冲可以解释这个原理。在实际中,一些脉冲抖动总会出现,从而导致符号间的干扰。但从式(4.3)中可以看到,这些二进制脉冲的尾部在 t 足够大的情况下,全衰落为 $1/t^3$,因此,任何符号间的干扰都可以降低到一个可以容忍的水平。选择二进制间隔 $1/R$ 作为 $h(t)$ 零点之间的间距,则有 $1/R=\pi/\omega_c$。二进制传输速率 R 所需基带的带宽用 Hz 表示,即 $B=\omega_c/\pi=R$。例如,以 14.4 kbit/s 传输的数据流,如果使用升余弦成形,则所需基带的带宽是 14.4 kHz。相应地,以载波频率为中心的高频带宽对于 OOK 或 PSK 传输则是 28.8 kHz。提高传输速率会增加这两种数字高频传输所需的传输带宽。

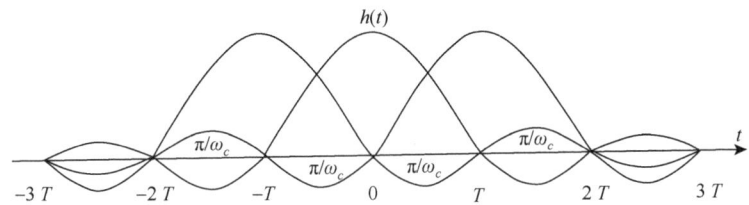

图 4.9 图 4.7 和图 4.8 中频谱的脉冲响应

现在来看正弦滚降这种更一般的情况。这种方法可以控制符号间干扰,并保持传输所需的带宽尽量低。上面提到过,升余弦成形是一种特殊的形式。正弦滚降成形则是通过下面的频谱 $H(\omega)$ 形成的:

$$H(\omega)=\begin{cases}\dfrac{1}{2}\left(\dfrac{\pi\Delta\omega}{2\omega_x}\right), & |\Delta\omega|\leqslant\omega_x \\ 1, & -(2\omega_c-\omega_x)<\Delta\omega<-\omega_x \\ 0, & |\Delta\omega|\geqslant\omega_x\end{cases} \quad (4.4)$$

频谱形状如图 4.10 所示。

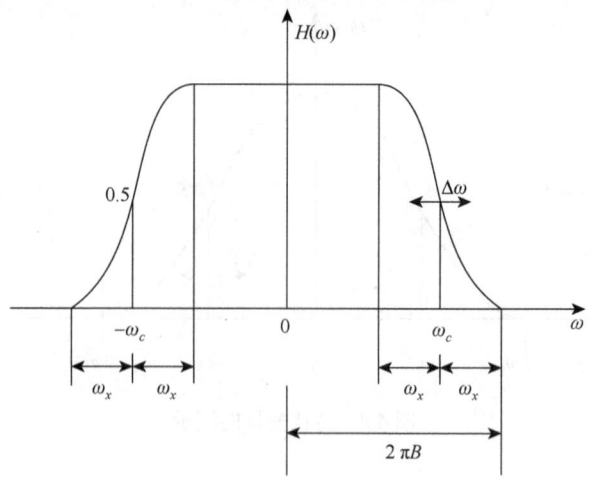

图 4.10　正弦滚降成形频谱

注意到其中引入了一个参数 $|\omega_x| \leq \omega_c$ 替代了式（4.2）的升余弦频谱中出现的参数 ω_c，因此使升余弦成形频谱得到了推广。在式（4.4）中，令 $\omega_x = \omega_c$ 就可以得到式（4.2）。再将式（4.4）中的变量定义成 $\Delta\omega = \omega - \omega_c$，相应的脉冲波形 $h(t)$，即 $H(\omega)$ 的傅里叶逆变换可以表示成

$$h(t) = \frac{\omega_c}{\pi} \frac{\sin(\omega_c t)}{\omega_c t} \frac{\cos(\omega_x t)}{1 - (2\omega_x t / \pi)^2} \quad (4.5)$$

式（4.5）与式（4.3）中升余弦脉冲响应具有相同的形式，只是在表达式的第 2 部分参数 $|\omega_x| \leq \omega_c$ 代替了参数 ω_c。图 4.10 中弧度表示的带宽是 $2\pi B = \omega_c + \omega_x$。若以 Hz 为单位，则 $B = f_c + f_x$，其中两个频率参数 f_c 和 f_x 是将相应的弧度频率项除以 2π 得到的。带宽 B 比在升余弦中需要的带宽小，只有在 f_x 接近 f_c 时才比较接近。式（4.5）中的 $\frac{\sin(\omega_c t)}{\omega_c t}$ 项表明，连续的二进制数列仍可能以 $1/R = \pi/\omega_c$ 为间隔，但符号间的干扰为 0。然而，由于 $f_x = \omega_x / 2\pi$ 减小了，带宽 B 减小。但是需要严格地控制时域抖动，因为 $h(t)$ 第 2 项分母的 $1/t^2$ 衰减比升余弦的情况变慢了，$(\omega_x t)^2$ 项比式（4.3）中相应的项小，因此就存在一个带宽和时域抖动控制的折中。f_x 增加，逼近 f_c，即其在升余弦情况中的值，则由时域抖动引起的符号间干扰的可能性就会降低，但是带宽仍会增加。图 4.9 是这种更加一般成形的表示形式。

传输这些脉冲需要的传输带宽 $B = f_c + f_x$，一般写成包含 f_x / f_c 比例的形式，这个比例定义成滚降因子 r。从图 4.10 中我们可以看出，这个比例决定了成形频谱从最大值 1 到 0 的下降速度。当 f_x 或相应的 r 减小趋近于 0 时，频谱下降得更快，带宽 B 减小，但是，时域抖动带来的符号间干扰的可能性却增大了。回顾一下，传输比特率是 R，从图 4.7 中可得到 $R = \omega_c / \pi = 2f_c$，因为 $\omega_c = 2\pi f_c$。这样，可以把如图 4.10 所示正弦滚降成形频谱带宽写为

$$B = f_c + f_x = (R/2)(1 + f_x / f_c) = (R/2)(1 + r) \quad (4.6a)$$

这里，滚降因子 $r \equiv f_x / f_c \leqslant 1$。对于 OOK 或 PSK 传输的无线带宽，有 $2B = R(1+r)$。在这些情况中，当 $r=1$ 时，带宽的值从刚大于 R 变成了 $2R$。令传输带宽为 B_T，则有

$$B_T = R(1+r) \tag{4.6b}$$

在随后对传输带宽的讨论中，经常去掉下标，用字母 B 简单地表示传输带宽。标号的变化不会引起混淆，在讨论中会注明是基带还是传输带宽。

假设某系统进行 14.4 kbit/s 的传输，使用正弦滚降成形和 PSK 调制，若滚降因子是 0.5，则传输带宽是 21.6 kHz；若滚降因子是 1，则传输带宽是 28.8 kHz。若传输率是 28.8 kbit/s，则带宽加倍。相反地，给定可用带宽，则得到对于给定滚降因子的最大二进制传输速率。例如，曾经的第二代蜂窝移动无线系统 D-AMPS（IS-136）中使用正弦滚降成形，滚降因子 $r = 0.35$。系统将全部的带宽分成若干 30 kHz 的用户带宽。如果使用 PSK 的调制方式，则最大的二进制传输率是 $R = 30000 / 1.35 = 22.2$ kbit/s。实际使用的调制方式将会在 4.3 节中描述，称为 DQPSK。实际的传输率是 48.6 kbit/s。例如，日本 PDC 系统也使用正弦滚降成形，滚降因子 $r = 0.5$。每个用户的可用带宽是 25 kHz。对于 PSK 调制，二进制传输率是 16.7 kbit/s。这个系统实际也使用 DQPSK 调制，实际的二进制传输率是 42 kbit/s。

4.3 舰船无线通信系统中的调制

由 4.1 节可知，关于数字调制方案，在处理带宽有限的无线通信传输问题上会出现一些具体的问题，可能会带来由衰落引起的随机幅度变化，因此必须选择一种具有恒定包络的调制方案。4.2 节中介绍的 PSK 和 FSK 具有这个特性，但是在从一个比特值变化到另一个比特值时发生的瞬间相位至 π(180°) 的变换，会引起传输中由于带宽受限带来的幅度变化。另外，在 4.2 节中，已知使用 PSK 调制，在带宽为 B 的受限信道上的比特率会根据带宽 B 而严格受限，并与 B 直接成正比。这无法满足舰船战术无线通信的需求。因此，要找到更加复杂的调制方案，能够产生在比特变化时具有有限幅度和相位变化的传输信号，同时对于给定带宽允许更高的比特率。基于相位正交传输的一些调制方式是舰船无线通信常用的方式[5]。

4.3.1 正交 PSK 调制

正交 PSK 或 QPSK 允许系统对于给定的带宽以原来比特率的两倍速率进行传输。考虑同时传输两个相同频率 f_0 的载波，两个载波与另一个正交：$\cos(\omega_0 t)$ 和 $\sin(\omega_0 t)$。简单起见，令它们都具有两个可能的幅度值 ±1。每个载波持续时间长度相同为 T_s，与 PSK 信号相对应。令 $a_i = \pm 1$ 为对应于第 i 个信号的余弦（同相）载波的值，令 $b_i = \pm 1$ 为对应于同一个信号的正弦（正交）载波的值。两个载波经函数 $h(t)$ 成形。第 i 个信号 $s_i(t)$，持续长度 T，可得出

$$s_i(t) = a_i h(t)\cos(\omega_0 t) + b_i h(t)\sin(\omega_c t), \quad 0 \leqslant t \leqslant T \tag{4.7a}$$

假设这里的成形函数 $h(t)$ 以间隔 r 的中点为中心。式（4.7a）可由三角函数写成下面的幅度/相位形式：

$$s_i(t) = r_i h(t) \cos(\omega_c + \theta_i), \quad 0 \leqslant t \leqslant T \tag{4.7b}$$

幅度-相位组 (r_i, θ_i) 与相应的 (a_i, b_i) 值相关联。因此，根据 (a_i, b_i) 的值，可以得到 4 个可能的信号，每个信号的传输需要相同的带宽。a_i 和 b_i 的实际值是如何确定的呢？传输是如何进行的呢？令比特率为 R，每隔时间 T，连续的比特对被存储，产生 4 个不同的 2 bit 序列。可以得到 2 bit 间隔为 $T = 2/R$。这 4 个序列中的每一个被映射到 4 个载波信号中，从而特定的持续 T 的信号被传输。这些信号可能的映射在表 4.1 中给出。合成的 QPSK 调制器的模块图如图 4.11 所示。

表 4.1 二进制输入序列 → QPSK(a_i, b_i)

相连的二进制数对	a_i	b_i
00	−1	−1
01	−1	+1
10	+1	−1
11	+1	+1

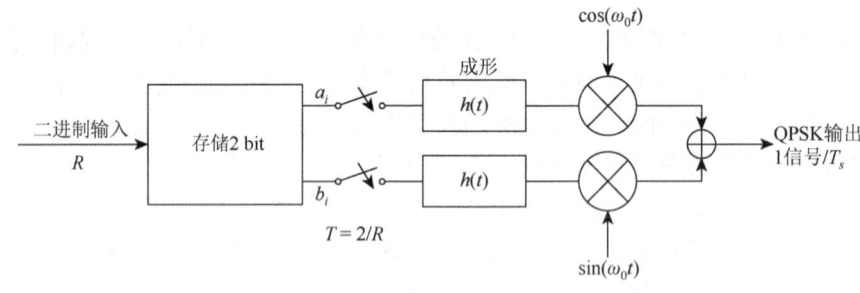

(a) QPSK 调制器

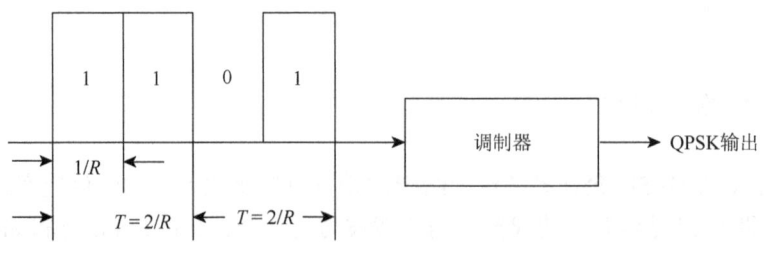

(b) 两个可能输入的例子

图 4.11 QPSK 信号的生成

如果使用正弦滚降成形，如在式（4.4）或式（4.5）中，基带带宽 $B = (1/T)(1+r)$，用 $1/T$ 代替前面的 $R/2$，则传输一个特定比特序列所需的带宽减小了一半。相反地，

给定带宽 B，可以得到两倍的传输比特率。PSK 情况中的传输带宽或者 RF 带宽是基带带宽的两倍，为 $(2/T)(1+r)$。即在接收端解调重构原始的二进制序列时，由于 QPSK 信号的正弦项和余弦项互相正交，就可以将接收到的 QPSK 信号分别进行乘以余弦项和正弦项的操作。每个信号要与余弦和正弦严格同相，然后在 T_s 的间隔内进行积分（将两个乘积项低通滤波），就可以分别提取出各项。这个方法的前提是传输信号严格同相。一个可替代的操作将会在本节后面简要地描述，即利用连续信号作为后面信号的相位参考。

正交调制的操作可以通过图 4.12（a）从几何上表示。横轴表示式（4.7a）中同相余弦项系数 a_i；纵轴表示正交正弦项系数 b_i。将 (a_i, b_i) 的 4 个可能值放在一起就得到了如图 4.12（a）所示的 4 个点。这些点与式（4.7b）中 (r_i, θ_i) 的 4 个值直接对应。这些点在下面的讨论中称为 QPSK 信号的信号星座图。每个点可以写成复数形式，或者向量 $\boldsymbol{a}_i$，实部为 a_i，虚部为 b_i。分析一下便知道 QPSK 信号的另一个等同的表示可以通过旋转图 4.12（a）中的信号星座点 45° 或 $\pi/4$ 来得到，从而产生图 4.12（b）的星座图。这个星座图对应于传输 4 个信号 $\pm\cos(\omega_0 t)$、$\pm\sin(\omega_0 t)$，取决于 $\boldsymbol{a}_i = (a_i, b_i)$ 的值。这代表了 4 个可能值的另一种映射方法（$\pi/4$-DQPSK），其例子在表 4.2 中给出。注意，尽管这个信号星座图中的 4 个点位于同一个圆周上，但这些点之间的转换及其信号的传输，也会在转换时间附近产生一些信号幅度的变化。

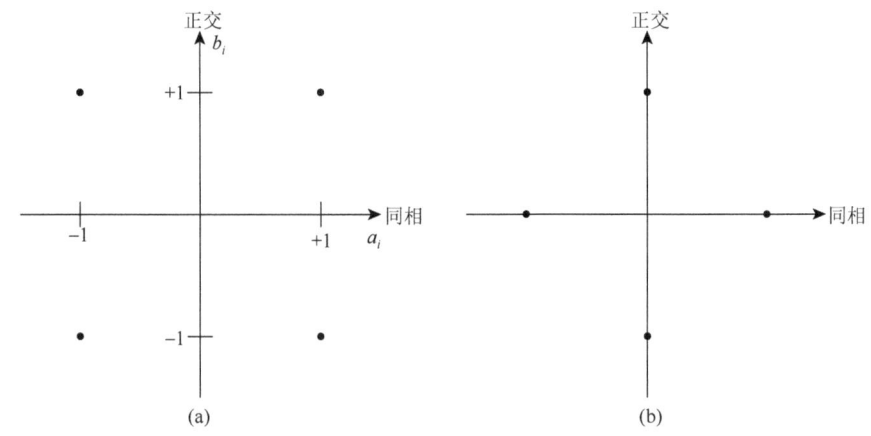

图 4.12 QPSK 信号星座图

表 4.2 $\pi/4$-DQPSK

(a_i, b_i)	$\Delta\theta(n) = \theta(n+1) - \theta(n)$
-1, -1	$-3\pi/4$
-1, +1	$-\pi/4$
+1, -1	$\pi/4$
+1, +1	$3\pi/4$

T_s 的间隔对应于存储两个比特的时间,也是每个 QPSK 信号(4 种可能中的一种)传输的时间,这个时间称为波特或符号间隔,它与二进制间隔 $1/R$ 不同,它指的是一定数目的波特,而不是 bit/s,波特数决定了带宽。在二进制的特殊情况下,传输波特数和比特率是一样的。但是对于 QPSK,它们之间差一倍。使用符号或波特率 $1/T$ 来代替 R 则必须修改式(4.6a)和式(4.6b)。这个变化在前面已经说过。例如,假设用 QPSK 传输 28.8 kbit/s,对应于每秒传输 14.4×10^3 波特或每秒 14.4×10^3 个符号。如果使用正弦滚降成形,则基带带宽是 $7.2(1+r)$ kHz。传输无线 QPSK 信号所需的带宽是基带带宽的两倍,为 $14400(1+r)$ Hz,其中 r 是滚降因子,与前面一样。

现在把存储两个比特来减小所需带宽这个思路推广一下。设 3 个连续比特被存储,结果是 $2^3=8$ 产生 3 bit 序列。对应于这些序列,可以传输 8 种不同的信号,它们具有相同的幅度但是相位相差 $\pi/4$。这 8 个信号也可以相位和幅度都不同。前面的调制形式称为 8-PSK 调制。这种调制可以通过一个与图 4.12 类似的星座图来表示,其 8 个点均匀分布在以原点为中心的圆周上。这种 8-PSK 方案实际上已经用在民用通信中称为 EDGE 的 GSM 版本上。

上面的第 2 种调制形式,在设计对应于 3 bit 输入序列的 8 个信号时,令信号的幅度和相位都不同。信号表达式(4.7a)和式(4.7b)仍适用。8-PSK 和 QPSK 的唯一不同是信号的星座图是由包含 8 个可能的幅度组 (a_i, b_i) 值的映射点组成的,每个点可以定义成一个复数,在星座图平面中点的实部为 a_i,虚部为 b_i。

4.3.2 QAM 调制

进一步假设 k 个连续比特被存储,则 $M=2^k$。每个这样的序列还是可以映射成为式(4.7a)那样的形式,则 M 个不同的信号 a_i 和 b_i 值必须不同。这种调制技术称为正交幅度调制或 QAM,这些信号对应于二维信号星座图中的 M 个点。QPSK 和 8-PSK 显然是这种调制的特例,其信号点都在一个圆周上。图 4.13 表示了一个 16 点星座映射的具体例子。这种情况下,每 T_s 传输式(4.7)形式的 16 种可能信号中的 1 种。因此,4 个连续的比特可产生相应的 16-QAM 信号。由于 16 种可能信号的长度是 PSK 信号的 4 倍,传输这种信号序列所需的带宽就是传输 PSK 信号带宽的 1/4。反之,给定具体的信道带宽,就能够以原来 4 倍的比特率传输。由此可知,若存储 k 个连续比特,则波特长度为原来的 k 倍,允许给定带宽上的比特率为原来的 k 倍。

举例来说,QAM 是曾经的 28.8 kbit/s 电话线调制解调器的基础。设家用或商用的铜电话线可以传输频率范围 300~3000 Hz 的信号。QAM 用来在信道中传输二进制信息,因此调制解调器是 QAM 类型的。带宽的中心频率选择为 $f_0 = 1650$ Hz。这个带宽与无线系统中使用的更高的 RF 带宽等同,如图 4.14 所示。使用 12.5%的滚降成形,也就是说,$r=0.125$,因此图 4.14 中的频率 f_c 是 1200 Hz,而频率 f_x 为 150 Hz。传输带宽也因此为 2700 Hz。回顾图 4.9,在二进制通信的情况下,有 $1/R = \pi/\omega_c = 1/(2f_c)$ Hz 或 $R=2f_c$。在 QAM 传输的情况下,符号率为 $1/T=R/k$,以波特为单位,与二进制情况下的 R 意义相同,因此有 $1/T = 2f_c$。具体地,在图 4.14 的电话例子中,$1/T = 2400$ 波特[6]。

第 4 章 调制技术基础

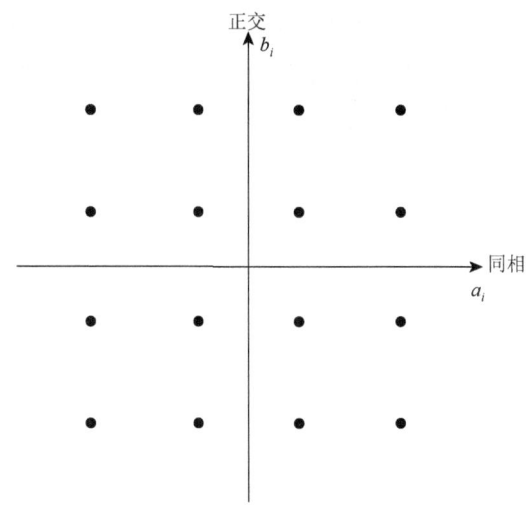

图 4.13 16-QAM 信号星座图

考虑两种情况。①$k = 4$ bit 被存储，产生 $2^4 = 16$ 可能的 QAM 信号，如式（4.7a）所示。实际的传输器或调制器是图 4.11（a）的形式，不同的是 4 个连续的比特被存储而不是图中所示的 2 个。星座图如图 4.13 所示，这种方案有效的比特率是 $R = 4/T = 9600$ bit/s。②令 12 个连续比特被存储，则在每个间隔 $T = 1/2400$，$2^{12} = 4096$ 种可能的 QAM 信号中的一种被传输，传输哪一种取决于进入调制器的特定的 12 bit 的序列。星座图有 4096 个点，对应于相同带宽 2700 Hz 电话线的 2400 波特符号率的可能比特率，现在为 28.8 kbit/s。

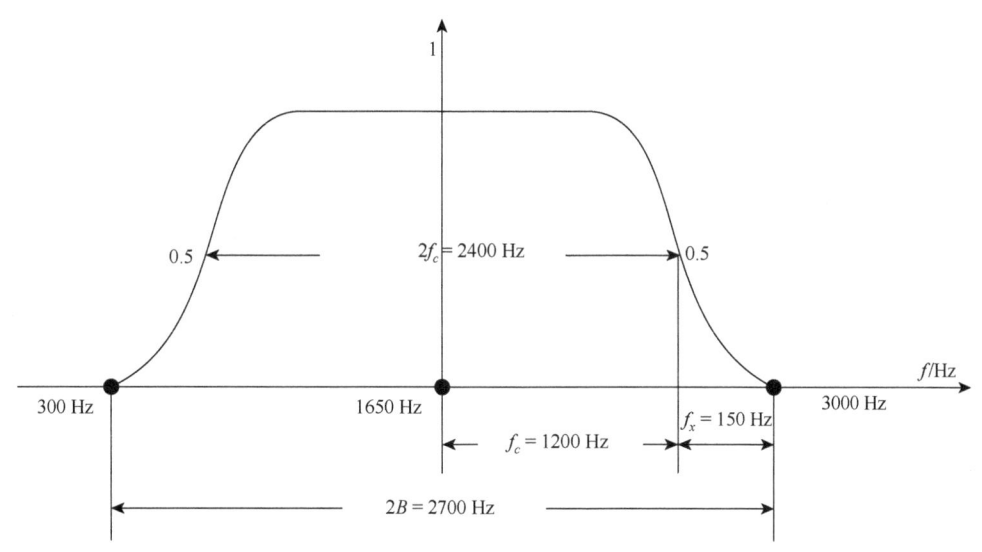

图 4.14 电话线调制解调带宽

从图 4.12 中可以明显地看出，QPSK 调制没有幅度变化。前面提到，这种调制方案使在带宽受限的无线信道上的比特传输率加倍，这也是传输环境所要求的特性。系统仍然存在 T_s 间隔内从一个 QPSK 信号转换到另一个时产生的相位陡峭变化到 $180°(\pi)$ 的问题。这个问题在 PSK 中当 a_i 和 b_i 改变符号时也同样存在。从图 4.12 的两个星座图中，可以明显地看出来。

4.3.3 OQPSK 调制

我们注意到，如果只有一个系数发生变化，相位变化 $90°(\pi/2)$。一种能够在带宽受限的无线信道上减少最大相位变化并能够保持幅度大致不变的传输技术称为偏移 QPSK（OQPSK）。这种方案现在已应用于一些无线通信系统。在 OQPSK 中，一种或两种（正交）载波的调制在时间上有 1 个比特的偏移（$T/2=1/R$ s），如图 4.15 所示。图中两条输入线左边的系统与图 4.11（a）中的系统相同，其中，T 为符号间隔。

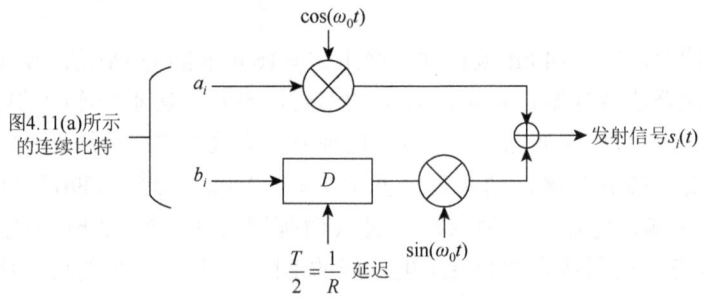

图 4.15　OQPSK 模块示意图

4.3.4 MSK 调制

最小移频键控（MSK）与 OQPSK 类似，只是其成形或乘以正弦函数 $\cos(\pi t/T)$ 的操作在图 4.15 中的乘法（调制）以及延迟函数之前被执行，如图 4.16 所示。图中的 "LPF" 通过 $\cos(\pi t/T)$ 成形，即代表低通滤波。两条输入线左边的系统与图 4.11（a）中的系统相同。(a_i, b_i) 还是代表两个连续信息比特到 4 种可能组合的映射，其例子在表 4.1 中给出。

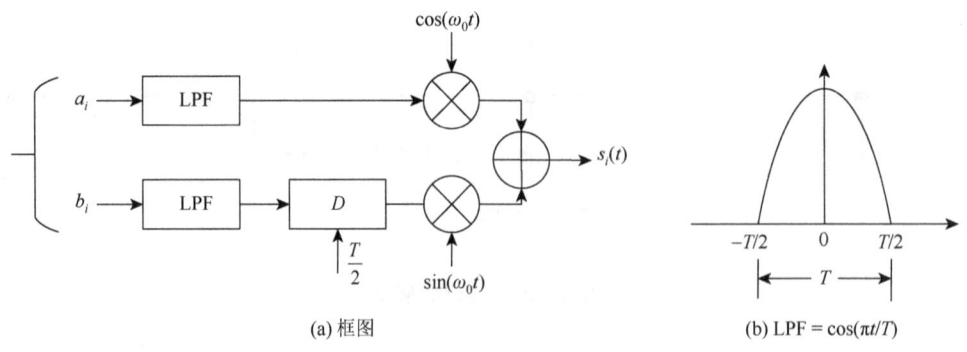

(a) 框图　　　　　　　　　　　　　　(b) LPF = $\cos(\pi t/T)$

图 4.16　MSK 调制

MSK 的波形可以写成如下形式：

$$s_i(t) = a_i \cos\frac{\pi t}{T}\cos(\omega_0 t) + b_i \sin\frac{\pi t}{T}\sin(\omega_c t), \quad 0 \leq t \leq T \tag{4.8}$$

可见，MSK 的信号与式（4.7）的 QPSK 信号类似，只是成形函数 $\sin(\pi t/T)$ 乘以正交载波项与成形函数 $\cos(\pi t/T)$ 乘以同相载波项的相位相同。$\sin(\pi t/T)$ 的出现是由于调制器正交项低通滤波成形的延迟 $T/2 = 1/R$。注意到系数 a_i 和 b_i 每隔 $T = 2/R$ 发生变化。通过三角函数运算，式（4.8）可以写成下面等同的形式：

$$s_i(t) = \cos\left(\omega_0 t - \frac{a_i b_i \pi t}{T} + \theta\right) = \begin{cases} \theta = 0, & a_i = 1 \\ \theta = \pi, & a_i = -1 \end{cases} \tag{4.9}$$

从这种形式的 MSK 信号 $s_i(t)$ 可以看出，信号具有要求的恒包络。原因是 $T/2$ 延迟分离了 a_i 和 b_i 的影响（图 4.16），每次只有一个系数可以变化。因此，最大的可能相位变化是 $\pi/2$，而不是 QPSK 中的最大相位变化 π。

为什么有最小移频键控这个名称呢？可以通过把 MSK 的表达式写成另一种形式来解释：

$$s_i(t) = \cos(\omega_c t \pm \Delta\omega_t + \theta), \quad \Delta\omega = \pi/T, \quad \Delta f = 1/(2T) = R/4, \quad a_i b_i = \mp 1 \tag{4.10}$$

式（4.10）是频移键控（FSK）的形式（4.1 节），频率偏差为 $\Delta\omega$ 时，单位是 Hz，频率间隔表示为 $2\Delta f = 1/T = R/2$，R 是信息比特率。最小移频键控可从接收端对信息比特序列的恢复中体现。接收端的检测过程，只是在 4.1 节对 PSK 的讨论中提到过，这种情况下需要一个相位的参考。为了简化讨论，在式（4.10）中令 $\omega_1 = \omega_0 - \Delta\omega$。

对于 $a_i b_i = +1$ 的情况，令 $\omega_2 = \omega_0 + \Delta\omega$；对于 $a_i b_i = -1$ 的情况，暂时令 $\Delta\omega$ 为任意值。图 4.17 表示了一个也适用于 MSK 的同步 FSK 检测器。

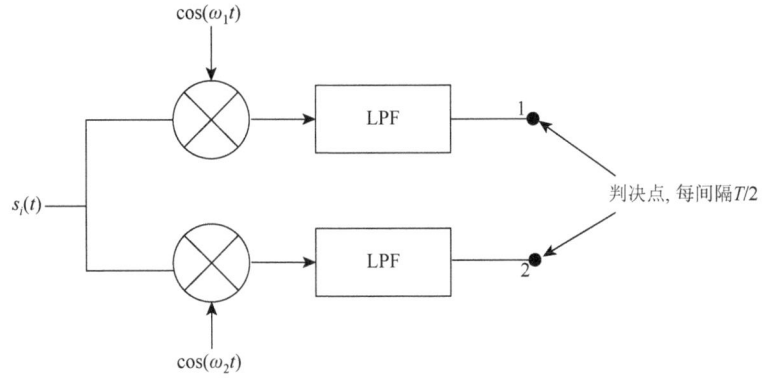

图 4.17　FSK 信号检测

同步检测器这个名称意味着乘以图 4.17 中两个分支的接收 $s_i(t)$ 信号，其本地产生的正弦信号的相位和频率与相应的传输信号是相同的或锁定的。图 4.17 中"LPF"的模块是低通滤波器，其频率响应比高频 MSK 信号的频率低得多（或者一般而言的 FSK 信号）。

可以把这个设备近似成一个积分器,可提供最简单的低通的平滑操作。这些采样点根据符号的值进行判决,随着传输器产生的比特轮流更替,从而决定了 a_i 的值,利用这个值来判定 $T/2$ 后的 b_i 传输值;给出了 b_i,再用它来判定 a_{i+1} 的值,重复这个过程。

现在来看这些判决是如何做出的。假设已经得到 a_i 是 +1。在判决 b_i 时,要通过采样 $T/2$ 后的两个判决点,考虑两种可能性。如果 $b_i = +1$、$a_i b_i = 1$,从式(4.10)中得到,传输的是 $\cos(\omega_0 - \Delta\omega)t = \cos(\omega_1 t)$。图 4.17 中上面的位置 1 的低通信号采样的值可以通过在 $T/2$ 上的积分(低通滤波器输出)$\frac{2}{T}\int_0^{T/2}\cos^2(\omega_1 t)dt$ 来近似。可以看到,如果 $\omega_1 T \geq 1$,该值非常接近 $1/2$。考虑下面相同采样时间的判决点 2。现在来说明,在采样条件下,其值是 0。具体地,点 2 的采样值可以近似为

$$\frac{2}{T}\int_0^{T/2}\cos(\omega_1 t)\cos(\omega_2 t)dt = \frac{1}{T}\int_0^{T/2}(\cos((\omega_1+\omega_2)t) + \cos(2\Delta\omega t)dt \approx \sin(\Delta\omega T)/(2\Delta\omega T)$$

这里用简单的三角函数来代替余弦函数的和以及偏差角度的乘积,利用了 $\omega_2 - \omega_1 = 2\Delta\omega$ 并假设 $(\omega_1 + \omega_2)T \geq 1$,现在我们选择 $\Delta\omega T$ 使 $\cos\Delta\omega T = 0$。

这样,根据选择 $\Delta\omega T$,通过分析表明,如果已经确定 a_i 为 +1,b_i 为 +1,则会在接收端的判决点 1 处产生正的信号,而在点 2 处却没有输出。使用相同的分析,$b_i = -1$ 会在点 2 产生信号,而在点 1 处无信号产生。类似地,如果 $a_i = -1, b_i = +1$ 在点 2 产生输出,而在点 1 不产生信号,则 $b_i = -1$ 时与此相反。这样给定了已知的 a_i,在接收端就可以对 b_i 值做出唯一的判断。根据这个结论,也可以在 b_i 已知时,对 a_i 做出唯一的确定。根据 a_i 和 b_i 序列,传输的信息相关比特流就可以在接收端轮流重建恢复。但是,注意到正确地做出判断需要有一个判决点具有非零的信号采样。这种情况发生的条件是前面已经提到的 $\sin(\Delta\omega T) = 0$。满足这个条件的最小频率偏差 $\Delta\omega$ 是 $\Delta\omega T = \pi$ 或 $\Delta f = \Delta\omega/2\pi = 1/2T = R/4$,这正是式(4.10)中的 MSK 条件[7]。

总结一下,MSK 调制可看成一种 FSK 调制方案,它使用了允许在接收端正确检测传输信号流的最小频率偏移,因此称为最小移频键控。

4.3.5 GMSK 调制

高斯 MSK(GMSK)是在 MSK 中包括了高斯成形,图 4.18 表示了这个过程。

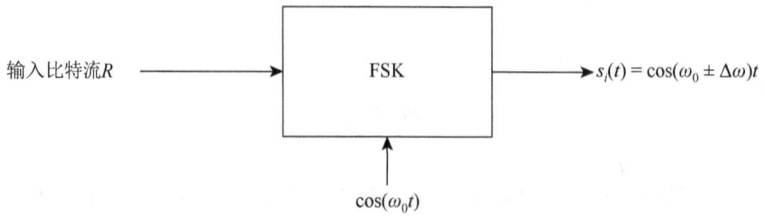

(a) 与MSK等同的FSK

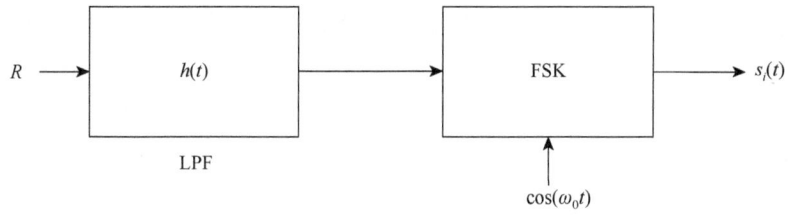

(b) h(t)：高斯成形MSK

图 4.18　高斯 MSK 调制

图 4.18（a）中表示了等同于 MSK 的 FSK，在式（4.10）中已经给出。在 GMSK 中，FSK 调制器之前有一个低通高斯成形滤波器 h(t)，如图 4.18（b）所示。这个成形滤波器具有以下的形式，这也是它名字的由来。

$$h(t) = e^{-t^2/(2\sigma^2)} \tag{4.11}$$

成形将运用到每个输入信息比特，如图 4.18（b）所示。参数 σ 控制进入调制器的合成成形二进制脉冲的宽度。增加 σ 就会增大脉冲延展进入相邻的比特间隔，增加符号间的干扰。与正弦滚降成形中选择特殊的成形函数使符号间干扰为零的情况不同，除了时域抖动效应外，这里采用受控的符号间干扰。原因是通过增大成形后的二进制脉冲宽度，传输带宽会减小，这体现了脉冲宽度和带宽之间的反向关系。这个相反的关系通过计算 h(t) 的傅里叶变换即其频谱来证明。容易看出，$H(\omega)$ 也是高斯成形的形式：

$$H(\omega) = Ce^{-\sigma^2\omega^2/2} \tag{4.12}$$

式中，C 是常数；ω 为角频率。3 dB 带宽，也就是当 $H(\omega)$ 是它峰值的 $1/\sqrt{2} = 0.707$ 时表示的带宽，容易得出 $B = 0.133/\sigma$，可以看出，脉冲宽度 σ 和带宽 B 之间的反向关系。成形函数 h(t) 和 $H(\omega)$ 如图 4.19 所示。

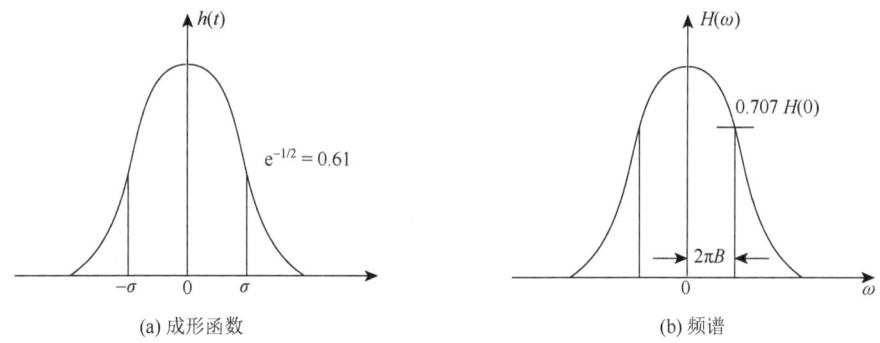

(a) 成形函数　　　　　　　　　(b) 频谱

图 4.19　高斯成形

成形函数 h(t) 的另一种表达形式可以用带宽 B 所表示的等同式代替 σ，写成如下形式：

$$h(t) = e^{-t^2/(2\sigma^2)} = e^{-(2\pi B)^2 t^2/(2\ln 2)}$$

可见，当 $\sigma \to 0$ 或 $B \to \infty$ 时，成形效果就会消失，在调制器的输出端可以得到原始的 MSK 信号。

图 4.18（b）中成形函数对 FSK 调制器输入的作用可以通过用一个未成形的方形代替二进制脉冲来得出。设脉冲通过（低通）成形器而没有经过调制器的二进制数为 1。脉冲的宽度是 $1/R = T/2 \equiv D$，激发了图 4.18（b）的高斯滤波器，产生的输出 $g(t)$，也是 FSK（MSK）调制器的输入，可以通过两个时间函数的卷积来得到。合成的时间函数为

$$g(t) = \mathrm{erfc}\left(2\pi B(t-D)/\sqrt{\ln 2}\right) - \mathrm{erfc}\left(2\pi B(t+D)/\sqrt{\ln 2}\right) \tag{4.13}$$

式中，互补错误函数 $\mathrm{erfc}(x)$ 是高斯函数的积分：

$$\mathrm{erfc}(x) = \frac{2}{\sqrt{\pi}} \int_{x}^{\infty} \mathrm{e}^{-y^2} \mathrm{d}y \tag{4.14}$$

高斯成形的作用可以通过将成形的函数 $g(t)$ 作为标准化带宽 $B_N \equiv BD = BT/2 = B/R$ 的函数来得出。当 B_N 减小而输入比特率 R 固定时，带宽减小，$g(t)$ 就延伸到相邻的二进制间隔中，增加了符号间干扰。而合成的频谱，即 $g(t)$ 的傅里叶变换，或者等同于式（4.12）的 $H(\omega)$ 乘以方形二进制输入脉冲的 $\sin x/x$ 频谱，与 MSK 的频谱相比就减少了频谱过载。因此，GMSK 比普通的 MSK 所需的传输带宽减小，代价是符号间的干扰增大了。一个 B_N 较好的折中值是 $B_N = 0.3$。这个值充分减小了传输带宽，并且不带来太大的符号间干扰。

4.3.6 $\pi/4$-DQPSK 调制

$\pi/4$-DQPSK（差分 QPSK）调制的信号星座图使用了 8 个不同的相位及恒定包络。4 个不同的 (a_i, b_i) 值与星座图相位相应的差分变化相对应。给定系统星座图中的一点，在时间间隔 T 结束时，系统可以移动到 4 个不同的相位点中的一个，具体取决于下一个时间间隔会出现在 4 个 (a_i, b_i) 值中的哪一个。表 4.2 给出了 (a_i, b_i) 对差分相位变化 $\Delta\theta(n) = \theta(n+1) - \theta(n)$ 的映射。图 4.20 给出 8 点星座图的图示以及差分相位变化的例子。

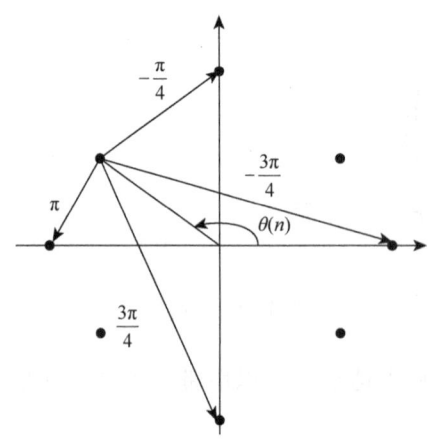

图 4.20 $\pi/4$-DQPSK

在这个例子中,系统在间隔末尾的相位点设为$3\pi/4$,图 4.20 中已经标出。下一个 T 间隔的 $(a_i,b_i) = (-1,-1)$ 使相位变化 $-3\pi/4$,旋转相位点到 $\theta(n+1) = 0$。对应于如表 4.2 所示的其他 3 个可能的旋转在图 4.20 中已指明。这样,传输信号与前面式(4.7b)中的信号类似,是包络恒定相位变化类型,使用 8 个可能的相位位置。与 QPSK 的情况一样,在连续的传输信号中信号点之间的转换会导致幅度的变化。但是,这些变化像 8-PSK 那样,相比 QPSK 有所减小。

这种情况下如何完成接收端的检测呢?显然,相位检测是必需的,因为要恢复的信息承载在所接收信号的相位上。前面讲到在 PSK 和 MSK 类型的调制中,接收端必须锁定在传输信号的相位和频率上。为了保证正确的检测,这样的技术需要接收端能够正确地跟踪传输信号完整的相位情况。而在差分相位调制的方式中,这种完整的相位信息不是必需的。差分相移判决只需要在每个 T 间隔来决定发送器产生的 (a_i,b_i) 值,通过这样的方式,相应的二进制信息序列就可以被重建和恢复。其实,一个接一个的传输信号为后面的信号提供了必要的相位参考。还可以显著地简化相位检测的过程,但是必须对检测和纠正错误的相位判决进行事先规定,否则相位错误就会无限期地存在。

4.4 衰落和多径信道中的调制性能

舰船战术通信主要包括岸-舰之间、舰-舰之间、舰艇内部以及舰-机之间的通信。舰载和机载通信设备的通信,与移动无线通信类似,其信道的特征也存在各种各样的损耗,如衰落、多径效应等。为了研究无线通信环境中任何一种调制方案的有效性,需要评估在这样的信道条件下调制方案的性能。尽管误比特率(bit error rate,BER)作为指标可以表示一个特定调制方案的性能,但它并不提供任何关于差错类型的信息。例如,它不能给出突发差错的概率。在一个衰落的无线信道中,发射后的信号很可能会受到很深的衰落,这将导致信号的中断或完全丢失。计算中断概率是判断一个无线信道中信号方案有效性的另一种方法。一次给定发射中发生比特差错的具体数目,可以确定是否出现一次中断事件。在各种信道损耗的情况下,调制方案的 BER 和中断概率能够通过分析方法或仿真计算出来[8]。

4.4.1 衰落信道中数字调制的性能

对于岸-舰之间、舰-舰之间的海上通信,其电波传播路径几乎都是海面,传播条件优于陆地。当传播路径上没有岛屿等较大的障碍物时,其传播信道可近似于慢速、平坦衰落信道。平坦衰落信道在发射的信号 $s(t)$ 中可引起乘性(增益)变化。既然慢速、平坦衰落信道的变化比调制慢,可以假设信号的衰减和相移至少在一个符号的间隔上是不变的。这样接收到的信号 $r(t)$ 可以表示为

$$r(t) = \alpha(t)\exp(-\mathrm{j}\theta(t))s(t) + n(t) \tag{4.15}$$

式中,$\alpha(t)$ 是信道的增益;$\theta(t)$ 是信道的相移;$n(t)$ 是加性高斯噪声。

接收机处使用相干或者非相干的匹配滤波检测,这取决于是否可能对相位 $\theta(t)$ 做出精确的估计。

为了计算慢速、平坦衰落信道中任何一种数字调制方案的错误概率,在衰落导致的所有可能的信号强度范围内,必须对高斯白噪声信道中特定调制方式的错误概率进行平均。也就是说,高斯白噪声信道中的错误概率被视为一种有条件的错误概率,其中的"条件"就是"α是固定的"。因此,对于慢速、平坦衰落信道中的错误概率,可以通过将高斯白噪声信道中衰落概率密度函数上的差错进行平均而得到。这样,慢速、平坦衰落信道中的错误概率可以计算如下:

$$P_e = \int_0^\infty P_e(X) P(X) \mathrm{d}X \quad (4.16)$$

式中,$P_e(X)$ 为任意调制方式下具有特定信噪比 X 的错误概率,$X = \alpha^2 E_b / N_0$;$P(X)$ 是衰落信道中 X 的概率密度函数。E_b 和 N_0 是常量,代表了无衰落的高斯白噪声信道中每比特的平均能量和噪声功率密度;随机变量 α^2 是与 E_b / N_0 有关的用以代表衰落信道的瞬时功率值。对于单位增益的衰落信道,可以把 $\bar{\alpha}^2$ 假定为 1,那么可以简单地把 $P(X)$ 看作衰落信道中 E_b / N_0 的瞬时值的分布,并把 $P_e(X)$ 看作由于衰落的随机 E_b / N_0 给定值的比特差错条件概率。

对于瑞利衰落信道,衰落幅度 α 具有瑞利分布,因此衰落功率 α^2 和随之的 X 是具有两个自由度的 α^2 分布。因此

$$P(X) = \frac{1}{\varGamma} \exp\left(-\frac{X}{\varGamma}\right), \quad X \geqslant 0 \quad (4.17)$$

式中,$\varGamma = \frac{E_b}{N_0} \bar{\alpha}^2$ 是信噪比的平均值。对于 $\bar{\alpha}^2 = 1$,注意符合衰落信道的平均 E_b / N_0。

通过使用式(4.17)和高斯白噪声中一个特定调制方案的错误概率,可以计算出慢速、平坦衰落信道中的错误概率。对相干的二进制 PSK 和相干的二进制 FSK,式(4.16)等价于

$$P_{e,\mathrm{PSK}} = \frac{1}{2}\left(1 - \sqrt{\frac{\varGamma}{1+\varGamma}}\right) \quad (4.18)$$

$$P_{e,\mathrm{FSK}} = \frac{1}{2}\left(1 - \sqrt{\frac{\varGamma}{2+\varGamma}}\right) \quad (4.19)$$

在慢速、平坦的瑞利衰落信道中,DPSK 的平均错误概率和正交的非相干 FSK 如下所示:

$$P_{e,\mathrm{DPSK}} = \frac{1}{2}\left(1 - \sqrt{\frac{\varGamma}{2(1+\varGamma)}}\right) \quad (4.20)$$

$$P_{e,\mathrm{NCFSK}} = \frac{1}{2+\varGamma} \quad (4.21)$$

图 4.21 说明了各种调制方案作为 E_b / N_0 的函数,在一个瑞利平坦衰落环境中其 BER 如何变化。这幅图是通过仿真而不是通过分析得到的,但是和式(4.18)~式(4.21)基本一致。

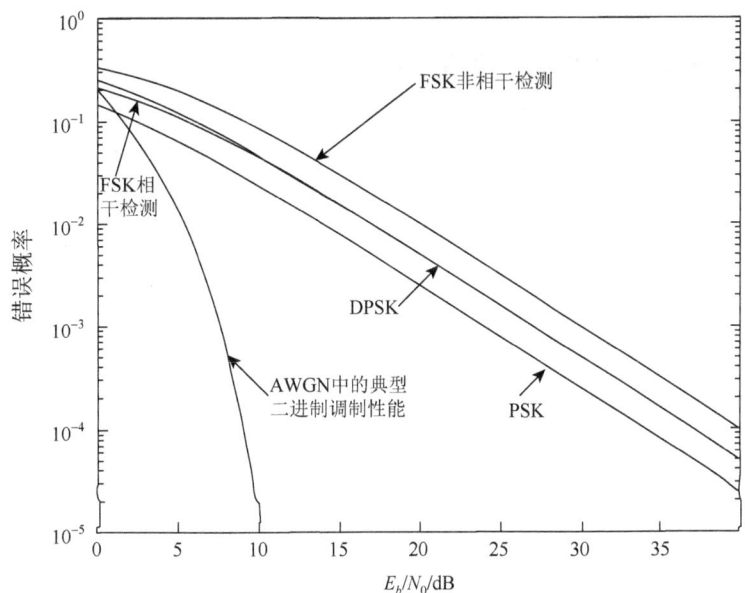

图 4.21 瑞利平坦衰落信道中二进制调制方案的 BER 性能与 AWGN 的典型性能曲线的比较

当 E_b/N_0 较大时，错误概率方程可以简化如下：

$$P_{e,\text{PSK}} = \frac{1}{4\Gamma} \text{（相干二进制 PSK）} \tag{4.22}$$

$$P_{e,\text{FSK}} = \frac{1}{2\Gamma} \quad \text{（相干 FSK）} \tag{4.23}$$

$$P_{e,\text{DPSK}} = \frac{1}{2\Gamma} \text{（差分 PSK）} \tag{4.24}$$

$$P_{e,\text{NCFSK}} = \frac{1}{\Gamma} \text{（非相干正交二进制 FSK）} \tag{4.25}$$

对于 GMSK，其瑞利衰落的 BER：

$$P_{e,\text{GMSK}} = \frac{1}{2}\left(1 - \sqrt{\frac{\delta\Gamma}{\delta\Gamma + 1}}\right) \approx \frac{1}{4\delta\Gamma} \text{（相干 GMSK）} \tag{4.26}$$

其中

$$\delta \approx \begin{cases} 0.68, & BT=0.25 \\ 0.85, & BT=\infty \end{cases} \tag{4.27}$$

正如在式（4.22）～式（4.26）中看到的那样，对于较低的 BER，所有 5 种调制技术表现出 BER 和平均信噪比之间呈相反的代数关系。这和 BER 与高斯白噪声信道中的信噪比之间的指数关系形成了对比。根据这些结果，可以看出达到 $10^{-3} \sim 10^{-6}$ 的 BER 需要一个 30～60 dB 的平均信噪比，这明显大于一个非衰落的高斯噪声信道上所需要的值（还需要 20～50 dB 的链路）。但是我们可以明显地看出，较差的 BER 性能是由很深的衰落的非零概率引起的，这时的瞬时 BER 能低到 0.5。BER 的显著改善可以通过使用如分集或差错控制编码这样的技术，从而完全避免深度衰落的可能性[9]。

4.4.2 频率选择性信道中数字调制的性能

对于舰艇内部或舰队内部的无线通信,也会产生由多径时延扩展引起的频率选择性衰落导致的符号间干扰,这样就生成了无线系统不可减少的 BER 下限。人们已经对滤波和不滤波的 BPSK、QPSK、OQPSK 和 MSK 调制方案进行了研究,它们的 BER 曲线被仿真为一个归一化的均方根延迟扩展函数($d = \sigma_\tau / T_s$)。

频率选择性信道中不可减少的 BER 下限,主要是由符号间干扰导致的错误引起的,它在接收机抽样的瞬间干扰了信号分量,主要发生在如下几种情况:①主要的(未受延迟的)信号分量因多径删除而被消除;②一个非零的 d 值引起码间干扰(inter symbol interference,ISI);③由于时延扩展接收机的抽样时间发生改变。频率选择性信道中的比特差错倾向于突发性。基于仿真的结果,我们知道对于小的时延扩展(与符号持续时间有关),平坦衰落是错误突发性的主要原因。对于较大的时延扩展,定时错误和 ISI 是主要的差错机制[10]。

图 4.22 给出了对于一个高斯型功率延迟分布的信道,如图所示,不同调制方案的不可减少的 BER 性能是 d 的一个函数。从图中可以看出,BPSK 的 BER 性能是所有比较过的调制方案中最好的。这是因为符号交错干扰(称为交叉轨迹干扰)在 BPSK 中并不存

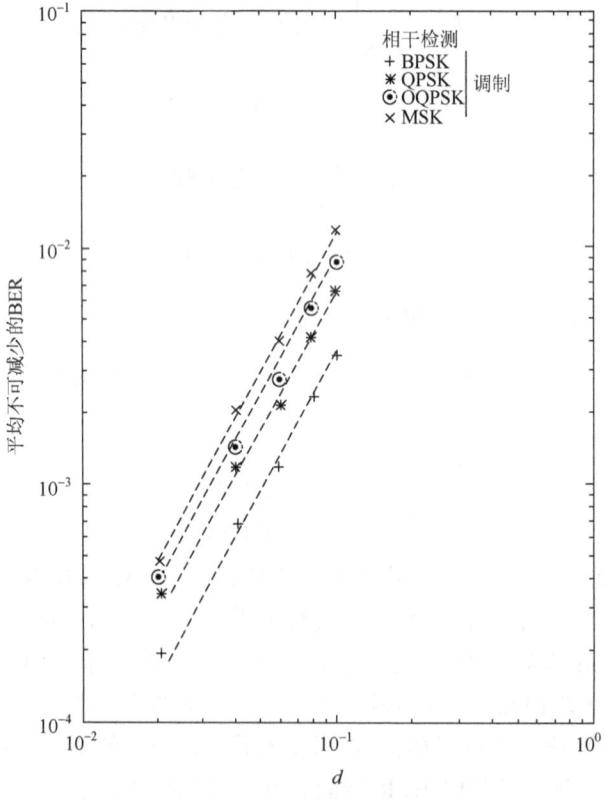

图 4.22 不同调制方案的不可减少的 BER 性能

在。OQPSK 和 MSK 在两个比特序列之间存在一个 $T/2$ 的时间交错，因此交叉轨迹符号间干扰更加严重了，它们的性能类似于 QPSK。图 4.23 给出了作为均方根时延扩展的一个函数的 BER，其中时延扩展归一化到比特周期（$d' = \sigma_t / T_b$）。在一个比特而不是一个符号的基础上进行比较，更容易对不同调制做出判断。图 4.23 中，很明显在信息输出保持不变时，QPSK、OQPSK 和 MSK 比 BPSK 的抗时延扩展性能要好[11]。

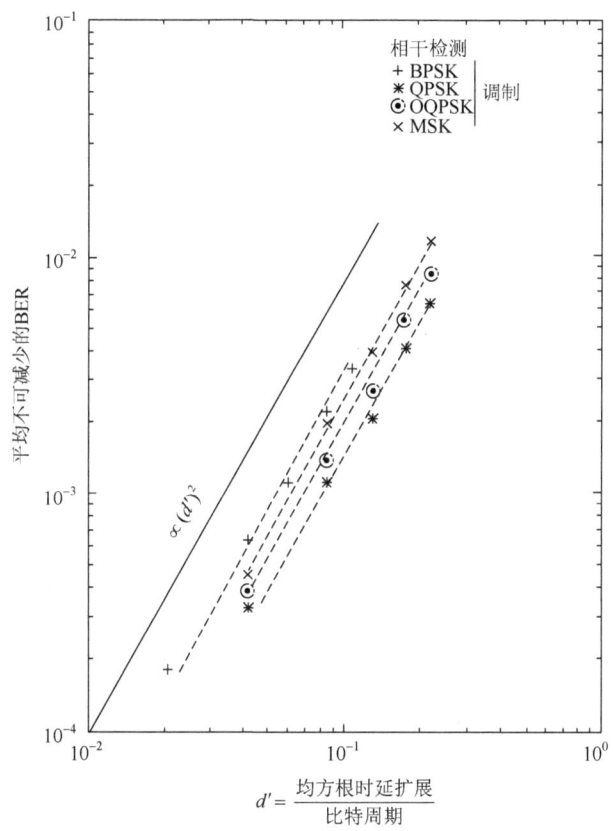

图 4.23　按照比特周期归一化后的均方根时延扩展函数的 BER

4.5　本章小结

本章主要介绍舰船战术无线电通信中的数字调制技术。从最简单的数字调制技术——开关键控、幅度键控、相移键控、频移键控开始，结合数字通信中的信号成形方法，重点介绍舰船无线通信系统中常用的数字调制技术——QPSK、QAM、OQPSK、MSK、GMSK、π/4-DQPSK 等，并对各种调制技术在不同信道下的性能进行了分析。

参 考 文 献

[1]　张冬辰，周吉. 军事通信：信息化战争的神经系统[M]. 2 版. 北京：国防工业出版社，2008.
[2]　童新海，赵兵. 军事通信系统[M]. 北京：电子工业出版社，2020.

[3] 秦浩,马卓,张艳玲.无线通信基础与应用[M].西安:西安电子科技大学出版社,2022.
[4] Proakis J G, Salehi M. 数字通信[M]. 5 版. 张力军,张宗橙,宋荣方,等,译. 北京:电子工业出版社,2019.
[5] 杨梅,严飞. 船舶无线电技术基础[M]. 大连:大连海事大学出版社,2009.
[6] 张华. 船舶通信与导航[M]. 北京:海洋出版社,2016.
[7] Bernard S. 数字通信:基础与应用[M]. 2 版. 徐平平,宋铁成,叶芝慧,等,译. 北京:电子工业出版社,2015.
[8] 杨永康,毛奇凰. 海上无线电通信[M]. 2 版. 北京:人民交通出版社,2009.
[9] 乔文明,邓术章,韩光显. 海上无线电通信[M]. 大连:大连海事大学出版社,2005.
[10] 王福斋,陈褒丹. 现代海上通信与信息技术[M]. 西安:西安电子科技大学出版社,2021.
[11] Chuang J. The effects of time delay spread on portable communications channels with digital modulation[J]. IEEE Journal on Selected Areas in Communications,1987,5(5):879-889.

第5章 舰船战术系统接入技术

本章我们将会提供舰船战术系统中不同类型的"信道"的例子。信道这个词指的是一种分配给指定舰船的系统资源,以便该舰船通过无线网络与其他舰船在可容忍的干扰条件下进行通信。这意味着信道之间应互相正交。最常用的分配信道的方式有频分信道、时分信道和码分信道[1]。相应地,为舰船战术系统提供3种接入的方式,分别称为频分多址接入(frequency division multiple access,FDMA)、时分多址接入(time division multiple access,TDMA)和码分多址接入(code division multiple access,CDMA)。本章会描述这些不同的多址接入技术,并以3种舰船战术系统最常用的多址技术作为例子,这3种系统中都使用了FDMA技术。此外,还有基于时隙的多址接入技术TDMA,基于正交码域的多址技术CDMA技术。由于FDMA技术是本章中将要讨论的舰船战术系统所有多址接入技术的基础,因此将先简要介绍一下FDMA的概念。后面再用单独的小节讨论TDMA和CDMA多址接入技术,并在本章后面的章节比较这3种系统的"信道容量"。所谓的信道容量,就是舰船战术系统在特定的频段中使用各种多址接入方式下,各舰船编队所能提供的最大通信舰船数[2]。

首先来看FDMA的概念。这一概念很容易解释。它最简单的形式是把给定的频带分成不同的信道[3],每个子信道分配给不同的舰船,这就像第一代模拟移动系统使用的方法。接入方式如图5.1所示,舰船战术系统以中心式的移动海上自组织网络结构进行通信,它的特点和蜂窝系统类似,因此后面内容中用蜂窝系统的一些方法来研究和分析舰船战术系统。当然,历史上频带的子信道化方法最早用于广播式收音机和广播式电视的节目传送。在播送过程中,每个播送站分配到一个给定的信道或者频率范围,使用如AM或FM的调制方法,子信道之间留有足够的保护带宽来保证它们之间只有有限的干扰,而地理上距离足够远的广播和电视站可以重复使用相同的信道而彼此不会受到干扰。基于FDMA的舰船战术系统就是使用这个原理,并给相应接入的舰船分配一对信道,上行和下行各分配一个信道,并留有带宽保护间隔,保证通信不受干扰。例如,两个25MHz的频带各被分成832个30kHz的信道,这样的频率信道分配有时称为正交频率分配,它允许多舰船同时使用系统资源进行通信,这就是单纯的FDMA系统。通过频分信道的成对组合使系统能同时在上行或下行进行双向通信的方法,称为频分双工或FDD。因此,不同方向的通信利用单独频率信道的复合方案,被标记成FDMA/FDD。注意这种频分双工技术与广播模式的区别,后者只有一个通信方向,且所有接收者使用同一个信道。

5.1 时分多址接入技术

TDMA系统通过将多个舰船分配到同一频率信道中,获得了比FDMA系统更大的容量。这些TDMA系统实际上是开关系统,它的一个例子就是现代数字电话系统。在TDMA

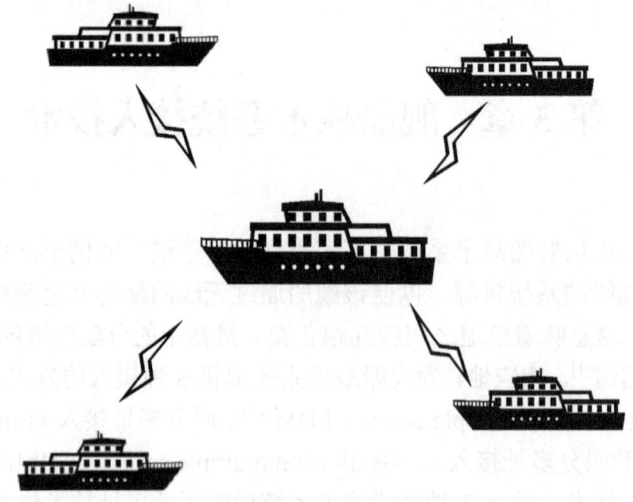

图 5.1　各舰船与舰船战术系统中心舰船通信的示意图

中，数字信号在相应信道载波频率上以一定的帧结构在分配好的时隙上进行传送。每个舰船分配到一个或多个时隙，并在需要的时间内占用时隙，直到一次"通话"完成。数字信号以某种调制方式进行传输，图 5.2 给出了一个每帧中包含 N 个时隙的例子。为了区分帧的开始和结尾，同时也为了在每帧中给时隙定界，还有必要进行另一些设置。如前面所提到的，每个舰船分配到每帧中的一个或多个时隙。

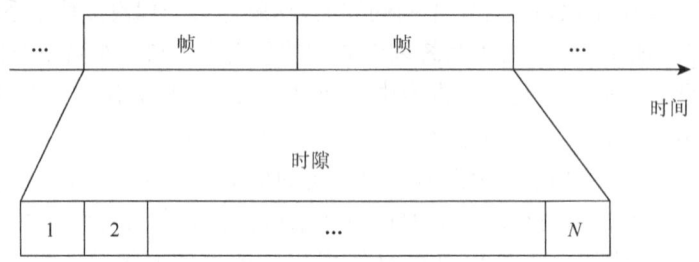

图 5.2　TDMA 时隙结构

TDMA 系统实际是 FDMA/TDMA 系统，因为系统的整个频谱首先分成了若干有特定载波频率的子频率信道或频带[4]。然后，每个频带按某种帧结构被分为若干时隙以支持多个舰船。图 5.3 表示了整个 FDMA/TDMA 信道分配的框图。在一个特定的频带中，一个"信道"对应于一个或多个时隙。在图中有 M 个频带，每个具有不同的载波频率，每帧包含 N 个时隙，分派到一个指定的载波上。图 5.3 中给出了一个舰船信道对应于某个频带上特定时隙的例子，因此，这个系统中共有 $N×M$ 个信道。与每个舰船占一个时隙相比，舰船发送数据的比特率加倍了（每帧传输的比特数是原来的两倍），但相应地也减少了同时使用系统的舰船数量。每个舰船对应每帧中的一个时隙，但是舰船可以通过在不同频率信道中的转移来减小深度衰减的可能性。当然，前提是必须有中心舰船利用控制策略来保证一个时隙只有一个舰船占有给定的信道。

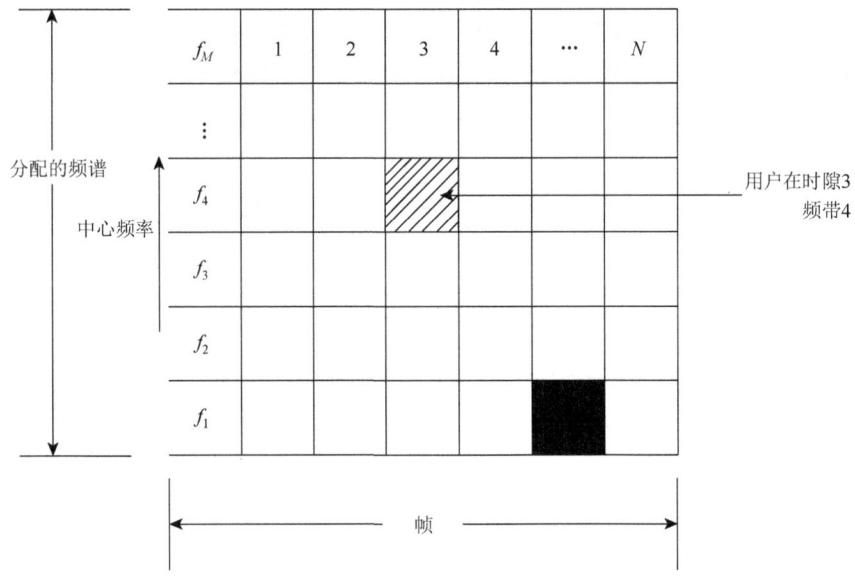

图 5.3 FDMA/TDMA 信道分配图

例如，某舰船战术系统被分配两个 25 MHz 的频带。每个 25 MHz 的频带依次分隔成 200 kHz 宽度的子频带，其中一个子频带用作保护频带，因此一个方向实际上有 124 个可用频率。每个 200 kHz 频带传送含 8 个时隙的 TDMA 帧结构，每帧以 4.615 ms 的时间间隔重复。综上所述，每个舰船分配到每帧的一个时隙，所以，每个舰船战术系统中有 $124 \times 8 = 992$ 个可用信道。这个数量与图 5.3 中的数量 $N \times M$ 相对应。

相对应的帧结构在图 5.4 中描述。与陆地 GSM 系统帧结构相似，可以看到每个时隙长度是 576.92 μs，包含 148 bit。时隙被长度为 30.46 μs 的保护时间分隔开，相当于 8.25 bit。每个时隙的 148 bit 中，有 114 bit 是数据比特，分成两个各有 57 bit 的分组。3 bit（称为 T 区域）定义了时隙的开始和结束。一个 26 bit 的训练序列提供了必需的时间同步信息，还有两个 1 bit 的标志位，这就是整个时隙的结构。系统的传输数据率是 154.25 bit/576.92 μs= 270.833 kbit/s。这个合成的比特传输对应于利用在 200 kHz 宽度频道上的 1.35 bit/Hz 的信道。

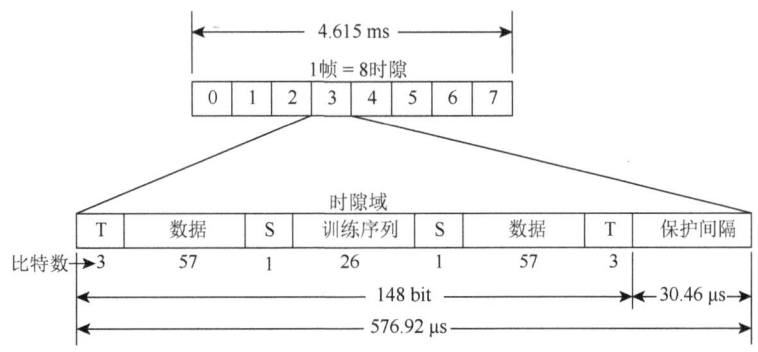

图 5.4 TDMA 帧结构

以上通过以 GSM 系统的帧结构为例，简单介绍了解了时分多址接入 TDMA。本章其他部分会集中讨论码分多址接入技术。在本章后面，会比较 CDMA 系统与其他系统的系统容量。

5.2 码分多址接入技术

码分多址接入（CDMA）技术是舰船编队系统中用到的第 3 种多址接入技术。CDMA 是一种基于扩频技术的方案，这种技术主要是为了军事通信系统而发明和发展的[5]。基于 CDMA 的舰船战术系统中舰船使用的资源之间的正交性是通过为每个舰船分配不同的码字来实现的。通过下面的方法来选择互相正交的码字：设一个码字 i 是由一个特定 l bit 序列 $\{x_{ik}\}(k=1,\cdots,l)$ 组成的，其中，二进制数 $x_{ik}=\pm 1$。用含 l 个元素的向量 c_i 表示这个比特序列，正交性意味着点积 $c_i \cdot c_j = \sum_k x_{ik} x_{jk} = 0, j \neq i$。因此，被分配到不同码字的多个舰船可以同时传输。接收到码字 i 的舰船通过执行点乘操作就可以唯一地恢复信号 i。由于正交性，码字与信号 i 相乘为 1，其他信号则会被抑制。实际中，舰船码字是通过移位寄存器产生的，伪随机序列就是产生码字的一个例子。图 5.5 给出了用这种伪随机序列产生 CDMA 信号的例子。图中 CDMA 系统使用了 PSK 的调制方式，也可以使用其他的调制方式。

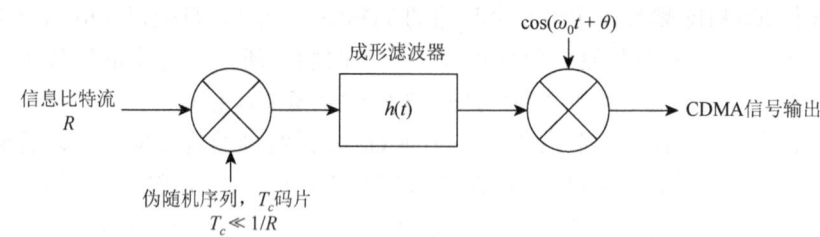

(a) 发射机

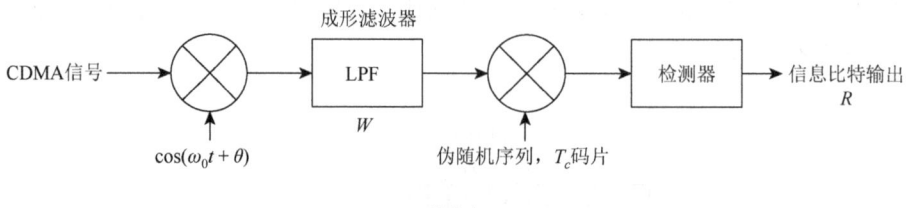

(b) 接收机

图 5.5 CDMA 系统发射机和接收机

伪随机序列如图 5.5 所示，用来调制信息比特流的每个比特。伪随机序列中的每个比特称为一个码片，长度为 T_c，其长度比信息比特长度 $1/R$ 短很多，$T_c \ll 1/R$。伪随机序列乘以信息比特的目的是把二进制比特信息流转化成一个更宽频谱的类噪声序列，这也说明了扩频通信这个词可与缩写词 CDMA 交换使用。产生的宽带二进制序列的带宽 W 近似是

$1/T_c$，W/R 称为系统的扩频增益。可以看出，扩频增益越大，CDMA 系统的性能就越有效。

在接收端，CDMA 信号乘以相同的伪随机序列，如图 5.5（b）所示，重新恢复原始的信息比特流。由于码字的正交性，其他使用相同载波频率不同码字的接收信号会被抑制。CDMA 技术的引入使全部频率的复用成为可能。虽然增加了干扰功率，但是频率扩展提高了信号的可检测性，这会在本节后面论证。

伪随机序列乘以信息比特流后产生的序列具有随机或类噪声特性，因此这样的序列常称为伪噪声（pseudo noise，PN）。PN 码由于是由线性移位寄存器产生的，所以该序列是确定性的。特别地，最大长度移位寄存器具有所要求的类噪声特性。设移位寄存器的长度是 n，则它的第 m 个输出 a_m 可以由递归关系给出：

$$a_m = \sum_{i=1}^{n} c_i a_{m-i}, \quad c_i = 0,1, \quad c_n = 1 \tag{5.1}$$

这里的二进制输出是 1 或 0，0 必须被转化成–1 来保证正交性。

对于所有非零原始向量，最大长度移位寄存器定义成周期长度为 $2^n - 1$ 的寄存器。随后会看出，这样的移位寄存器具有如下类噪声特性（Pr[·]代表[·]的概率）。

（1）$\Pr[0] = 1/2(1 - 1/p)$；$\Pr[1] = 1/2(1 + 1/p)$，对于 $n \geq 10$、$1/p \leq 10^{-3}$，则 $\Pr[0] = \Pr[1] = 1/2$，因此，0 和 1 出现的概率大致是相等的，符合随机序列的期望特性。

（2）任何 l bit 长度的 0，1 序列的出现频率是：$1/2^l, l \leq n-1$；$1/2^{n-1}, l = n$。例如，在 0，1 随机序列中，长度为 1 的序列有 1/2 的出现概率，长度为 2 的序列有 1/4 的出现概率，长度为 3 的序列有 1/8 的出现概率。最大长度移位寄存器具有这种特性。

（3）对随机序列移位一定数目元素得到新序列，该序列元素与原序列元素一致和不一致的个数相等。最大长度移位寄存器对于因子 1/P 也具有这样的特性。这个特性意味着两个舰船的码字即使只移位一个码片，在 1/P 范围内仍能被单独检测。

第三个特性是用来量化 CDMA 正交码结构的有效性。具体来看，舰船 j 的第 k 个码片，它的值是 $x_{jk} = \pm 1$。设它与舰船 i 的 l 个置换码片的值一致：$x_{jk} = x_{i,k+1}$。可以看到

$$\frac{1}{P}\sum_{k=1}^{P} x_{jk} x_{i,k+1} = -\frac{1}{P} \tag{5.2}$$

如图 5.5 所示的接收端的乘法器执行的就是这种相互关系。因此，在式（5.2）的基础上，信干比（signal-to-interference-ratio，SIR）的检测能力就是 $P = 2^n - 1$。这个值可以随着移位寄存器长度 n 按照足够大的要求来达到足够大。付出的代价是需要减小码片长度 T_c，把更多的伪随机比特挤进给定的 $1/R$ 长度的信息比特中，传输带宽相应增加。假设不同舰船的码是校准的或同步的，式（5.2）表示的是 SIR 检测能力。然而，多舰船的上行链路传输却不是这么回事。缺乏码的校准以及因此带来的码的正交性，会导致舰船间干扰。在有许多干扰舰船的条件下，这种干扰可以被认为是类噪声。在本章随后的小节中也使用了这个假设。

现在主要分析 CDMA 可以达到的性能。主要是系统的容量，即给定系统可以容纳的舰船数量。5.6.1 小节，通过只有一个单元干扰的情况给出一个简单初步的 CDMA 系统容量的判定。5.6.3 小节给出 CDMA 干扰的判定，考虑系统的所有舰船的干扰。容量判定的最后结果用来比较基于 CDMA 的系统容量和基于 TDMA 的系统容量。从下面几节的论

述中，可以发现整个分析都是基于本书所使用的理想的系统几何模型、传输效应和衰落现象的。这些模型在提供对舰船战术系统实施环境的深入理解方面非常实用，也可以提供对这些系统所能达到的性能的一些度量。但是，在利用这些系统的结果进行竞争系统相关性能的最后比较时需要谨慎。像本书所研究的舰船战术系统这样复杂的系统，在实际工作条件下可能与本书计算的结果差异很大。事实上，其结果随着地点、系统的执行以及其他因素而异。

5.3 空分多址接入技术

空分多址（space division multiple access，SDMA）控制了舰船的空间辐射能量。由图5.6可以看出，SDMA使用定向波束天线来服务不同的舰船。相同的频率（在TDMA或CDMA系统中）或不同的频率（在FDMA系统中）可用于天线波束覆盖的这些不同区域。扇形天线可看作SDMA的一个基本方式[6]。将来有可能使用自适应天线迅速地引导能量沿舰船方向发送，这种天线是最适合于TDMA和CDMA的。

图5.6 一个空间滤波中心舰船天线利用定向波束来服务不同的舰船

在舰船编队系统中，由于一些原因使反向链路出现了更多的困难。第一，中心舰船完全控制了前向链路上所有发射信号的功率。但是，由于每个舰船和中心舰船间无线传播路径的不同，从每个舰船单元发射功率必须动态控制，以防止任何舰船功率太高而干扰其他舰船。第二，发射功率受到舰船单元能量的限制，因此也限制了反向链路上对功率的控制程度。如果为了从每个舰船接收到更多能量，使用通过空间过滤舰船信号的方法，那么每一个舰船的反向链路将得到改善，并且只需更少的功率。

用在中心舰船的自适应天线,可以解决反向链路的一些问题。不考虑无穷小波束宽度和无穷大快速搜索能力的限制,自适应式天线提供了最理想的 SDMA,继而提供了在本舰船编队内不受其他舰船干扰的唯一信道。在 SDMA 系统中,所有舰船将使用同一信道在同一时间内双向通信。而且,一个完善的自适应天线系统应能为每一个舰船搜索其多个多径分量,并且以最理想的方式组合它们。从而收集从每个舰船发来的所有的有效信号能量。因为这一系统需要无穷大的天线,所以理想的自适应天线系统是不可行的。

5.4 分组无线电接入技术

在分组无线电接入技术(packet radio access technology,PR)中[7],许多舰船试图使用一种分散(或协调性很小)的方式接入一个信道。发射可通过使用数据突发来完成。一旦中心舰船接收机检测出由于多个发射机同时发射而产生的碰撞,那么它就会发射一个 ACK 或 NACK 信号来通知发射信号的舰船(和其他所有舰船)。通过使用 ACK 和 NACK 信号,PR 系统具有了完善的反馈,即便是在由于碰撞而产生较大传输延迟的时候。

分组无线多址接入是很容易实现的,但是效率较低,并且可能导致延迟。舰船使用竞争技术在一共用信道上发射。最好的例子是用于早期卫星系统的 ALOHA 协议。ALOHA 允许每一个舰船在其有数据要发射的任何时候发射。正在发射的舰船监听确认反馈来判定发射是否成功。如果碰撞发生,舰船等待一段时间后再重新发射分组。分组竞争技术的优点在于服务大量舰船时的开销很少。可以用吞吐量和一个典型信息分组所经历的平均延迟(D)来衡量竞争技术的性能,r 定义为每单位时间成功发射的信息平均数量。

5.4.1 分组无线协议

为了求出吞吐量,确定易损阶段 V_p 是很重要的。定义 V_p 为分组可能与其他舰船的发射分组产生碰撞的那段时间间隔。图 5.7 指出了 ALOHA 协议的一个分组的 V_p。如果其他终端在 t_1 和 $t_1+2\tau$ 之间发射分组,那么分组 A 将经历碰撞。即使只有分组 A 的一部分遭受碰撞,也有可能会导致报告消息无效。

为了研究分组无线协议,假设所有舰船发射的所有分组均有固定的长度和固定的信道数据速率,同时所有其他舰船可以在任一随机时间产生新的分组。并且假设分组发射服从到达率为 λ 的泊松分布。如果不是发射分组所需的时间,那么分组无线网络的业务占有量 R 可以由式(5.3)求出:

$$R = \lambda \tau \tag{5.3}$$

式中,R 是到达及缓存的分组的归一化信道流量[用厄朗(Erlang)来衡量],并且也是对信道利用程度的相对测量。如果 $R>1$,全体舰船将以高于信道所能承受的速率来产生分组。因此,为了获得合理的吞吐量,产生新分组的速率必须使 $0<R<1$。在正常负荷情况下,吞吐量 T 和所提供的总负荷 L 是一样的。总负荷 L 是新产生的分组和先前发射时遭

受碰撞而要重新发射的分组之和。归一化吞吐量总是小于或等于单位吞吐量，并且可以看作信道占用时间的表示。归一化吞吐量可由成功发射概率乘以总负荷，也就是

$$T = R \cdot \Pr(n=0) = \lambda\tau \cdot \Pr(n=0) \tag{5.4}$$

式中，n 为在一个给定分组时间间隔内，其他舰船发射分组的个数，$n=0$ 表示无其他舰船发射分组，分组无碰撞；$\Pr(n=0)$ 是一个舰船成功发射一次的概率。在一个给定分组时间间隔内，舰船产生几个分组的概率可假设为泊松分布：

$$\Pr[n] = \frac{R^n \mathrm{e}^{-R}}{n!} \tag{5.5}$$

假设在一给定分组时间间隔内没有其他分组发射，那么就假设这个分组成功发射。在这段时间不产生分组（即无碰撞）的概率为

$$\Pr[0] = \mathrm{e}^{-R} \tag{5.6}$$

根据接入类型不同，竞争协议可分为随机接入、调度接入和混合接入。在随机接入类型中，舰船之间没有协调并且消息一到达发射机就会被发射出去；而调度接入以协调信道上舰船的接入为基础，舰船在所分配的时隙内或时间间隔内发射消息；混合接入是随机接入和调度接入的组合。

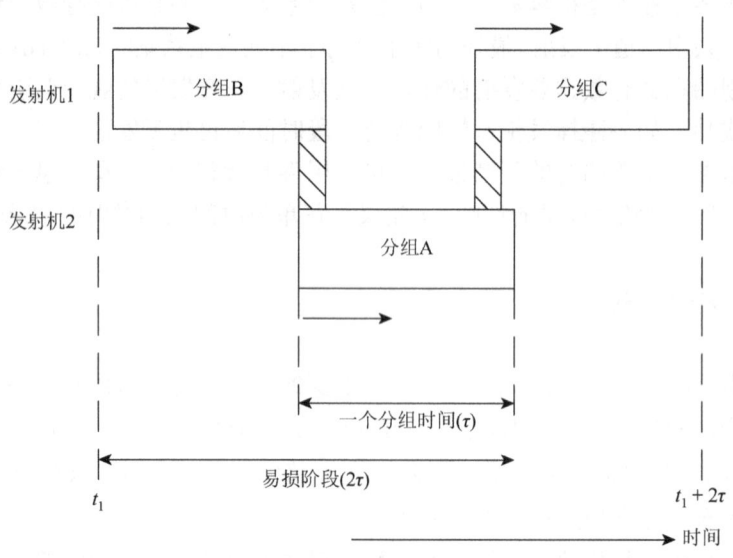

分组A和分组B、分组C由于发送时间重叠将发生冲突

图 5.7　使用 ALOHA 协议时的一个分组的易损阶段

1. 纯 ALOHA

纯 ALOHA 是适用于数据传输的随机接入协议。一旦有消息需要发射，舰船就要接入信道。在数据发射以后，舰船在同一信道或另一个独立反馈信道上等待确认消息。当有碰撞发生时（即接到一个 NACK），终端就等待一段随机时间后再重新发射信息。当舰船数增加时，由于发生碰撞的概率增加而出现较长的延迟。

对于 ALOHA 协议而言,消息易损阶段是发射分组持续时间的两倍(图 5.7)。因此,在 2τ 间隔内无碰撞的概率可通过 Pr[n] 来求出:

$$\Pr[n] = \frac{(2R)^n \mathrm{e}^{-2R}}{n!}, \quad n=0 \tag{5.7}$$

可以通过估算式(5.7)的方法来确定在 2τ 期间被发射的分组的平均数目(这在确定平均业务量时非常有用)。无碰撞概率为 $\Pr[0] = \mathrm{e}^{-2R}$。ALOHA 协议的吞吐量可由式(5.4)求出。

2. 时隙 ALOHA

在时隙 ALOHA 中,时间被分为相同长度的时隙,这比分组的持续时间 τ 长。每个舰船有同步时钟,并且消息仅在一个新时隙的开始时发射,因此形成了分组的离散分布。这样就防止了发射分组的部分性碰撞,也就是说,防止了一个分组与另一个分组的一部分发生碰撞。当舰船数增加时,完全碰撞增多和重复发射丢失的分组增多而使延迟增大。其中,重新发射前发射机等待的时隙数决定了传送的延迟特性。由于通过同步操作防止了部分性碰撞,所以时隙协议的易损阶段仅仅是一个分组的持续时间。在易损阶段没有其他分组产生的概率是 e^{-R}。时隙 ALOHA 的吞吐量可由式(5.8)求出:

$$T = R \cdot \mathrm{e}^{-R} \tag{5.8}$$

图 5.8 显示了 ALOHA 和时隙 ALOHA 系统是怎样在延迟和吞吐量之间进行折中的。

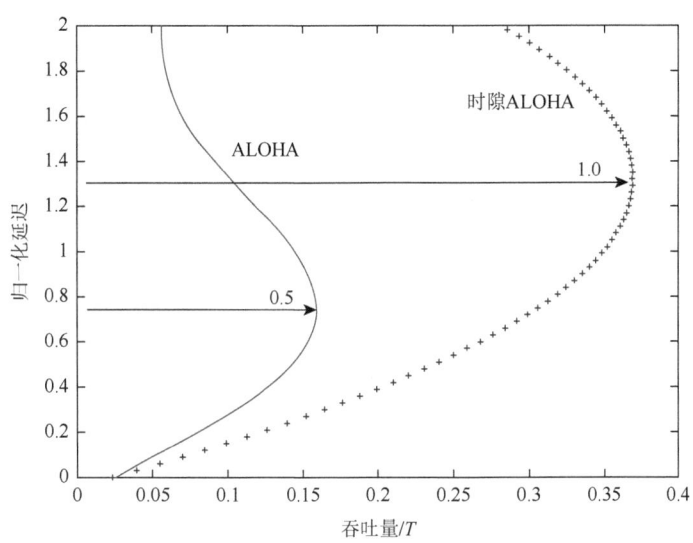

图 5.8　ALOHA 和时隙 ALOHA 分组无线协议在延迟和吞吐量间的折中

对于 ALOHA 系统,要求使吞吐量达到分组到达率的最大值,可通过对式(5.8)求导,并令其等于零而得出:

$$\frac{dT}{dR} = e^{-2R} - 2Re^{-2R} = 0, \quad R_{max} = 1/2 \tag{5.9}$$

使用 ALOHA 协议的最大吞吐量，可通过把 R_{max} 代入式（5.8）后求出。

图 5.8 所示的最大吞吐量就是该值：

$$T = \frac{1}{2}e^{-1} = 0.1839 \tag{5.10}$$

因此，使用 ALOHA 所能期望的最大吞吐量为 0.184 Erlang。

对于时隙 ALOHA 的最大吞吐量，可通过对式（5.8）求导，并令其等于 0 而求出：

$$\frac{dT}{dR} = e^{-R} - Re^{-R} = 0, \quad R_{max} = 1 \tag{5.11}$$

最大吞吐量可由将 R_{max} 代入式（5.8）后求出。图 5.8 所示的最大吞吐量就是该值：

$$T = e^{-1} = 0.3679 \tag{5.12}$$

注意，时隙 ALOHA 提供的最大信道利用率是 0.3679Erlang，即 ALOHA 所提供的两倍。

5.4.2 预留协议

1. 预留 ALOHA

预留 ALOHA 是以时分多址技术为基础的一个分组接入模式。在此协议中，某个分组时隙被赋予优先级，并且能够为舰船预留发射分组的时隙。时隙能够被永久预留或者按请求预留。在通信繁忙的情况下，按请求预留可以保证较好的吞吐量。在预留 ALOHA 的一种类型中，虽然非常长的持续发射可能被打断，但是成功发射一次的终端将长时间预留一个时隙直到它的发射完成。在另一种类型中则允许舰船在每一帧都预留的一个子时隙上发送请求消息。如果发射成功（即没有检测到碰撞），那么就给该终端分配下一个帧中的一个普通时隙，以用于其数据发射。

2. 分组预留多址

分组预留多址（packet reservation multiple access，PRMA）是用一种类似于预留 ALOHA 的离散分组时间技术，它以每一个 TDMA 时隙传送语音和数据，并且优先传输语音，同时利用了 TDMA 的周期帧结构。PRMA 被建议作为综合传输分组数据和语音的一种方法。PRMA 定义的帧结构非常类似于 TDMA 系统的帧结构，在每帧内有固定数目的时隙，可以将其指定为预留的或可用的，这完全取决于控制中心舰船所决定的通信量。

5.4.3 分组无线电的截获效应

分组无线电多址技术是以在同一信道内的竞争为基础的。当使用调频或扩频调制时，信号最强的舰船就有可能成功地截获发射机，即使许多其他舰船也在发射。通常，因为传播路径损失小，离发射机最近的接收机能够截获它，这就称为远-近效应。在实际系统中，截获效应既有优点又有缺点。因为一个特定的发射机可以截获接收机，所以许多分组即使在信道上发生了碰撞也可以存活下来。但是，较强的发射信号可以使接收机无法检测到其他较弱的、正试图与其通信的发射机发射的信号。这就是所说的发射机屏蔽问题。

在分组无线协议中，接收分组与其他因碰撞而丢失分组的最小功率的比率，是分析截获效应的一个有用参数。这一比率就称为截获比率，而且它取决于接收机和其使用的调制方式。

一般情况下，分组无线电支持移动接收机使用随机接入的方式，将分组数据以数据突发的方式发送。如果终端使它们的分组传输同步，那么信道的吞吐量就会增加，因此就避免了产生分组部分交叠。对于通信负荷较高的情况，不分时隙的 ALOHA 协议和分时隙的 ALOHA 协议的效率都很低，这是因为所有发射分组之间的争夺造成了大多数传输发生碰撞，继而导致了多次重新发射和时延的增加。为了减少这种情况的发生，可以在发射前先监听共用信道或一个专用控制信道。要提高 ALOHA 信道的利用率，可以通过让竞争同一中心舰船的多个舰船的发射功率不同而实现。表 5.1 列出了在不同业务类型下应该使用的多址技术。

表 5.1 适用于不同业务类型的多址技术

业务类型	多址技术
突发，短消息	竞争协议
突发，长信息，大量舰船	预留协议
突发，长信息，少量舰船	固定 TDMA 预留信道的预留协议
流数据	FDMA、TDMA、CDMA

5.5 基于分组的舰船战术系统调度

为舰船战术系统中数据包传输所设计的资源分配，需要对上行和下行方向上的数据包进行合理的调度。调度有两层含义：一是为了每一个舰船在信道条件允许的情况下提供适当的 QoS 保证，如最大包延时、相关的吞吐量保证、丢包率和其他 QoS 性能保证；二是使带宽、容量等资源得到最大利用。

图 5.9 用图示来表明调度的含义。这是个十分抽象的模型，有 N 个数据缓冲区，用 $q_i(t)$ 表示在 t 时刻第 i 个队列包含的包的数量，用 $r_i(t)$ 表示第 i 个队列发送或释放包的速率。数据缓冲区可以显示上行方向等待发送的数据包。在相反的方向，中心舰船到 N 个舰船之间的数据包由中心舰船控制；它们同样可以表示中心舰船里与每个舰船相关联的缓冲区中存在的下行方向需要发送到每个舰船的包的数目。调度问题是决定在某个特定时刻，上行和下行信道上发送哪个或哪些数据包。如图 5.9 所示的包传输

速率 $r_i(t)$ 就是运用调度算法的结果。它们将作为解的一部分写入调度算法。在下面的第 1 个例子中，我们将看到通过使用该算法，该速率得到了有效的提高。对于给定的舰船，期望数据率是由测量得到的 SIR 决定的。在应用了调度算法后，实际的数据率可能有所不同。

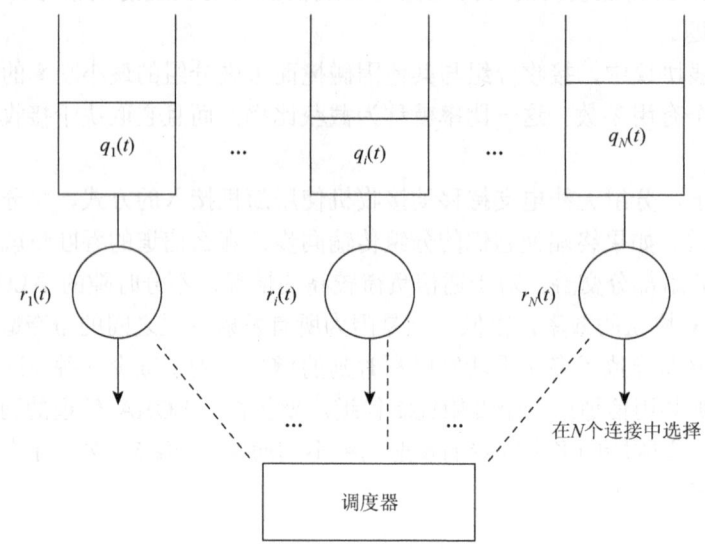

图 5.9　多个数据流的调度

调度算法通常是针对一些期望的性能目标来设计的，这些目标可以在最不利的传播环境下满足每种数据类型的 QoS 要求。目标还可以是在给定的无线链路上寻求最大的系统吞吐量，上面也提到了。调度算法的选用显然还要考虑给定业务流的类型和特性（其中的一些特性可能已经在 QoS 要求中体现出来了）。也就是说，对于突发数据流的调度需要考虑业务的突发特性，而规则的连续类型的业务调度需要反映出其连续特性。

在系统设计中，调度任务在不同时隙间、不同帧间都有所不同，图 5.9 展示了在 t 时刻做出了哪种选择。对于一个给定的舰船，在上行或下行方向，数据包的实际传输速率，在 CDMA 系统中由分配的码字确定，在 TDMA 系统中由分配的时隙数确定。在一个给定的系统中，调度过程可以由中心舰船单独完成，也可以由位于控制若干个舰船编队的网络控制器中的调度器完成。

如图 5.9 所示，通过在多个业务流中进行调度来满足一定的性能目标的概念已经在有线分组网络中进行了很久的研究。为无线系统设计提出的一些调度算法都是在原始的有线系统上做出的变形。在 Fattah 和 Leung[8]的著作中有关于 TDMA 和 CDMA 无线网络调度机制的综述，该综述还包括这些算法首次在起初的有线网络中应用的文献参考。本节为简单起见，只选择了其中的一些调度算法并且着重关注它们的调度原理。这种算法称为比例公平（proportional fairness，PF）算法。该算法基于时隙，操作简单，选择舰船队列中所需传输速率与队列平均传输速率比值最大的包进行传输。这种关系一旦确定，就打破了随机性。具体地，令 $\mathrm{DRC}^i(n+L)$ 代表第 i 个舰船在时隙 $(n+L)$ 基于对 SIR 的测量而得到的所需数据率。舰船速率的选择基于所测得的 SIR 值，它们是在保证误包率为 1% 的最大速率。令 $R_{av}^i(n+L-1)$ 代表舰船 i 经过测量以前的时隙而得到的该舰船所接收到的平均传输速率。在第 $(n+L)$ 个时隙，被传送舰船的 $\mathrm{DRC}(n+L)/R_{av}(n+L-1)$ 值最大。如果比例公平算法在时隙 $(n+L)$ 时选择舰船 j 进行发送，则 J 有如式（5.13）所示的最大比例。如果舰船 j 有如式（5.13）所示的最大比例：

$$\max_i(\mathrm{DRC}^i(n+L)/R_{av}^i(n+L-1)), \quad 1 \leqslant i \leqslant N \tag{5.13}$$

则比例公平算法在时隙 $(n+L)$ 时选择舰船 j 进行发送。该算法欲满足有最高请求速率的舰船的需求，但是同时引入了一种公平原则，这种公平原则由经平均传输速率归一化后的请求速率来衡量。这样，平均传输速率高的舰船的优先级就会比平均传输速率低的舰船靠后。该算法试图最大化信道吞吐量（选择有最大请求速率的舰船可以清楚地证明这一点），但同时引入了一种归一化的公平机制，来防止舰船贪婪地占用信道。

这样就需要使用平均算法来计算平均速率，相关研究提出了一种一阶递归的更新方法：

$$R_{av}^i(n) = \left(1 - \frac{1}{t_c}\right) R_{av}^i(n-1) + \frac{1}{t_c} r_i(n-1) \tag{5.14}$$

式中，$r_i(n-1)$ 代表舰船 i 在前一时隙 $n-1$ 收到的实际发送速率，这就是如图 5.9 所示的发送速率；t_c 是一阶平均过程每次平均的时隙数。由式（5.14）可以看到，平均传输速率随时间的变化将会很缓慢。

比例公平算法是一种更通用的调度算法的一个特例。这种更通用的算法，称为改进的最大加权权重延时优先（maximum-largest weighted delay first，M-LWDF）算法，它的特点在于保证所有舰船的所有队列都处于稳定状态，没有队列丢包（这里假设队列为无限长，如果要设置一个有限值，就相当于在超过这个值后，队列饱和在此值不变，新到来的包直接丢弃）。当且仅当式（5.15）取最大值时，该算法将在 t 时隙调度队列 j 中的包：

$$\max_i(\gamma_i W_i(t) r_i(t)), \quad 1 \leqslant i \leqslant N \tag{5.15}$$

式中，γ_i 是一个指定的常数，它的值将在后面内容中讨论；$W_i(t)$ 是位于队列 i 头部的包已经等待的时间；$r_i(t)$ 是前面所述队列 i 的平均传输速率。部分或全部舰船中的等待时间 $W_i(t)$ 可以用如图 5.9 所示的队列长度 $q_i(t)$ 代替。那么，怎样选择常数 γ_i 呢？这取决于业务的类型和 QoS 要求。下文提供了一个有延迟限制的业务的例子，如语音或视频这样的实时业务。对于这种业务，队列 i 的延迟限制可以表示为[9]

$$\mathrm{Prob}[W_i > T_i] \leqslant \varepsilon_i \tag{5.16}$$

式中，T_i 是延时限制；ε_i 是指定概率。对于实时语音，可以取 $T_i = 50\mathrm{ms}$，$\varepsilon_i = 0.01$，也就是说，有 99% 的概率能够满足 50ms 的延时限制。在给定了延时限制为式（5.15）后，将常

数 γ_i 写为 a_i/R_{av}^i。其中，a_i/R_{av}^i 就是 PF 算法中已经用过的第 i 个舰船的平均传输速率，a_i 被定义为 $(-\log \varepsilon_i)/T_i$。例如，对于舰船 i，取 $T_i=50$ ms，$\varepsilon_i=0.01$，$a_i=0.04$。如果 ε_i 增加到 0.1，限制条件放宽，那么 $a_i=0.02$。舰船 i 的优先级就相应地降低了。对于舰船编队中的某个舰船的传输优先级可以通过选择参数 a_i 的值来改变。利用 $\gamma_i=a_i/R_{av}^i$ 的关系，M-LWDF 算法定义为在时隙 i 内选择舰船 j，如果舰船 j 在 N 个舰船中式（5.17）的结果最大：

$$\max_i(a_iW_i(t)r_i(t)/R_{av}^i),\quad 1\leqslant i\leqslant N \tag{5.17}$$

下面研究为何这种形式的 M-LWDF 算法与式（5.15）描述的 PF 算法是类似的。这里有 3 个参数影响了在 t 时刻哪个舰船被选定：a_i 和 $W_i(t)$ 可看作提供了 QoS 延时限制要求，比值 $r_i(t)/R_{av}^i$ 表示最大化信道总吞吐量的能力，而并没有像 PF 算法那样过分地惩罚低速率舰船。虽然上述讨论的 M-LWDF 算法的例子是针对实时业务的，但它在非实时业务中同样适用。在这种情况下将对所有舰船取常数。等待时间 $W_i(t)$ 或其等价序列长度 $q_i(t)$ 保证了每个队列中的包不被过分地延迟。

M-LWDF 算法是与等待时间 $W_i(t)$ 或其队列长度 $q_i(t)$ 结合在一起的，比其他的包都等得更久的包将有更高的优先级，这种对于等待时间长的包的偏好与一类称为"最早时限优先"（earliest deadline first，EDF）的调度算法有关。这种算法以及它的变形早已在有线网络中进行了很多研究。EDF 算法在每个时隙选择位于队列头部的包和离延时限最近的队列进行发送。用符号来表示，并且参考图 5.9，这意味着如果该队列只是所有 N 个队列中最小的，选择队列中的位于队首的包。这里 T_i 是式（5.16）中定义的延时限。Varsou 和 Poor 在文献[10]中，研究和比较了适用于 CDMA 系统的各种版本的改进算法。在文献[11]中，当一个包到达发送队列时，使用了时间打戳的方法来记录它们到达队首的时间。时间打戳过程是由其他学者在研究基于包的等待时间的调度算法时提出的。

文献[10]中引用的一份未出版的 1999 年 9 月的贝尔实验室备忘录中显示，最早时限优先类型的调度算法为下行调度机制提供了一种很好的性能。Varsou 和 Poor 将本公开的工作扩展如下：在原始工作的每个时隙中，选择离最后期限最近的在队列头部的下行包进行发送，所有的功率都分配给了这个队列的信号进行发送。Varsou 和 Poor 允许将剩下的功率分配给下一次要传输的包，这种调度机制称为功率最早时限优先（power earliest deadline first，PEDF）。还有一种改进，称为功率最早时限优先公平（power earliest deadline first fair，PEDFF）机制，将剩余的功率分配给所有处于激活态的舰船，它在调度算法中引入了一种公平机制。这两种改进的 EDF 算法都提供了更好的性能，提高了功率利用率。PEDFF 算法对于突发业务和混合业务的性能比 PEDF 算法好。通过使用一种偏好包长较短的传输，惩罚错过延时限的包的改进调度算法可以得到更高的性能[10]。

本节最后将介绍一种由有线网络中的调度机制演化而来的针对 CDMA 设计的公平调度机制。首先描述有线网络中的形式，这种机制称为通用处理器共享（generalized processor sharing，GPS），它是由 Parekh 和 Gallager 首先提出和分析的[12]。Shwannz 的著作中有该方法的概要[13]。GPS 算法是一个理想的算法，往往将其作为研究其他更具实用性方法的理论基础。其本质上是一种改进的轮询机制，它能够在多个舰船间公平地分配链路容量（带宽）。在执行轮询时，通过计算已经分配给各舰船的容量来达到公平的目的。具体考虑图 5.9 中的 N 个队列，让它们共享一个链路容量 C。在 GPS 的相关文献中，一个队列以及与其相关的传输元素称为一个连接。想象在轮询形式下的各个连接，假设第 i 个连接被分配的权重为 ϕ_i，那么就要保证它的业务速率为 g_i，由式（5.18）给出

$$g_i = \phi_i C / \sum_{j=1}^{N} \phi_j \qquad (5.18)$$

图 5.10（b）给出了 GPS 调度的基本思想，其中调整器（regulator）将在后面介绍。GPS 机制还定义了保存功能，这意味着每个机会都有包传输。这样，如果轮到一个连接传输数据而它暂时没有业务可传，就会分配其他连接来传送业务。在长度为 T 的时间间隔内，第 i 个连接传送的业务量（用 S_i 表示）服从如下不等式：

$$S_i / S_j \geqslant \phi_i / \phi_j, \quad j=1,\cdots,N \qquad (5.19)$$

可以看到，GPS 提供了如下两个保证[12]：

(1) 令 R_{av}^i 代表第 i 个连接的平均业务速率。如果 $R_{av}^i \leqslant g_i$，那么业务速率 g_i 就可以独立于其他连接而被保证；

(2) 每个连接上的最大业务延时是有界的，它只基于自身的特性，而独立于其他连接的情况。

GPS 的延时界是这样得到的：利用漏斗调整器使每个连接节点上的业务流平滑化得到的。这个调整器用来限制业务的速率和突发性，它有两个参数 σ 和 ρ。一个漏斗程序使用一个可变计数器来表示速率和突发是怎样被调整的。每 $1/\rho$，计数器加 1，直到最大值 σ，如果一个包到达而且被发送走，那么该值减 1。如果计数器到达 0，那么就没有包可以被发送。这样，漏斗调整器就限制了包的到达速率不得超过 ρ，而一个突发中最多只能有 σ 个包被传输，也就是说，一个突发的最大长度为 σ 个包。平滑的功能还可以通过一个最多拥有 σ 个令牌的令牌缓冲器来实现[13]。

如图 5.10（a）所示，为一个基于令牌缓冲器的漏斗调整器。它的操作方法如下：令牌缓冲器每 $1/\rho$，s 增加 1，直到最大值 σ，每个到达的包必须拿到一个令牌才能被传送。现在让每个 GPS 连接都拥有一个漏斗调整器，拥有与其他连接相独立的参数 ρ_i 和 g_i。得到一个如图 5.10（b）所示的 N 连接的 GPS 调度器。这里唯一的约定是漏斗调整器的速率 ρ_i 要小于等于业务的连接速率，即 $\rho_i \leqslant g_i$。可以发现，每个连接上的漏斗调整器的使用保证了连接上的最大包延时的上界，即 σ_i / g_i[12, 13]。

如上所述的关于 GPS 公平调度算法的描述和它的特性的概括都是基于有线网络环境的。关于它在基于 CDMA 的舰船战术系统中的异种业务调度上的应用和改进，已经有很多人进行了研究，其中包括 Arad 和 Leon-Garcia[14]以及 Xu 等[15]。这里介绍 Xu 等提出的 GPS 在多码 CDMA 系统中的应用。其只研究了上行调度，尽管很显然 GPS 也可以用于下行链路调度。Xu 等所提出的是一种基于速率的方案，每个时隙为舰船动态地分配速率。每个上行舰船的速率可能由于扩频因数或正交码信道数目的不同而不同。该调度方案称

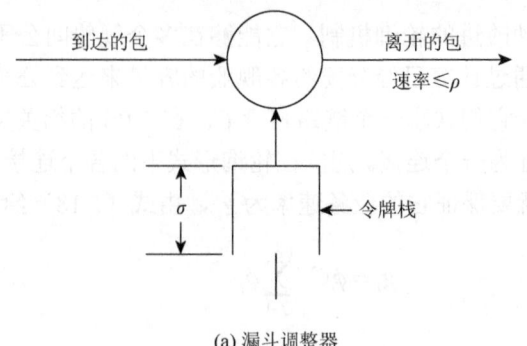

(a) 漏斗调整器

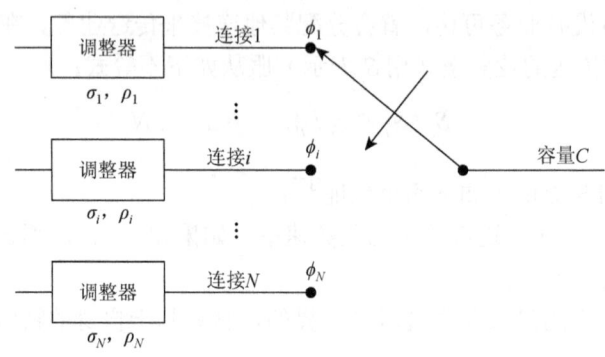

(b) 使用漏斗调整的GPS调度

图 5.10　GPS 和漏斗调整器

为码分 GPS 公平调度方案（code division generalized processor sharing，CDGPS）。该方案中，每个舰船在每个时隙的最后部分发送一个短信息给中心舰船，汇报它的缓存状态（积压的包的数量）和该时隙到达的业务数量。这些信息通过随机接入信道或某个指定的上行信道发送[15]。位于中心舰船或更靠中心的调度器，根据从每个舰船收集来的上行信息和已知的每个舰船的 QoS 要求计算在下一时隙应为每个舰船的上行方向所分配的传输速率，然后这个速率被转换成对应的扩频因子和使用的扩频码数目，包含在资源分配消息中通过下行信道从中心舰船发送到舰船。Xu 等为调度机制提出的具体计算过程可以写成如下步骤。[以下的符号 S_i、C、ϕ_i 与 GPS 机制中式（5.18）和式（5.19）的含义相同]。

令 $q_i(k-1)$ 代表时隙 $k-1$ 结束时舰船 i 中积存的包的数目。令 $r_i(k)$ 为预计的时隙 k 中的业务到达速率（这个速率可以由第 $k-1$ 时隙到达的业务速率直接得到或进行某种平均得到）。时隙长度为 T，预计的时隙 k 后积存的包的个数为 $B_i(k)$。

操作步骤如下。

（1）

$$B_i(k) = q_i(k-1) + r_i(k)T \qquad (5.20)$$

（2）参见式（5.19），计算舰船 i 可能接收到的业务量 $S_i(k)$

$$\begin{cases} B_i(k)=0, & S_i(k)=0 \\ B_i(k)>0, & S_i(k)=g_iT \end{cases} \tag{5.21}$$

g_i 由式（5.18）给出。若 $f\sum_i S_i(k)<CT$，则依据 ϕ_i 分配剩余容量。

（3）舰船 i 分到的容量为

$$C_i(k)=S_i(k)/T \tag{5.22}$$

CDGPS 作为 GPS 在 CDMA 系统下的改进版本，性能怎样？Xu 等给出了不同类型业务下的仿真和仿真结果。另外，假设使用了如图 5.10（a）所示的漏斗调整器，最大延时限与 GPS 得到的方法相似，为

$$\text{Delay}_{\max,i}=\sigma_i/g_i+T \tag{5.23}$$

对于较小的时隙值，CDGPS 的最大延时限与 GPS 十分接近[15]。

下面分析 Xu 等的仿真结果。系统的 CDMA 信道总容量为 $C=2$ Mbit/s，时隙长度为 0.1 s。调度器不仅发送速率信息，也发送功率信息来控制舰船编队内和舰船编队间的干扰。假设仿真中的功率控制是理想的，传输是没有差错的，没有考虑信道衰落。仿真的第 1 个情景有 4 种不同业务，尽力而为，每个包的长度为 $L=5120$ bit，漏斗调整器的参数为 $\sigma=4L$、$\rho=C/4$。业务流为均匀速率的泊松模型，系统负荷不断增大。最大延时限由式（5.23）得到，设 $g_i=\rho$，结果是 0.14 s，仿真得到载荷最大时的最大延时为 0.13 s，小于延时界，符合期望值。如果采用静态的分配机制，给每个业务流分配相同的固定传输速率，在载荷较重的情况下得到的延时将显著超过延时限。平均延时的结果也是类似的。在载荷较轻时，动态和静态分配技术没有太大的性能差别，跟预料中的一样，因为在载荷较轻时，动态分配技术毫无用武之地。文章还进行了包含异种业务的仿真，其中，业务流由 10 个语音业务、3 个视频业务和 4 个尽力而为的数据业务组成。结果显示，使用 CDGPS 调度算法得到的最大延时小于对该业务计算得到的最大延时限。每一类中不同数据流之间的最大延时和平均延时的方差都比较小。音频和数据业务源的吞吐量的方差也较小，说明在这些业务流中获得了很好的公平性。但是，10 个语音数据流的吞吐量相差较大。

5.6　舰船战术系统的容量

5.6.1　CDMA 容量：单舰船编队情况

本节将确定 CDMA 系统的容量，我们用最简单的单个舰船编队中移动舰船的干扰来说明。设舰船编队中有 K 只舰船，则每只舰船有 $K-1$ 只干扰舰船。我们主要看上行链路，从舰船到中心舰船的方向，因为这是通信中最难控制的部分。假设舰船编队中所有舰船的功率都控制为与中心舰船接收功率一样的功率。功率控制是 CDMA 系统性能的关键因素，否则，相邻的舰船会有固有的优势。

如果传输舰船的数目足够大，每个都使用了自己的伪随机码，则可以假定合成的干扰接近高斯白噪声，从而基本的问题就变成了在噪声存在的情况下检测信号。在通信理

论中，我们都知道，高斯白噪声（噪声的概率密度函数是高斯分布或正态分布且频谱为平坦的）下(二进制)信号的可检测性取决于接收信号的比特能量 E_b 与噪声功率谱密度 N_0 的比。可检测性这个词指的是在一定的错误概率下能正确判别二进制信号（1 还是 0，或 1 还是–1，根据具体情况而定）的能力。对于无线移动通信，噪声通常很小或可以忽略，其主导作用是类噪声的干扰。这取决于 $K–1$ 只干扰舰船，干扰值是 $(K-1)\times P_R$，因此使用信号比特能量与干扰噪声功率谱密度的比来衡量信号的可检测性。

由于宽带编码 CDMA 信号的带宽值 $W \gg 1/R$（R 是信息比特率），干扰的功率谱密度 I_0 用干扰功率除以频谱带宽来得到，即 $(K-1)P_R/W$。接收信号比特能 T 表示为 $E_b = P_R/R$。E_b/I_0 和信号比特能量与噪声密度的比 E_b/N_0 相当，决定了一般通信理论框架中的信号可检测性，公式如下：

$$\frac{E_b}{I_0} = \frac{P_R/R}{(K-1)P_R/W} = \frac{W/R}{K-1} \tag{5.24}$$

扩频增益 W/R 越大，可容纳的舰船 K 就越多。在可接受的误比特率基础上给定需要的 E_b/I_0 值，以及给定系统中的扩频增益 W/R，并忽略其他舰船编队的干扰点，则可以容纳的舰船数量很容易得出，为

$$K = (W/R)/(E_b/I_0) + 1 \tag{5.25}$$

举个例子，设 $E_b/I_0 = 5$ dB，信息比特率 $R = 10$ kbit/s，传输带宽是 $W = 1.25$ MHz。在这个 1.25MHz 的带宽中可以容纳 $K = 26$ 只舰船/舰船编队。可见，CDMA 系统中频率复用没有影响，因为每个舰船都有各自的伪随机码，且所有舰船编队总是可以使用所有频率，这也是通过使用扩频 CDMA 技术可以达到统一的频率复用的本质。

在 5.6.3 小节综合地比较分析了 CDMA 和 TDMA 的系统容量，至少在使用的理想化模型的范围内。在讨论改进系统前，首先看一下衡量信号可靠性的因子 E_b/I_0。在上面的例子中，为什么只选择 $E_b/I_0 = 5$？这个数字从何而来？在 5.6.2 小节中，将总结一些来自通信理论中关于误比特率性能的数字，这些理论比较了不同调制方案中在高斯噪声下的二进制信号的可靠性。我们也会列举一些把性能评价扩展到瑞利快速衰落信道上的例子。

5.6.2 CDMA 系统的误比特率性能

本小节首先通过归纳通信理论中各种常见调制方式下信号可靠性的一些相关结果，来看一下误比特率以及它和移动系统二进制信号可靠性的关系。例如，可以看出 PSK 是在使用最简单通信信道情况下的性能最好的二进制调制方式。在这种调制方式中的加性高斯白噪声，即假定在传输过程中加到信号上的具有高斯统计特性的噪声是信号可靠性的唯一威胁因素。性能是指可以达到的误比特率，即系统接收错误比特的概率。性能最好的方案就是可以达到最小错误率的方案。在 PSK 中，在加性高斯白噪声存在的情况下，误比特率 P_e 可以根据互补错误函数计算得出，公式如下：

$$P_e = \frac{1}{2}\text{erfc}\sqrt{\frac{E_b}{N_0}} \tag{5.26}$$

式中，E_b 是接收信号的比特能量；N_0 是噪声功率谱密度，它们都在前面定义过。互补错误函数 erfc 通过下面的积分式定义：

$$\mathrm{erfc} \equiv \frac{2}{\sqrt{\pi}} \int_x^\infty \mathrm{e}^{-y^2} \mathrm{d}y \approx \frac{\mathrm{e}^{-x^2}}{x\sqrt{\pi}}, \quad x > 3 \tag{5.27}$$

由式（5.26）和式（5.27），可以得到如下对小概率值 PSK 误比特率的表达式：

$$P_e = \frac{1}{2} \frac{\mathrm{e}^{-E_b/N_0}}{\sqrt{\pi E_b/N_0}} \tag{5.28}$$

可见，错误率随着指数 E_b/N_0 反向变化。例如，设要达到的 $P_e = 10^{-5}$，也就是平均传输 10^5 个数中有一个接收错误。由式（5.28）可以得出 E_b/N_0 为 9.6 dB。当 E_b/N_0 减小一半或减小 3 dB 后为 6.6 dB 时，可得 $P_e = 10^{-3}$。由此可见，由于指数 E_b/N_0 的变化，P_e 有了两个数量级的增加。因此，误码率性能主要取决于接收信号比特能量和噪声频谱密度的比值 E_b/N_0。

如果使用 FSK 调制方式，在加入相同的加性高斯白噪声时，达到相同的误码率所需的 E_b/N_0 是原来的两倍，即增加了 3 dB。对于固定噪声谱密度，这意味着要达到与 PSK 相同的误比特率，FSK 所需的信号比特能量或功率必须加倍。例如，当 $P_e = 10^{-5}$ 时，用 FSK 调制方式所需的 E_b/N_0 为 12.6 dB；当 $P_e = 10^{-3}$ 时，用 FSK 调制方式所需的 E_b/N_0 为 9.6 dB。在前面内容曾提到，PSK 和 FSK 需要发射端和接收端之间准确的相位同步。但我们也可以在比较两个传输频率的相对信号幅度和包络的基础上，通过非相干检测 FSK 信号，而不必使用相位同步（这对 PSK 明显是不可能的）。例如，需要 $P_e = 10^{-5}$，则其代价是 0.7 dB 的损失，也就是非相干 FSK 需要增加 0.7 dB 的信号能量或功率——所需的 E_b/N_0 增加到 13.3 dB。我们也可以看到，差分 PSK 或 DPSK 需要比 PSK 多 1 dB 的信号功率；对于 $P_e = 10^{-5}$，$E_b/N_0 = 10.5$ dB。在载波调制前进行信号编码可以显著地改善这些数字。例如，如果使用编码率是 1/2 的卷积编码，调制方式是 PSK，则此时需要的信号能量与噪声密度的比将从 4 dB 变为 6 dB。根据编码方式的不同，在上面的 9.6 dB 基础上会有明显的减小[16]。编码技术（包括卷积编码）在第 3 章中已经讨论完毕。

现在考虑衰落环境下的情况。这些数字会明显地变化，PSK 的误比特率大概是

$$P_e = 1/4(E_b/N_0) \tag{5.29}$$

这个反比例关系与非衰落环境中式（5.27）的反指数关系形成对比。这意味着，即便 $E_b/N_0 = 10$ dB，误比特率大概是 1/40 或 0.025，也比前面的 10^{-5} 增加了 3 个数量级。DPSK 和 FSK 都需要比 PSK 多 3 dB 的信号功率，与非衰落环境中的性能减少量一致。分集技术可以用来补偿由衰落造成的比较严重的性能退化。

让我们回顾一下，用来提高衰落环境中系统性能的分集技术已经被人们认识了许多年，这也尽可能地提前了它们在舰船系统中的使用。使用时一般将两个或多个接收天线联合使用。然而，最近有研究指出，通过在发射端和接收端同时使用多天线可以使传输容量得到明显而实际的提高。现代数字信号处理（digital signal processing，DSP）技术使多天线具有了实用性。结合多天线技术的系统称为多输入多输出（multiple-input multiple-output，MIMO）系统。MIMO 方案可以与 Turbo 编码相结合，其合成系统使用空时编码。这些最近的发展使人们对它们在实际无线系统中的应用产生了很大的兴趣。一个称为贝尔实验室分层空时编码（Bell Laboratory layered space-time，BLAST）的前期 MIMO 执行方案已经在贝尔实验室研发出来，用在 CDMA 系统中。仿真研究表明，BLAST 可以潜在地提供传输容量上的非常高的增加量。

现在具体看一下扩频通信的情况，本章中的 CDMA 系统就是例子。Rake 接收机把这些单独的多径信号合并，结果是实际的分集改进。但是事实上，CDMA 由于伪随机码确实产生了非常宽的宽带信号以及高扩频增益。换句话说，用码片值比数字符号间隔小得多的伪随机编码，使信号变换成比数字符号间隔和码片大得多的延迟扩展。计算表明，用 Rake 接收机进行卷积编码的 CDMA 信号，其双重分集接收需要 E_b/I_0 的比例为 5 dB，以达到 $P_e = 10^{-3}$ 的误比特率[16,17]。这个数字表明对于双重分集 FSK，该数字比前面得到的数字有明显的改进（注意，这里使用干扰频谱密度 I_0 而不是噪声频谱密度 N_0）。如果 E_b/I_0 减小 1~6 dB 或者数值为 4，则误比特率 P_e 会增加一个数量级到 0.01。可见信号能量与干扰频谱宽度的比值是系统性能的决定性因素。

表 5.2 总结了瑞利多径衰落对误比特率的影响和利用分集技术来减轻这种效应的一些评价。这个关于信号比特能量与噪声或干扰频谱密度的比值，以及其与误比特率相互影响的简单讨论表明了 CDMA 系统的容量，即每单元允许的舰船数量。它既取决于认为可接受的误比特率的选择，也取决于为了克服衰落效应而采用的编码/分集方式。在本章剩下的部分将一直使用 $E_b/I_0 = 5$ dB 这个值。其他的作者使用了 $E_b/I_0 = 4$ dB 的值，这个值在前面内容曾提过，其对应的误比特率是 10^{-2}。注意，舰船战术系统最初设计且现在主要用来进行语音信号的传输。数字语音对误比特率要求相对鲁棒一些。这就是为什么误码率 $P_e = 10^{-2}$ 或 10^{-3} 也可以提供可接受的性能，而对于舰船系统数据传输是不能接受的。

表 5.2 E_b/I_0 与误比特率的关系（在不同的通信信道下）

调制类型和信道	需要的 E_b/N_0/dB			
P_e	0.01	0.005	0.001	10^{-5}
PSK E_b/I_0/dB				
无衰落，无编码	4		6.6	9.6
卷积编码				4.6
衰落信道 使用双分集 Rake 和卷积码	14	17	24	
	6		7	
DPSK				10.5
无衰落	17	20	27	
衰落信道				
FSK				

续表

调制类型和信道	需要的 E_b/N_0/dB			
P_e	0.01	0.005	0.001	10^{-5}
无衰落		7	9.6	12.6
衰落信道	17	20	27	
使用双分集		10		

5.6.3 CDMA 容量计算：CDMA 与 TDMA 比较

5.6.1 小节讨论了 CDMA 系统中每个单元可以容纳的舰船数量，使用的是一个简单的单舰船编队模型，并且不包含传播效应和大尺度衰落。本小节将讨论这些效应的计算。具体地，包含了单个舰船编队和遍及系统区域互相干扰的船的效应以及大尺度衰落的效应，主要关注上行链路，即从舰船到中心舰船的方向。在 5.6.1 小节曾提到，CDMA 系统的操作主要取决于功率控制。假设所有舰船的功率被与它们通信的下行链路信号所控制，因此，任何中心舰船接收的上行链路信号都有相同的平均功率值。CDMA 系统的功率控制技术，就是用来设计符合这种条件的发射功率。同时，假设大尺度衰落变化得足够缓慢，则中心舰船功率控制可以处理接收功率由这种衰落而引起的变化。

舰船编队通信系统与蜂窝移动通信系统类似，因此二者可以使用相同的技术和方法进行分析和研究。首先，主要看的是硬切换：在一个给定舰船编队中一个移动舰船只与一个中心舰船通信，但它穿过舰船编队边界进入另一个舰船编队就能立即切换，或者移交到新的中心舰船。然而，CDMA 也允许软切换。在这种情况下，一个移动舰船可能与两个或多个中心舰船通信。舰船将会被分配给衰退损失最小的那个中心舰船，这样可以减小整体干扰功率，提高系统容量，即每个舰船编队中允许同时使用的舰船数量。用来分析的舰船编队模型假设是六边形通信覆盖范围（后面可以看到，基于圆形结构分析得到的是本质上相同的结果，这意味着结果在大体上对假设的舰船编队几何形状具有鲁棒性），假设一个均匀的条件：舰船在舰船编队中均衡分布，即各处的舰船密度一致，系统中所有的接收功率有相同的数值 P_R，整个系统每个舰船编队的衰退损耗和大尺度衰落系数相同。这是一个非常理想化的模型。

考虑图 5.11 中六边形边界的结构，采用 Viterbi 的方法[16]来计算中心舰船的整个干扰功率。由于系统定义成均衡的，可以选取一个典型的舰船编队 S_0，其中心舰船位于中心位置点 0 处。对于在 5.6.1 小节曾经被忽略的位于这个舰船编队外的干扰移动舰船，也就是在 S_0 外的所有舰船编队里的舰船，我们把它们所在的区域记为区域 S_0^*。这些移动舰船，在向它们自己的中心舰船传输信号的过程中，也对中心舰船产生了干扰，需要考虑的是，外部区域 S_0^* 的整个干扰功率。举个例子，如图 5.11 所示，假设舰船编队 S_1 中一个位于点 (x,y) 的移动舰船，它与其中心舰船 1 进行通信，但在中心舰船 0 也接收到该舰船的干扰功率。前面提到，假设舰船在一个舰船编队覆盖的海域内均匀分布，就是说有一个均

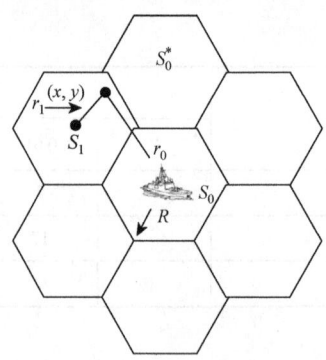

图 5.11 CDMA 外部干扰功率的计算

衡的通信量密度为 ρ 舰船/m^2。由于半径为 R 的六边形舰船编队的面积是 $3\sqrt{3}R^2/2$，假设每舰船编队有 K 只舰船，则通信量密度为

$$\rho = 2K/(3\sqrt{3}R^2) \tag{5.30}$$

假设系统中每个中心舰船需要相同的接收功率 P_R，决定了舰船传输 r m 到中心舰船需要的发射功率。根据前面内容所述，忽略了快速衰落的接收功率如下：

$$P_R = P_T r^{-n} 10^{z/10} \tag{5.31}$$

式中，P_T 是舰船的传输功率；n 是传播指数，通常值为 4；z 是复合高斯分布，以平均功率为中心，标准差为 σ，单位为 dB。其概率密度函数为

$$f(z) = e^{-x^2/(2\sigma^2)}/\sqrt{2\pi\sigma^2} \tag{5.32}$$

现在主要看点 (x, y) 的干扰舰船，距舰船编队中心舰船 1 的距离是 r_1。设大尺度衰落的随机变量为 z_1，则舰船的传输功率为

$$P_{T1} = P_R r_1^n 10^{-z_1/10} \tag{5.33}$$

注意，由于大尺度衰落随机变量 z 关于 0 对称分布，在式（5.31）中写成 $10^{z/10}$ 和这里的 $10^{-z/10}$ 是等同的。那么，距中心舰船 0 为 r_0 的舰船接收到的（干扰）功率可以表示如下：

$$P_{T1} r_0^{-n} 10^{z_0/10} = P_R \left(\frac{r_1}{r_0}\right)^n 10^{(z_0 - z_1)/10} \tag{5.34}$$

在一个不同区域 $dA(x, y)$，以点 (x, y) 为中心，舰船的数目为 $\rho dA(x, y) = 2K dA(x, y)/(3\sqrt{3}R^2)$。

外部干扰功率的表达式可看成两部分的乘积：一部分是单纯的几何部分，包含外部区域 S_0^* 的综合；另一部分是大尺度衰落的平均。单纯的几何二重积分的数字积分值，在计算中包含系数 $2/(3\sqrt{3}R^2)$，当 $n = 4$ 时是 0.44（后面显示了使用圆形舰船编队的积分结果是一个非常相似的值）。现在来看大尺度衰落部分，这一项非常重要，它为这里使用的模型提供了一个相对更大的值。因此，大尺度衰落显著地增加了干扰功率（几何项的效果对传播指数参数 $n = 4$ 的情况相对消失得很快，所以舰船编队 S_0 周围第 1 层的舰船编队占了干扰功率的大部分。将直接使用圆形模型来说明这种效果）。

$$I_{s_0^*} = \frac{2K}{3\sqrt{3}R^2} P_R E \left(\iint_{s_0^*} \left(\left(\frac{r_1}{r_0}\right)^n 10^{(z_1-z_0)/10} \right) \mathrm{d}A(x,y) \right)$$

$$= \frac{2K}{3\sqrt{3}R^2} P_R E \left(10^{(z_1-z_0)/10} \iint_{s_0^*} \left(\frac{r_1(x,y)}{r_0(x,y)}\right)^n \mathrm{d}A(x,y) \right) \tag{5.35}$$

现在看大尺度衰落表达式（5.35）的计算问题。对这个问题的分析第 1 次在 Viterbi 等于 1994 年出版的著作[18]中进行了描述，在 1995 年的版本中也同样出现过。两个大尺度衰落随机变量 z_0 和 z_1，代表两个中心舰船 S_0 和 S_1 所测量的各自功率的变化额。注意，由于这些中心舰船的接收功率是由点 (x,y) 附近的移动传输引起的，因此这个区域的大尺度衰落效应也必须考虑在内。在 Viterbi 等于 1994 年和 1995 年出版的著作[16]中，假设每个中心舰船所测 T 的大尺度衰落随机变量（w）通过两个随机变量的和给出。一个随机变量对两个大尺度衰落项都适用，代表在点 (x,y) 附近传输的舰船的大尺度衰落效应。第 2 个随机变量代表在衰退路径中的随机功率变化，并设定在从 (x,y) 到 S_0 和 S_1 的两条路径中是独立的。具体而言，这个假设把两个大尺度衰落随机变量 z_0 和 z_1 写成下面的形式：

$$z_i = ah + bh_i, \quad i=0,1; \ a^2+b^2=1 \tag{5.36}$$

随机变量 h 代表传输舰船附近的大尺度衰落，因此对问题中的两个中心舰船的接收功率是共同的，中心舰船 1 对另一个中心舰船 0 来讲是干扰因素。另一个随机变量 $h_i, i=0$ 或 1，代表由于两条路径的衰退条件而加上的阴影衰退。如果大尺度衰落的一半是由传输舰船的共同区域造成的，则另一半是由两个中心舰船的大尺度衰落的独立性造成的，满足 $a^2 = b^2 = 1/2$。注意，这里所讨论的在式（5.36）中的 3 个不同的随机变量 h、h_0 和 h_1，必须各自满足高斯分布且独立。因此，第 1 个和第 2 个评估如下：

$$\begin{cases} E(z_i) = 0 = E(h) = E(h_i), \ E(z_i^2) = \sigma^2 = E(h^2) = E(h_i^2) \\ E(hh_i) = 0 = E(h_0 h_1) \end{cases} \tag{5.37}$$

现在考虑式（5.35）中大尺度衰落表达式的指数的计算。首先，在式（5.36）中，$(z_0 - z_1) = b(h_0 - h_1)$ 是高斯分布的随机变量，均值是 0，方差是 $2b^2\sigma^2$。为了简化式（5.36）中指数的计算，定义变量转换式为

$$\mathrm{e}^y \equiv 10^{(z_0-z_1)/10} \tag{5.38}$$

式中，$y = (z_0 - z_1)/10 \cdot \ln 10 = 0.23(z_0 - z_1)$，也是高斯分布，均值为 0，方差为 $\sigma_y^2 = (0.23)^2 \cdot 2b^2 \cdot \sigma^2 = 0.053\sigma^2$，若根据上述建议，取 $b^2 = 1/2$，式（5.38）中的指数项就很容易计算出来了，如下所示：

$$E(10^{(z_0-z_1)/10}) = E(\mathrm{e}^y) = \int_{-\infty}^{\infty} \mathrm{e}^y \frac{\mathrm{e}^{-y^2/(a\sigma_y^2)}}{\sqrt{2\pi\sigma_y^2}} \mathrm{d}y = \mathrm{e}^{\sigma_y^2/2} \tag{5.39}$$

若在普通的大尺度衰落情况中取 $\sigma = 8$ dB（Viterbi 的研究列出了其他情况的数据表，包括改变衰退指数 n 的效果，为了保证讨论的简明，只关注这一个例子中的情况），则

$\sigma^2 = 64$，$E(e^y) = 5.42$。注意，这个值很大，在前面式（5.36）随后的讨论中提到过。可见，大尺度衰落对系统容量有很大的影响。用这个值作为大尺度衰落的标准差，以及式（5.36）中的双重积分的值 0.44，最后可以得到外部舰船编队干扰的平均功率：

$$I_{s_0} = P_R k \cdot 0.44 \cdot 5.42 = 2.38 P_R k \tag{5.40}$$

这个代表一个舰船编队外部的干扰功率要加到舰船编队内干扰功率 $(k-1)P_R$ 上，这来自 5.6.1 小节讨论的舰船编队内部的 $K-1$ 只舰船的干扰。外部干扰功率比内部干扰功率大，主要是由于外部的大尺度衰落效应。对于普遍使用的 $n = 4$、$\sigma = 8$ dB 的情况，两项干扰之和，即全部干扰功率为 $I = P_R(3.38K - 1)$，而对于 W 的传输带宽，对应的干扰频谱密度为 $I_0 = P_R(3.38K - 1)/W$，则信号比特能量与干扰频谱密度之比 E_b/I_0，在这里对应的值变成

$$E_b / I_0 = (W/R) / (3.38K - 1) \tag{5.41}$$

要保持 E_b / I_0 的值一定，则需要减少超过 3 个舰船数目。具体来说，取之前选择的数值 $E_b / I_0 = 5$ dB，令传输带宽等于 1.25 MHz，信息比特率还是 5.6.1 小节例子中的数值 $R = 10$ kbit/s，可得到每个舰船编队舰船数 $K = 7$。这与在先前的计算中只考虑舰船编队内干扰的每舰船编队 26 个舰船的数量相比，在容量上有一个明显的减少（对于 25 MHz 带宽，这意味着每舰船编队可以容纳平均不超过 160 只舰船）。不过，我们忽略了使用 CDMA 系统可以带来的一些系统容量上的改进。这些因素包括前面提到的软切换、舰船编队扇形分区的可能性（3 个天线每个覆盖 120°的扇区，理想情况下可把干扰数量减少至 3 个）和语音静默检测。这些与它们对系统容量计算的影响后面会讲到。但是，首先停下来看一下式（5.35）中对六边形通信覆盖范围得到的双重积分数值 0.44。前面说过，圆形通信覆盖范围模型可以得到几乎一致的结果 0.43。这至少证实了对舰船编队通信覆盖范围几何形状计算的鲁棒性。这里采用的是 Kwok 和 Wang 提出的分析结果[19]，该文献针对六边形通信覆盖范围给出了对舰船编队外干扰的独立计算，忽略了大尺度衰落，得到了与 Viterbi 一致的结果。

图 5.12 所示为圆形干扰模型，这个圆形干扰模型与图 5.11 的六边形干扰模型相当。图 5.12 表示了舰船编队周围第 1 层的 6 个干扰舰船编队中的一个。为了使圆形模型与六边形模型相当，便选择半径为 R_s 的圆形干扰模型，使其面积与半径为 R 的六边形面积相等。可列式 $R_s^2 = 3\sqrt{3}R^2/2$，得到 $R_s = 0.91R$。从图 5.11 中还可以看出，两个舰船编队的中心点，点 0 和点 1 之间的距离是 $\sqrt{3}R$。从图 5.12 中也可以看出相同的距离。为了表示圆形模型中的计算方法，我们只进行第 1 层干扰舰船编队引起的"舰船编队外部干扰"的计算。这个分析很容易得出，得到的是一个封闭的表达式，而不用像计算六边形模型那样需要计算式（5.35）中的双重积分。计算图 5.12 中表示的第 1 层圆形散发的总的干扰噪声功率，然后由对称性乘以 6 得到总的第 1 层的干扰功率。圆形使这个计算相对简单。用式（5.35）表达相同的方法，假定图 5.12 的圆形舰船编队中 K 个干扰舰船在舰船编队面积 πR_s^2 中均匀分布，我们还是使用 r^{-n} 的衰落定律，并用功率控制，则任何中心舰船接收到的舰船的功率具有相同的值 P_R。先计算在点 0 的中心舰船接收到的微分区域 dA 中，点 (x, y) 附近舰船的干扰功率，但现在使用极坐标。使用图 5.12 中的极坐标，d$A = r_1 \text{d}r_1 \text{d}\theta$

综合整个干扰舰船编队并乘以 6，得到整个第 1 层的干扰功率。可以看到，第 1 层干扰的表达式与式（5.35）类似，且忽略了大尺度衰落，具体如下：

$$I_{1\text{st},s_0^*} = \frac{6KP_R}{\pi R_s^2} \int_0^{R_s} \int_0^{2\pi} \left(\frac{r_1}{r_0}\right)^n r_1 \mathrm{d}r \mathrm{d}\theta \tag{5.42}$$

在式（5.42）中，从微分区域中的点 (x,y) 附近的干扰舰船到舰船编队中的点 0 的中心舰船之间的距离变量为 r_0。可以根据图 5.12 的结构，用极坐标 r_1 和 θ 的形式写成

$$\begin{aligned} r_0^2 &= \left(\sqrt{3}R - r_1\cos\theta\right)^2 + r_1^2\sin^2\theta \\ &= \left(3R^2 + r_1^2\right) - 2\sqrt{3}r_1 R\cos\theta \end{aligned} \tag{5.43}$$

用式（5.41）代替式（5.40）中的 r_0，首先对 θ 积分，然后将剩下的对 r_1 的积分式用虚拟变量 $x = r_1\sqrt{3}R$ 代替 r_1。对于 $n = 4$ 的情况，可以得到

$$I_{1\text{st},s_0^*} = 36KP_R \int_0^{0.525} \frac{x^5(1+x^2)}{(1-x^2)^3} \mathrm{d}x \tag{5.44a}$$

可以看到，式（5.44a）中的积分很容易计算，可得到第 1 层干扰功率：

$$I_{1\text{st},s_0^*} = 0.38KP_R \tag{5.44b}$$

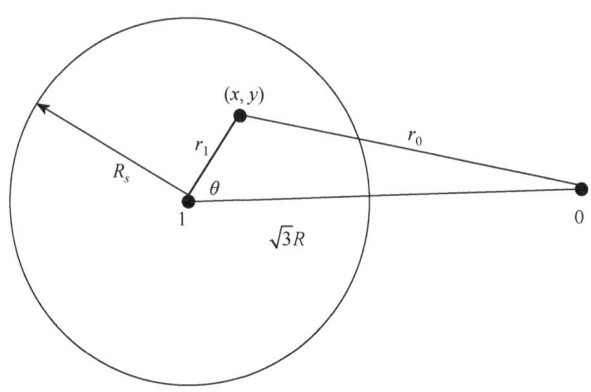

图 5.12　圆形舰船编队模型外界干扰功率计算

这个值用来与六边形中对式（5.35）的双重积分在整个空间上得到的值 $0.44KP_R$ 相比较。用六边形来计算，等同的第 1 层数值为 0.384，这在 Kwok 和 Wang 的著作中计算得到。对于其他层，前面已提过，Kwok 和 Wang 得到的数值为 $0.43KP_R$。因此，圆形和六边形模型的结果几乎相同，又一次像前面那样，表明这个计算对几何形状具有鲁棒性。也可以注意到第 1 层的结果与整个空间上的积分结果很接近，这显然是由假设 r^{-4} 衰退关系式引起的。远处的舰船编队干扰效应随着距离的增加迅速衰减为零。

现在回到 CDMA 系统所能承载舰船数的计算问题上，对于一个给定的信号比特能量与干扰频谱密度的比值 E_b/I_0，计算其舰船数。前面已经表明，如何计算外部舰船编队干扰，包含大尺度衰落效应。现在来讨论考虑使用如软切换、语音静默检测和天线扇区等附加效应而可能实现的 CDMA 系统容量的改进。在前面的讨论中建立了

假定是硬切换模型的干扰计算。由于 CDMA 需要功率控制，前面讨论的软切换成为可能，则舰船在两个或多个中心舰船中需要决定哪个被用来与之进行通信。计算表明，如果舰船选择两个中心舰船中较好的一个，则外部舰船编队干扰项可从式（5.40）中的 2.38 减小到 0.77。这带来了舰船数量的可能增加（3.38/1.77），或者大约 2 比 1 [式（5.41）]。这个结果的假设条件是理想的功率控制。1 dB 的功率控制损耗系数是典型的，却把可能的改进减小了 1.25。使容量明显地进一步增加成为可能的是自动语音静默检测：正常说话时，说话人在非常短的无声间隔与活动话音产生或谈话迸发之间进行轮流交替。一个谈话迸发持续的典型时间为 0.4～1.2 s，然后跟着一个 0.6～1.8 s 的无声间隔。平均说话时间占整个时间的 40%。在传输语音信号的 CDMA 系统中，无声意味着没有功率传输，相应地自动减少了干扰功率。对于语音电话的情况，不需要语音静默检测设备。因此，由于语音静默检测可以减小的 CDMA 干扰功率大约为 2.5 dB。最后，假设中心舰船使用 120° 的扇形分区。在 CDMA 中，天线分区的使用使干扰功率可能减小 3 dB，因为每个天线的干扰可以只来自相应舰船编队外部舰船。但这个值假定是在理想的中心舰船天线的情况下。允许 1 dB 的天线增益损失会使可能的改进由 3 dB 减小到 2.4 dB。

把上面描述的不同因素综合在一起，在传输带宽为 1.25 MHz 的 CDMA 系统中，其系统容量的最终结果与舰船编队数量有关。如果某个舰船在 2 个舰船编队之间进行软切换，则每个舰船编队可容纳 84 只舰船；如果使用 3 个舰船编队进行软切换，则每个舰船编队可容纳 96 只舰船。这些结果是针对大尺度衰落模型的情况得到的。在该模型中 $\sigma = 8$ dB，衰退指数 $n = 4$，若要求 E_b / I_0 为 7 dB，则相应的值是 5。如果 E_b / I_0 可减小到 4（或 6）dB，也就是说，相应的误比特率的增加是可以容忍的，则相应的每舰船编队的容量值可以增加到 108 只和 120 只。回顾最初的假定：这些结果是用舰船编队系统的理想化模型得到的，并且这些都是平均容量值。

5.7 本章小结

本章介绍了舰船战术系统中最常用多址接入的方式是频分多址接入、时分多址接入和码分多址接入。首先简要地介绍了 FDMA 的概念和信道分配方式。然后，介绍了 TDMA 的概念和多址接入原理，包括时隙的分配及帧结构。另外，介绍了 CDMA 系统的基本原理以及发射机和接收机原理，并简单介绍了利用空间资源的 SDMA。在分组无线电接入技术中，讲述了纯 ALOHA 协议和预留协议，并介绍了基于分组的舰船战术系统的调度技术。最后给出了舰船编队战术通信系统的系统容量比较和分析。

参 考 文 献

[1] 拉帕波特. 无线通信原理与应用[M]. 2 版. 张乃通，王军，译. 北京：电子工业出版社，2006.
[2] 莫利斯. 无线通信[M]. 李道本，李建东，译. 北京：电子工业出版社，2008.
[3] Sari H, Levy Y, Karam G. An analysis of orthogonal frequency-division multiple access[C]. IEEE Global Communications Conference, Phoenix, 1997: 1635-1639.

[4] Lam S. Delay analysis of a time division multiple access (TDMA) channel[J]. IEEE Transactions on Communications, 1977, 25 (12): 1489-1494.

[5] Salehi J A. Code division multiple-access techniques in optical fiber networks. I. Fundamental principles[J]. IEEE Transactions on Communications, 1989, 37 (8): 824-833.

[6] Bana S V, Varaiya P. Space division multiple access (SDMA) for robust ad hoc vehicle communication networks[C]. 2001 IEEE Intelligent Transportation Systems, IEEE, 2001: 962-967.

[7] Goodman D J, Valenzuela R A, Gayliard K T, et al. Packet reservation multiple access for local wireless communications[J]. IEEE Transactions on Communications, 1989, 37 (8): 885-890.

[8] Fattah H, Leung C. An overview of scheduling algorithms in wireless multimedia networks[J]. IEEE Wireless Communications, 2002, 9 (5): 76-83.

[9] Andrews M, Kumaran K, Ramanan K, et al. Providing quality of service over a shared wireless link[J]. IEEE Communications Magazine, 2001, 39 (2): 150-154.

[10] Varsou A C, Poor H V. HOLPRO: A new rate scheduling algorithm for the downlink of CDMA networks[C]. IEEE Vehicular Technology Conference, Boston, 2000: 948-954.

[11] Solana A H, Bardají A V, Palacio F C. Capacity analysis and call admission techniques for CDMA packet transmission systems[C]. 4th International Workshop on Mobile and Wireless Communications Network, IEEE, 2002: 355-359.

[12] Parekh A K, Gallager R G. A generalized processor sharing approach to flow control in integrated services networks: The single-node case[J]. IEEE/ACM Transactions on Networking, 1993, 1 (3): 344-357.

[13] Schwartz M. Broadband Integrated Networks[M]. Upper Saddle River, NJ: Prentice-Hall, Inc., 1996: 1-369.

[14] Arad M A, Leon-Garcia A. A generalized processor sharing approach to time scheduling in hybrid CDMA/TDMA[C]. IEEE International Conference on Computer Communications, San Francisco, 1998: 1164-1171.

[15] Xu L, Shen X, Mark J W. Dynamic bandwidth allocation with fair scheduling for WCDMA systems[J]. IEEE Wireless Communications, 2002, 9 (2): 26-32.

[16] Viterbi A J. CDMA: Principles of Spread Spectrum Communication[M]. Reading, M A: Addison Wesley Longman Publishing Co., Inc., 1995: 1-272.

[17] Gilhousen K S, Jacobs I M, Padovani R, et al. On the capacity of a cellular CDMA system[J]. IEEE Transactions on Vehicular Technology, 1991, 40 (2): 303-312.

[18] Viterbi A J, Viterbi A M, Zehavi E. Other-cell interference in cellular power-controlled CDMA[J]. IEEE Transactions on Communications, 1994, 42 (234): 1501-1504.

[19] Kwok M S, Wang H S. Adjacent cell interference analysis of reverse-link in CDMA cellular radio systems[C]. Proceedings of 6th International Symposium on Personal, Indoor and Mobile Radio Communications, Toronto, 1995: 446-450.

第 6 章 舰船天线

舰船天线在舰船通信应用中扮演着十分重要的角色，它起到了连接舰船与外界通信的桥梁作用。具体来说，舰船天线通过发送和接收电磁波信号，将舰船内部的通信设备与外界的通信网络相连，实现了舰船与其他船只、基地、卫星等之间的通信。

随着现代舰船通信技术的不断发展和更新，舰船天线也在不断地进行改进和升级。例如，早期的舰船通信通常采用结构较为简单的线状或面状天线，现代化的舰船天线则较多使用阵列天线/相控阵天线，这种天线具有高增益、低剖面和波束跟踪的优势；同时，一些新型的天线还可以实现多频段、多极化和多方向的通信，使得舰船的通信能力更加全面和强大。

总之，天线在现代舰船通信应用中的重要性不言而喻，它关系到舰船的通信能力和作战效果。本章首先简单介绍天线的基本概念，了解天线的基本原理和参数指标；其次介绍舰船常用天线，学习舰船天线的工作原理和功能特性；最后介绍舰船天线的典型案例，总结舰船天线的前沿应用和未来发展。

6.1 基本概念

无线电通信设备在传输信息过程中均需要发射和接收无线电波，其中用来辐射和接收无线电波的装置称为天线，天线为发射机或接收机与传播无线电波的媒质之间提供所需要的耦合。天线和发射机、接收机一样，都是无线电通信设备的重要组成部分。

6.1.1 基本振子辐射

根据电磁场理论，在线性媒质空间中，电磁场具有叠加性。天线辐射场可以通过研究基本振子辐射特性，再利用叠加原理进行计算。基本振子包括电基本振子和磁基本振子。以线天线为例，可以把一个线天线分割成无数小段，这个小段就是电基本振子，是线天线最基本的单元。

1. 电基本振子

1）电基本振子的辐射场

电基本振子又称为元天线或电流元，它是一段长为 l 的理想高频电流直导线，该长度远小于波长，其上电流为均匀分布 I。电基本振子及场分量取向如图 6.1 所示。

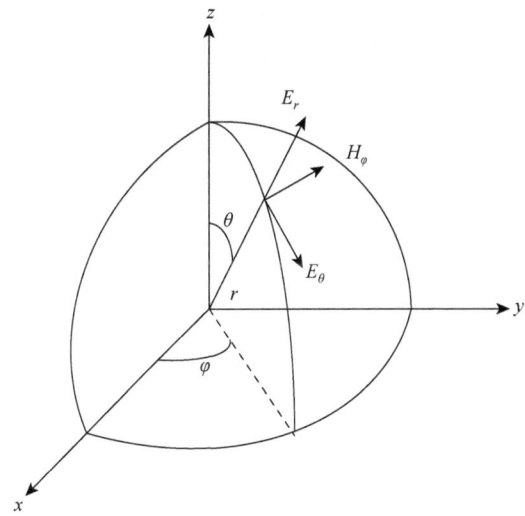

图 6.1 电基本振子及场分量取向

根据电磁场理论和天线理论[1]，电基本振子的电磁场各分量的场强可表示为

$$\begin{cases} H_\varphi = \mathrm{j}\dfrac{\beta I \mathrm{d}z}{4\pi r}\sin\theta\left(1+\dfrac{1}{\mathrm{j}\beta r}\right)\mathrm{e}^{-\mathrm{j}\beta r} \\ E_\theta = \mathrm{j}\eta_0\dfrac{\beta I \mathrm{d}z}{4\pi r}\sin\theta\left(1+\dfrac{1}{\mathrm{j}\beta r}+\dfrac{1}{(\mathrm{j}\beta r)^2}\right)\mathrm{e}^{-\mathrm{j}\beta r} \\ E_r = \eta_0\dfrac{I \mathrm{d}z}{2\pi r^2}\cos\theta\left(1+\dfrac{1}{\mathrm{j}\beta r}\right)\mathrm{e}^{-\mathrm{j}\beta r} \\ E_\varphi = H_r = H_\theta = 0 \end{cases} \quad (6.1)$$

式中，E 和 H 分别为电场强度和磁场强度；下标 r、θ、φ 分别表示球坐标系中的半径、水平角分量和垂直角分量。自由空间下相移常数 $\beta = 2\pi/\lambda$，λ 为自由空间中的波长；η_0 为媒质中的波阻抗，在自由空间中 $\eta_0 = 120\pi(\Omega)$。

2）电基本振子的场区划分

由式（6.1）可以看出，电基本振子的场强矢量与距离有着复杂的关系，根据距离的大小和近似的思想，通常分区讨论天线产生电磁场的性质。

（1）近场区（$\beta r \ll 1$）。

$\beta r \ll 1$ 的区域为近场区，在此区域内可忽略电基本振子的各分量场强表达式的 $1/r$ 项，并且 $\mathrm{e}^{-\mathrm{j}\beta r} \approx 1$，则近场区的电场分量表达式与静电场中电偶极子的电场类似，近场区的磁场分量表达式与恒定电流产生的磁场类似。因此，近场区也称为似稳场[2]。

近场区中的电场分量 E_θ 和 E_r 在时间上同相，但它们与磁场分量在时间上相位相差 90°。因此，其坡印亭矢量为纯虚数，平均辐射功率为零，能量只在电场和磁场之间交换而没有辐射，这种场称为感应场，因此近场区又称为感应场区。

（2）远场区（$\beta r \gg 1$）。

$\beta r \gg 1$ 的区域称为远场区，该场区中的电磁场表达式只需保留 $1/r$ 项即可，则表达式中只留下 H_φ 和 E_θ 分量，其余分量等于或约等于零。

$$\begin{cases} E_\theta = \mathrm{j}\eta_0 \dfrac{I\mathrm{d}z}{2\lambda r}\sin(\theta)\mathrm{e}^{-\mathrm{j}\beta r} \\ H_\varphi = \mathrm{j}\dfrac{I\mathrm{d}z}{2\lambda r}\sin(\theta)\mathrm{e}^{-\mathrm{j}\beta r} \\ E_r \approx 0 \\ E_\varphi = H_r = H_\theta = 0 \end{cases} \quad (6.2)$$

因此，远场区只有电场 E_θ 分量和磁场 H_φ 分量，二者同相，它们相互垂直，同时又垂直于传播方向 r。此时坡印亭矢量为纯实数，电磁波能量沿 r 方向辐射，因此远场区又称为辐射场[3]。

可以看出，电基本振子的辐射场与 $\sin\theta$ 呈正比关系，其辐射场不是类似理想点源的球面波。在 $\theta = 0$ 或 $180°$ 的方向上，辐射强度为零；在 $\theta = 90°$ 的方向上，辐射强度最大。其立体方向图类似"面包圈"形，如图 6.2 所示。因此，电基本振子在沿电流方向的平面即 E 面上，方向图为 8 字形，在垂直与电流元的平面即 H 面上，方向图为圆形。

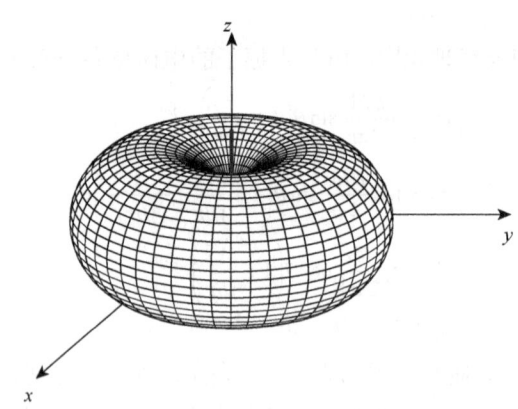

图 6.2 电基本振子的辐射方向图

2. 磁基本振子

磁基本振子是虚拟的，在实际中不存在。磁基本振子即一段沿 z 轴的磁流元可以等效为一小电流环，如图 6.3 所示，假设小电流环半径为 a，环面积 $S = \pi a^2$，环上电流为 I_0。根据电磁对偶定理[4]，可以推导出磁基本振子的远场区辐射场表达式为

$$\begin{cases} E_\varphi = \dfrac{\omega\mu_0 S I_0}{2\lambda r}\sin\theta\mathrm{e}^{-\mathrm{j}kr} \\ H_\theta = -\dfrac{\omega\mu_0 S I_0}{2\eta\lambda r}\sin\theta\mathrm{e}^{-\mathrm{j}kr} \end{cases} \quad (6.3)$$

磁基本振子的辐射场同样与 $\sin\varphi$ 呈正比关系，在 $\varphi = 0$ 或 $180°$ 的方向上，电场强度为零；在 $\varphi = 90°$ 的方向上，辐射强度最大。其立体方向图和电基本振子相同，如图 6.4 所示。

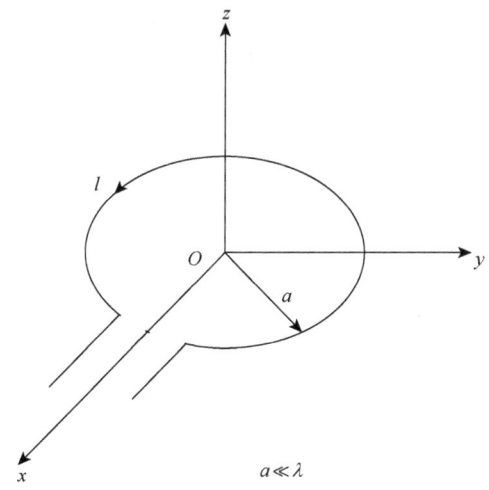

图 6.3 磁基本振子可等效为小电流环

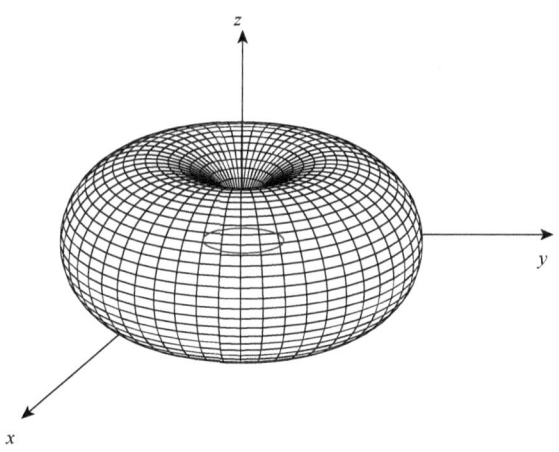

图 6.4 小电流环的辐射方向图

与电基本振子不同的是，小电流环的 E 面为环平面，也就是 xOy 面，而电流元的 E 面为 yOz 面。因此，磁基本振子的 E 面方向图为圆形，H 面方向图为 8 字形。

6.1.2 天线的指标参数

1. 方向性函数

任何天线辐射的电磁波都不是均匀的平面波或球面波，其辐射场都具有方向性。方向性函数指在相同距离的条件下天线的辐射场的相对值与空间方向的关系，一般用 $f(\theta,\varphi)$ 来表示[5]。

以电基本振子为例，方向性函数定义为

$$f(\theta,\varphi)=\frac{|E(r,\theta,\varphi)|}{\dfrac{60I}{r}}=\frac{\pi l}{\lambda}|\sin\theta| \qquad (6.4)$$

电基本振子的归一化方向性函数为

$$F(\theta,\varphi)=|\sin\theta| \qquad (6.5)$$

2. 方向图

将方向性函数以曲线方式描绘出来，称为方向图。它是描述天线辐射场在空间相对分布随空间方向(θ,φ)变化的图形，通常指归一化方向图，图6.5展示了天线方向图的一般形状，并且标注了常用的方向图参数。

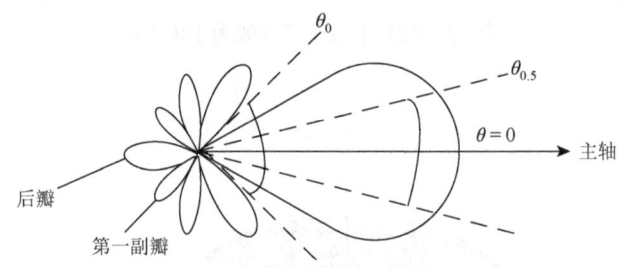

图6.5 方向图的一般形状

3. 方向图参数

实际天线的方向图比较复杂，通常有多个波瓣，包括主瓣（主波束）、多个副瓣（旁瓣）和后瓣（尾瓣）。

1）半功率波瓣宽度

半功率波瓣宽度又称主瓣宽度或3dB波瓣宽度，是指主瓣功率密度下降到最大值的一半或主瓣场强下降到最大值的0.707倍时，两个辐射方向之间的夹角，通常用$2\theta_{0.5}$表示。

2）零功率波瓣宽度

主瓣最大辐射强度降为零时，两个辐射方向之间的夹角，通常用$2\theta_0$表示。

3）副瓣电平

副瓣最大值与主瓣最大值之比，单位为dB。

4）前后比

主瓣最大值与后瓣最大值之比，单位为dB。

4. 方向性系数

在相同距离及相同辐射功率条件下，天线在最大辐射方向上的辐射功率密度$W_{\max}$与无方向性天线（点源）的辐射功率密度W_0的比，称为方向系数。一般用D表示，即

$$D = \left.\frac{W_{\max}}{W_0}\right|_{P_r=P_{r0}} = \left.\frac{|E_{\max}|^2}{|E_0|^2}\right|_{P_r=P_{r0}} \tag{6.6}$$

式中，P_r 为天线的辐射功率；P_{r0} 为无方向性天线的辐射功率；$E_{\max}$ 为天线最大辐射方向上的电场强度；E_0 为无方向性天线的电场强度。

5. 天线效率

天线辐射功率 P_r 与输入功率 P_{in} 的比称为天线的效率，用 η_A 表示，即

$$\eta_A = \frac{P_r}{P_{in}} = \frac{P_r}{P_r + P_l} = \frac{R_r}{R_r + R_l} \tag{6.7}$$

式中，P_l 为损耗功率；R_l 为损耗电阻；R_r 为辐射电阻。

6. 增益

在相同距离和相同输入功率的条件下，天线在最大辐射方向上的辐射功率密度 $W_{\max}$ 和理想无方向性天线的辐射功率密度之比，以 G 表示，即

$$G = \left.\frac{W_{\max}}{W_0}\right|_{P_{in}=P_{in0}} = \left.\frac{|E_{\max}|^2}{|E_0|^2}\right|_{P_{in}=P_{in0}} \tag{6.8}$$

式中，P_{in} 为实际天线输入功率；P_{in0} 为理想无方向性天线的输入功率。

7. 极化

天线的极化指电磁波在传播时其电场矢量随时间变化的情况。通过对电场矢量在空间取向的判断，可将极化分为线极化、圆极化和椭圆极化[6]。

当电磁波沿 z 轴传播时，其电场矢量与 x 轴、y 轴的角度不随时间变化，即电场矢量末端端点的运动轨迹是一条直线，如图 6.6 所示，此时极化为线极化。以地面为参考，电场矢量方向与地面平行的称为水平极化，与地面垂直的称为垂直极化。

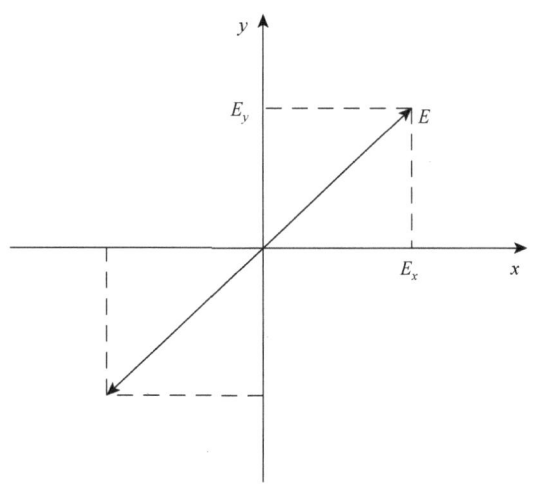

图 6.6 线极化电场方向

当电场矢量末端的轨迹在垂直于 z 轴的平面上的投影为一个圆时，如图 6.7 所示，此时的极化称为圆极化。若电场矢量随时间旋转并与电磁波传播方向成右螺旋关系，称为右旋圆极化；反之，称为左旋圆极化。

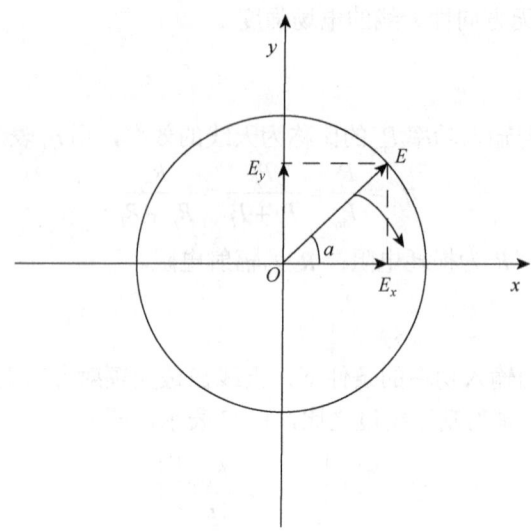

图 6.7 圆极化电场方向

电场矢量末端的轨迹为一个椭圆时为椭圆极化波。椭圆极化波的椭圆长短轴之比，称为轴比，当椭圆的轴比等于 1，椭圆极化波即圆极化波。

8. 输入阻抗

天线输入端电压与电流之比定义为天线的输入阻抗，用 Z_{in} 表示，即

$$Z_{in} = \frac{U_{in}}{I_{in}} = R_{in} + jX_{in} \quad (6.9)$$

式中，R_{in} 为输入电阻；X_{in} 为输入电抗。

由于计算天线上的电流很困难，工程上常采用近似计算或实验测定的方法确定天线的输入阻抗。

9. 辐射阻抗

天线的辐射阻抗，是一个假想的等效阻抗，用于表征天线的辐射能力。用 Z_r 表示，即

$$Z_r = \frac{2P_r^2}{I^2} \quad (6.10)$$

式中，I 为天线上某处的电流；P_r 为辐射功率，当只考虑远区的辐射功率时，辐射阻抗为实数，辐射阻抗即辐射电阻，一个天线的辐射电阻越大，其辐射能力越强。

10. 频带宽度

当工作频率变化时，天线的相关指标参数变化的程度在允许的范围内，此时对应的频率范围称为频带宽度[7]。

相对带宽：$BW_{相对} = \dfrac{f_{max} - f_{min}}{f_0} \times 100\%$

绝对带宽：$BW_{绝对} = f_{max} - f_{min}$

6.2 舰船常用天线

舰船通信系统中使用的天线种类繁多，可以按照频段把舰船常用天线分为长波天线、中波天线、短波天线，微波天线等，也可以按照天线工作带宽分为窄带天线、宽带天线、超宽带天线等，还可以根据天线的形状和结构将其分为线状天线、面状天线和多天线系统。

6.2.1 线状天线

线状天线是横向尺寸远小于纵向尺寸，并且横向尺寸小于波长的一根或多根细长金属导线构成的天线。线状天线随处可见，它们广泛地应用于舰船的通信、雷达等无线电系统中。

线状天线的工作原理基于场强叠加原理。单根线状天线可以看成由许多无限短的小线段组成，这些无限短的小线段即 6.1.1 小节中的"电基本振子"。许多"电基本振子"的辐射场叠加在一起就构成整个天线的辐射场。典型的线状天线有对称振子天线、环形天线、螺旋天线、八木天线等。

1. 对称振子天线

对称振子天线也被称为偶极天线、振子天线等，其包含对称双臂的线天线，当臂长为 1/4 波长时又称为半波对称振子天线，可用作发射和接收天线。对称振子天线是最基本的单元天线，它既可以作为独立的天线使用，也可以作为天线阵基本单元组成线阵或平面阵。

对于中心点馈电的对称振子天线，其结构可看作一段开路传输线张开而成，如图 6.8 所示，导线的半径为 a，长度为 l，振子总长为 $L = 2l$，两臂之间的间隙很小，理论上可以忽略不计。

当 $l \gg a$ 时，可以忽略端面电流，只考虑 z 向电流；

当 $\lambda \gg a$ 时，可以忽略间隙 Δ 内的位移电流产生的辐射场；

当 $a \approx 0$ 时，天线上的电流分布接近于正弦函数分布；

当 $2\pi a/\lambda < 0.1$ 时，偶极子天线上电流分布近似为

$$I_z = \begin{cases} I_m \sin k(l+z), & z \leqslant 0 \\ I_m \sin k(l-z), & z > 0 \end{cases} \quad (6.11)$$

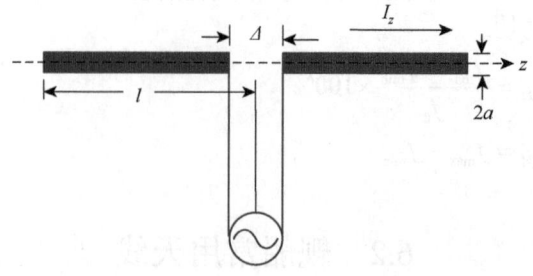

图 6.8 典型对称振子天线及其等效分析

根据微波传输线的知识，终端开路的平行传输线，其上电流呈驻波分布[8]。振子的终端始终是电流的波节，离终端 $\frac{\lambda}{4}$ 处为电流的波腹，再经过 $\frac{\lambda}{4}$ 长度又为电流波节，依次重复；当振子上的电流过零值时，电流相位改变 180°；振子输入端的电流值由电长度决定；振子两臂对应点的电流相等。根据叠加原理，即可求出对称振子的远区场，对称振子天线的方向图和电基本振子方向图类似，在 E 面上为"8"字形，在 H 面上为圆形。

将对称振子天线的一臂垂直于地面，就形成了一个单极天线，又称直立天线，它被广泛地应用于长、中、短波及超短波波段。假设地面可视为理想导体，则地面的影响可用天线的镜像来代替，如图 6.9 所示，单极天线与其镜像可等效构成一个对称振子。

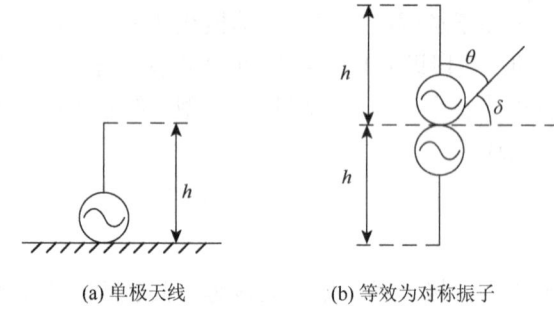

(a) 单极天线　　　　　　(b) 等效为对称振子

图 6.9 直立天线及其等效分析

在自由空间中，1/4 波长单极天线在垂直平面上的辐射方向图与半波偶极天线在垂直平面上的方向图形状相似，1/4 波长单极天线的辐射电阻、辐射功率和输入阻抗均为对称振子的一半。在长波和中波波段，直立天线的几何高度很高，可直接用铁塔做辐射体，称为铁塔天线。在短波或超短波波段的移动通信电台中，通常使用直立天线，方便移动，因其鞭状外形，故常被称为鞭状天线。

2. 环形天线

环形天线是将一根金属导线绕成一定形状，如圆形、方形、三角形等，以导体两端作为输出端的结构。绕制多圈（如螺旋状或重叠绕制）的称为多圈环天线，不同形状的环形天线如图 6.10 所示。

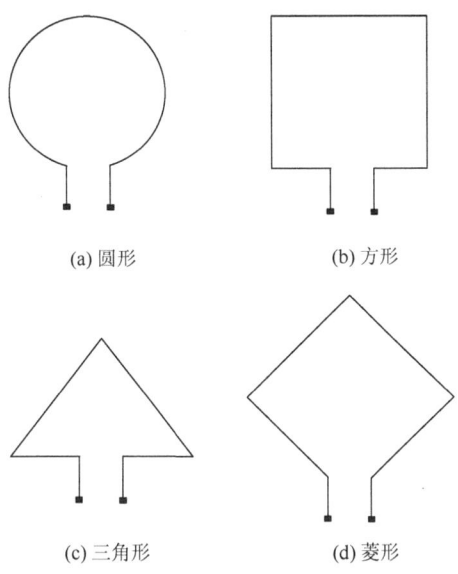

图 6.10　不同形状的环形天线图示

根据环形天线的周长 L 相对于波长 λ 的大小，可将环形天线分为小环天线和大环天线。一般当圆环周长小于 1/4 波长时，称为小环天线。小环天线上电流近似均匀分布，其辐射场和小电流环相似，并且与环的形状无关，可以通过增加磁芯和匝数提高环天线的辐射电阻。电小环天线常被用于广播接收天线，也常见于测向接收机和场强探测。

当圆环的周长近似一个波长或大于一个波长时，称为大环天线。对于环周长为一个波长的环天线，其电流近似为驻波分布，具有谐振特性、电特性，和对称振子有很多相似之处，其方向图的最大辐射方向在环的轴线方向，但是方向图在环的平面内不是圆形。在大环天线中接入负载，可以使电流从驻波分布变为行波分布，此时天线具有较好的宽带特性。大环天线常用于广播和通信。

3. 螺旋天线

螺旋天线由导电性能良好的金属螺旋线组成，通常用同轴线馈电，同轴线的芯线和螺旋线的一端相连接，同轴线的外导体则和接地的金属网或金属板相连接。

螺旋天线的辐射方向与螺旋线直径 D 和波长 λ 的比值有关。边射式螺旋天线 ($D/\lambda < 0.18$) 实质上是细线状天线，如图 6.11（a）所示，为了缩短长度，可将其卷绕成螺旋状。因此，它的特性与单极细线状天线相仿，具有 8 字形方向图，并且频带很窄，一般用作小功率电台的通信天线。也可在螺旋的中心轴线上放置一根金属导体，当螺旋一圈的周长 $l = M\lambda (M = 2, 3, \cdots)$ 时，即一圈螺旋周长为波长倍数时，也在螺旋的法向产生最大辐射，这种天线可用作发射电台天线。

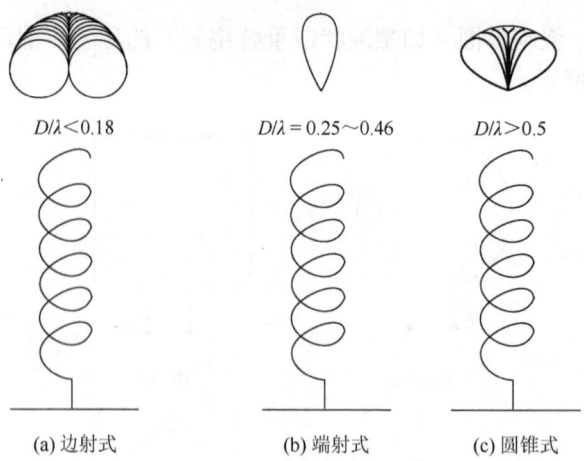

图 6.11　螺旋直径对方向图的影响

端射式螺旋天线（$D/\lambda = 0.25\sim 0.46$）的一圈螺旋周长约为一个波长，如图 6.11（b）所示。该天线沿轴线方向有最大辐射，并在轴线方向产生圆极化波，常用于通信、雷达、遥控遥测等。

圆锥式螺旋天线（$D/\lambda > 0.5$）辐射的方向既有轴向也有法向，如图 6.11（c）所示，主要应用于 UHF 频段、L 频段和 S 频段等较低频段的卫星通信系统中，可以直接接收和发射卫星信号。

4. 八木天线

最早的八木-宇田天线出现于 1928 年，通常简称为八木天线，又称引向天线，其具有结构简单、牢固、方向性较强及维修方便等优点，同时能够获得较高的增益，因此得到了雷达和通信技术等各方面的青睐，被广泛地应用于多种场景的发射和接收天线以及其他无线电技术设备。

有源振子加一个无源反射器和若干个无源引向器即构成基本的八木天线，如图 6.12 所示。从本质上讲，八木天线其实是一个有源对称振子的线性寄生阵。一个长度略长于有源振子的金属杆置于激励偶极子的后面，起反射器的作用，同时若干个长度略短于有源振子的金属杆置于激励偶极子前面，起引向器的作用。

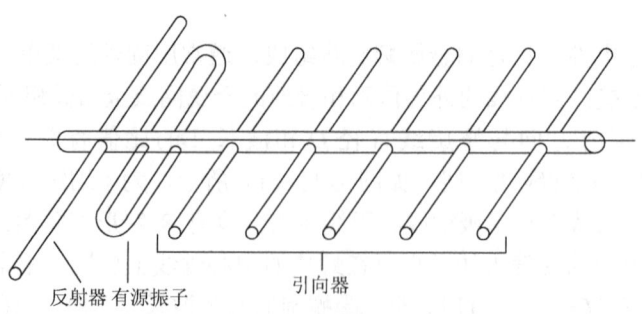

图 6.12　八木-宇田天线示意图

6.2.2 面状天线

面状天线也称为口径天线,它们的辐射可认为来自于天线口径(aperture),也称为孔径,面状天线通常是具有初级馈源并由反射面形成次级辐射场的天线。喇叭天线和反射面天线是面状天线最常见的两种形式,它们被广泛地应用于舰船系统的微波中继、卫星通信及雷达导航等方面[9]。

1. 喇叭天线

喇叭天线是最常用的一种天线结构,具有结构和馈电简单、宽频带、高功率电容和高增益等优点。图 6.13 是常见的矩形喇叭天线,喇叭天线不但可以作为独立天线,也可以作为反射面天线的馈源,或作为相控阵天线的辐射单元。从小口径天线到反射面的馈源,再到由喇叭本身构成的中等增益的大口径天线,喇叭可以以任意极化激励,或多种极化的组合激励。喇叭天线具有较高的极化纯度和单向辐射的方向图,并且能与采用简单理论所预测的特性很好地吻合,因此常用作对其他高增益天线进行校准和增益测试的通用标准。

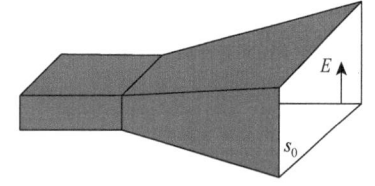

图 6.13 常见的矩形喇叭天线

喇叭天线结构简单,馈电简便,便于控制主面波束宽度和增益,频率特性好且损耗较小。适当地选择喇叭天线的尺寸和形状可以实现良好的辐射特性,包括尖锐的主波瓣、低旁波瓣、高增益和低驻波比。喇叭天线通常由波导逐渐张开来形成,其作用是加强方向性,这与声学喇叭的原理相似。若主模的矩形波导的宽边尺寸扩展而窄边尺寸不变,称为 H 面扇形喇叭;若其窄边尺寸扩展而宽边尺寸不变,称为 E 面扇形喇叭;若矩形波导的两边尺寸都扩展,称为角锥喇叭。喇叭天线起着将波导模转换为空间波的过渡作用,因而反射小,使其输入驻波比低且频带宽。

2. 反射面天线

反射面天线通常由馈源和反射面组成,其利用金属反射面形成预定波束。馈源可以是振子、喇叭、缝隙等弱方向性天线,反射面可以是旋转抛物面、切割抛物面、柱形抛物面、球面、平面等。

反射面天线结构简单,易于设计且性能优越。其增益一般均高于线天线,且工作频率越高、反射面口径尺寸越大,天线的增益就越高。反射面天线在分米波段和毫米波段获得了广泛应用,包括卫星通信、远程通信、跟踪雷达、气象雷达和射电天文望远镜等。

抛物反射面的几何关系如图 6.14 所示,是抛物线绕着其轴线旋转形成抛物反射面,或者沿着垂直纸面的轴线移动形成柱形反射面。抛物面将位于其焦点的馈源辐射的球面波转换为准平面波,从而达到提高天线增益的效果。

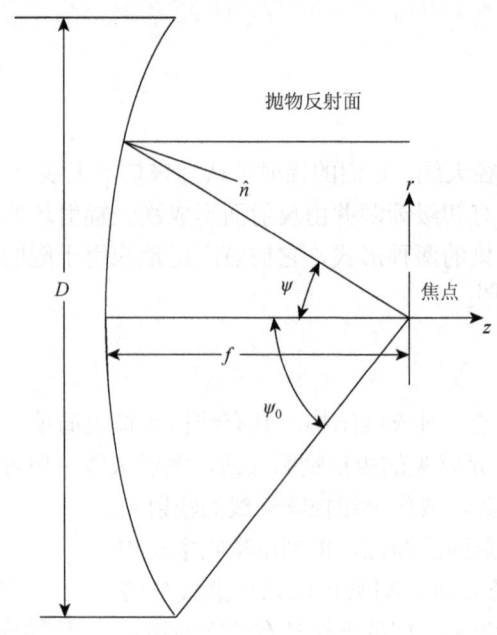

图 6.14　抛物反射面的几何关系

抛物面天线的优点是可获得同相口径而且结构简单。但在许多应用中希望馈源系统置于抛物面顶点附近。为此需在馈源前方的焦点附近加一小反射面,以将能量反射向抛物面。这种形式的天线被广义地称为双反射面天线[10]。

常见的两种双反射面天线是卡塞格伦天线和格里高利天线,如图 6.15 所示。每种天线都增加了有效焦距。卡塞格伦双反射面天线中采用了双曲面作为副反射面,采用了椭圆面作为主反射面。将副反射面的一个焦点置于主抛物反射面的焦点上,将副反射面的第二个焦点置于馈源天线的相位中心处。副反射面改变从一个焦点来的波的曲率,而成为由副反射面的第二个焦点散焦的波。

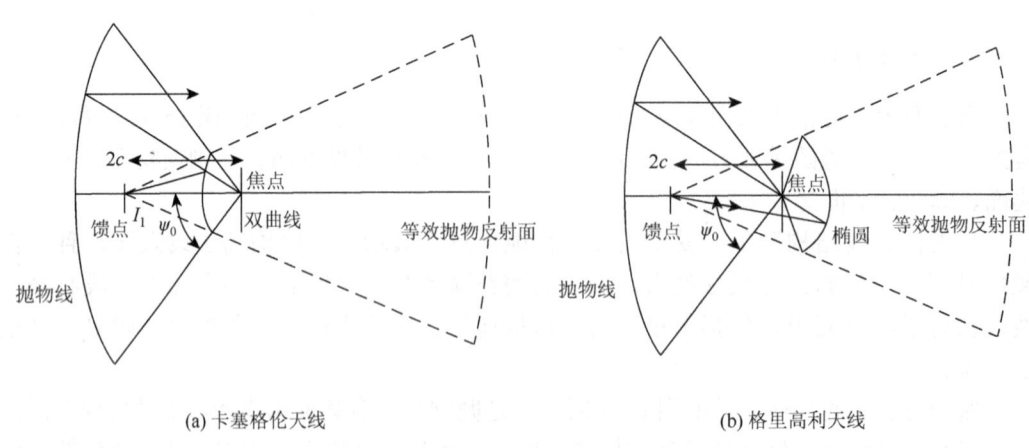

(a) 卡塞格伦天线　　　　　　　　　　(b) 格里高利天线

图 6.15　两种常见的双反射面天线

由于格里高利天线的副反射面离主发射面的顶点较远，设计时需要很大的副反射面支撑结构，因此卡塞格伦天线的应用要超过格里高利天线。卡塞格伦天线因具有高增益、高分辨率、电气优良和结构简单的特性，因此被广泛应用于通信、遥感遥测等远距离通信和高分辨雷达探测系统。

6.2.3 多天线系统

多天线的概念是相对于单天线而言的，多天线系统指的是收发信机双方中任意一方配备了多个天线。多天线系统可以提升通信系统的性能，如多输入多输出（multiple-in multiple-out，MIMO）天线可以通过空间复用在相同的频谱中传输更多的信息，从而提高传输速率；阵列天线通过阵元增益的矢量叠加提高天线增益，提升传输距离。下面分别对舰船通信中常用到的 MIMO 天线、阵列天线和单脉冲天线进行简要的介绍。

1. MIMO 天线

对于无线网络，物理层技术的应用是提升系统性能的关键。根据香农容量的表达式可知，物理层可以通过增加频谱带宽来提升无线传输速率。但是，频谱资源总量有限，在频谱资源日益稀缺的情况下，提高频谱效率成为改善系统容量的重要手段。MIMO 技术作为无线通信网络物理层的一种核心技术，利用多天线阵列来获得额外的空间自由度，可在不增加系统带宽和发射天线功率的情况下，大幅度提高系统的频谱效率和信道容量[11]。

MIMO 大规模输入输出利用多径效应来改善通信质量，收发双方使用多副同时工作的天线进行通信，采用复杂的信号处理技术来增强可靠性、传输范围和吞吐量。MIMO 系统本质是一种复杂的分集技术，它通过空间复用和空间分集这两种方式来提高信息传输速率或改善系统性能。空间分集通过把信息符号的多个独立衰落的副本提供给接收机，减小信号深度衰落的概率，从而提高系统鲁棒性；而空间复用通过在多条独立的路径上传输不同数据，以提高系统容量[12]。

MIMO 技术利用多个发射和接收天线提供的复用增益和分集增益，克服无线信号传输过程中的多径衰落，达到增加无线通信系统容量和提高数据传输速率的目的。MIMO 系统能够获得良好的复用和分集效果的前提是每个天线所构成的子信道之间相互独立。MIMO 天线系统框图如图 6.16 所示，信息经过发射端空时编码处理后，通过 N 个天线发射即原始数据流可分为 N 路数据并行发送，显著改善了通信系统的传输速率；同时 N 个接收天线收到多个独立样本并在接收端对其进行空时解码的处理恢复，数据的信噪比被提升。

2. 阵列天线

有些通信系统对天线方向图提出了特殊要求，如高增益或低副瓣等，这是单一天线难以满足的。而由许多天线单元在空间中按一定方式排列构成天线阵，就能很好地解决这些问题。

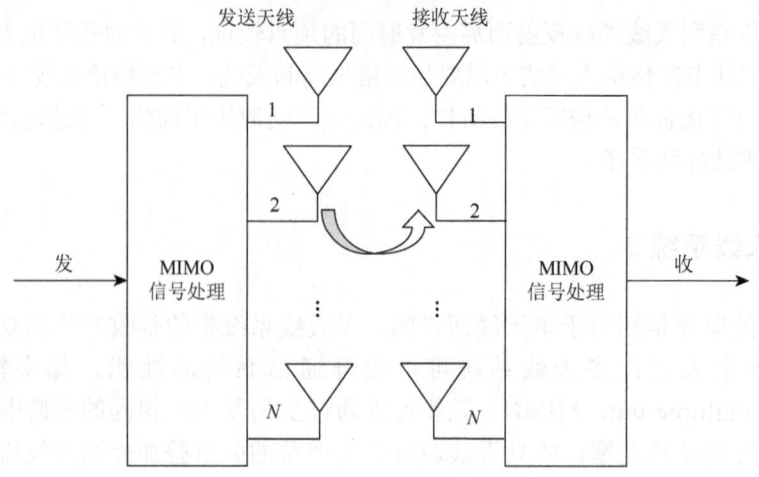

图 6.16　MIMO 天线系统框图

构成天线阵的单个天线称为阵元（单元），各阵元排列在一条直线上所形成的阵列称为线阵，各阵元分布在一个面上的阵列称为平面阵列或面阵，各单元分布在三维空间中的阵列称为空间阵列，如图 6.17 所示[13]。

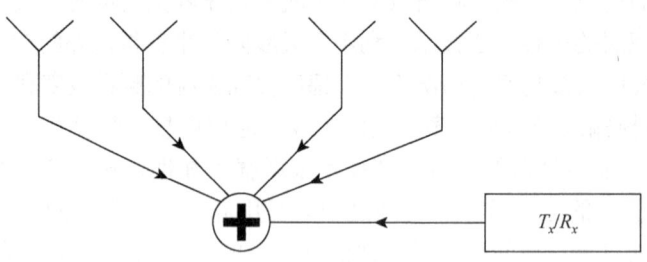

图 6.17　阵列天线

决定阵列天线性能的因素有四个：单元的总数、单元的空间位置、单元的激励幅度和相位，以及单元本身的极化特性和辐射方向图。构成阵列的各单元可以是一样的，也可以是不一样的；阵元之间的间距可以是一样的，也可以是不一样的。具有相同间距的阵列称为等间距阵列或均匀阵列；间距不同的阵列称为不等间距阵列或非均匀阵列。

阵列天线与单个天线相比，它的显著优势是利用了阵元所在位置的空间特性和阵元激励系数的可选择性，而将控制阵列天线特性的自由度（设计参数）显著地扩展了，天线设计者正是利用阵列天线更多的自由度才能设计出满足各种各样要求的阵列天线[14]。

阵列天线中基本的原理就是方向图相乘原理，阵列的方向图等于单元的方向图与阵列的阵因子方向图之积，无论对线阵、面阵还是空间阵都是适用的。正因为如此，对阵列的分析和研究，主要集中在对阵因子的分析和研究上。

阵列天线中，相控阵是典型的代表，如图 6.18 所示。相控阵是通过控制各阵元之间的依次相位来实现阵列的主波束方向的电扫描的。这种阵列能使最大辐射指向所要求的任何方向，形成波束扫描阵列。相控阵技术中主波束的扫描必须是连续的，因此相控阵天线中必须用能连续改变相位的移相器来实现馈电单元的相位控制，这种类型的移相器有铁氧体移相器、干扰介质板移相器等。

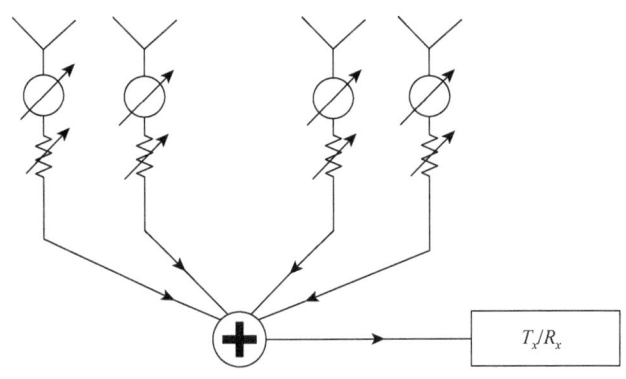

图 6.18 相控阵天线方向图

相控阵天线虽然能使主波束扫描，但在波束扫描时随之而来的是波束扫描的增益损失问题。主波束在离开阵列的宽边方向（$\theta = \pi/2$）扫描到端射方向（$\theta_m = 0$）的过程中，波束宽度越来越宽（扫描角越大波束越宽），而波束宽度越宽天线的增益就越低，这就是相控阵天线的扫描增益损失。

相控阵天线的最大优点是主波束可以进行电扫描。电扫描是没有惯性的，不像机械转动那样必须克服惯性，因此对于快速移动目标跟踪，相控阵天线就显示出独特的优势。相控阵具有以下优点。

1）天线波束的快速扫描能力

移相器控制天线波束无动量快速扫描，其波束转换时间：铁氧体移相器为 3～100 μs，半导体二极管移相器为几微秒。

2）天线波束形状的捷变能力

可以通过移相器采用"仅相位"加权的方法实现波束形状捷变，也可以同时通过移相器和电控衰减器采用"幅度/相位"加权的方法实现波束形状捷变。

3）空间功率合成能力

有源相控阵中每一单元或子阵带有各自的收发（T/R）组件，发射功率在空间合成。

4）多波束形成能力

在一个重复周期内，通过移相器切换形成多个发射波束。在前置低噪声放大器后采用多波束形成网络，形成多波束接收。

3．单脉冲天线

远距离通信时，通常采用反射面天线或阵列天线获取高增益，以克服较高的路径损耗，然而高增益带来窄波束，因此需要通信系统具备跟踪能力，使接收信号强度最大。常见的自动跟踪方式有步进跟踪、圆锥扫描跟踪和单脉冲跟踪，而其中以单脉冲跟踪精度最高，性能最好。单脉冲天线又名"动中通"天线，能够自动引导搜捕和跟踪运动的远端通信设备，以其优良的跟踪性能被广泛地应用于舰船通信、卫星通信、遥感遥测、雷达等多个领域。

1）单脉冲天线跟踪原理

单脉冲跟踪天线是指在脉冲时间内，天线角误差计算系统能够得到完整的目标偏离天线轴线的信息方位、俯仰角误差，并驱动伺服系统使天线对准。单脉冲跟踪天线可以同时提供"和波束"与"差波束"，其方向图如图 6.19 所示，其中和波束用于发射和接收通信信号，差波束用于接收角度误差信号，然后由跟踪接收机解析计算出的方位、俯仰角度误差，伺服系统利用该误差信号驱动天线电机向减小误差的方向运动，直至误差为零。只要天线波束进入跟踪接收机解析的误差信号范围，将驱动天线俯仰角与方位角向和波束能量的最大点（即误差零点）方向运动。

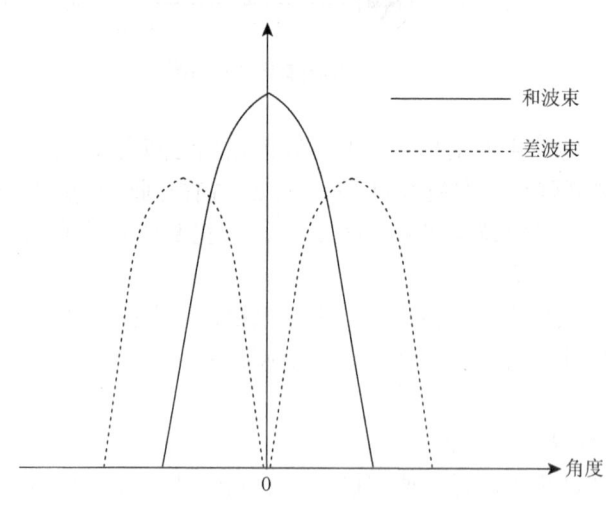

图 6.19 单脉冲天线方向图

比幅单脉冲阵列天线是目前使用较多、也是结构较为简单的一种单脉冲天线的形式，五喇叭比幅单脉冲天线结构如图 6.20 所示，喇叭 5 为和通道，作为传输信息的通道，同时作为参考信道接收目标的距离信息，喇叭 1~3 和 2~4 为差通道，只接收不发射，接收时喇叭 2 和 4 组成方位差，提供方位角信息，喇叭 1 和 3 组成俯仰差，提供俯仰角信息。

2）单脉冲天线优点

可实现自动跟踪的单脉冲天线优点如下：

（1）实时性好，灵敏度高精度高俯仰、方位跟踪动作迅速；

（2）成本低，设备简化，增加了系统的可靠性和可维修性；

（3）可极化控制。

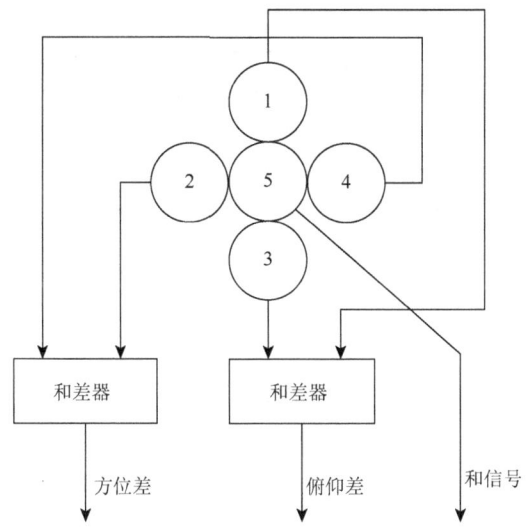

图 6.20 五喇叭类型的单脉冲天线结构图

6.3 舰船天线的应用及前景

随着无线电技术的迅猛发展和广泛使用，以及新时期舰船通信和作业任务需求朝着信息化方向发展，舰载天线系统越来越庞大。在有限的甲板空间内，布置了大量的用于通信、导航、探测、跟踪、敌我识别、侦察等的天线，舰船天线正朝着智能化、自适应、多功能融合的方向快速发展。

6.3.1 舰船天线应用案例分析

舰船天线种类较多，从长波到微波几乎都有，其形状各异。随着通信技术的发展，目前舰船通信天线可分为地面通信天线、卫星通信天线和雷达导航天线三种类型。地面通信天线主要包含对称振子天线、鞭状天线、棒状天线和环形天线等。以前船舶使用的 T 形、Γ 形天线、直立桅杆式天线等，由于通信设备采用数字化，高性能天线不断出现，在新的全球海上遇险和安全系统的通信设备中已较少使用。卫星通信天线包含抛物面天线、全向天线和阵列天线等。下面对舰船天线在军用领域和民用领域的应用案例进行总结，如表 6.1 所示。

表 6.1 舰船天线国内外应用案例

领域	天线种类	军用领域	民用领域
国内	地面通信天线	中国海军 052C 和 052D 型导弹驱逐舰舰载综合通信天线	中国船舶重工集团公司第七二三研究所螺旋天线、喇叭天线；武汉船舶通信研究所舰型轻载天线；中国电子科技集团公司第三十研究所短波船用有源鞭状天线
	卫星通信天线	星载测控 Ka 波段 0.6 m、Ku 波段 1.0 m 高通量船载卫通天线；海军大连舰艇学院 MIMO 卫通天线；海军装备部阵列共形天线	南京船舶雷达研究所双极化平面超宽带阵列天线；中国舰船研究院舰载圆柱相控阵天线；舰载"动中通"卫星天线

续表

领域	天线种类	军用领域	民用领域
国外	地面通信天线	日本海上自卫队护卫舰"独角兽"通信天线	印度中央电力研究所舰艇无线电通信天线
	卫星通信天线	美军导弹驱逐舰"菲斯杰拉德号"圆柱阵列天线；美军协同交战能力终端塔康相控阵天线；美军DDG-1000驱逐舰共形天线；日本27DDG型导弹驱逐舰高速数据链相控阵天线	新加坡 Sea Tel 9711 多波段船舶卫星天线

1. 舰船共形天线

随着射频集成技术的发展，现代水面舰船逐渐倾向于通过天线共形设计来实现上层建筑的射频功能化，从而释放更多的舰船总体资源，并获得简洁美观的船体外形。以射频集成技术为特点的新一代水面舰船，其上层建筑的天线共形设计在考虑船体结构可行性的同时，还需兼顾考虑共形结构影响下的天线方向图、驻波比、局部雷达散射截面积（radar cross section，RCS）等因素的影响，以形成综合射频效能最优的天线共形方案（包括天线方案和共形结构设计方案）。舰载共形天线是将定向天线与船体结构一体化共形设计的一种天线。海军装备部的舒亚海针对舰船平台与天线的共形设计问题，提出阵列天线共形于金属舱壁凹陷结构的基础布置形式[15]。鉴于天线周围凹陷金属舱壁结构的影响，从天线增益加强、驻波比控制、RCS 缩减、凹陷结构尺寸减小（减小开口对船体结构强度的影响）等多个角度出发，结合电磁仿真与异步递进的粒子群优化算法，对复杂结构的多尺寸参数进行迭代优化，从而得到综合最优的结构方案。

此外，美军在 DDG-1000 型驱逐舰上基于船体结构共形的天线设计上，大量采用了平面阵列式天线，均嵌装于上层建筑或者桅杆侧壁，如图 6.21 所示。DDG-1000 在舰面

图 6.21 DDG-1000 型"朱姆沃尔特"级驱逐舰

天线集成和共形方面几乎做到了极致,通过射频集成技术、孔径共用技术,尽可能地减少天线数量,并采用一体化上层建筑共形安装或采用选频罩封装了几乎所有的天线。将雷达、通信等天线集成于该一体化上层建筑中,实现了舰上几乎所有射频天线(约 70 个)的集成安装,最大限度地减少了甲板上的暴露物[16]。

2. 舰船阵列与相控阵天线

舰载阵列天线由许多相同的单个天线按一定规律排列组成,可以根据需要来调节辐射的方向性能。南京船舶雷达研究所的黄博等研究了一种用于舰载相控阵雷达的双极化平面超宽带阵列天线设计技术[17]。该阵列由金属地上的紧密耦合偶极子组成,采用多层介质板进一步拓展带宽,并设计了一种巧妙的馈电方式进行输入阻抗匹配。双极化阵列采用 50 Ω 同轴线直接馈电,巧妙地改造地板进行阻抗匹配,使整体阵列可平面化制造、模块化组阵和共形安装,适用于舰船平台相控阵雷达应用。舰载圆柱相控阵天线可以获得较高的增益,能够提高数据通信系统的辐射功率,从而有效缓解通信信号在海洋环境中的传输衰减问题。2016 年,中国舰船研究院的刘东升提出了一种基于舰载圆柱相控阵天线样机的波束形成方法[18]。通过对天线阵元的初始馈电相位进行相应的船摇姿态补偿和校正,可以保证在船体发生摇摆运动时,天线在水平面内依然可以维持较为稳定的全向波束。结合阵列数字信号处理技术,天线还可以在不同方向上形成定向波束并进行扫描,还能够根据电磁干扰信号的来波方向,准确、快速地在波束方向图上相应的位置处形成零陷,从而有效地抑制干扰信号,提高接收信号的信噪比。

在美国海军"阿利·伯克"级导弹驱逐舰"菲斯杰拉德号"的桅杆上装备的 16 号数据链(Link16)[19, 20]的通信终端采用了圆柱阵列天线,如图 6.22 所示,其信息传输时间可以达到秒级,支持各作战单位之间的综合数据通信、导航和敌我识别。目前,美国海

图 6.22 "菲斯杰拉德号"导弹驱逐舰桅杆

军的航空母舰、巡洋舰、驱逐舰和两栖攻击舰等多型舰种的桅杆上大都装备有 Link16 终端天线。

此外,美军协同交战能力(cooperative engagement capability,CEC)系统终端所使用的数据通信天线和战术空中导航系统终端所使用的也是圆柱阵列形式的相控阵天线,如图 6.23 所示,既可以在水平面 360°范围内进行定向波束扫描和探测,也可以形成多波束进行点对多点的数据通信,其信息传输能力比通常的战术数据链高几个数量级。战术空中导航系统能够为飞行器提供距离和方位等信息,实现飞行器的空中定位和导航,因此,在舰艇编队中,塔康天线可以对舰载飞行器进行导航和目标指引。

图 6.23 "圣·安东尼奥号"两栖运输舰的桅杆

3. 舰船 MIMO 天线

MIMO 技术最早是控制系统中的一个概念。20 世纪 90 年代中期,贝尔实验室的科学家 Foschini[21]首先提出将 MIMO 概念用于无线移动通信系统,并成功开发出 MIMO 试验系统,进而证明了 MIMO 技术在提高通信系统容量和频谱利用率方面的作用。

舰载 MIMO 天线使用多空间通道传送和接收数据,提高舰船通信系统的容量,改善系统的性能。海军大连舰艇学院的孙杜鹃等针对舰载卫星天线的损耗问题,将接收分集和空-时编码技术应用于舰艇卫星通信,研究了接收分集和空-时编码技术[22]。随着舰船的运动,舰载卫星天线偏移角随机变化并造成天线指向性损耗,天线指向损耗对天线工作增益的影响不可忽略,必须加以克服;将接收分集和空-时编码技术引入舰艇卫星通信中,可以有效地改善舰载卫星天线指向损耗对通信系统性能的影响。试验结果表明,将 MIMO 技术应用于舰船卫星通信,可以有效地改善舰载卫星天线指向损耗的不良影响。

海军装备研究院的田燕妮等针对目前舰载防空雷达对近程目标检测和抗干扰能力弱、探测数据率低等问题，提出将MIMO天线用于舰载反导探测系统的构成方案[23]。其中的MIMO天线的发射天线阵列和接收天线阵列分置于舰艇上，验证了该方案能够有效地提高反导探测系统的探测和抗干扰能力，对于提高水面舰艇的生存能力具有重要的意义。

4. 其他舰船天线

武汉船舶通信研究所在2011年针对舰型轻载天线稳定平台的高精度控制问题，设计了相应的天线位置伺服系统[24]。控制系统采用经典控制理论中带微分反馈速度环进行速度控制，引入了陀螺环前馈控制补偿载体扰动，结合TMS320LF2407 DSP芯片的高速处理能力，采用模糊与单神经元自适应智能双模控制策略进行位置控制。同年，中国船舶重工集团公司第七二三研究所为实现系统级功能，设计了某舰载天线系统[25]。某舰载天线系统的组成主要包括既有螺旋天线又有喇叭天线在内的总计13个天线单元、微波器件及电路组合、天线的安装支架和底盘、天线罩等。根据该天线系统的设计需求及安装要素，基于其水平方向安装空间小而高度方向空间相对空余的特点，采用了自顶而下的布局结构形式。13个天线单元位于顶端，分上中下3层分布；天线单元下是安装支架；安装支架、微波器件及电路组合则安装在位于底部的底盘上。整个天线系统形成一个层层叠加的塔状布局结构。其中，由于天线单元数量多，并且小而轻，又分布在天线系统的顶端部位，所以受周围振动环境影响较大。安装支架和底盘的设计质量，既是整个天线系统结构设计的重心，也是保证设备能够满足实际工作需要的关键所在。

此外，舰载天线设计需考虑电磁兼容问题，通过舰船总体布置中将收发天线尽量远离来缓解干扰问题。中国海军052C和052D型导弹驱逐舰为了减少大功率发射天线对接收天线的干扰，将两幅高灵敏度接收天线布置在前主炮与垂发装置之间，如图6.24所示，这样可以拉开同频天线之间的距离以增大隔离度，如052C型舰上就是将H/TJA-403型有源收信天线布置在前主炮后垂发装置前部，是H/TJA-403型独立式多路耦合器的天线，该独立式多路耦合器可同时供十多路信号设备使用。

图6.24 中国海军052C和052D型导弹驱逐舰

6.3.2 舰船天线的未来发展

未来水面舰船天线的发展趋势逐渐集成化，并尽可能地与上层建筑共形进而实现多功能信息电子系统集成，集成化天线系统将成为一种技术发展趋势。舰载通信系统使用的无线通信频谱越来越丰富，因此需要针对不同频段或不同类型通信天线，采用先进技术实现通信天线的集成。未来可进一步设计成多频段天线系统，以满足不同情况下对工作频段的需求。

上层建筑集成化是未来水面舰船总体设计的发展趋势。先进国家舰船集成化的上层建筑设计已从概念性研究进入核心技术、实现方法和技术途径研究阶段，其中部分研究的阶段性成果已形成装备，有许多新技术值得借鉴和参考。根据我海军水面舰艇发展的实际需求，我国有关机构重视并开展了水面舰艇电子系统天线的集成化研究。结合水面舰船上层建筑集成技术的发展，应进一步加强通信系统射频和天线的集成化设计研究，着力改善舰船通信系统的电磁兼容性和舰船上层建筑的隐身性。

6.4　本章小结

本章针对舰船天线的基本概念、常用类型和应用案例进行梳理和总结。首先，介绍了天线体系中的最基本辐射源——电、磁基本振子，以及天线的常用指标参数；其次，根据天线的形状和结构，介绍了舰船常用的几种天线类型，并针对每种类型的天线进行分析与阐述；最后，针对舰船天线在军用领域和民用领域的应用案例进行总结，并对舰船天线在未来的发展趋势进行了展望。

参 考 文 献

[1] 钟顺时. 天线理论与技术[M]. 2版. 北京：电子工业出版社，2015.
[2] 李莉. 天线与电波传播[M]. 北京：科学出版社，2009.
[3] Milligan T A. 现代天线设计[M]. 2版. 郭玉春，方加云，张光生，译. 北京：电子工业出版社，2018.
[4] Kraus J D, Marhefka R J. 天线：上册[M]. 章文勋，译. 北京：电子工业出版社，2017.
[5] 邹艳林，郭景丽. 天线原理[M]. 西安：西安电子科技大学出版社，2018.
[6] 吕文俊，何华斌. 简明天线理论与设计应用[M]. 北京：人民邮电出版社，2014.
[7] 宋铮，张建华，黄冶. 天线与电波传播[M]. 西安：西安电子科技大学出版社，2021.
[8] 电子信息系统复杂电磁环境效应国家重点实验室. 天线：射频电能的收集器与中转站[M]. 北京：国防工业出版社出版，2017.
[9] 张东辰，周吉. 军事通信——信息化战争的神经系统[M]. 2版. 北京：国防工业出版社，2008.
[10] Moreira F, Prata A. Generalized classical axially symmetric dual-reflector antennas[J]. IEEE Transactions on Antennas and Propagation, 2001, 49（4）：547-554.
[11] 赵鲁豫，黄冠龙，蔺炜，等. MIMO多天线系统与天线设计[M]. 北京：人民邮电出版社，2021.
[12] Jungnickel V, Manolakis K, Zirwas W, et al. The role of small cells, coordinated multipoint, and massive MIMO in 5G[J]. IEEE Communications Magazine, 2014, 52（5）：44-51.
[13] 王建，郑一农，何子远. 阵列天线理论与工程应用[M]. 北京：电子工业出版社，2015.

[14] 李知新.相控阵天线理论和技术[M]. 北京：国防工业出版社，2015.
[15] 舒亚海.一种面向综合射频效能的舰载共形天线优化设计方法[J]. 中国舰船研究，2022，17（4）：121-125.
[16] 姜艳，杨心武，吴明，等. 美海军 DDG-1000 舰任务系统关键信息技术分析[J]. 舰船电子工程，2016，36（12）：14-22.
[17] 黄博，周升国，冷鹏飞，等. 舰载相控阵雷达双极化平面超宽带阵列天线研究[J]. 舰船科学技术，2022，44（15）：135-138.
[18] 刘东升. 基于一种舰载圆柱相控阵天线的波束形成研究[D]. 北京：中国舰船研究院，2015.
[19] 张强，郭克平.美军数据链的发展及应用[J]. 舰船电子工程，2010，30（2）：18-21.
[20] 梁炎，陆建勋.Link22——北约国家的下一代战术数据链[J]. 舰船电子工程，2006，26（1）：3-7.
[21] Foschini G J. Layered space-time architecture for wireless communication in a fading environment when using multi-element antennas[J]. Bell Laboratories Technical Journal，1996，1（2）：41-59.
[22] 孙杜娟，任重，韩东，等. 抗舰载卫星天线指向损耗方法研究[J]. 电声技术，2015，39（11）：70-74.
[23] 田燕妮，张杨，徐晶晶. MIMO 技术舰载反导探测系统构成方法[J]. 兵工自动化，2015，34（1）：4-6.
[24] 喻冬梅. 基于 DSP 的舰载天线稳定平台伺服系统的设计与实现[J]. 舰船科学技术，2009，31（6）：108-111，135.
[25] 钱平. 某舰载天线系统的结构设计[J]. 舰船电子对抗，2011，34（5）：118-120.

第 7 章　高速无线传输技术

现代战争形态从机械化向信息化的转变，使得信息成为影响和主导现代战争胜负的决定性因素。而随着现代信息化战争形式和作战方式的发展变化，对战场环境态势感知、调度决策、指挥控制、语音、图像和视频等多媒体数据实时传输的需求量惊人增长，导致通信带宽成为信息传输和信息共享的局限所在。与此同时，现代战场上电磁环境的日益复杂，敌我双方电子对抗的日益频繁，又导致了通信环境和频谱资源的日益恶劣和严重紧缺，通信条件也变得越来越差，以舰船战术通信系统为代表的各类战术通信系统则需要在这些人为干扰和非人为干扰的影响下，还能保证顽强、稳定、可靠和高效的信息传输。在恶劣的信道环境和有限的频带资源情况下，能够提高通信系统传输速率和通信质量的最有效途径就是采用正交频分复用（orthogonal frequency division multiplex，OFDM）技术和多输入多输出（MIMO）技术。

OFDM 技术是一种特殊的多载波传输方式，其通过将频率选择性多径衰落信道在频域内转换为多个并行的平坦衰落信道，以减小多径衰落带来的影响，具有非常突出的频谱利用率和抗多径能力；MIMO 技术是在原有时间维度的基础上，通过增加天线的数量来扩展空间维度，实现多维度的信号处理，以获得空间复用增益或空间分集增益，是一种能够在不损失系统频带和发射功率的情况下就能有效提高数据传输速率的技术，还可以在传输速率不变的情况下利用空时编码技术增加数据传输的可靠性[1]。综上，利用这两种技术在提高通信质量和数据传输速率方面的优势，可用于为各类战术通信系统提供稳定、可靠的高速无线传输。

本章围绕 OFDM 技术和 MIMO 技术两种高速无线传输技术，重点介绍两种技术的基本原理与关键技术，以及将两种技术相结合的 MIMO-OFDM 技术的系统原理和关键技术。

7.1　OFDM 技术

战术通信系统具有多业务和多功能综合的能力，使通信系统具有更高的比特率和更大的数据传输带宽。但当传输带宽增大时，就会产生频率选择性衰落和随之发生的信号失真。尤其在数字信号传输中，会产生符号间干扰，使得连续的数字符号交叠到相邻的符号间隔当中，导致传输性能急剧下降。正交频分复用通过把信号传输频谱分成狭窄的片段，并在这些片段中平行地传输信号从而减弱了这个效应。如果这些频谱段足够狭窄，平坦或非频率选择性衰落就会产生，每段上的传输信号将会被无失真地接收。在这个意义上，OFDM 对无线应用具有特殊的重要性[2]。

7.1.1 基本原理

OFDM 是一种特殊的多载波传输方案，它可以被看成一种调制技术，也可以被当成一种复用技术。OFDM 最早起源于 20 世纪 50 年代中期，在 60 年代就已经形成了使用并行数据传输和频分复用的概念，并被应用到多种军事系统中。80 年代中期，OFDM 已经在数字音频广播（digital audio broadcasting，DAB）、数字视频广播（digital video broadcasting，DVB）、基于 IEEE802.11 标准的无线本地局域网（wireless local area network，WLAN）以及有线电话网上基于现有铜双绞线的非对称高比特率数字用户技术[如非对称数字用户线（asymmetric digital subscriber line，ADSL）]中得到了应用。在欧洲的 MBS 研究中 WAND 和 MEDIAN 项目的空中接口也采用 OFDM 方式[3]。

OFDM 传输基本原理如图 7.1 所示。

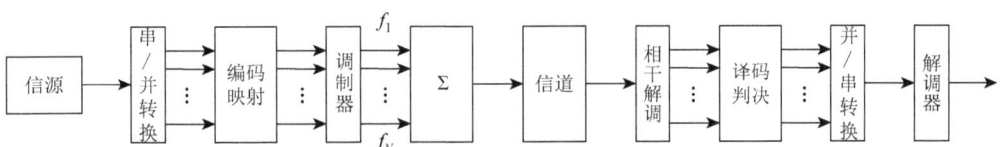

图 7.1 OFDM 传输基本原理框图

OFDM 是一种并行传输方法，它将高速串行数据分割为若干路低速率的数据流，然后用相应数目且相互正交的载波来分别调制并行数据，把所有调制后的信号叠加即得到发送信号。在接收时用一组相应数目的本地载波对接收信号进行相干接收，获得低速率的信息数据后，再通过并/串变换得到原来的高速率信息。

在图 7.2 中给出了一个 OFDM 符号内包括 4 个子载波的实例。图中，所有的子载波具有相同的幅值和相位。每个子载波在一个 OFDM 符号周期内都包含整数倍个周期，而且各个相邻子载波之间相差 1 个周期，各子载波信号之间满足正交性[4]。但在实际应用中，根据数据符号的调制方式，每个子载波的幅值和相位都可能是不同的。

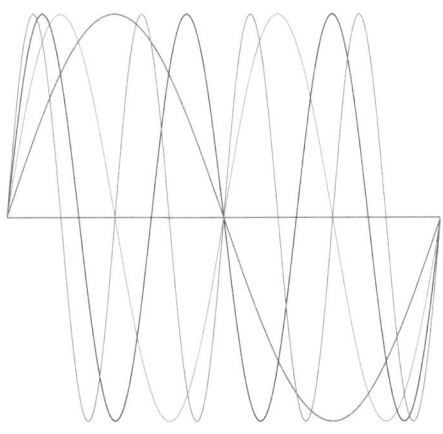

图 7.2 包含 4 个子载波的 OFDM 符号

这种正交性还可以从频域角度来理解。每个 OFDM 符号在其周期 T 内包括多个非零的子载波，因此其频谱可以看作周期为 T 的矩形脉冲的频谱与一组位于各个子载波频率上的 δ 函数的卷积。由于矩形脉冲的频谱幅值为 $\mathrm{sinc}(fT)$ 函数，这种函数的零点出现在频率为 $1/T$ 整数倍的位置上。图 7.3 为相互覆盖的各个子信道内经过矩形波形成型得到的符号的 sinc 函数频谱。OFDM 的载波间隔经过特殊选择，虽然各个子载波频谱有 1/2 的重叠，但是各个载波具有正交特性，使得在每一子载波频率的最大值处，所有其他子信道的频谱值恰好为零。由于在对 OFDM 符号进行解调的过程中需要计算每个子载波上取最大值的位置所对应的信号值，因此可以从多个相互重叠的子信道符号频谱中提取出每个子信道符号，而不会受到其他子信道的干扰[5]。

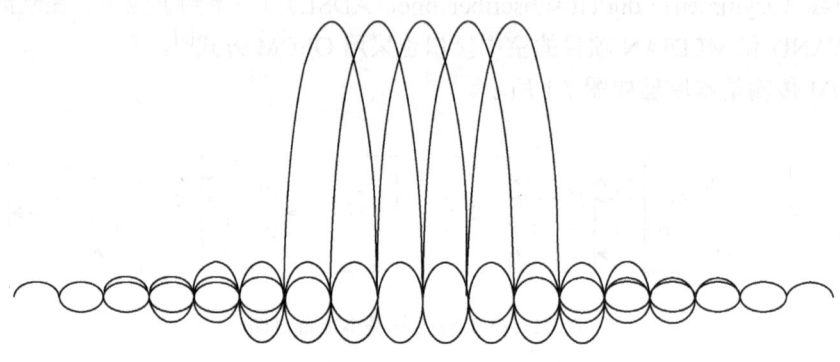

图 7.3 OFDM 频谱

很明显，这个过程使每个平行传输信号的传输带宽变成了原来的 $1/N$。如果 N 足够大，平坦衰落而不是频率选择性衰落就会出现在每个使用的频道上，这样就能够不通过串/并变换来克服任何的频率选择性衰落。

7.1.2 系统模型

1. 信号传输基本模型

图 7.4 给出了 OFDM 系统信号传输的基本模型框图。

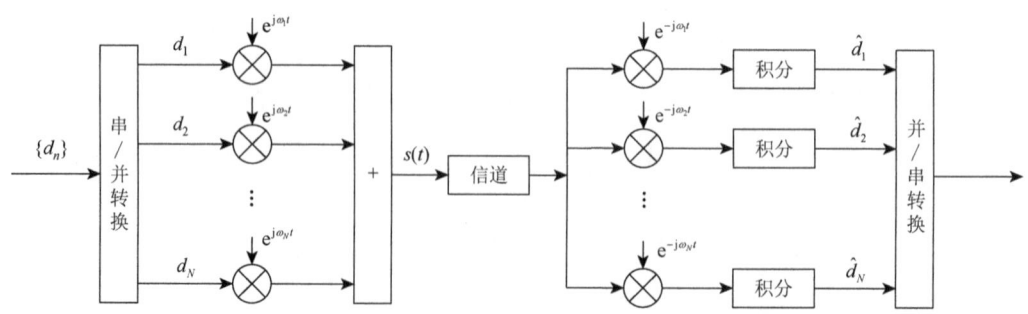

图 7.4 OFDM 系统信号传输基本模型

将速率为 1/T 的原始串行信源序列 $\{d_n\}$ 映射到 N 个子载波上并行传输，信源符号速率降低为

$$\frac{1}{T_s} = \frac{1}{NT} \tag{7.1}$$

子载波的频率间隔为

$$F_s = \frac{1}{T_s} \tag{7.2}$$

此间隔正好是使子载波之间能保持正交性的最小间隔，称 N 个并行信源符号 d_n ($n = 1, 2, \cdots, N$) 是一个符号周期为 T_s 的 OFDM 符号，子信道的码元速率为 $\frac{1}{TN}$。

从发射端发出的信号复包络为

$$x(t) = \frac{1}{\sqrt{N}} \sum_{n=1}^{N} d_n \text{rect}\left(\frac{t}{T_s} - \frac{1}{2}\right) \exp(j2\pi f_n t) \tag{7.3}$$

式中，$\frac{1}{\sqrt{N}}$ 为功率归一化因子；N 个子载波频率为

$$f_n = \frac{n-1}{T_s}, \quad n = 1, 2, \cdots, N \tag{7.4}$$

其中，各子载波之间是正交的，即在码元持续时间内，两个子载波的内积为零，有

$$\frac{1}{T_s} \int_0^{T_s} \exp(j\omega_n t) \exp(j\omega_m t) dt = \begin{cases} 1, & m = n \\ 0, & m \neq n \end{cases} \tag{7.5}$$

在接收端，对第 j 个子载波进行解调，然后在时间长度 T 内进行积分后输出的信号为

$$\hat{d}_j = \frac{1}{T_s} \int_0^{T_s} \exp(-j2\pi f_j t) \sum_{n=1}^{N} d_n \exp(j2\pi f_n t) dt$$
$$= \frac{1}{T_s} \sum_{n=1}^{N} d_n \int_0^{T_s} \exp(j2\pi (f_n - f_j) t) dt = d_j \tag{7.6}$$

从式（7.6）可以看出，对第 j 个子载波进行解调可以恢复出期望信号 d_j，而对于其他载波来说，由于在积分间隔内，频率差别 $f_n - f_j$ 可以产生整数倍周期，所以其积分结果为零。

OFDM 符号的功率谱密度 $|X(f)|^2$ 为 N 个子载波上信号的功率谱密度之和：

$$|X(f)|^2 = \frac{1}{N} \sum_{n=1}^{N} \left| d_n T_s \frac{\sin(\pi(f - f_n)T_s)}{\pi(f - f_n)T_s} \right|^2 \tag{7.7}$$

OFDM 信号功率谱如图 7.5 所示，由图可知，当子载波个数 N 增大时，在频率 $f \times T_s \in [-0.5, 0.5]$ 内，幅频特性会越来越平坦，边缘会越来越陡峭，其性能逼近理想的低通滤波特性。

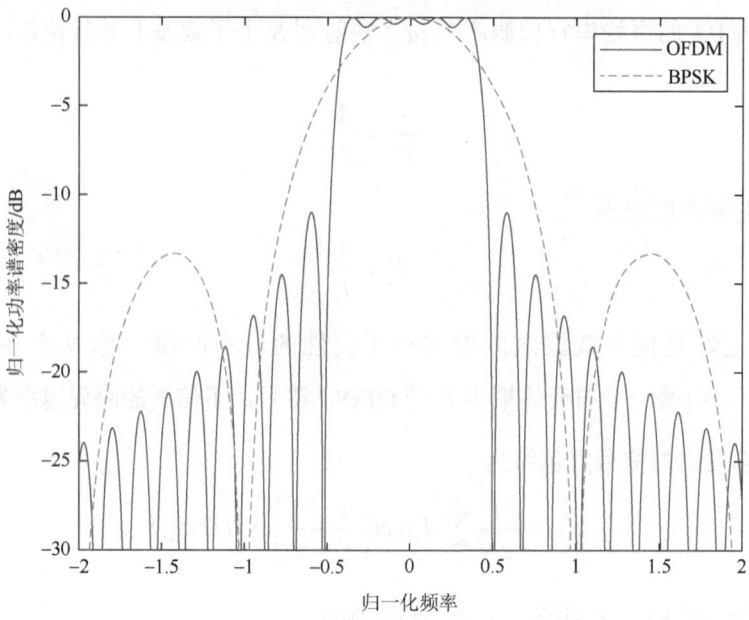

图 7.5 OFDM 信号功率谱

2. 快速傅里叶变换在 OFDM 系统中的应用

考虑图 7.3 中 N 个平行的输出信号在一个符号间隔上的传输。记这些信号的和，即传输的所有信号为 $v(t)$。定义第 k 个载波频率 $f_k = f_c + k\Delta f$，$0 \leqslant k \leqslant N-1$。重新定义子载波频率的命名，令 N 个平行子载波最低的频率为 f_c，其他的都在这个值上以 Δf 为间隔分布。第 k 个载波可写成

$$v(t) = \mathrm{Re}\left[\sum_{k=0}^{N-1} a_k \mathrm{e}^{\mathrm{j}2\pi(f_c + k\Delta f)t}\right] = \mathrm{Re}\left[\mathrm{e}^{\mathrm{j}2\pi f_c t}\sum_{k=0}^{N-1} a_k \mathrm{e}^{\mathrm{j}2\pi k\Delta f t}\right] = \mathrm{Re}[\mathrm{e}^{\mathrm{j}2\pi f_c t} a(t)] \quad (7.8)$$

式中，$a(t) \equiv \sum_{k=0}^{N-1} a_k \mathrm{e}^{\mathrm{j}2\pi k\Delta f t}$；$\mathrm{Re}[\cdot]$ 代表实部。

以 $\dfrac{T_s}{N}$ 为间隔采样 $a(t)$，也就是说，速率是每秒 R 个采样。若用采样函数 $a(n)$ 代替函数 $a(t)$，用 $\dfrac{nT_s}{N}$ 代替 t，其中 $n = 0, 1, \cdots, N-1$。由 $\Delta f \times T_s = 1$，可以把 $a(n)$ 写成

$$a(n) = \sum_{k=0}^{N-1} a_k \mathrm{e}^{\mathrm{j}2\pi kn/N}, \quad n = 0, 1, \cdots, N-1 \quad (7.9)$$

可见式（7.9）正好是离散傅里叶逆变换（inverse discrete Fourier transform，IDFT）的形式，并可以很容易地通过快速傅里叶变换（fast Fourier transform，FFT）来计算。因此，OFDM 过程可以由 FFT 计算来代替。这个等同的过程如图 7.6 所示。

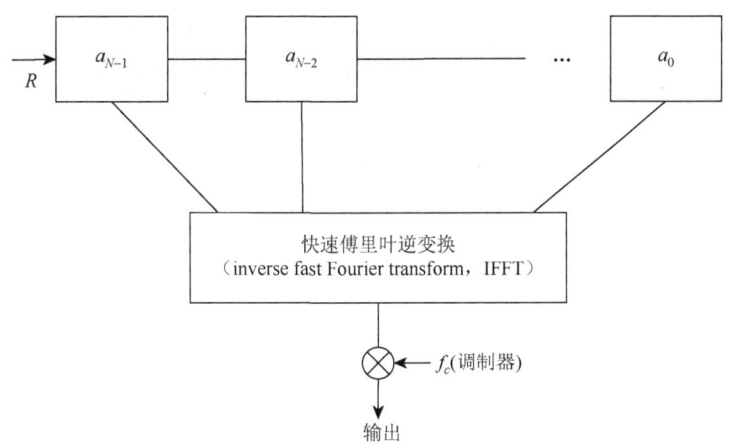

图 7.6 OFDM 信号的等效生成

在接收端，在每个符号间隔内对接收到的调制载波信号进行相反的过程：计算离散傅里叶变换，可以恢复 N 个系数 a_k ($k = 0, 1, \cdots, N-1$) 以及进行并/串行变化来产生需要的输出比特流。

由以上分析可知，OFDM 的调制过程，是运用 IDFT 操作，将频域码元信息转换成时域的码元信息，经过调制处理后，在信道中进行传输；而在接收机部分，接收到的信号要做解调处理，一般情况下运用相关解调，后续又采用 DFT 将时域信号变换为频域信号，以此来得到基带的传输信息。理论推导过程应用的是 IDFT/DFT，而实际工程实现过程，可以采用快速傅里叶变换来加快 OFDM 信号的调制与解调过程。

3. 保护间隔和循环前缀

OFDM 信号在空间中进行传输，存在着多径效应。多径的影响主要体现在延时散射和反射两个方面，这两种方式的影响可以看作信号经过特定的时延滤波器之后的结果。任何的滤波器都可以通过相应的参数公式进行理论推导和数学建模，每个传输的信道都有固定的传输方式，因此最终合成的接收信号，可以看成发送信号在滤波器各个信道不同时延信号的集合，这些信道拥有不同的参数，对信号造成的影响各不相同，因此输出信号拥有不同的延时参数[6]。

在分析过程中假设一种最简化的传输方式，即在收发设备之间只有一个干扰散射的物体，这样在接收端进行分析的时候，就能认为接收到的信号是由直射信号和存在延时的散射信号所构成的：

$$r(t) = s(t) + s(t-\tau)$$
$$= \sum_{k=0}^{N-1} (A_{k,m} \exp(j\varphi_{k,m}) \exp(j2\pi k \Delta f t) \text{rect}(t) + \text{rect}(t-\tau) \exp(-j2\pi k \Delta f \tau)) \quad (7.10)$$

在式（7.10）中，我们假设在发送过程中，只有一个码元被传递，因此互相不发生干扰，当然这在实际通信领域中是不容易发生的，但是这种简化方式更利于我们对保护间隔进行分析,在传送过程中,我们认为,散射信号应该有幅度和相位的变化,在保护间隔的分析中,将这部分进行省略,在不同的时间段,信号的构成应该如下所示:

$$r(t) = \begin{cases} \sum_{k=0}^{N-1}(A_{k,m}\exp(j\varphi_{k,m})\exp(j2\pi k\Delta ft)), & 0 \leqslant t < \tau \\ \sum_{k=0}^{N-1}(A_{k,m}\exp(j\varphi_{k,m})\exp(j2\pi k\Delta ft)(1+\exp(-j2\pi k\Delta f\tau))), & \tau \leqslant t < T_s \\ \sum_{k=0}^{N-1}(A_{k,m}\exp(j\varphi_{k,m})\exp(j2\pi k\Delta ft)\exp(-j2\pi k\Delta f\tau)), & T_s \leqslant t < T_s+\tau \end{cases}$$

(7.11)

由式(7.11)可得,在任何一段时间间隔内,信号并不满足正交条件,各个载波在持续时间未能保持正交性。因此,在时间窗分析的信号都存在畸变,最后被送入 DFT 的信号会因为连续的码元之间的合成出现干扰,这就是 ISI,要解决这个问题,就要插入保护间隔(guard inter,GI),拓展信号的持续时间,将式(7.10)的函数修改为

$$\text{rect}(t) = \begin{cases} 1, & -\tau \leqslant t < T_s \\ 0, & \text{其他} \end{cases}$$

(7.12)

这样,保护间隔的宽度就被设置为时间间隔,能够保证采样信号各载波之间依然满足正交条件。

在解调过程中,DFT 对接收到的 OFDM 码片信息窗口进行精准对齐是完成准确解调的关键,当 DFT 处理窗中有两个连续的 OFDM 过渡码元时,接收到的信号应该是

$$\begin{aligned} r(t) &= p_1(t+T_s+2T_g-\tau)\text{rect}_r(t) + p_2(t+T_g-\tau)\text{rect}_r(t) \\ &= \text{rect}_r(t)\text{rect}(t+T_g-\tau)\sum_{m=0}^{N-1}A_{1,m}\exp(j\varphi_{1,m})\exp(j2\pi m\Delta ft) \\ &\quad + \text{rect}_r(t)\text{rect}(t-\tau)\sum_{m=0}^{N-1}A_{2,m}\exp(j\varphi_{2,m})\exp(j2\pi m\Delta ft) \end{aligned}$$

(7.13)

式中,p_1 表示前一个 OFDM 码片;p_2 表示当前的 OFDM 码片;τ 表示时间的随机偏移;T_g 表示保护间隔长度。通过以上分析可以得出,当 $T_g \geqslant \tau_{\max}$ 时,DFT 的时间窗内,前后两个 OFDM 码片不重合,即一个符号的多径分量不会对下一个符号造成干扰,也就消除了码间干扰。

在这段保护间隔内,不插入任何信号,是一段空闲的传输时段。然而在这种情况中,由于多径传播的影响,会产生子信道间的干扰(inter channel interference,ICI),即子载波之间的正交性遭到破坏,不同的子载波之间会产生干扰,这种效应如图 7.7 所示。每个 OFDM 符号中都包括所有的非零子载波信号,而且同时会出现该 OFDM 符号的时延信号。图 7.7 中给出了第 1 子载波和第 2 子载波的时延信号。从图中可以看到,由于在 FFT 运算时间长度内第 1 子载波与带有时延的第 2 子载波之间的周期个数之差不再是整数,所以当接收机对第 1 子载波进行解调时,第 2 子载波会对解调造成干扰。同样,当接收机对第 2 子载波进行解调时,也会存在来自第 1 子载波的干扰[4]。

第 7 章 高速无线传输技术

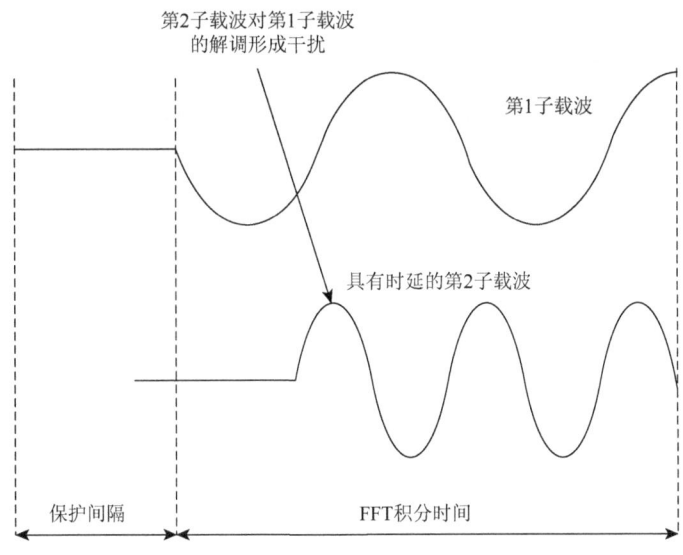

图 7.7 空闲保护间隔在多径情况下的影响

为了消除由于多径传播造成的 ICI，一种有效的方法是将原来宽度为 T 的 OFDM 符号进行周期扩展，用扩展信号来填充保护间隔，如图 7.8 所示。将保护间隔内（持续时间用 T_g 表示）的信号称为循环前缀（cyclic prefix，CP）。由图 7.8 可以看出，循环前缀中的信号与 OFDM 符号尾部宽度为 T_g 的部分相同。在实际系统中，OFDM 符号在送入信道之前，首先要加入循环前缀，然后送入信道进行传送。在接收端，首先将接收符号开始的宽度为 T_g 的部分丢弃，将剩余的宽度为 T 的部分进行傅里叶变换，然后进行解调。在 OFDM 符号内加入循环前缀可以保证在一个 FFT 周期内，OFDM 符号的时延副本所包含的波形周期个数也是整数，这样，时延小于保护间隔 T_g 的时延信号就不会在解调过程中产生 ICI[4]。

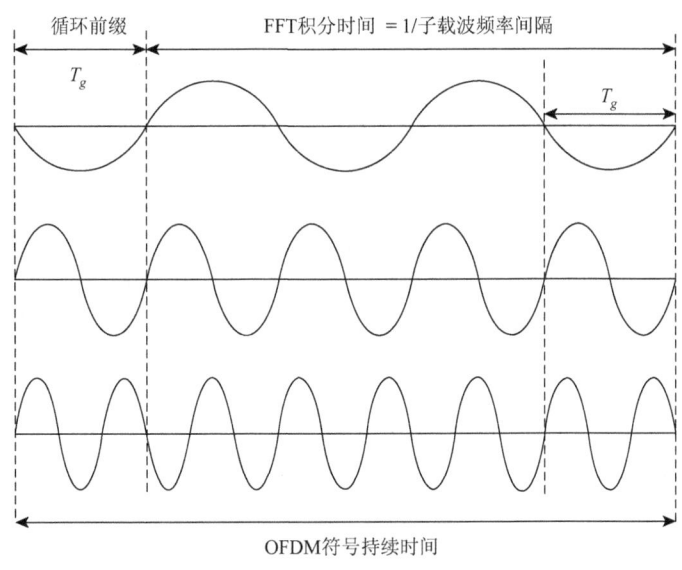

图 7.8 具有循环前缀的 OFDM 符号

4. OFDM 系统模型

实施离散傅里叶变换与逆变换、加入循环前缀的 OFDM 系统，如图 7.9 所示。

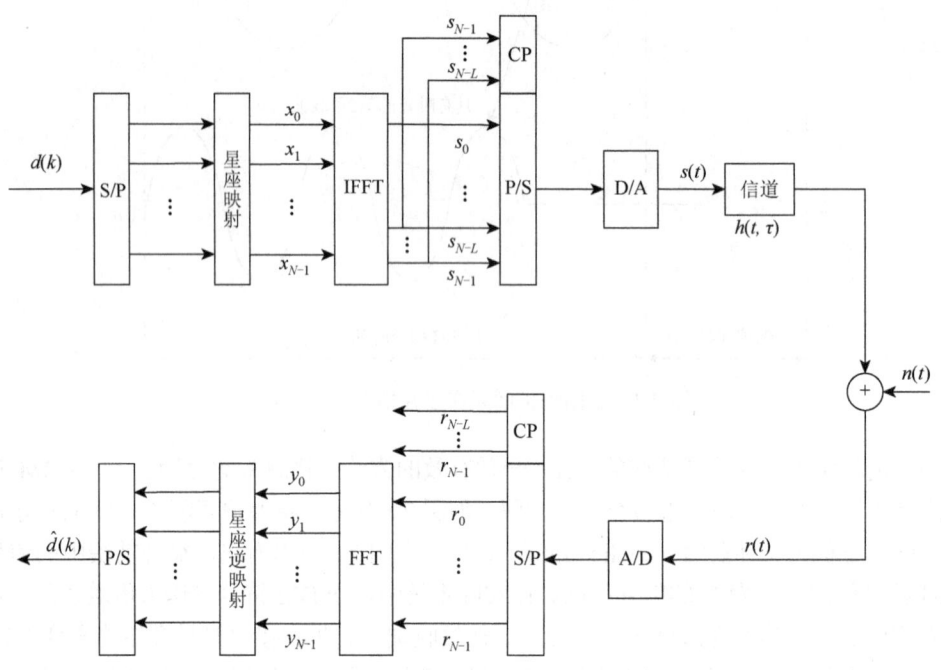

图 7.9　加入循环前缀的 OFDM 系统框图

输入的二进制信息比特 $d(k)$ 首先经过串/并变换（S/P）变为 N 路并行比特流，各支路上的信息比特数可根据信道的频谱特性进行优化，然后各支路上的信息比特根据各自的调制方式（如 BPSK 或 QAM 等）分别进行星座映射，得到信号空间中的复数坐标 $\{x_k\}$ ($k = 0,1,\cdots,N-1$)，然后经过快速傅里叶逆变换（IFFT），加入循环前缀（CP），再经过并/串变换（P/S）和数/模（D/A）变换，送入信道进行传送。

在接收端，信号首先经过模/数变换和串/并变换，去除循环前缀，然后经快速傅里叶变换（FFT），得到每个支路上的接收信号 $\{y_k\}$ ($k=0,1,\cdots,N-1$)，然后经星座逆映射，得到每个支路上的接收比特，再经并/串变换，得到串行的接收比特流 $\hat{d}(k)$。图 7.9 中，L 表示循环前缀的样点数。假定用 T_s 表示发射端 D/A 变换之前的离散信号 $s(n)$ 的样值间隔，则包含循环前缀的一个 OFDM 符号的周期为

$$T' = (N+L)T_s = NT_s + LT_s = T + T_g \tag{7.14}$$

式中，T 表示不包括循环前缀的 OFDM 符号的有效长度，$T = NT_s$；T_g 表示循环前缀的长度，$T_g = LT_s$。假定信道的最大多径时延扩展为 $\tau_{\max}$。为了消除 ICI，T_g 应满足 $T_g \geq \tau_{\max}$，或者 $LT_s \geq \tau_{\max}$。考虑到 L 为整数，L 的选取应满足以下关系：

$$L \geqslant \left\lfloor \frac{\tau_{\max}}{T_s} \right\rfloor \tag{7.15}$$

式中，符号$\lfloor x \rfloor$表示取大于等于x的最大整数。

在一个 OFDM 符号中，循环前缀部分不携带任何信息，它的使用会带来功率和信息速率的损失。定义功率损失为

$$\eta_P = 10 \lg \left(\frac{T'}{T_s} \right) = 10 \lg \left(\frac{N+L}{N} \right) \tag{7.16}$$

定义信息速率的损失为

$$\eta_R = \frac{T_g}{T'} = \frac{L}{N+L} \tag{7.17}$$

从式（7.16）和式（7.17）可以看到，当保护间隔占到 OFDM 符号周期的 20%时，功率损失不到 1 dB，但是带来的信息速率损失达 20%。但是插入保护间隔可以消除多径所造成的 ICI 影响，因此这个代价是值得的。

我们引入连续时间系统的离散时间等效的概念。在图 7.9 中，发射端的模拟信号$s(t)$与接收端的模拟信号$r(t)$之间的关系可以表示为

$$r(t) = s(t) * h(t,\tau) + n(t) = \int_0^{\tau_{\max}} s(t-\tau)h(t,\tau)\mathrm{d}\tau + n(t) \tag{7.18}$$

式中，$n(t)$表示信道上的加性高斯白噪声（additive white Gaussian noise，AWGN）；$h(t,\tau)$表示t时刻信道的冲激响应。假定$h(t,\tau)$在时间$[0, vT_s]$内取值，T_s为前述取样周期，v为整数，满足$vT_s \approx \tau_{\max}$。

如果在图 7.9 的接收端进行模/数变换时的取样速率足够高，不存在混叠效应，则有

$$r_k = r(t)\big|_{t=kT_s} = \sum_{m=0}^{v} h(t, mT_s)s((k-m)T_s) + n(kT_s) \tag{7.19}$$

式（7.19）可以简写为

$$r_k = \sum_{m=0}^{v} h_m s_{k-m} + n_k \tag{7.20}$$

式中，$r_k = r(kT_s)$；$h_m = h(t, mT_s)$；$s_{k-m} = s((k-m)T_s)$；$n_k = n(kT_s)$。

式（7.20）表示离散时间序列s_k通过冲激响应为h_k的离散信道传输，在接收端得到的响应为r_k，其中s_k和r_k也分别是图 7.9 中发射端 D/A 变换前和接收端 A/D 变换后的信号（不考虑量化误差）。式（7.20）是式（7.18）中所示模拟卷积关系的离散时间等效，图 7.10 展示出了这种等效关系，图中的$q(t)$表示在接收机中单位增益的抗混叠（anti-alias）滤波器。

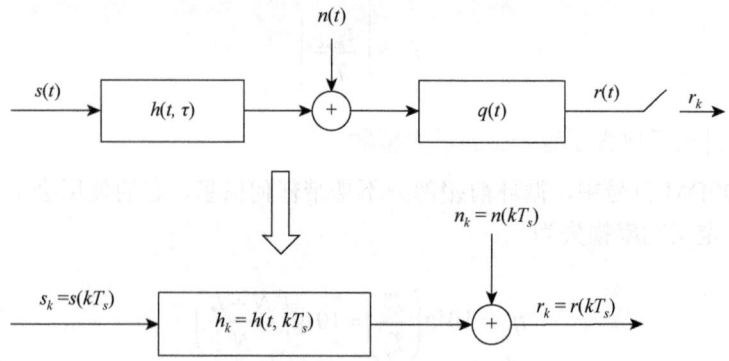

图 7.10　连续时间信道模型的抽样离散等效

考虑加入 CP 后 OFDM 系统的输入输出关系。CP 的构造方法如图 7.11 所示。

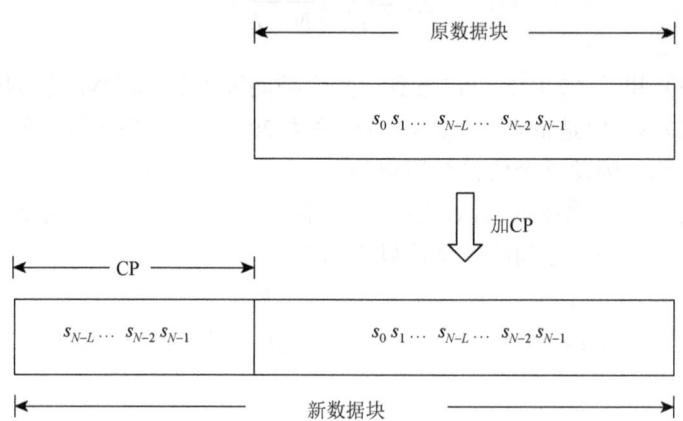

图 7.11　在 OFDM 符号中 CP 的构造方法

取原符号块的最后 $L(L \geq v)$ 个信号放到原符号块的前部,构成一个长度为 $N+L$ 的新序列。首先发送新加的 L 个信号,然后依次发送原序列。在接收端,将收到的每个长度为 $N+L$ 的符号块的前 L 个符号丢弃,仅保留剩余的 N 个符号。这种在每个传送符号块的前部加入 CP 的方法,使时域中原来发送信号与信道响应的线性卷积变为圆卷积,这个方法的思想来源于数字信号处理技术中用 DFT 来计算长线性卷积的算法。在 OFDM 系统中加入 CP 后,输入输出关系可表示为

$$\begin{bmatrix} r_k \\ r_{k-1} \\ \vdots \\ r_{k-N+1} \end{bmatrix} = \begin{bmatrix} h_0 & \cdots & h_v & 0 & \cdots & \cdots & 0 & 0 \\ 0 & h_0 & h_1 & \cdots & h_v & 0 & \cdots & 0 \\ \vdots & \vdots & \vdots & \vdots & \vdots & \vdots & \vdots & \vdots \\ 0 & \cdots & 0 & h_0 & h_1 & \cdots & \cdots & h_m \\ h_m & 0 & \cdots & 0 & h_0 & h_1 & \cdots & h_{m-1} \\ h_{m-1} & h_m & 0 & \cdots & 0 & h_0 & \cdots & h_{m-2} \\ \vdots & \vdots & \vdots & \vdots & \vdots & \vdots & \vdots & \vdots \\ h_1 & h_2 & \cdots & h_m & 0 & \cdots & \cdots & h_0 \end{bmatrix} \begin{bmatrix} s_k \\ s_{k-1} \\ \vdots \\ s_{k-N+1} \end{bmatrix} + \begin{bmatrix} n_k \\ n_{k-1} \\ \vdots \\ n_{k-N+1} \end{bmatrix} \quad (7.21)$$

或者记为

$$r_{k:k-N+1} = \tilde{H}s_{k:k-N+1} + n_{k:k-N+1} \tag{7.22}$$

式中，$\tilde{H}$ 表示 $N \times N$ 的信道矩阵；s 和 r 分别表示输入和输出信号的列矩阵；n 为加性高斯白噪声矩阵。

由式（7.22）可以看出，当前符号块的输出仅与当前符号块的输入有关，而与先前符号块的输入无关，即通过加入 CP，消除了 ISI 的影响。对式（7.22）两边取 DFT，得到

$$y_k = H_k x_k + N_k \tag{7.23}$$

式中，H_k 表示信道响应 h_k 的 DFT；y_k 和 x_k 分别表示 r_k 与 s_k 的 DFT；N_k 仍为加性高斯白噪声；$k = 0, 1, \cdots, N-1$。

这样，通过在 OFDM 符号块中加入 CP，不仅消除了 ICI 和 ISI，而且把信道变成了 N 个独立的并行子信道。如图 7.12 所示为这种并行等效后的输入、输出关系，图中的 $x_0 - x_{N-1}$ 和 $y_0 - y_{N-1}$ 即为图 7.9 中对应的 $x_0 - x_{N-1}$ 和 $y_0 - y_{N-1}$。一般情况下，当信道上的噪声为高斯白噪声时，图 7.12 中各子信道上的噪声仍为加性高斯白噪声，且彼此独立。由图 7.12 可知，可以在每个子信道上根据具体情况，选择不同的调制方式，从而优化系统性能。

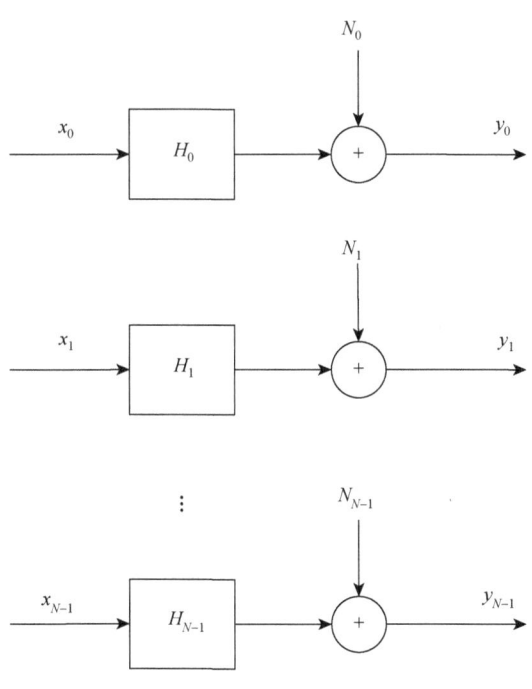

图 7.12 OFDM 系统的频域等效

7.1.3 OFDM 的参数选择

在 OFDM 系统中，需要确定以下参数：符号周期、保护间隔、子载波的数量。这些

参数的选择取决于给定信道的带宽、时延扩展以及所要求的信息传输速率。一般按照以下步骤来确定 OFDM 系统的各参数。

（1）确定保护间隔：根据经验，一般选择保护间隔的时间长度为时延扩展均方根值的 2~4 倍。

（2）选择符号周期：考虑到保护间隔所带来的信息传输效率的损失和系统的实现复杂度以及系统的峰值平均功率比等因素，在实际系统中，一般选择符号周期长度至少是保护间隔长度的 5 倍。

（3）确定子载波的数量：子载波的数量可以直接利用–3 dB 带宽除以子载波间隔（即去掉保护间隔之后的符号周期的倒数）得到；或者，可以利用所要求的比特速率除以每个子信道中的比特速率来确定子载波的数量。每个子信道中传输的比特速率由调制类型、编码速率以及符号速率来确定[7]。

7.1.4 OFDM 中的关键技术

在具体应用中，OFDM 系统需要解决的关键问题包括以下几个方面[8]。

1. 同步技术

同步性能的好坏对 OFDM 系统的性能影响很大。OFDM 系统中的同步包括载波同步、样值同步和符号同步三部分。与单载波调制系统相同，载波同步是为了实现接收信号的相干解调，而符号同步是为了区分每个 OFDM 符号块的边界。因为每个 OFDM 符号块包含 N 个样值，样值同步是为了使接收端的取样时刻与发射端完全一致。OFDM 系统中的同步一般分为捕获和跟踪两个阶段，对于突发式的数据传输，一般是通过发送辅助信息来实现同步的。与单载波系统相比，OFDM 系统对同步精度的要求更高，同步偏差会在 OFDM 系统中引起 ISI 和 ICI。

2. 信道估计

如前所述，加入循环前缀后的 OFDM 系统可以等效为 N 个独立的并行子信道。如果不考虑信道噪声，N 个子信道上的接收信号等于各自子信道上的发送信号与信道的频谱特性的频率乘积。如果通过估计方法预先获知信道的频谱特性，将各子信道上的接收信号与信道的频谱特性相除，即可实现接收信号的正确解调。信道估计的方法有很多，在无线通信中，一般采用插入导频的方法进行信道估计，如何设计导频图案和性能好、复杂度低的信道估计算法是 OFDM 系统中的一项重要研究内容。

3. 峰均比

在时域中，OFDM 信号是 N 路正交子载波信号的叠加，当这 N 路信号按相同极性同时取最大值时，OFDM 信号将产生最大的峰值。该峰值信号的功率与信号的平均功率之比，称为峰值平均功率比，简称峰均比（peak to average power ratio，PAPR）。在 OFDM 系统中，PAPR 与 N 有关，N 越大，PAPR 越大，$N = 1024$ 时，PAPR 可达 30 dB。大的

PAPR 值，对发射端的功率放大器的线性度要求很高。如何降低 OFDM 信号的 PAPR 值对 OFDM 系统的性能和成本都有很大影响。

4. 信道编码

信道编码可显著地提高数字通信系统的抗干扰能力。在 OFDM 系统中，可使用任意传统的信道编码，如分组码、卷积码、网格编码调制（trellis coded modulation，TCM）以及 Turbo 码等。

5. 信道时变性的影响

信道的时变性引起接收信号的多普勒扩展，使 OFDM 信号的正交性遭到破坏，引起子载波之间的干扰，造成系统性能下降。克服多普勒扩展的传统方法是采用信道编码加交织技术来抵抗信道性能的下降。最近的发展是利用多普勒分集技术将多普勒扩展变害为利，从而提高系统的性能。

6. 自适应技术

采用 OFDM 技术的好处是可以根据信道的频率选择性衰落情况动态地调整每个子载波上的信息比特数和发送功率，从而优化系统性能，称为自适应比特和功率分配，在许多文献中也称为自适应调制技术。在多用户情况下，如何为每个用户最优地分配系统资源，从而使系统的发送功率最低或者使系统的传输速率最高，是一个非常复杂的问题。在 OFDM 系统中使用自适应技术，还应该考虑频率分组、时间间隔、信道总延迟和信道估计误差等因素，其中信道估计误差对性能的影响较大。

7.2　MIMO 技术

随着无线通信领域的发展和不断创新，用户对于无线通信的信息传输速率和服务质量提出了越来越高的要求，但无线频谱资源的缺乏却极大地限制了无线通信技术和服务质量的进一步提升；另外，无线信道的多径传播特性和时变特性也会给在其中传输的信号带来非常大的影响和损耗。而 MIMO 技术，能够大幅度地增加无线通信系统的频谱效率和传输可靠性，并可动态地增加覆盖范围，因此受到越来越广泛的关注。

7.2.1　基本原理

在无线信道中，由多径传播而引起的衰落，经常被看作是有害的，但 MIMO 系统却将多径分量看作有利的因素而加以利用。MIMO 系统的核心思想就是空时信号处理，通过收发两端使用的多副天线在原有时间维度的基础上，又增加了空间维度，以此获得空间复用增益或空间分集增益。

MIMO 基本原理框图如图 7.13 所示，其在发射端和接收端，都使用了多副天线和多个信号处理通道。

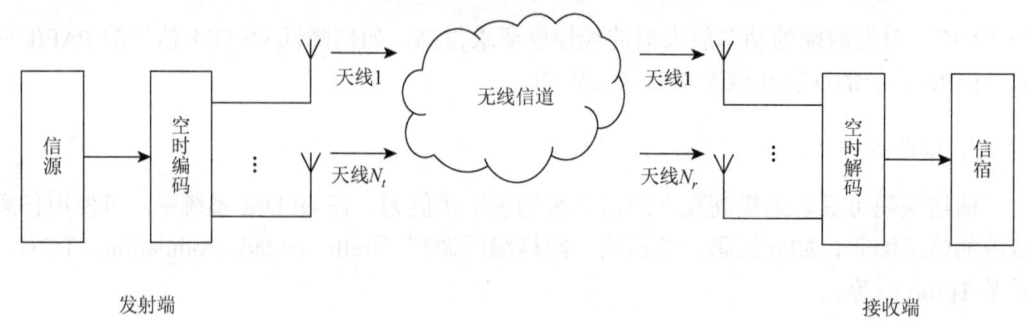

图 7.13 MIMO 原理框图

信源输出的数据信息经过空时编码后,送入 N_t 个发射天线,发射信号经无线信道传输后被 N_r 个接收天线所接收。多天线接收机利用空时解码处理技术能够将这些子信息分开并解码,恢复出原始的发送信息数据,实现最佳接收。

7.2.2 系统模型及信道容量

1. 系统模型

典型 MIMO 系统模型,如图 7.14 所示[9],输入信号在发射端经过信道编码、交织、QAM 映射、空时分组编码、脉冲成型等处理,再送入多通道 RF 发射子系统进行上变频、滤波和放大,然后经多个发射天线发送出去;在接收端,多通道 RF 接收子系统将多个接收天线接收到的信号进行下变频、匹配滤波、接收处理,以及时域分集合并、QAM 解映射、解交织和信道译码等处理,恢复出发送数据,即利用多副发射天线和接收天线的结合来提高每个用户的通信质量或数据传输速率。

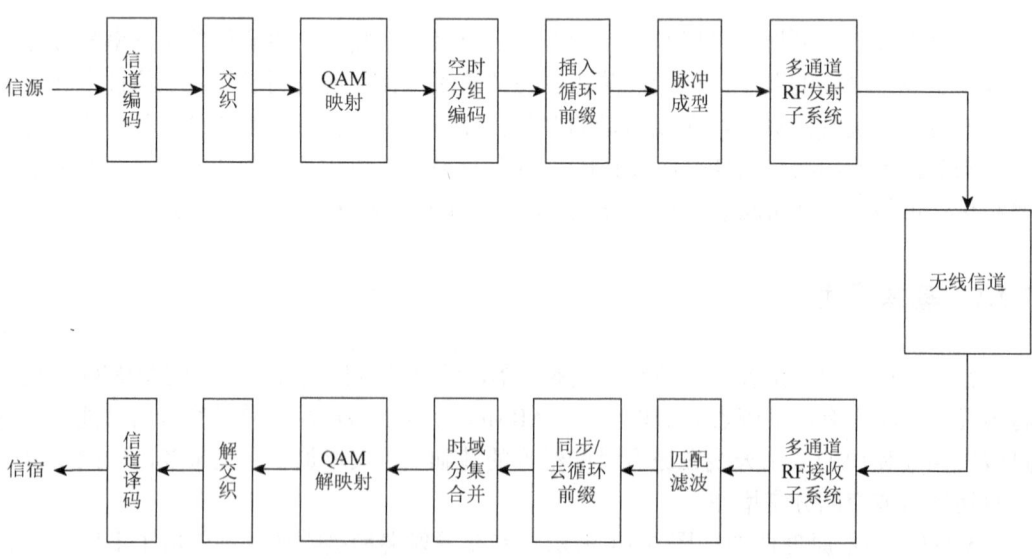

图 7.14 典型 MIMO 系统模型

由于 MIMO 系统在收发两端都采用了多副天线，因此在每个收发天线对之间都将形成一个 MIMO 子信道[10]，如图 7.15 所示。

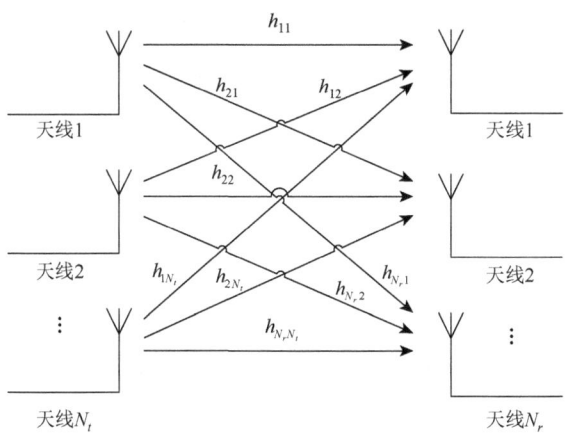

图 7.15　MIMO 系统子信道示意图

假设在发射端有 N_t 根发射天线、接收端有 N_r 根接收天线，则在收发天线之间形成的 MIMO 子信道可以用 $N_r \times N_t$ 的复信道矩阵 $\boldsymbol{H}$ 来表示，有

$$\boldsymbol{H} = \begin{bmatrix} h_{11} & h_{12} & \cdots & h_{1N_t} \\ h_{21} & h_{22} & \cdots & h_{2N_t} \\ \vdots & \vdots & & \vdots \\ h_{N_r,1} & h_{N_r,2} & \cdots & h_{N_r,N_t} \end{bmatrix} \tag{7.24}$$

式中，$h_{ij}(1 \leqslant i \leqslant N_r; 1 \leqslant j \leqslant N_t)$ 代表复信道矩阵 $\boldsymbol{H}$ 中的第 (i, j) 个元素，表示从第 j 根发射天线到第 i 根接收天线之间的信道衰落系数（传递函数）。若不考虑在信号实际传播过程中引入的衰落和放大，则 N_r 根接收天线的各接收功率都将等于总发射功率，因此，可以得到确定系数复信道矩阵 $\boldsymbol{H}$ 的元素取值限定为

$$\sum_{j=1}^{N_t} |h_{ij}|^2 = N_t, \quad i = 1, 2, \cdots, N_r \tag{7.25}$$

在接收端，信道噪声可以用列矩阵 $\boldsymbol{n}$ 来表示，有

$$\boldsymbol{n} = [n_1 \ n_2 \cdots n_{N_r}]^T \tag{7.26}$$

式中，$n_i(1 \leqslant i \leqslant N_r)$ 是零均值复高斯变量，具有统计独立且方差相等的实部和虚部。

接收噪声的协方差矩阵为 $\boldsymbol{R}_{n,n} = E\{\boldsymbol{n}\boldsymbol{n}^H\}$，若元素 n_i 之间满足统计独立，则协方差矩阵可改写为

$$\boldsymbol{R}_{n,n} = \sigma^2 \boldsymbol{I}_{N_r} \tag{7.27}$$

式中，σ^2 代表 N_r 个接收支路的各支路噪声功率，且都相等；$\boldsymbol{I}_{N_r}$ 代表秩为 N_r 的单位矩阵[11]。

接收信号矢量可以表示为

$$y = Hx + n \tag{7.28}$$

式中，y 代表接收信号矢量，是 $N_r \times 1$ 的复矩阵，其中的每一个复元素对应一根接收天线，有

$$y = [y_1 \ y_2 \cdots y_{N_r}]^T \tag{7.29}$$

x 代表发射信号矢量，其中的每一个元素对应一根发射天线，有

$$x = [x_1 \ x_2 \cdots x_{N_t}]^T \tag{7.30}$$

2. 信道容量

信道容量是指信道中能以任意小错误概率传输的最大传输速率，数据可以在信道中以低于信道容量的速率可靠传输。利用 MIMO 系统的多天线信道，能够在不增加系统带宽和发射功率的情况下，成倍地提高无线信道的容量和频谱利用率。

假设 MIMO 系统在发射端有 N_t 根天线、接收端有 N_r 根天线，接收信号为 $y = Hx + n$，若令 $x = \sqrt{E_S/N_t}\,s$，则有

$$y = Hx + n = \sqrt{\frac{E_S}{N_t}} Hs + n \tag{7.31}$$

式中，E_S 为发射信号在一个符号周期内的平均能量；s 为 $N_t \times 1$ 的复矩阵，有

$$s = [s_1 \ s_2 \cdots s_{N_t}]^T \tag{7.32}$$

由信息论的知识可知，信道容量可表示为发射信号 s 和接收信号 y 之间的最大互信息量，有

$$C = \max I(s; y) \tag{7.33}$$

式中，$I(s; y)$ 代表 s 和 y 的互信息，有

$$I(s; y) = H(y) - H(y|s) \tag{7.34}$$

其中，$H(y)$ 代表接收信号矢量 y 的平均信息量；$H(y|s)$ 代表条件信息量。

若发射信号 s 和噪声 n 是统计独立的，则有 $H(y|s) = H(n)$，式（7.34）可改写为

$$\begin{aligned} I(s; y) &= H(y) - H(n) \\ H(y) &= \log(\det(\pi e R_y)) \\ H(n) &= \log(\det(\pi e N_0 I_{N_r})) \end{aligned} \tag{7.35}$$

式中，$N_0 = \sigma^2$；$R_y = E[y^H y] = \dfrac{E_S}{N_t} H^H R_s H + N_0 I_{N_r}$ [11]。

经整理，可得

$$I(s; y) = \log\left(\det\left(I_{N_r} + \frac{\rho}{N_t} H^H R_s H\right)\right) \tag{7.36}$$

式中，$\rho = E_S / N_0$。

综上，得到信道容量的表达式为

$$C = \max_{R_s} \log\left(\det\left(I_{N_r} + \frac{\rho}{N_t} H^H R_s H\right)\right) \tag{7.37}$$

当 $R_s = I_{N_t}$ 时，信道容量为

$$C = \log\left(\det\left(I_{N_t} + \frac{\rho}{N_t}\boldsymbol{H}^{\mathrm{H}}\boldsymbol{H}\right)\right) \quad (7.38)$$

已知 $\boldsymbol{H}^{\mathrm{H}}\boldsymbol{H}$ 是半正定的，具有正特征值 $\lambda_i (i=1,2,\cdots,r)$，则可以用酉矩阵 $\boldsymbol{W}$ 对其进行对角化，即

$$\begin{aligned}
&\log\left(\det\left(I_{N_t} + \frac{\rho}{N_t}\boldsymbol{H}^{\mathrm{H}}\boldsymbol{H}\right)\right) \\
&= \log\left(\det\left(I_{N_t} + \frac{\rho}{N_t}\boldsymbol{W\Lambda W}^{\mathrm{H}}\right)\right) \\
&= \log\left(\det\left(\boldsymbol{W}\left(I_{N_t} + \frac{\rho}{N_t}\boldsymbol{\Lambda}\right)\boldsymbol{W}^{\mathrm{H}}\right)\right)
\end{aligned} \quad (7.39)$$

式中，$\boldsymbol{W} = \boldsymbol{H}^{\mathrm{H}}\boldsymbol{H} = \boldsymbol{W\Lambda W}^{\mathrm{H}}$，$\Lambda$ 代表包含特征值 $\lambda_i (i=1,2,\cdots,r)$ 的对角矩阵[12]。

由此，可以得到信道容量的表达式为

$$C = \sum_{i=1}^{r} \log\left(1 + \frac{\rho}{N_t}\lambda_i\right) \quad (7.40)$$

7.2.3　空时编码

MIMO 技术可以分为发射/接收分集和空间复用（spatial multiplexing）两种。其中，发射分集是在多根发射天线上发射承载相同信息的信号，通过不同的发送路径可以实现空间分集，接收端再利用多个衰落特性相互独立的信号可以达到对抗衰落的效果，即本小节要介绍的空时编码技术；空间复用将发送信息分为多路，然后在不同发射天线上发射，可以获得空间复用的增益，大幅度提高系统的容量和频谱利用率，具体内容将在 7.2.4 小节介绍。

1998 年，Tarokh 等在发射分集技术和 MIMO 技术的基础上，在时域和空域同时引入编码，提出了空时编码技术[13]。他们认为，如果在发射端采用适合 MIMO 系统的编码技术，并在接收端采用相应的信号接收技术，可以获得较大的编码增益和分集增益，实现数据信息的高速传输。因此，空时编码是集发射分集和编码分集为一体的技术，具有较高的频谱利用率和通信质量，能够满足舰船无线通信系统对高速信息传输业务的需求。

空时编码的基本思想是在发射端将经过空时编码的信号，用天线阵列同时发射出去，在接收端再利用天线阵列同步接收，空时译码后还原为发送数据。其特点是将编码和天线阵列技术有机地结合在一起，真正实现了空分多址，从而提高系统的抗衰落能力。与未编码系统相比，空时编码系统可以在不牺牲带宽的情况下达到发射分集的效果并获得较高的编码增益[9]。

常用的空时编码有空时分组码（space-time block coding，STBC）和空时网格码（space-time trellis code，STTC）。

1. 空时分组码

1998 年，Alamouti 发明了使用双天线发射和单天线接收的空时分组码（Alamouti 空时分组码）[14]，并可推广到任意多副天线的应用场景。

考虑要发射的两个符号 x_1 和 x_2，它们将在两个连续的时隙被发射出去。在第 1 个时隙，符号 x_1 从第 1 根天线发射出去，符号 x_2 从第 2 根天线发射出去；在第 2 个时隙，符号 $-x_2^*$ 从第 1 根天线发射出去，符号 x_1^* 从第 2 根天线发射出去，如图 7.16 所示。

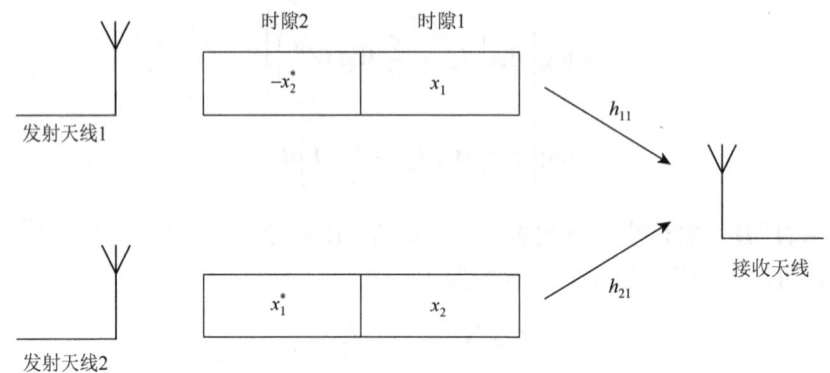

图 7.16 Alamouti 空时分组码方案

该空时分组码的最佳接收机结构[12]可以考虑在接收端设置单天线和多天线两种情况。

1）单天线

第 1 个时隙接收的信号为

$$y_1(1) = \sqrt{\rho}(h_{11}x_1 + h_{21}x_2) + n_1(1) \tag{7.41}$$

第 2 个时隙接收的信号为

$$y_1(2) = \sqrt{\rho}\left(-h_{11}x_2^* + h_{21}x_1^*\right) + n_1(2) \tag{7.42}$$

式中，假设在瑞利衰落信道条件下，h_{11} 和 h_{21} 是均值为零、单位方差的复高斯随机变量，且在两个连续时隙间隔内保持不变；$n_1(1)$ 和 $n_1(2)$ 为复数加性高斯白噪声，方差为 1/2；ρ 为信噪比。

根据式（7.40）和式（7.41），可得接收信号的矢量表达式为

$$\boldsymbol{y} = \begin{bmatrix} y_1(1) \\ y_1^*(2) \end{bmatrix} = \sqrt{\rho}\begin{bmatrix} h_{11} & h_{21} \\ h_{21}^* & -h_{11}^* \end{bmatrix}\begin{bmatrix} x_1 \\ x_2 \end{bmatrix} + \begin{bmatrix} n_1(1) \\ n_1^*(2) \end{bmatrix} \tag{7.43}$$

假设接收机可以获得信道状态信息，则最佳接收机选择 $\hat{x}_1$ 和 $\hat{x}_2$ 使得接收错误概率最小，有

$$(\hat{x}_1, \hat{x}_2) = \arg\max_{(x_1, x_2)} P(x_1, x_2 | \boldsymbol{H}^{\mathrm{H}}\boldsymbol{y}, h_{11}, h_{21}) \tag{7.44}$$

式中，$\boldsymbol{H}$ 为信道矩阵，有

$$H = \begin{bmatrix} h_{11} & h_{21} \\ h_{21}^* & -h_{11}^* \end{bmatrix} \quad (7.45)$$

2）多天线

假设第 j 个接收天线在第 k 个时隙的接收信号为 $y_j(k)$ ($k=1,2; j=1,2,\cdots,N_r$)，从第 i 个发射天线到第 j 个接收天线的信道因子为 h_{ij}，则在第 1 个时隙接收到的信号可表示为

$$y_j(1) = \sqrt{\rho}(h_{1j}x_1 + h_{2j}x_2) + n_j(1) \quad (7.46)$$

第 2 个时隙接收到的信号可表示为

$$y_j(2) = \sqrt{\rho}\left(-h_{1j}x_2^* + h_{2j}x_1^*\right) + n_j(2) \quad (7.47)$$

式中，$n_j(k)$ 代表第 j 个接收天线在第 k 个时隙的加性高斯白噪声。

对多个接收天线上的信号进行合并，并以因子 $1/\sqrt{|h_{1j}|^2 + |h_{2j}|^2}$ 进行加权，得到最佳接收机的统计量为

$$y_j(1) = \sqrt{\rho}\sqrt{|h_{1j}|^2 + |h_{2j}|^2}\, x_1 + n_j''(1) \quad (7.48)$$

$$y_j(2) = \sqrt{\rho}\sqrt{|h_{1j}|^2 + |h_{2j}|^2}\, x_2 + n_j''(2) \quad (7.49)$$

式中，$j=1,2,\cdots,N_r$；噪声项 $n_j''(k)$ ($k=1,2; j=1,2,\cdots,N_r$) 均为高斯随机变量，相互独立、方差为 $1/2$。

利用最大比合并的方法对发射符号进行最佳判决，判决变量为

$$y(k) = \sum_{j=1}^{N_r} \sqrt{|h_{1j}|^2 + |h_{2j}|^2}\, y_j(k), \quad k=1,2 \quad (7.50)$$

将判决变量与可能的发射符号进行比较，距离 $y(k)$ 最近的信号即为最佳接收符号，判决准则为

$$\hat{x}_1 = \arg\min_{x_1} \left| \sum_{j=1}^{N_r} h_{1j}^* y_j(1) + h_{2j} y_j^*(2) - \sqrt{\rho}\left(|h_{1j}|^2 + |h_{2j}|^2\right) x_1 \right|^2 \quad (7.51)$$

$$\hat{x}_2 = \arg\min_{x_2} \left| \sum_{j=1}^{N_r} h_{2j}^* y_j(1) + h_{1j} y_j^*(2) - \sqrt{\rho}\left(|h_{1j}|^2 + |h_{2j}|^2\right) x_2 \right|^2 \quad (7.52)$$

2. 空时网格码

空时网格码[13]是由 Tarokh 等在 1998 年首先提出来的，将传统卷积码与多天线发射系统有机结合，其译码器的输出不仅仅是输入数据的函数，也是译码器状态的函数，这种记忆功能可以提供额外的编码增益[15]。

1）编码器[11, 16]

空时网格码的 STTC 编码器结构如图 7.17 所示，图中延迟模块表示延迟 1 bit。

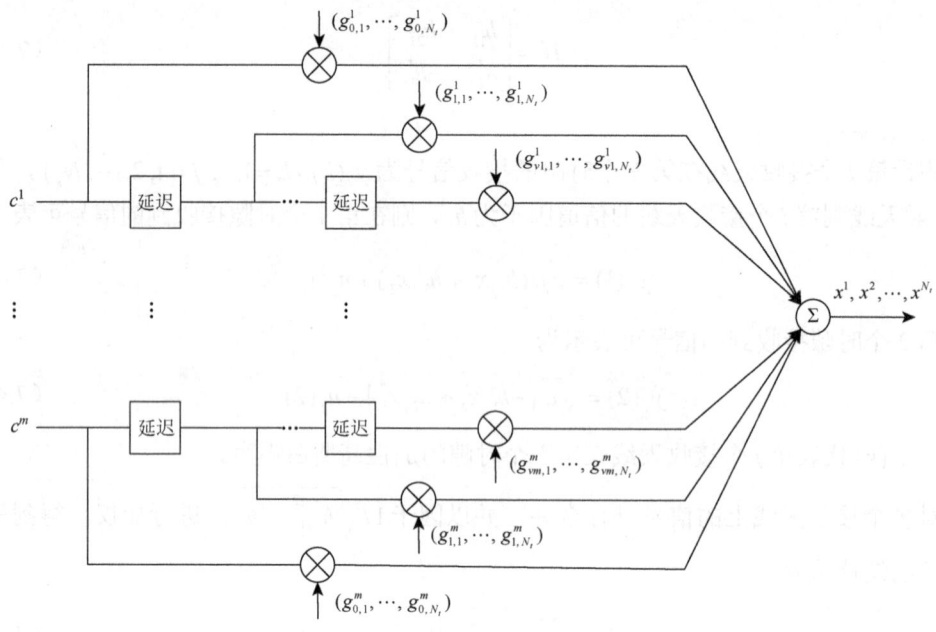

图 7.17 STTC 编码器

假设发射天线的数目为 N_t,输入的信息流 $c = [c_0, c_1, \cdots, c_t, \cdots]$,其中,$c_t = [c_t^1, c_t^2, \cdots, c_t^m]$ 代表 t 时刻的一组信息,里面包含 $m = \log M$ bit。

STTC 编码器将输入数据映射为采用 MPSK 调制的信号序列 x,有

$$x = [x_0, x_1, x_2, \cdots, x_t, \cdots] \tag{7.53}$$

式中,x_t 代表 t 时刻的一个空时符号,有

$$x_t = \left[x_t^1, x_t^2, \cdots, x_t^{N_t} \right]^\mathrm{T} \tag{7.54}$$

之后,信号序列 $x_t^1, x_t^2, \cdots, x_t^{N_t}$ 通过 N_t 根天线发射出去。

如图 7.17 所示,m 个二进制序列 $c^1, c^2, \cdots, c^m$ 输入由 m 个前馈移位寄存器组成的编码器,第 k 个输入序列 $c^k = \left[c_0^k, c_1^k, \cdots, c_t^k \right]$ $(k = 1, 2, \cdots, m)$ 将会送入第 k 个移位寄存器,并与其编码系数相乘。然后,将所有移位寄存器的乘法器输出进行模 M 相加,得到编码器的输出 $x = [x^1, x^2, \cdots, x^{N_t}]$。

移位寄存器单元和模 M 加法器之间的关系,可由下列系数表示:

$$\begin{cases} g^1 = \left[\left(g_{0,1}^1, g_{0,2}^1, \cdots, g_{0,N_t}^1 \right), \left(g_{1,1}^1, g_{1,2}^1, \cdots, g_{1,N_t}^1 \right), \cdots, \left(g_{v_1,1}^1, g_{v_1,2}^1, \cdots, g_{v_1,N_t}^1 \right) \right] \\ g^2 = \left[\left(g_{0,1}^2, g_{0,2}^2, \cdots, g_{0,N_t}^2 \right), \left(g_{1,1}^2, g_{1,2}^2, \cdots, g_{1,N_t}^2 \right), \cdots, \left(g_{v_1,1}^2, g_{v_1,2}^2, \cdots, g_{v_1,N_t}^2 \right) \right] \\ \vdots \\ g^m = \left[\left(g_{0,1}^m, g_{0,2}^m, \cdots, g_{0,N_t}^m \right), \left(g_{1,1}^m, g_{1,2}^m, \cdots, g_{1,N_t}^m \right), \cdots, \left(g_{v_1,1}^m, g_{v_1,2}^m, \cdots, g_{v_1,N_t}^m \right) \right] \end{cases} \tag{7.55}$$

式中,$g_{j,i}^k \in \{0, 1, \cdots, M-1\}$ $(k = 1, 2, \cdots, m; j = 1, 2, \cdots, v_k; i = 1, 2, \cdots, N_t)$;$v_k$ 代表第 k 个移位寄存器的记忆长度,有

$$v_k = \left\lceil \frac{v+k-1}{\log M} \right\rceil \tag{7.56}$$

综上，t 时刻第 i 根发射天线的输出为 x_t^i，有

$$x_t^i = \sum_{k=1}^{m} \sum_{j=0}^{v_k} g_{j,i}^k c_{t-j}^k \bmod M, \quad i = 1, 2, \cdots, N_t \tag{7.57}$$

2）网格图

网格图是 STTC 编码的另一种表示形式，整个过程分为星座图映射和空时网格码编码两个部分。其中，星座图映射部分将输入的比特映射为调制符号，一般采用 MPSK 调制（如 8 PSK）或 MQAM 调制（如 16 QAM），如图 7.18 所示。

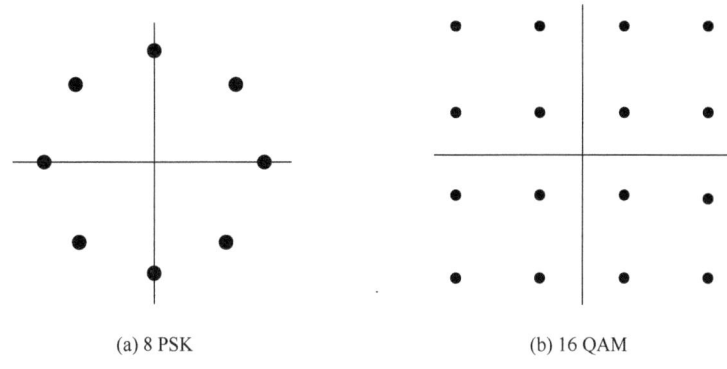

(a) 8 PSK　　　　　　　(b) 16 QAM

7.18　星座图映射

STTC 编码网格图如图 7.19 所示，此时发射天线的数目为 2、输入为 QPSK 符号。网格图左边的一列数字用于表示编码器的状态，右边每一行中的元素都由两个符号组成，对应 2 根发射天线；斜线表示由于输入符号，编码器的状态从斜线的起点转移到终点。若采用 QPSK 调制，则存在 4 种可能的符号组合，当编码器处于某一状态时，可以根据输入符号确定状态会转变为斜线所对应的 4 种状态中的哪一种[11, 17]。

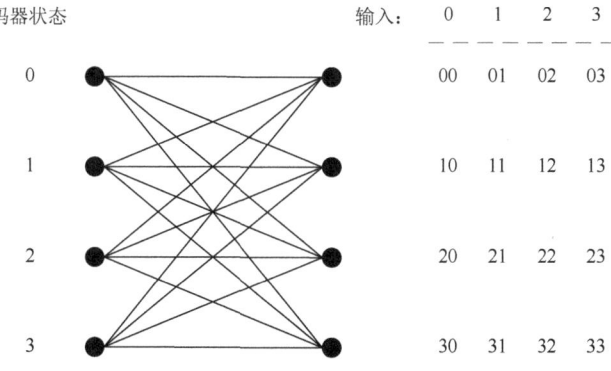

图 7.19　STTC 编码网格图

3）译码

空时网格码可以采用 Viterbi 译码算法[18]进行译码，假设在接收端已知传输信道的路径增益 $h_{ji}(i=1,2,\cdots,N_t;j=1,2,\cdots,N_r)$，并设第 j 个接收天线的第 t 个时隙的接收信号为 y_t^j，则各传输支路的度量可表示为

$$\sum_{j=1}^{N_r}\left|y_t^j-\sum_{i=1}^{N_t}h_{ji}q_t^i\right|^2 \tag{7.58}$$

式中，$q_t^1,q_t^2,\cdots,q_t^{N_t}$ 为各支路的标注。

在特定的时间，译码器的每一个状态都有与之对应的网格路径，以及累加路径度量值。以最小错误概率准则进行译码时，可以利用 Viterbi 译码算法在所有可能的路径度量值中，找出最小累加路径度量值及其对应的网格路径，并以此作为译码器的输出[12]。

7.2.4 空间复用

空间多路复用技术按照发射天线的数量将无线信道划分为多个并行子信道，每个子信道传输不同的数据信息，在接收端采用信号处理技术消除各子信道之间的干扰，恢复发送的数据信息。空间复用技术的具体实现方式就是分层空时编码（layered space-time code，LSTC），这一概念是在 1996 年由贝尔实验室提出的，并在 1998 年提出了分层空时编码技术的架构及 BLAST 试验系统[19, 20]。

常用的 BLAST 结构包括贝尔实验室水平分层空时码（horizontal Bell Laboratories layered space-time，H-BLAST）、对角分层空时码（diagonal BLAST，D-BLAST）[19]和垂直分层空时码（vertical BLAST，V-BLAST）[21]。

1. 模型

分层空时码的发射、接收模型如图 7.20（a）和（b）所示，这是适用于高速数据业务的有效结构，其基本思想是将高速率的数据业务流分解为若干低速率的数据业务

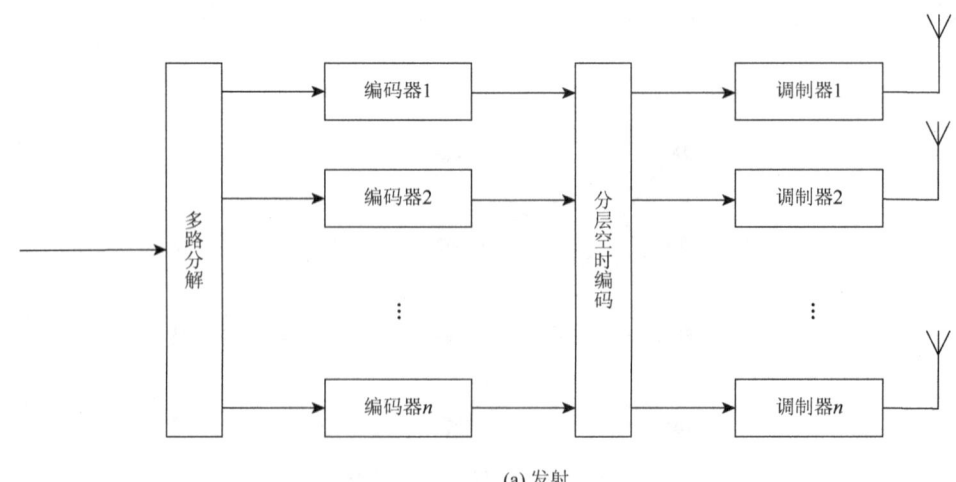

(a) 发射

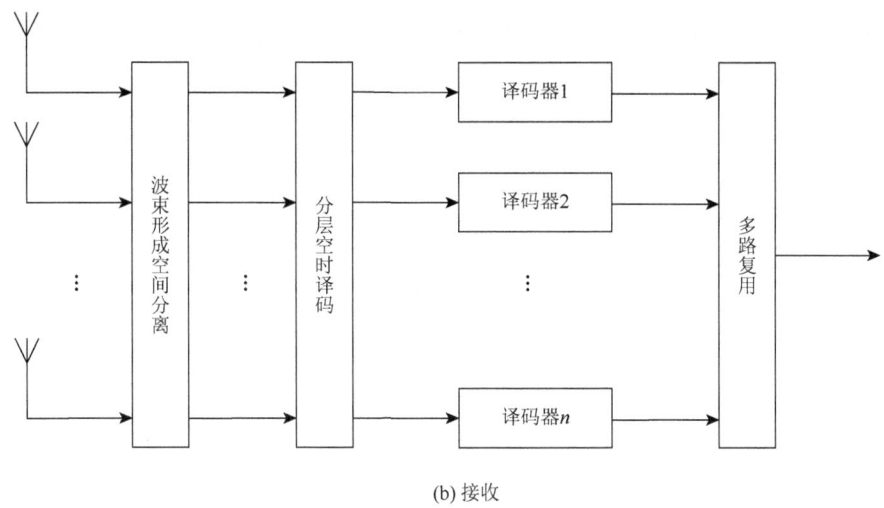

(b) 接收

图 7.20 分层空时码系统模型

流,经并行信道编码器编码后,再进行分层空时编码和并行的调制,最后经多副天线发射出去。

在接收端,多个接收天线会具有分集接收的效果,利用波束形成空间分离完成信号和载波的分离;然后,利用由信道估计过程获得的信道状态参数,实现判决反馈均衡器对分层判决反馈干扰的抵消,再依次进行分层空时译码和并行信道译码,完成数据信息的恢复。

假设信道为平坦 Rayleigh 衰落信道,发射天线数目为 N_t、接收天线数目为 N_r,设第 $j(j=1,2,\cdots,N_t)$ 根发射天线到第 $i(i=1,2,\cdots,N_r)$ 根接收天线之间的信道衰落系数为 h_{ij},则信道矩阵可表示为 $\boldsymbol{H}=[h_{ij}]_{N_r \times N_t}$,具体见式(7.24)。

设 $\boldsymbol{x}=[x_1,x_2,\cdots,x_{N_t}]^T$ 为发射信号矢量,每一个元素对应一根发射天线,经信道传输后在接收端收到 $\boldsymbol{y}=[y_1,y_2,\cdots,y_{N_r}]^T$,有

$$\boldsymbol{y}=\boldsymbol{Hx}+\boldsymbol{n} \tag{7.59}$$

式中,$\boldsymbol{y}$ 代表接收信号矢量;$\boldsymbol{n}=[n_1,n_2,\cdots,n_{N_r}]^T$ 代表噪声矢量,是均值为 0 的加性高斯白噪声。

分层空时码的译码方法[15]有很多,如极大似然译码算法、球形译码算法[22]、迫零算法、最小均方差滤波算法、逐次干扰消除算法等。

2. 编码方案

依据对 N_t 个并行信道编码器输出信号采取的处理方式不同,有如下编码方案[16]。

1) D-BLAST(对角分层空时码)

假设 $N_t=4$,则输入信息流经过串/并变化后分为 4 路,送入并行的 4 个信道编码器,编码之后的输出码元送入对角分层空时编码器。

对角分层空时编码器收到并行信道编码器的输出后，按对角线方向进行空间编码，其原理如图 7.21 所示。

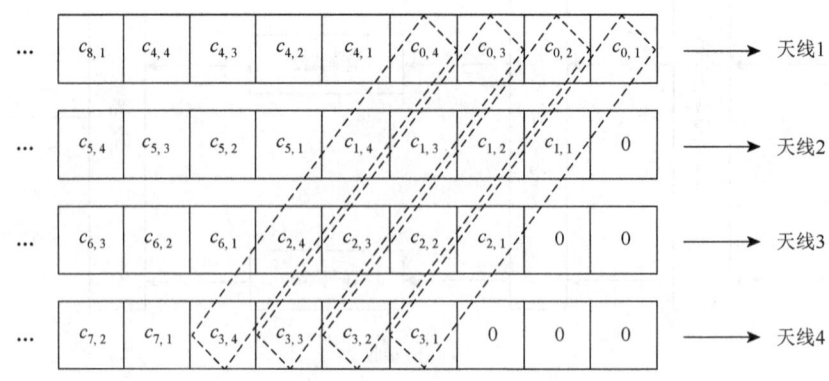

图 7.21 对角分层空时码编码

如图 7.21 所示，信道编码器 1 的前 N_t 个（4 个）输出码元 $c_{0,1}, c_{1,1}, c_{2,1}, c_{3,1}$ 排在第 1 条对角线，信道编码器 2 的前 N_t 个（4 个）输出码元 $c_{0,2}, c_{1,2}, c_{2,2}, c_{3,2}$ 排在第 2 条对角线，以此类推，即信道编码器 i 的第 j 段 N_t 个输出码元排在第 $i+(j-1)N_t$ 条对角线上。编码之后的分层空时码矩阵中的每一列数据，经过 N_t 个（4 个）发射天线发送出去。

2）V-BLAST（垂直分层空时码）

垂直分层空时码编码器收到并行信道编码器的输出后，按垂直方向进行空间编码，其原理如图 7.22 所示。

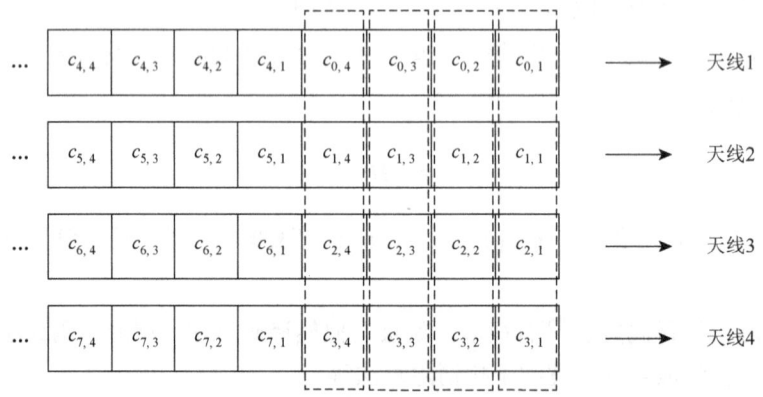

图 7.22 垂直分层空时码编码

如图 7.22 所示，信道编码器 1 的前 N_t 个（4 个）输出码元 $c_{0,1}, c_{1,1}, c_{2,1}, c_{3,1}$ 排在第 1 列，信道编码器 2 的前 N_t 个（4 个）输出码元 $c_{0,2}, c_{1,2}, c_{2,2}, c_{3,2}$ 排在第 2 列，以此类推，即第 i 个信道编码器的第 j 段 N_t 个输出码元排在第 $i+(j-1)N_t$ 列。编码之后的分层空时矩阵中的每一列数据，经过 N_t 个（4 个）发射天线发送出去。

3. 主要特点

（1）N_t个发射天线使用相同的频带、相同的星座图。
（2）每个天线上发射的信息都不同，分层空时码不是基于发射分集的系统。
（3）当$N_r \geq N_t$时，可证明系统容量与发射天线的数目近似成正比。
（4）各天线之间的距离大约为半个波长，天线间的干扰较小，可近似认为各信道之间的衰落特性是相互独立的。
（5）分层空时系统中各发射信号之间的不相关性，不是通过正交关系来实现的，而是利用无线信道的多径传播特性来实现对同信道信号的区分的。

7.3 MIMO-OFDM 技术

7.1 节介绍的 OFDM 技术能够将具有频率选择性的多径衰落信道转换为多个在频域内平坦衰落的子信道，可以减小多径衰落的影响；7.2 节介绍的 MIMO 技术，能够在空间中产生相互独立的多个并行子信道，同时传输多路信息，可以在不增加系统带宽的条件下提高系统容量、频谱效率和传输速率。因此，将 OFDM 技术和 MIMO 技术相结合，就可以同时实现系统可靠性和数据传输速率的提升。

MIMO-OFDM 是将 MIMO 技术和 OFDM 技术相融合而得到的一种新技术，通过在 OFDM 系统中加入阵列天线，充分利用时间、频率和空间三种维度上的分集效果，提高信号的传输质量，并使无线通信系统对于干扰、噪声和多径效应的容限显著增加，还可以通过空间复用的编码方式大幅度提高系统的传输速率。

7.3.1 系统原理

将空时编码技术与 OFDM 系统相结合，就可以得到一种 MIMO-OFDM 系统方案，如图 7.23 所示[9]。

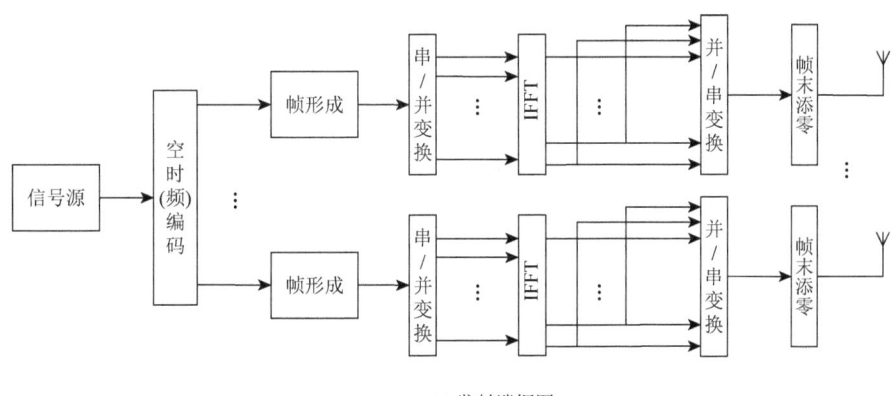

(a) 发射端框图

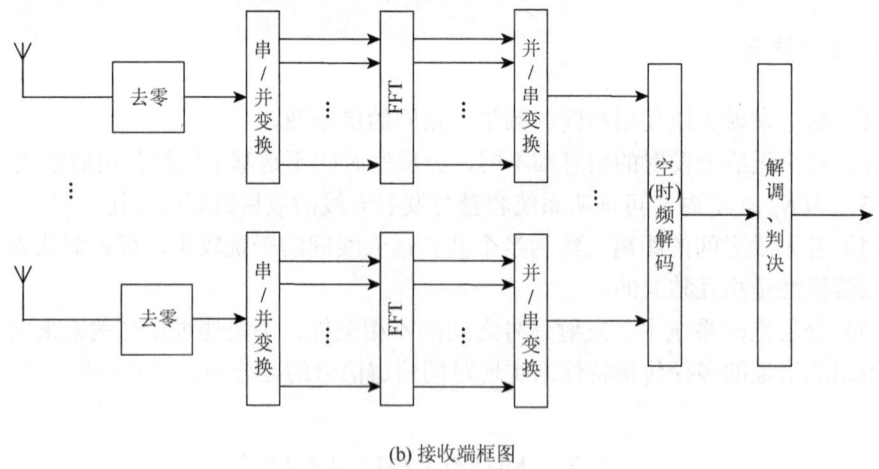

(b) 接收端框图

图 7.23 MIMO-OFDM 系统

在发射端，信号源产生的信息序列进入空时（频）编码模块进行空时编码，输出的各路序列成帧后进行串/并变换，再进行 OFDM 调制；调制后的序列经并/串变换后输出，在序列末尾补零以避免帧间干扰；最后，将序列送入天线模块发射出去。

在接收端，收到的信号依次经过去零、串/并变换和 OFDM 解调，再将解调后的序列经并/串变换后送入空（时）频解码模块完成译码，然后进行判决等后续信号的处理过程，完成数据信息的恢复。

7.3.2 信号模型

假设 MIMO-OFDM 系统有 N_t 个发射天线和 N_r 个接收天线，在发射端，基带信号[16]可表示如下：

$$x_{n_t}(t) = \frac{1}{\sqrt{K}} \sum_{t=-\infty}^{+\infty} \sum_{k=-K/2}^{K/2-1} U_{n_t,n,k} g(t-nT_s) e^{j2\pi \frac{k}{T_D}(t-nT_f-T_G)} \quad (7.60)$$

式中，$x_{n_t}(t)$ 代表第 n_t 个发射天线的基带信号；K 代表 OFDM 系统的子信道数；$U_{n_t,n,k}$ 代表第 n_t 个发射天线上第 n 个 OFDM 符号的第 k 个子信道的发送信号；T_f 代表 OFDM 的符号周期；T_D 代表数据周期；T_G 代表保护间隔；$T_f = T_D + T_G$；$g(t)$ 代表成型函数。

上变频后可得发射信号

$$s_{n_t}(t) = x_{n_t}(t) e^{j2\pi f_l t} \quad (7.61)$$

式中，f_l 代表第 n_t 个发射天线的载波频率。

若从发射天线 n_t 到接收天线 n_r 之间有 $L_{n_r n_t}$ 条路径，且设第 $L_{n_r n_t}$ 条路径的信道系数为 $h_{l_{n_r n_t}}$，则从发射天线 n_t 到接收天线 n_r 的信道传输特性可表示为

$$h_{n_r n_t}(t) = \sum_{l_{n_r n_t}}^{L_{n_r n_t}-1} h_{l_{n_r n_t}} \delta(t - \tau_{n_r n_t}) \quad (7.62)$$

在接收端，接收天线 n_r 接收的是所有发射天线发射信号的叠加，即

$$r_{n_r}(t) = \sum_{n_t=1}^{N_t} s_{n_t}(t) h_{n_r n_t}(t) + n(t) \tag{7.63}$$

式中，$n(t)$ 代表信道中的加性噪声。

7.3.3 关键技术

1. 空时（频）编译码技术

空时（频）编译码是 MIMO 系统的关键技术之一，通过适合的空、时、频编译码，可以使发射信号获得空间、时间或者频率上的分集，实现信道容量、数据传输速率或系统可靠性的提升。

在 MIMO-OFDM 系统，将空时编码技术用于 OFDM，编码输出序列加载到 OFDM 子载波上，就可以实现空时 OFDM 编码，能够获得空间分集（多天线）增益、时间分集（编码）增益和 OFDM 调制增益；若基于时域/频域抽取 FFT 算法将编码引入 OFDM 各个子载波和各发送天线之间，空时编码则转换为空频编码，即可得到空频 OFDM 编码，能够获得空-频分集增益和 OFDM 调制增益；若要同时实现空时频分集增益和 OFDM 调制增益，则需要获得在空域、时域和频域上都相互独立的符号，再调制到 OFDM 子载波上，此时可实现的增益为时间分集、频率分集和空间分集三者增益的乘积[23, 24]。

2. 信道估计

在实际的无线信道环境中，信道的衰落系数是未知的，接收机就需要进行精确的信道估计以获取准确的信道状态信息，才能从被干扰和噪声污染的信号中准确恢复数据信息。而对于 MIMO-OFDM 系统，每一对收发天线之间的子信道都需要进行信道估计，是其关键技术，也是接收端的一个技术难点。常用的信道估计算法有基于训练序列的、基于导频信号的、盲或半盲信道估计等算法。

基于训练序列的信道估计算法适合用于突发传输的系统，传输的 OFDM 符号中包含训练序列和数据序列，利用其中的训练序列可以估计系统的频偏、时偏和信道状态信息。算法有两种工作模式：一是训练模式，发射端周期性发送已知的训练序列，接收端根据这些训练序列对信道参数、频偏以及时偏进行估计；二是数据传输模式，系统根据对训练序列的估计结果设置参数并传输数据[16]。

基于导频信号的信道估计算法适合用于连续传输的系统，根据导频信号的不同，MIMO-OFDM 系统的信道估计技术又分为两大类：一是基于频域导频训练序列的信道估计，二是基于时域导频训练序列的信道估计。频域导频是在发射端，利用复用器将数据与导频信号在频域合成待发送数据，然后进行 IFFT 运算，将数据从频域的串行格式变换为时域的并行格式，再插入保护间隔以消除码间干扰（ISI）；时域导频，则是在 OFDM 符号的每个时隙中都插入导频信号。

盲或半盲信道估计算法，不专门发送训练序列或导频信号，而是利用信道统计特性及接收信号特征实现对信道状态参数的估计，具有较高的频带利用率。

7.4 本章小结

本章以 OFDM 和 MIMO 两种高速无线传输技术为主要内容,重点介绍了 OFDM 技术的基本原理、系统模型、参数选择和关键技术,MIMO 技术的基本原理、系统模型和信道容量,以及空时编码和空间复用的相关概念,还介绍了 MIMO 技术和 OFDM 技术相结合系统的基本原理、信号模型和关键技术。

参 考 文 献

[1] Sharma S K, Ahmad S N. Performance of MIMO space-time coded wireless communication systems[C]. International Conference on Computational Intelligence and Multimedia Applications(ICCIMA 2007), Sivakasi, 2007: 373-377.

[2] 埃兹里,希洛. MIMO-OFDM 技术原理[M]. 华为 WLANLAB,译. 北京:人民邮电出版社,2021.

[3] 杨昉,何丽峰,潘长勇. OFDM 原理与标准:通信技术的演进[M]. 北京:电子工业出版社,2013.

[4] 尹长川,罗涛,乐光新. 多载波宽带无线通信技术[M]. 北京:北京邮电大学出版社,2004.

[5] Yang L L. 多载波通信[M]. 张有光,潘鹏,孙玉泉,等,译. 北京:电子工业出版社,2010.

[6] Molisch A F. 无线通信[M]. 2 版. 田斌,帖羽,任光亮,译. 北京:电子工业出版社,2020.

[7] 王光宇. 新型多载波调制系统及原理[M]. 北京:科学出版社,2018.

[8] 周恩,张兴,吕少彪,等. 下一代宽带无线通信 OFDM 与 MIMO 技术[M]. 北京:人民邮电出版社,2008.

[9] 孙志国,申丽然,郭佩,等. 无线通信链路中的现代通信技术[M]. 北京:电子工业出版社,2010.

[10] 焦李成. 通信中的智能信号处理[M]. 北京:电子工业出版社,2006.

[11] 啜刚,高伟东,孙卓,等. 移动通信原理[M]. 2 版. 北京:电子工业出版社,2019.

[12] Duman T M, Ghrayeb A. MIMO 通信系统编码[M]. 艾渤,唐世刚,译. 北京:电子工业出版社,2008.

[13] Tarokh V, Seshadri N, Calderbank A R. Space-time codes for high data rate wireless communication performance criterion and code construction[J]. IEEE Transactions on Information Theory, 1998, 44(2): 744-765.

[14] Alamouti S M. Space block coding: A simple transmit diversity technique for wireless communication[J]. IEEE Journal on Selected Areas of Communications, 1998, 16(10): 1451-1458.

[15] Oestges C, Clerckx B. MIMO 无线通信[M]. 赵晓晖,译. 北京:机械工业出版社,2010.

[16] 黄韬,袁超伟,杨睿哲,等. MIMO 相关技术与应用[M]. 北京:机械工业出版社,2007.

[17] 哈米德,贾法哈尼. 空时编码的理论与实践[M]. 任品毅,译. 西安:西安交通大学出版社,2007.

[18] Proakis J G. Digital Communications[M]. New York: McGraw-Hill, 2001.

[19] Foschini G J. Layered space-time architecture for wireless communication in a fading environment when using multi-element antennas[J]. Bell Laboratories Technical Journal, 1996, 1(2): 41-59.

[20] Foschini G J, Gans M. On limits of wireless communications in a fading environment when using multiple antennas[J]. Wireless Personal Communications, 1998, 6(3): 311-335.

[21] Wolniansky P W, Foschini G J, Golden G D, et al. V-BLAST: An architecture for realizing very high data rates over the rich-scattering wireless channel[C]. International Symposium on Signals, Systems and Electronics(ISSSE), Pisa, 1998: 295-300.

[22] Viterbo E, Boutros J. A universal lattice code decoder for fading channels[J]. IEEE Transactions on Information Theory, 1999, 45(5): 1639-1642.

[23] 邵朝. MIMO 系统与空时编码——分集的理论与实践[M]. 北京:电子工业出版社,2013.

[24] Su W F, Safar Z, Liu K J R. Towards maximum achievable diversity in space, time and frequency: Performance analysis and code design[J]. IEEE Transactions Wireless Communication, 2005, 4(4): 1847-1857.

第 8 章 舰船战术通信系统组网技术

战术通信系统是为各战役军团、战术兵团、部队与作战指挥单位之间提供通信保障的系统或网络，包括地域通信网、战术电台网、战术卫星通信网、数据链系统等。这些系统或网络需要以更宽频带、更优传输性能、超低延迟的通信手段为主，多采用短波、超短波、微波、卫星、流星余迹等手段，并且互联互通，形成可以覆盖整个作战区域的响应速度快、信息传输准确、通信容量大、生存能力强、机动性强、安全性高、支持多种业务的通信网络，为战场态势感知和信息传输提供通信保障，其作用与地位在现代信息化战争中越来越重要。

对处于海上战场对抗前沿的舰船编队而言，敌我双方的激烈对抗会导致通信环境变得异常恶劣，舰船战术通信系统和网络的抗毁、抗扰和生存能力就显得尤为重要。以往的战术通信系统以指挥关系为基础，逐级组织专网，指挥所兼具指挥中心和通信中心的功能，采用树状的网络拓扑结构。然而，这种树状网络结构在抗毁性、隐蔽性和机动性等方面较差，不能适应现代信息化战争发展的需求。因此，战术通信系统的网络拓扑从最简单的点对点逐步发展为星形网、网状网等多种形态，并向着分布式、移动自组织式的方向发展[1]。

本章以舰船战术通信系统组网技术为重点，介绍舰船战术通信网络的发展、总体结构，以及舰船战术移动 Ad Hoc 网络技术、战术 Mesh 网络技术和舰船无线传感器网络技术。

8.1 舰船战术通信网络的发展

8.1.1 点对点通信

军事通信和民用通信一样，也经历了从运动通信、简易信号通信到现代电子通信的发展历程。早期，我军使用的电台主要采用点对点的通信模式，通过发送手键电报实现战场态势信息到指挥机关的传递。后来，随着电台数量的逐渐增多，班、排一级也都配备了电台设备。为了保证各级电台在作战过程中也能正常工作，将各级电台划分为多个"专网"，每个专网都独占一个特定的频率，其内部的电台之间采用点对点或者广播方式工作，完成情报侦察等作战任务[2]。

但是，随着电台数量和种类的逐渐增多，在依靠无线电台进行点对点通信的传统专向通信模式中，指挥命令很难快速下达到作战部队的每一个单元，只能逐个、逐级下达或者转达，速度慢、效率低，协同能力也很弱，不能满足现代部队快速实施作战计划的需求[1]。而且随着电台数量越来越多，就需要划分出多个专网来解决作战部队在同一网络内效率变差的问题。但专网越分越多，涉及面就会越来越广，规划也随之变得越来越困难，一旦战场电磁环境或干扰导致某个频点不可用，就无法快速找到备用频点，重新调整也变得异常困难[2]。

8.1.2 网络化通信

由于专网无法满足电台数量增多情况下的作战需求，电台也从点对点通信逐步走向组网通信。这时，虽然多部电台仍然使用相同的频段，但由于组织有序，可以容纳的电台数量显著增加，通信方式也不再是简单的广播或点对点通信，用户可以随时与网内的其他用户建立联系，可能出现的信道争用、语音和数据同时传输等问题都将被无线网络协议解决，这就是网络化电台的模式[3]。

网络化的一个明显优势就是电台不再使用点对点或广播方式，网络里的任意用户（节点）之间都可以相互通信，比专网方式更为方便，可容纳的节点数也更多，但只局限于同一种类型电台的组网。对于不同类型的电台，由于其工作频率、调制方式、编码方式都不一样，它们之间并不能互联互通。为解决这一问题，美军启动了单一电台网的互联互通工程，利用一些新研发出来的互联互通设备，把多个电台网络互联到一起，即战术互联网，解决了跨网信息之间交流的难题[3]。

8.2 舰船战术通信网络总体结构

8.2.1 网络拓扑结构及组成

网络拓扑结构是指构成通信网络的节点分布以及它们之间互联关系的几何构形，一般有平面结构和分级结构两种。

平面结构，采用全分布式控制方式，各节点地位平等，不存在任何等级与层次上的差别以及复杂的网络维护；结构简单，不容易产生瓶颈效应，具有较好的鲁棒性。但当用户数量较多时，网络存在控制开销大、路由易中断、处理能力弱、网络性能急剧下降等问题。平面结构的网络节点通常覆盖范围较小，安全性较高，适合用于中、小型网络。

分级结构，节点被划分为簇，包含簇头节点和簇成员节点，簇头节点负责数据转发和簇内节点的管理。簇头之间还可以构成高层次网络，在高层次网络中，又可以再次分簇，形成更高层次的网络。分级结构网络的可扩展性好、规模不受限制，路由和控制的开销也较小，易于实现移动式管理和网络的局部同步。

海上舰船战术通信系统以各种舰船为通信节点，利用短波、超短波、卫星、数据链等无线通信方式，构建具有移动性和自组织性的海上通信网络，用于保障舰载作战平台态势感知、指挥控制、通信管理等信息的可靠传输，并具有通信方式差异大、网络规模大、拓扑结构变化复杂、各通信节点分级编配等特点，非常适合采用分级结构来进行组网设计[4]。

一个典型的舰船战术通信系统可以采取两级结构，上一级是骨干网，由大容量的移动或固定通信链路承担，如卫星、无人机、特定飞行器、移动干线等；下一级是用户网，其中心控制节点接入骨干网，接收来自骨干网传输的数据、图像、语音等信息，并将其传送至用户终端。在这里，可采用无线 Mesh 网络（wireless mesh network，WMN）作为骨干网，为各系统之间的信息交互提供大容量传输链路，实现整个战术通信系统的互联互通；用户网可采用无线传感器网络（wireless sensor network，WSN），通过末端感知网络实现情报侦察、预警探测等各类传感器系统的互联，对采集到的各类信息进行融合和传输，并与骨干网互联，为各作战平台提供信息感知服务；还可以采用移动 Ad Hoc 网络（mobile ad hoc network，MANET）作为用户网，为各战术部队提供网络接入以及内部各作战单元之间的信息传输和交换服务，如图 8.1 所示[1]。

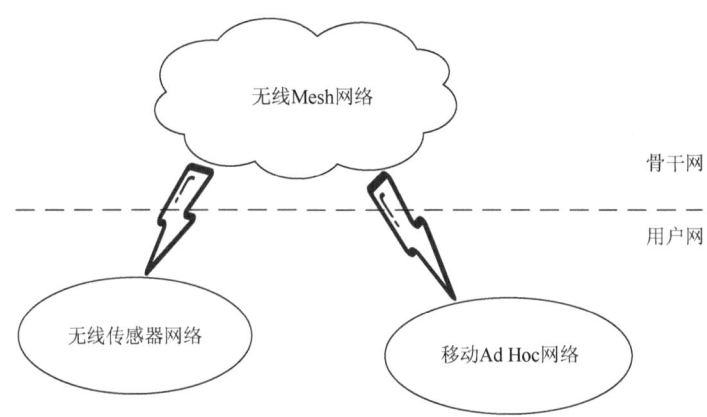

图 8.1　舰船战术通信系统分级结构

8.2.2　协议体系结构

战术互联通信网络一般采用分层的协议体系结构，实现大量同构或异构网络之间的互联互通，网络内部可根据自身特点及需求选择相应的协议结构以支持上层服务。协议分层结构通常选择国际标准化组织提出的七层模型、开放式系统互联参考模型（open system interconnection reference model，OSI/RM）或者互联网的五层模型（TCP/IP），具体如表 8.1 所示。

表 8.1　战术互联网协议体系结构

应用层	态势、指控、网管、文电	
传输层	TCP、UDP	
网络层	网际子层	IP
	网内子层	内联网（短波、超短波等）
数据链路层	PPP/SLIP、ATM、X.25/FR、HDLC、IEEE802.2	
物理层	RS232、RS422、RS423、RJ45、IEEE802.3、IEEE802.11	

注：TCP（transmission control protocol）为传输控制协议；UDP（user datagram protocol）为用户数据报协议；IP（internet protocol）为互联网协议；PPP（point-to-point protocol）为点对点协议；SLIP（serial line internet protocol）为串行线路网际协议；ATM（asynchronous transfer mode）为异步传输模式；FR（frame relay）为帧中继；HDLC（high-level data link control）为高级数据链路控制。

各层具体情况如下[2]所述。

（1）物理层：为其上一层对等实体之间提供建立、维持和拆除物理链路所必需的特性，如机械、电气、功能、规程等特性，以保证比特信号的可靠传输。

（2）数据链路层（data link layer，DLL）：在已经建立起来的物理链路上，为其上一层提供数据传输以及链路控制功能，完成 DLL 帧的发送与接收，实现流量控制与差错控制，又分为逻辑链路控制子层和媒介访问控制子层。

（3）网络层：通过分组交换和路由选择为传输层提供端到端的数据通路，并控制网络的有效运行。分为网际子层和网内子层，前者实现子网间的连通和路由选择，后者实现子网内的路由选择和中继等功能。

（4）传输层：对其上一层提供端到端的数据传输，包含 OSI 模型会话层部分功能。

（5）应用层：为用户提供对网络的访问功能，包含 OSI 模型表示层和应用层部分功能，可采用各种标准和应用协议。

8.3 舰船战术移动 Ad Hoc 网络技术

8.3.1 移动 Ad Hoc 网络概述

移动 Ad Hoc 网络是复杂的分布式网络系统，网络的运行、组织和管理都是分布式的。它由一组具有无线收发功能的移动节点组成，是所需人工干预最少，没有任何中心实体、自组织、自愈的网络；也不需要任何预设基础设施的支持，移动节点可以灵活地自组织成任意临时性"Ad Hoc"网络拓扑，允许用户和设备在没有任何基础通信设施的环境（如战场环境、灾后重建环境）中进行互联互通[5]。

移动 Ad Hoc 网络具有移动能力强、组网速度快、建造成本低、维护开销小、结构健壮等特点，由节点移动、信道条件变化、节点故障等造成的网络损伤都可以自动愈合，特别适合战术通信系统的使用需求。

8.3.2 媒介访问控制协议

无线网络常以多路复用作为通信的基础，但当多个用户同时使用信道资源的时候，就会出现碰撞、冲突，导致数据分组丢失、传输延时增加等问题。此时，如何配置信道资源、提高信道资源使用效率、提高系统容量和传输质量，就是媒介访问控制子层，即媒介访问控制（medium access control，MAC）协议所需完成的任务，也是移动 Ad Hoc 网络的重要研究方向[6]。

移动 Ad Hoc 网络的媒介访问控制协议大致分为三种：第一种是竞争类协议；第二种是分配类协议；第三种是竞争类和分配类相结合的组合协议，即混合类协议。下面介绍其中的一些典型协议。

1. 竞争类协议

在竞争类协议中，节点之间通过直接竞争来决定信道的接入权限，并通过随机重传机制解决碰撞问题。此类协议都比较简单，在低负载情况下运行良好，对网络拓扑不断变化场景的适应能力也较强。

1) ALOHA 协议

ALOHA 协议是最早的无线数据通信协议，其核心是竞争机制，节点想要发送数据，就立刻占用信道发送；若在规定时间内收到应答，说明发送成功，若未收到，则在随机间隔后重新发送。该协议简单，信息分组长度可变，适用于不连续发射的无线网络。但由于缺少节点之间的碰撞回避机制，发送分组极易碰撞受损，信道利用率较低。

早期的 ALOHA 协议，采用自动重传请求（automatic repeat request，ARQ）机制，当数据分组无法正确接收时，节点随机等待一段时间后再重新传输。后期提出了使用同步模式的时隙 ALOHA 协议，将信道划分为等长的时隙，长度正好等于传输一个数据分组的时间，所有节点都在时隙的开始时刻发送，缩短了数据分组发生碰撞的时间周期，信道利用率因此提高了一倍。又一改进版本是持续参数 p 的时隙 ALOHA 协议，使用持续参数 $p(0<p<1)$ 来确定节点在一个时隙内发送数据分组的概率，减小持续参数 p 就可以减小分组碰撞的概率，但会增加系统的复杂度和延时。

2) 载波侦听多址访问协议

载波侦听多址访问/碰撞检测（carrier sense multiple access with collision detect，CSMA/CD），是一种使用载波侦听的分布式媒质访问控制协议。每个节点在发送数据分组前，都要先进行载波侦听，了解周围节点信道资源的使用情况，并将其作为发送数据分组时的重要参考，只有在信道空闲时，才能发送数据分组，若信道正忙，则禁止发送。虽然不能完全消除分组碰撞的现象，但能够在一定程度上减小数据分组碰撞的概率。

信道忙时，CSMA 协议可分为持续载波侦听、非持续载波侦听和持续参数 p 的载波侦听 3 种策略。持续载波侦听策略需要连续侦听信道，发现信道空闲就立即发送数据分组，但当多个节点都在等待空闲信道时会发生碰撞；非持续载波侦听策略，在每一次检测到信道忙时，节点就等待随机的、呈指数递增的一段时间间隔后再重新检测，直到信道空闲为止；持续参数 p 的载波侦听策略，结合了持续和非持续策略的优点，信道划分为非同步时隙（长度等于最大传播时延），从时隙开头进行侦听，若信道空闲，节点就以概率 $p(0<p<1)$ 发送一个数据分组，直到发送结束或信道变为忙状态，若信道忙，则强制节点等待一段时间后重新发送。

CSMA 协议会导致隐含终端和显现终端问题的出现，浪费网络资源，增加碰撞概率，并会影响到网络的容量和系统传输时延。

3) IEEE 802.11 MAC 协议

IEEE 802.11 MAC 协议有两种方式：一是分布式协调功能（distributed coordination function，DCF）方式；二是集中协调功能（point coordination function，PCF）方式，前者是 IEEE 802.11 MAC 协议的基本方式，载波侦听多址访问/碰撞回避（CSMA/CA）协议为其主要代表。

在 CSMA/CA 协议中，发送节点必须先发送一个请求发送（request to send，RTS）分组，其中包含了接收节点的识别码，只有对应的接收节点才可以发送允许发送（clear to send，CTS）分组作为 RTS 分组的应答，其他收到 RTS 分组或 CTS 分组的节点推迟发送，推迟时间由握手控制分组中的网络分配矢量（network allocation vector，NAV）确定。每个节点维护一个 NAV，其中包含由节点发送而导致信道繁忙的持续时间信息，隐含终端数量可因此得到一定程度的减少[6]。

2. 分配类协议

分配类协议的节点接入不如竞争类协议灵活，实现的开销也较大，在低业务负载时信道利用率不高；但在中、高业务负载时，能够可靠运行，对信道资源的利用也比较充分。

1）时分多址访问协议

时分多址访问（time division multiple access，TDMA）协议，将时间划分为帧，再按照网络的最大节点数划分时隙。依据时隙分配策略的不同，分为固定分配、动态分配以及固定与动态分配相结合 3 种方式。

（1）固定分配：按照网络节点数划分时隙，每个节点固定分到一个时隙，在每帧中每个节点都能访问一次这个时隙。这种分配方式可以保证节点发送分组的公平性，协议控制开销也较小，任何分组之间都不会发生碰撞。但当网络中节点数目增加时，TDMA 帧的循环周期将会变长，网络的延时也随之增大；同时，各节点使用的时隙都是固定分配的，不能根据业务负载和网络参数的变化进行时隙预留，差别化服务不易实现，比较适合用于业务负载相对均衡的网络。

（2）动态分配：将 TDMA 帧分为竞争预留部分和数据部分。在竞争预留部分，节点之间可以交互控制分组，经确认后在数据部分获得本节点对应的发送时隙，可依据节点需求决定分配的时隙数量。动态分配方式的信道利用率较高，可扩展性也优于固定分配方式，但各节点在竞争预留部分的交互协作会增加网络开销。

（3）固定与动态分配相结合：先按照固定分配方式给网络中的节点分配时隙，在保证不干扰当前时隙节点信息传输的前提条件下，分配好的时隙也允许其他节点竞争，可以为不同优先级节点提供服务，但控制开销将会增加。

2）五步预留协议

五步预留协议（five phase reservation protocol，FPRP），是一种基于竞争的 MAC 层协议，采用"五步预留"实现 TDMA 时隙的动态分配。

在协议中，给定节点的时隙预留只会涉及该节点两跳半径所覆盖的范围，同时也允许两跳半径之外的节点预留相同时隙，通过空间复用提高了信道的利用率。预留过程的局部化和在全网范围内的同时预留，使协议对网络规模不太敏感，该协议适用于规模较大的网络和规模动态变化的网络[5]。

协议的帧结构分为预留帧（reserve frame，RF）（信息时段前）和信息帧（information frame，IF）。一个 RF 帧分为 N 个预留时隙（reservation slot，RS），一个 IF 帧分为 N 个信息时隙（information slot，IS），即每个 RS 对应一个 IS，节点若需要预留 IS，则需要在对应的 RS 时隙内竞争。在一个 RF 帧内产生一个传输时间安排后，随后的每个 IF 帧都使用这个传输时间安排，直到产生新的传输时间安排的下一个 RF 帧为止。

每个 RS 时隙可以划分为 M 个预留周期（reservation cycle，RC），每个预留周期由一个五步对话构成。竞争节点与其相邻节点之间进行五步对话交互，可完成一个预留，即申请阶段（reservation request phase，RP）、碰撞报告阶段（collision report phase，CR）、预留确认阶段（reservation confirmation phase，RC）、预留应答阶段（reservation acknowledgement phase，RA），以及打包和撤销阶段（packing and elimination，P/E）。

由上述五步可知，节点若要进行一个预留，需要先发送申请，若申请没有与其他申请发生碰撞，则成功，该节点就预留这个时隙并将预留信息发送给两跳半径覆盖范围内的所有相邻节点，它们就不会再去竞争这个时隙；如果申请碰撞，则失败，该节点会按照某种概率在随后的预留周期内去竞争这个预留时隙，直到成功为止，或者直到两跳半径覆盖范围内的其他节点竞争成功为止。

3. 混合类协议

混合类协议对前两类协议进行了组合，可实现网络性能的整体提升，比较典型的混合类协议有混合时分多址访问协议、TDMA 和 CSMA 混合协议。

1）混合时分多址访问协议

混合时分多址访问（hybrid TDMA，HTDMA）协议，是竞争类协议（CSMA/CA 协议、虚拟载波侦听 RTS/CTS 协议）和分配类 TDMA 协议的混合，是增强型 TDMA 协议的衍生版。

协议包含两个 TDMA 时间安排，用于不同目的和同一信道的不同部分。一是竞争时间安排（contend schedule），用于节点竞争所需时隙和更新时间安排，由一个较长的时隙组成，又分为四个时间片：第一个是随机等待时间片，用于避免多节点同时发送时出现的碰撞；第二个是时隙请求时间片，发送 RTS 时隙请求分组；第三个是时隙应答时间片，发送 CTS 时隙应答分组；第四个是更新广播时间片，传输时间安排更新广播。二是用户信息时间安排（userInfo schedule），传输用户信息，由 N 个长度相等的时隙组成，并做一跳预留。在用户信息时间安排中，一个节点能够按需向其相邻的单个、多个或所有目标节点发送信息而预留不等的带宽数量（由时隙数量决定）。两个 TDMA 时间安排交替工作，其结构如图 8.2 所示[6]。

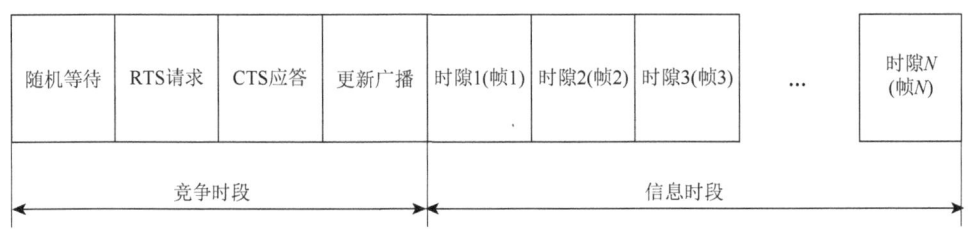

图 8.2 HTDMA 帧结构示意图

在 HTDMA 协议中，所有节点都平等参与传输时间安排的确定过程，通过竞争的方式来决定哪些节点能够预留时隙。多个节点能够同时获得预留时隙并做出传输时间安排，降低了网络开销，也提高了鲁棒性。

2）TDMA 和 CSMA 混合协议

将 TDMA 协议与 CSMA 协议相结合，在原有协议内容的基础上对时隙和帧结构进行一些修改。协议给每个节点分配一个固定的 TDMA 传输时间安排，虽然可以永久使用，但各节点还是有机会以 CSMA 竞争的方式收回或使用任何空闲时隙。

各节点可以在其分配的时隙内直接访问信道，发送最多两组数据分组。若需要在一个未分配的时隙内发送分组，则必须要先进行载波侦听；如果该时隙处于空闲状态，则每个竞争节点尝试在随机选择的时间间隔内只发送一个分组[5,6]。

8.3.3 网络层路由协议

在 MANET 中，由于节点传输范围的局限，源节点向目的节点发送数据分组时，需要借助其他节点的转发来实现。而且多跳转发无线信道的时变、衰耗，网络节点的移动、加入或离开等情况，都将引起 MANET 网络拓扑结构的频繁变化，路由问题相比于其他网络要复杂得多，给路由协议的设计也带来更大的挑战和要求。

目前，研究人员已经提出了多种 MANET 路由协议，可以从不同角度对它们进行分类。根据发现路由的策略不同，可以分为主动式（表驱动）路由协议和反应式（按需）路由协议；根据网络的逻辑视图不同，可以分为平面路由协议和分级路由协议；根据通信方式的不同，可以分为单播（unicast）路由协议、组播（multicast）路由协议和广播（broadcast）路由协议，其中，组播路由协议又可根据其节点的组织结构不同，分为基于树状结构和基于网格结构的路由协议；根据是否使用地理定位系统，可以分为地理定位辅助路由协议和无地理定位辅助路由协议。具体分类及典型协议类型如表 8.2 和表 8.3 所示。

表 8.2 单播路由协议分类

分类角度	路由类型	典型路由协议
发现策略	主动式路由	目的节点序列距离矢量（destination-sequenced distance-vector，DSDV）、最优化链路状态路由（optimized link state routing，OLSR）、基于反向路径转发的拓扑分发（topology dissemination based on reverse-path forwarding，TBRPF）、鱼眼状态路由（fisheye state routing，FSR）、无线路由协议（wireless routing protocol，WRP）、系统与业务关联的自适应路由算法（system and traffic depending adaptive routing algorithm，STARA）、模糊视野链路状态（fuzzy sighted link state，FSLS）、分级状态路由（hierarchical state routing，HSR）、基于区域的分级链路状态（zone based hierarchical link state，ZHLS）
	反应式路由	动态源路由（dynamic source routing，DSR）、Ad Hoc 按需距离矢量（ad hoc on-demand distance vector，AODV）、基于相互关系路由（associativity-based routing，ABR）、临时按序路由算法（temporally ordered routing algorithm，TORA）、基于信号稳定度的自适应路由协议（signal stability-based adaptive routing protocol，SSR）、基于分群结构的路由协议（cluster based routing protocol，CBRP）、轻型移动路由（lightweight mobile routing，LMR）协议、相对距离微观发现 Ad Hoc 路由（relative distance micro-discovery ad hoc routing，RDMAR）
逻辑视图	平面路由	AODV、DSR、TORA、DSDV、WRP、STARA、位置辅助路由（location-aided routing，LAR）
	分级路由	区域路由协议（zone routing protocol，ZRP）、群首网关交换路由（cluster head gateway switch routing，CGSR）、分布式核心抽取 Ad Hoc 路由（core extraction distributed ad hoc routing，CEDAR）、地标自组网路由（landmark ad hoc routing，LANMAR）、CBRP、HSR、ZHLS
地理定位系统	地理定位辅助路由协议	LAR、贪婪边界无状态路由（greedy perimeter stateless routing，GPSR）、移动距离效应路由（distance routing effect algorithm for mobility，DREAM）

表 8.3　组播路由协议分类

路由类型	典型路由协议
基于树状结构	组播自组网按需距离矢量（multicast ad hoc on-demand distance vector routing，MAODV）、自组网组播路由（ad hoc multicast routing，AMRoute）、利用递增序号的自组网组播路由协议（ad hoc multicast routing protocol utilizing increasing ID-numbers，AMRIS）、基于相互关系的 Ad Hoc 组播路由（associativity-based ad hoc multicast，ABAM）、自适应按需驱动组播路由协议（adaptive demand-driven multicast routing protocol，ADMR）、前传组播协议（forwarding group multicast protocol，FGMP）、轻量自适应组播（lightweight adaptive multicast，LAM）
基于网格结构	按需组播路由协议（on-demand multicast routing protocol，ODMRP）、核心辅助的网格协议（core assisted mesh protocol，CAMP）

下面对一些典型 MANET 路由协议进行介绍。

1. OLSR 协议

最优化链路状态路由（OLSR）协议，基于表格驱动的主动式路由协议，是经典链路状态协议的最优化版本。

协议的核心思想通过多点中继（multipoint relay，MPR）机制来减少信息分组的发送。节点之间通过 HELLO 分组的周期性交互，执行链路检测、邻居节点发现和 MPR 信令等功能；通过拓扑控制（topology control，TC）分组的周期性交互，执行 MPR 信息声明（链路状态广播）功能，提供路由计算所必需的链路状态信息；最后以这些分组建立起来的拓扑结构为基础，进行基于 MPR 的路由计算。在 OLSR 协议中，仅使用 MPR 节点（专门选出）转发控制信息，大幅减少了控制信息泛洪到所有节点的转发次数，开销达到最低程度。

协议一般采用三种优化技术：

（1）多点中继：在泛洪时仅使用 MPR 节点转发广播信息，开销大幅度降低；

（2）仅允许 MPR 节点产生链路状态信息，可使泛洪控制信息最少；

（3）MPR 节点可能选择仅报告自身与其 MPR 选择器之间的链路状态[5]。

2. TBRPF 协议

基于反向路径转发的拓扑分发（TBRPF）路由协议，是专门为 MANET 设计的主动式路由协议。协议采用可降低传输控制的技术，可以支持比经典链路状态类路由协议规模更大、节点更密的无线网络，还可以进一步与分层路由技术相结合，支持规模更大的网络。

在协议中，各节点使用改进的单源最短路径算法，根据其拓扑表中保存的部分信息计算源节点树。各节点也仅将其至源节点树链路状态的一部分信息报告相邻节点，开销可以最低，并通过周期性更新和差异更新的联合使用来保证所有相邻节点都能得到源节点树的那部分报告。在寻找相邻节点时，协议使用仅报告相邻节点状态发生变化部分的差异 HELLO 消息，可使 HELLO 消息的数量比其他报告完整链路状态信息的路由协议少得多。因此，与传统链路状态路由协议相比，TBRPF 协议的拓扑更新分组更小、开销更少，特别适合用在拓扑结构快速变化的无线网络。

3. DSR 协议

动态源路由（dynamic source routing，DSR）协议，是一种基于源路由概念的按需路由协议，专门为多跳无线 Ad Hoc 网络设计。

DSR 协议是最早涉及按需路由概念的协议，分组转发使用了源路由机制，在每个分组的头部携带一个包含完整路由判定的序列，这样，中间节点不用进行最新路由信息的维护就能按照上述序列完成分组转发。协议包括路由发现和路由维护两个过程，都采用按需方式进行。路由发现过程帮助源节点获得到达目的节点的路由信息，路由维护过程则帮助各节点检测当前路由状态的可用情况，若当前路由由于节点移动、拓扑结构变化、目的节点故障等不可用，则启动新一轮的路由发现过程。

DSR 协议中的各节点不需要周期性发送路由广播分组，也不需要实时维护去往所有节点的路由信息，能消除路由环路；支持中间节点的应答，可使源节点快速获得路由，但存在陈旧路由问题；各分组都携带完整路由信息，传输开销较大，降低了网络的利用率，不适合大范围覆盖的自组网，可扩展性不强[7]。

4. AODV 协议

Ad Hoc 按需距离矢量（AODV）路由协议，是目的节点序列距离矢量（DSDV）协议[8,9]和 DSR 协议的综合，在 DSDV 协议的基础上结合 DSR 按需思想进行了改进，处理和存储开销都很小，能够对链路状态的变化做出快速响应。

AODV 协议属于按需驱动路由协议，仅当源节点需要向目的节点发送数据时，才会建立路由，不在路由范围内的节点不会保存路由信息，也不会参与路由表的交换。源节点通过路由请求（route request，RREQ）消息建立反向路由，中间节点首次收到 RREQ 消息后进行广播，利用 RREQ 消息中的节点序列号避免路由环路；目的节点在收到 RREQ 消息后产生路由应答（route reply，RREP）消息，并建立正向路由；断路节点则产生路由错误（route error，RERR）消息并对路由信息进行同步更新。

AODV 协议支持中间节点应答，可使源节点快速获得路由；节点仅保存需要的路由，内存需求和不必要的复制都大幅度减少；使用目的序列号机制避免路由环路的出现，基于距离向量路由协议中存在的无限计数问题得到了解决。但协议建立路由的时延较长，且不支持单向信道，还可能出现过期路由。

5. ZRP

区域路由协议（ZRP），是一种结合了主动式路由和按需式路由优点的路由协议。

ZRP 采用混合区域路由框架，将整个网络划分为以节点为中心、一定跳数为半径的多个路由选择区域。在路由选择区域内，到达区域内的节点的路由由主动式路由协议，即区域内路由协议（intrazone routing protocol，IARP）负责维护；在路由选择区域之间，则采用按需式路由协议，即区域间路由协议（interzone routing protocol，IERP）进行各路由选择区域之间的路由发现和路由维护，通过边界广播解析协议（bordercast resolution protocol，BRP）将路由查询分组转发到对应路由选择区域的边界节点上，进而完成源、目的节点之间的路由发现，这种方式可以减少区域之间路由发现时的冗余转发。

协议在路由选择区域内采用表驱动方式，没有按需路由方式的初始化延迟，且路由选择区域范围较小，减少了路由更新代价；在路由选择区域之间采用按需方式，避免了表驱动路由协议交互开销较大的问题。在路由选择区域之间寻找路由时，将请求分组发送给边界节点，提高了寻找路由的速度。但协议只允许目的区域内的节点应答，增加了源节点获得路由的时间，其周期性广播分组，也会增加网络开销[7]。

6. LAR 协议

位置辅助路由（LAR）协议，是一种基于源路由的按需路由协议。其基本思想是利用节点的位置信息控制路由查询范围在一个较小的请求区域内，从而减少路由请求过程所涉及的节点数量以及路由请求消息的数量，从而提高路由请求的效率。

协议中的各节点可以通过 GPS 定位系统获得所在位置的信息，源节点在发送路由请求分组时会携带当前位置和时间信息，目的节点在路由应答分组中也加入当前位置和时间信息。在路由发现过程，各节点利用位置信息进行有限范围的路由请求，只有在请求区域范围内的节点才会转发路由请求分组，参与转发的节点可以得到源节点或者目的节点的位置信息；若请求失败，则扩大请求区域的范围，再次进行搜索。有两种请求区域的确定方法：①源节点和目的节点预测区域确定的矩形区域；②距离目的节点更近的节点所在的区域。

LAR 协议利用位置信息将路由请求限制在特定范围，在请求范围以外的节点不会受到路由请求的干扰，路由查找的速度快、系统损耗小、网络扩展性好，但需要额外的 GPS 设备和系统支持；当出现一些特殊情况导致节点之间无法直接通信时，源节点可能需要进行多次的路由请求过程，延迟和网络开销都会增加。

7. MAODV 协议

组播自组网按需距离矢量路由（MAODV）协议，是一种基于树状结构的按需路由协议，在 AODV 的 RREQ/RREP 消息的基础上，增加一条组播激活（multicast activation，MACT）消息。当节点加入组播组时，会建立一棵由组播组成员和连接组播组成员的节点组成的组播树。每一个组播组有一个组长节点，负责维护本组的组播组序列号，成员则必须同意作为组播树上的路由器。

协议的路由发现基于路由请求（RREQ）和路由应答（RREP）[7]。当源节点向尚无到达路由的组播组发送数据时，要先广播一个带有加入标志和组播组地址的 RREQ 分组，只有该组播组的成员才能做出响应，即发出 RREP 分组；非组播组成员则重新广播 RREQ 分组到相邻节点，收到 RREQ 分组的各个节点更新路由表并记录序列号和到源节点的下一跳信息。如果源节点接收到多个应答，选择具有最小跳数或最新序列号的应答。

8. ODMRP

按需组播路由协议（ODMRP），是基于网格结构的组播路由协议，可以提供较为丰富的节点连接,能够在节点移动和拓扑结构变化的情况下,建立网格和提供多条路由,将组播分组交付目的节点[5]。

协议有查询和应答两个过程,当源节点要发送分组时,先要周期性地将加入查询(join query)分组广播到整个网络,成员节点第一次收到 Join Query 分组时,存储其上行节点的识别码并重新广播;当该分组到达组播接收节点时,则在接收节点的 Member Table 中创建或更新源节点信息,再向相邻节点周期性地广播 Join Reply 分组。当一个节点接收到 Join Reply 分组后,检查其下一跳节点的识别码是否与自己匹配,若匹配,则该节点是转发组中的一个节点,并处在从源节点到组播接收节点的路径上。Join Reply 分组被转发组转发后,经过最短路径到达源节点,这个过程建立了从源节点到接收节点的路由,并建立了转发组(节点网格)。

上述过程中的转发组,其实是一个节点集合,负责转发组播分组,并支持任意成员节点之间的最短路由,相比于树状结构的组播路由协议,ODMRP 不需要频繁重构[6]。

8.4 舰船编队战术 Mesh 网络技术

8.4.1 无线 Mesh 网络概述

无线 Mesh 网络是一种由军方技术转化而来的无线网络架构,其核心思想是在网络中的每个节点都可以对等地发送和接收信号,当无线信道环境发生变化时,无须人为干预,无线 Mesh 网络就会自动地进行自我调节或自我修复将传输链路的性能维持在最佳状态。

无线 Mesh 网络本质上属于 MANET,是一种具有较大容量和较高速率的分布式网络,两者之间最大的区别在于前者的 Mesh 路由器移动性较低,一般不会作为独立的网络形态而存在,而是通过呈网状分布的无线接入节点的相互合作和协同,成为核心网的无线延伸。

WMN 主要由 Mesh 路由器和 Mesh 终端组成,如图 8.3 所示[10]。无线网络的整体架

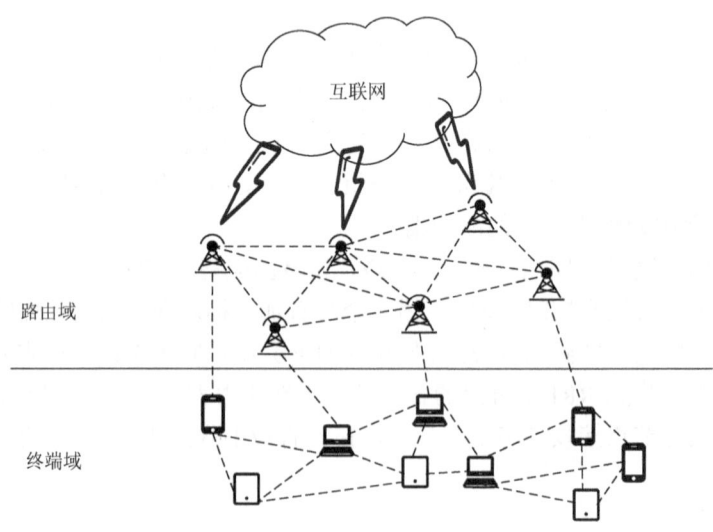

图 8.3 无线 Mesh 网络

构由多个静态 Mesh 路由器组成，各个终端通过 Mesh 路由器接入无线网络，与其他终端组成 Mesh 网络。

Mesh 路由器支持传统无线路由器的网关/网桥功能，还能支持 Mesh 网络互联的路由功能。路由器配有多个无线网络接口，可以基于相同或不同的无线接入技术，实现与不同类型网络之间的互联。因此，利用 Mesh 路由器的网关和桥接功能，无线 Mesh 网络可以与其他无线网络进行互联互通，如互联网、移动通信网、IEEE802.11、IEEE802.15、无线传感器网络、WiFi、WiMAX 等[11]。Mesh 终端也有一定的网络互联和分组转发能力，但只支持一个无线网络接口，软、硬件实现复杂度都低于 Mesh 路由器。

8.4.2 媒介访问控制协议

WMN 中，媒介访问控制的主要作用是随机接入开放的共享媒体，在不可靠传输信道上为用户提供可靠的数据传输，并在确保各个用户都能公平接入网络的基础上尽量提高信道的利用率。因此，MAC 协议对于网络性能的提升起到了非常重要的作用。根据 WMN 的特定需求，在 MANET 和无线局域网（WLAN）的 MAC 协议基础上，进行适当修改和扩展就可得到适合于 WMN 的 MAC 协议，通常可分为单信道 MAC 协议和多信道 MAC 协议。

1. 单信道 MAC 协议

在单信道模式下，如果有节点正在发送数据分组，则其他节点必须停止发送，同时在一定半径范围内的节点也不能使用相同的信道进行分组数据的接收。因为，一个节点若在相同信道上同时接收到多个分组，分组之间出现碰撞，节点也会因为多个分组之间的碰撞干扰而不能正确接收。所以，合理分配信道避免用户分组碰撞冲突，是单信道 MAC 协议需要解决的重要问题。下面简单介绍一些常用的单信道 MAC 协议。

1) MACA 协议

冲突避免多路接入（multiple access collision avoidance，MACA）协议，提出了基于 RTS/CTS 的握手机制。在 WMN 中，节点探测到信道中没有载波，但却不一定可以发送数据分组，又或者探测到信道状态忙，却可以发送数据分组，MACA 协议因此放弃了载波侦听过程。

协议在 WMN 中采用 RTS/CTS 控制分组，让各节点去竞争信道资源，只有获得了信道的使用权限，节点才会发送数据分组。这一机制很好地解决了隐含终端问题，降低了碰撞概率；但没有解决显现终端问题，显现终端节点仍然会受到发送节点的影响，不能正确接收到其他节点发回的 CTS 分组。因此，显现终端在出现碰撞时，只有进入静默状态才能减少无效传输[10]。

2) MACAW 协议

无线 MACA（MACA for wireless，MACAW）协议在 MACA 协议的基础上进行了改进，除了继续采用 RTS/CTS 的握手机制，还采用了 DS（data sending）、ACK（ACKnowledgement）和 RRTS（request for request to send）等控制信号，又采用乘法线性减少退避（multiple increase line decrease，MILD）算法来保证协议的公平性。

MACAW 协议增加了链路层确认机制，采用 RTS-CTS-DATA-ACK 握手机制叠加控制信号 RRTS 和 DS 的模式，实现重复确认和发送分组信息广播的功能以及分组数据的传输。控制分组 DS 的引入帮助协议解决了显现终端节点中退避计数器连续增加的问题；但在通信过程中节点之间控制分组的交互次数较多，占用大量网络资源，导致分组发送效率和网络吞吐量降低，显现终端问题也没有完全解决。

2. 多信道 MAC 协议

基于多信道 WMN 的多信道 MAC（multiple channel MAC，MMAC）协议，能够在 IEEE 802.11 分布式协调功能框架下，通过合理的多信道资源调度和分配，最大限度地减少节点之间的干扰，并保证节点之间传输带宽的要求，最终实现网络吞吐量的提高。又可以分为单接口多信道 MAC 协议和多接口多信道 MAC 协议，其中，使用前者的节点设备只需要一个收发器，使用后者的节点具有多个接口，并支持节点同时使用多个信道进行数据传输[1, 10]。

1）单接口多信道 MAC 协议

（1）单接口多信道 MAC 协议，通过信道的动态切换实现单接口在多信道上的工作。在协议中，每个节点都会维护一个可选信道表（preferable channel list，PCL），表中信道的状态可以分为高优先（HIGH）、中优先（MID）和低优先（LOW）三种，并记录了各状态信道的使用率情况，节点可以从中选出最优信道。

在协议中，为了支持信道的动态切换，将时间划分为多个同步的信标区，每个区包含 1 个通知传输指示消息（announcement traffic indication message，ATIM）信道协商窗口和 1 个数据发送区，前者用于配置信道，后者用于发送数据，节点之间通过 ATIM 窗口协商选出的信道可避免碰撞发生。

（2）分割插入信道跳跃（slotted seeded channel hopping，SSCH）协议，将一组正交信道分配给网络中的节点，节点的接口按照预先设定的信道列表进行信道切换，实现在一定范围内多对节点之间的同时通信。每个节点需要处理三个方面的信道跳变任务：①维护节点跳变表，表中包含了所有节点信息，还有在连续信道使用时间内依次切换的信道以及切换所需时间；②向相邻节点发送最新的信道跳变表，确保节点之间通信时不会发生碰撞；③更新节点信息表，及时反映传输模式的变化。

SSCH 协议通过信道跳变表实现了节点之间的信道协商，可进行数据传输。但还是没有解决 RTS/CTS 与信道协商之间的矛盾，增加了实现复杂度。同时，节点的信道切换时间在网络负载较大时会高于默认值，导致系统性能下降。网络也需要整体同步，在多节点的 WMN 中实现难度较大。

2）多接口多信道 MAC 协议

（1）基于主信道分配的 MAC（primary channel assignment based MAC，PCAM）协议，在网络中有固定的主信道和广播信道，每个节点有 3 个接口。其中，主接口和第 2 个接口用于数据传输，第 3 个接口用于广播信息的收发，特殊情况时也可用于数据传输。主接口使用预先分配好的信道作为主信道，第 2 个接口通过切换使用多个信道，第 3 个接口使用系统分配的公共信道。并且所有节点的第 2 个接口都使用相同的公共信道，通过广播信息就可以让其切换到所需信道[1, 10]。

（2）多射频统一协议（multi-radio unification protocol，MUP），是一种基于 IEEE 802.11 硬件基础的多信道 MAC 协议，它使用 1 个虚拟 MAC 地址代替多个无线网卡的物理 MAC 地址，巧妙地隐藏了多个接口的复杂性，配置 2 块及以上网卡的节点可以使用 MUP。启动时，所有网卡都被分配到正交信道，网卡也在启动时分配的信道上工作，不能再选择其他信道，需要切换或选择信道其实是指切换或选择对应信道上的网卡。

8.4.3 路由协议

路由协议是使源节点可以选择最优或较好路径、将数据传输到目的节点的理论依据。WMN 节点之间通过多跳转发机制进行数据交换，路由协议的主要作用是监控网络拓扑结构的变换，交换路由信息，产生、维护和选择路由，并根据选择的路由发送数据，实现网络的连通。下面介绍 3 种典型的路由协议。

1. HWMP

混合无线 Mesh 网络协议（hybrid wireless mesh protocol，HWMP），是一种结合了按需路由和先应式路由优点的通用路由协议。协议中有按需路由和先应式路由两种模式，前者可应用在无线 Mesh 节点移动、网络拓扑变化的情况，后者可用于节点移动性较小或者静止的情况。

按需路由模式采用路径请求（path request，PREQ）/路径回复（path reply，PREP）消息机制建立从源节点到目的节点的路由。源节点首先向网络广播 PREQ 消息，中间节点收到该消息就创建或更新到达源节点的反方向路径；若收到信息的中间节点没有到达目的节点的路径，则将该 PREQ 消息继续转发；当目的节点收到 PREQ 消息时，要发送一个 PREP 消息，该消息沿着建好的反方向路径返回源节点，源节点收到后，源节点到目的节点的传输路径建立完成。

WMN 中有根节点时采用先应式路由模式。根节点首先向网络广播根声明信息，通知相邻节点自己的存在；收到声明信息的节点会在路由表中更新自己到根节点的距离矢量信息，并把自己设置为根节点的直连节点，然后使用更新后的距离矢量对根声明信息进行重新广播。通过这种方式，每个节点都会更新自己到根节点的距离矢量并向相邻节点重新广播，拓扑从根节点出发逐渐向远方建立。

2. MR-LQSR 协议

多射频链路质量源路由（multi radio link quality source routing，MR-LQSR）协议，是对传统 DSR 路由协议的改进，在 WMN 中引入了多射频接口（多信道），虽然增加了网络节点的成本，但单节点的多信道传输却能大幅度提高网络吞吐量和其他性能。而且，协议采用了一种可以综合考虑链路质量参数和跳数等因素的全新的路由度量值（判据），即加权累计传输时间（weighted cumulative expected transmission time，WCETT）[12,13]。

在进行 MR-LQSR 协议设计的时候，有三个目标：①选择路由时必须充分考虑分组丢失率和信道带宽；②路由度量值必须对链路权值进行整合并不断增加；③路径度量值必须能够反映出同信道干扰对吞吐量的影响，以及不同信道链路间互不干扰的情况。将 WCETT 作为路由度量值（判据），可实现上述三个设计目标，并在网络性能和吞吐量之间取得平衡。

3. MCRP

多信道路由协议（multi-channel routing protocol，MCRP），是一种专门为单射频节点多信道网络而设计的协议。协议将信道分配给数据流而不是节点，不同的数据流将占用不同的信道，即允许多个传输过程同时进行，网络容量得到明显提升。

在协议中，需要发送数据的源节点通过广播 RREQ 消息来发起路由发现过程。中间节点收到 RREQ 消息后会继续广播，还会保留 RREQ 消息到达时的信道信息，并生成一条反向路由；目的节点在接收到一个或者多个 RREQ 消息后，会产生一个包含了选定信道信息的 RREP 消息，并在该信道上进行 RREP 消息的单播。最后，所有正在转发该 RREQ 消息的节点都会切换到被选定的信道上。

8.5 舰船无线传感器网络技术

8.5.1 无线传感器网络概述

作为在现代战场上获取信息的新方式，无线传感器网络（wireless sensor network，WSN）被广泛地认为是军事领域"一座未探明储量的金矿"，可以为作战和指挥人员提供大量实时、准确的战场态势信息，极大地提升作战水平和指挥效能[14]。

WSN 是由大量无线传感器节点以 Ad Hoc 方式组成的无线网络系统[15]，汇集了传感器技术、嵌入式计算技术、现代网络和无线通信技术、分布式信息处理技术，能感知、监测、采集和处理网络覆盖区域内所有感知对象的信息，再对这些信息进行汇聚、融合等协作式处理，获得完整、准确的感知对象信息，最后通过 Ad Hoc 方式传递给观察者。

图 8.4 所示为典型无线传感器网络的系统结构，包括传感器节点、基站/汇聚节点和管理应用节点[14]。

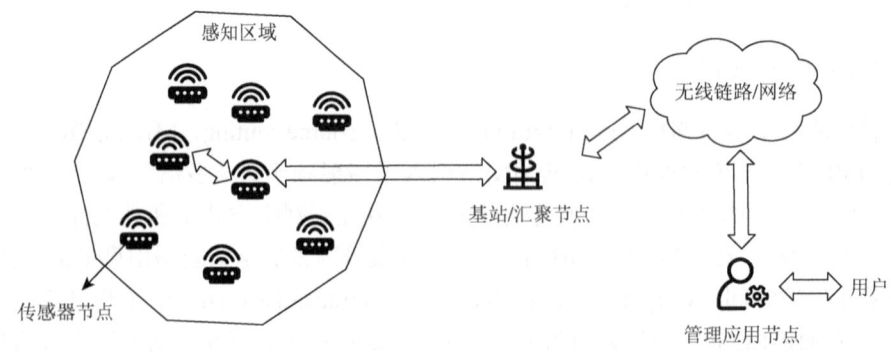

图 8.4 无线传感器网络

大量廉价的微型传感器节点随机部署在感知区域内部或者附近，它们通过自组织的方式构成无线网络。传感器节点感知获得的数据信息，沿着其他节点以多跳的方式传输到基站/汇聚节点，再通过以太网或其他无线链路/网络传输到管理应用节点，用户可以通过与管理应用节点的交互对 WSN 进行参数配置和任务管理，如发布感知任务或收集感知数据。

在 WSN 中，传感器节点的主要任务是利用各种内置传感器对目标信息进行获取并初步处理，再通过无线方式传输至汇聚节点。传感器节点是一个微型嵌入式系统，由电池供电，其处理能力、存储能力和通信能力都较弱。网络中的每一个传感器节点都兼顾了网络节点和路由器的双重功能，不仅要进行本地信息数据的收集和处理，还要存储、管理、融合其他节点转发来的信息数据，并与其他节点协作完成一些指定任务。

汇聚节点的主要任务是汇聚各节点信息，其处理能力、存储能力和通信能力都比较强；还能实现 WSN 与其他外部网络的连接，实现两种通信协议之间的转换，发布管理节点的监测任务，并把收集到的信息数据转发至外部网络[16]。

管理应用节点的主要任务是对传感器网络的工作状态进行监控并进行参数调整，以及对各类感知目标的信息处理，完成对感知目标的识别、分类、定位和跟踪监测等任务。

8.5.2 媒介访问控制协议

在 WSN 中，媒介访问控制协议决定了无线信道的使用方式，以及如何在传感器节点之间分配有限的信道资源，其性能会直接影响网络的整体性能。又由于受到传感器节点能量受限、动态拓扑等因素的影响，WSN 中的 MAC 协议设计有很多制约条件，设计者需要在不同性能之间进行权衡。具体如下：①能量有效，WSN 节点在大部分情况下都由不可更换电池供电，为了延长 WSN 的生存周期，MAC 协议应以能量效率为重要设计目标；②冲突避免，MAC 协议的基本任务，其能力直接影响节点能耗和网络性能；③可扩展性，节点数量、分布密度的变化以及节点的移动性，使得 WSN 的拓扑结构动态变化，协议应具有可扩展性以适应这些变化[16, 17]。

WSN 的 MAC 协议种类繁多，可以根据信道分配策略、数据通信类型、性能需求、硬件特点、应用范围等进行分类。本节主要介绍依据信道分配策略划分的 MAC 协议，有基于竞争的 MAC 协议、基于调度的 MAC 协议和混合 MAC 协议。

1. 基于竞争的 MAC 协议

在基于竞争的 MAC 协议中，所有节点共用一个信道，当节点要发送数据时，会以竞争的方式去抢占，协议要能够保证在任一时刻只能有一个节点获得信道的使用权，若发生碰撞，则按照某种策略重新发送，直至成功或者放弃发送。

1）S-MAC 协议

传感器 MAC（sensor MAC，S-MAC）协议[18]，在 IEEE 802.11 MAC 协议的基础上针对 WSN 而提出。协议以 WSN 的能量效率为主要设计目标，提出了适合多跳 WSN 的节能方法：采用周期性监听和休眠模式，减少空闲监听带来的能耗；根据数据帧中的特殊字段让与当前通信无关的相邻节点进入休眠状态，减少干扰带来的能耗；采用消息传递机制，减少控制数据带来的能耗。

在协议中，节点之间协同进行周期性监听和休眠模式的切换，周期性监听和休眠模式的时间之和为一帧。每个节点在开始周期性监听或休眠前，都要先选择一个调度规划，还要与相邻节点之间进行交换，使相邻节点尽可能地使用相同的调度规划。但在多跳网络中，并不能保证所有相邻节点都使用相同的调度规划。因此，在 S-MAC 协议中，将调度规划协商一致的节点划为一个虚拟簇，边界节点同时记录两个或多个调度规划，可确保相邻节点之间的通信。

在 RTS 阶段，协议采取物理和虚拟载波侦听机制以减少碰撞和串音，其中，物理载波侦听采用 RTS/CTS/DATA/ACK 握手机制，可防止碰撞，解决隐含终端问题；虚拟载波侦听采用 IEEE 802.11 DCF 机制，在 RTS/CTS 消息中带有目的节点地址和剩余通信时长，干扰节点收到 NAV 消息时，立即进入休眠状态，解决了串音问题，也减少了能耗。

S-MAC 协议提出一种分段式的消息传递机制，将长信息划分为若干分段（DATA），并在预约的时间里一次性传递，可以只使用一个 RTS/CTS 分组进行交互。为保证分段可靠传输，目的节点对每个分段都返回一个 ACK，当没有收到某个分段的 ACK 应答时，信道预留时间自动向后延长一个分段，并重发该分段。DATA 和 ACK 中都带有剩余通信时长信息，相邻节点可以根据此避免串扰。

2）T-MAC 协议

超时 MAC（timeout MAC，T-MAC）协议[19]，在 S-MAC 协议的基础上进行了改进，根据通信流量动态地调整调度规划中活动时间的长度，即自适应调整占空比，能够更好地适应流量变化，也可以进一步降低能耗。

在协议中，发送数据以突发方式进行，各节点被周期性唤醒，进入活动状态，并在此期间与相邻节点通信，然后进入休眠状态，直到下一周期到来。节点之间单播通信，采用 RTS/CTS/DATA/ACK 机制，可靠传输并避免碰撞。如果在指定时间内没有激活事件出现，则活动状态结束，节点休眠。

2. 基于调度的 MAC 协议

基于调度的 MAC 协议，是以 TDMA 为基础的一类非竞争 MAC 协议，利用某种调度算法将互不干扰的时隙、频率、正交码映射到各网络节点，每个节点在一个调度中只能使用其特定的时隙/频率/正交码去访问信道，可避免碰撞重传问题。

1）TRAMA 协议

流量自适应媒介访问（traffic adaptive medium access，TRAMA）协议[20]，将时间划分为连续的时隙，通过时隙的复用为数据信息和控制信息的传输提供信道。协议采用流量自适应分布式选举算法，根据节点两跳覆盖范围内相邻节点的信息，确定每个时隙上的无碰撞发送节点和接收节点。

协议由邻居协议（neighbor protocol，NP）、分配交换协议（schedule exchange protocol，SEP）和自适应选举算法（adaptive election algorithm，AEA）三部分组成。其中，NP 允

许节点获得两跳覆盖范围内的拓扑信息，SEP 允许节点获得两跳覆盖范围内的调度信息；AEA 则利用上述信息选择当前时隙的发送节点和接收节点，并让其他无关节点进入休眠状态，节省能量。协议能够保证较高的能量效率，对带宽利用率、实时性和公平性也有很好的支持。

2）DMAC 协议

基于数据采集树的 MAC（data gathering tree-based MAC，DMAC）协议[21]，采用一种基于树形结构的层间交错监听休眠调度机制，保证数据在多跳路径上连续传输，减少网络能耗和数据传输的延迟。

协议将节点周期划分为接收时间、发送时间和休眠时间三部分：接收时间内，节点等待接收，并回应 ACK 消息；发送时间内，节点发送数据并等待接收 ACK 消息应答；休眠时间内，节点关闭射频部分，以降低能耗。基于上述三部分时间内节点的工作方式，数据将沿着多跳路径从源节点传输到最上层的汇聚节点，可以减少休眠时间所带来的传输延时；数据传输过程中也没有采取 RTS/CTS 握手机制，又减小了控制开销。

3. 混合 MAC 协议

基于竞争的 MAC 协议，可以很好地适应网络规模和负载的变化，不需要精确的时钟同步，容易实现，但碰撞重发、空闲监听、控制开销等都会导致能耗的增加；基于调度（TDMA）的 MAC 协议，将信道按时隙划分为多个互不干扰的子信道，子信道之间无碰撞，能效较高，但网络的扩展性较差，还需要各节点之间建立精确同步。混合型 MAC 协议，保持了竞争方式和调度方式的优点，也避免了它们的缺点，可以实现网络性能的整体提升。下面简要介绍两种典型的混合 MAC 协议。

1）S-MACS/EAR 协议

传感器网络自组织媒介访问控制/旁听注册（self-organizing medium access control for sensor networks/eavesdrop and register，S-MACS/EAR）协议[22]，是一种结合了 TDMA 和 FDMA 的固定信道分配 MAC 协议，其基本思想是将互不干扰的频率分配给每一对相邻节点使用，以避免节点同时发送数据时的碰撞冲突。

协议假设每个节点都能在多个通信频点上进行切换，并将每一对双向信道定义为类似于 TDMA 时隙的两个时间段。S-MACS 协议是一种分布式协议，允许节点发现相邻节点并进行收发信道的分配，当所有节点都发现相邻节点后，互联互通的网络就建立起来了。为了减少相邻节点在分配时隙时可能发生的碰撞，每个链路都分配一个随机频点，使相邻链路都工作在不同的频点上，体现了 TDMA 和 FDMA 的结合。链路建立后，各节点在分配给自己的时隙打开射频部分，与相邻节点通信；若没有数据收发，或在其他时隙，节点关闭射频部分转入休眠，以降低能耗。

2）基于 CDMA 的 MAC 协议

在 WSN 中引入码分多址（CDMA）技术，分配给各节点的地址码之间相互正交，这样，即使有多个节点同时工作，相互之间也不会干扰，可以解决信道冲突的问题。

例如，一种将 CSMA/CA 和 CDMA 相结合的 MAC 协议[23]，采用基于 CDMA 的伪随机码分配算法，使每个节点与其两跳半径覆盖范围内所有其他节点的伪随机码都不相同，避免了节点间的相互干扰，实现多个节点同时通信，增大了网络吞吐量，也减小了传输延时。

各节点上配置链路侦听和数据收发两个模块，前者基于 CSMA/CA 机制负责握手信息的传输，后者基于 CDMA 机制负责数据信息的发送和接收。没有数据收发时，数据收发模块进入休眠状态，由链路侦听模块侦听信道；若发现相邻节点要向本节点发送数据，则唤醒数据收发模块，并设置与发送节点相同的伪随机码；若节点需要发送数据，则唤醒数据收发模块，并通过链路侦听模块发送一个信号唤醒接收节点，随后通过数据收发模块传输数据信息[15]。

8.5.3 组网及路由技术

WSN 是一种多跳自组织网络，其网络层的主要任务是寻找各传感器节点到汇聚节点之间的高效路由和可靠的数据传输方法[14]。同时，由于 WSN 节点的能量有限，尽量延长网络的生存周期就成为路由协议设计的重要目标；而且在节点数量巨大的 WSN 中，每个节点都只能获得局部网络的拓扑结构信息，给路由协议设计提出了更高的要求。因此，WSN 中的路由协议一般应具有能量优先、基于局部拓扑信息、以数据为中心、应用相关等特点[24]。针对 WSN 的特点，已有很多路由协议被提出，下面介绍几种典型的路由协议。

1. 平面路由协议

基于平面的路由协议是最简单的路由协议，没有特殊节点，网络中的每个节点都具有对等功能，稳健性较好，但缺乏可扩展性，限制了网络的规模。

1）SPIN

基于信息协商机制的传感网协议（sensor protocol for information via negotiation，SPIN）[25, 26]，是一种以数据为中心的自适应路由协议，它通过节点之间的协商机制和能量自适应机制，解决了洪泛路由协议存在的信息爆炸（implosion）和部分重叠（overlap）问题。

在协议中，数据交互通过三次握手实现，对应有三种消息类型：①ADV，用于数据广播，当节点有数据要发送时，用 ADV 通知相邻节点；②REQ，用于请求发送数据，当一个收到 ADV 的节点希望接收 DATA 时，发送 REQ；③DATA，包含原始感知数据。

协议不需要了解全局拓扑结构，能够适应节点移动的场景；还通过协商机制减少冗余数据的发送，节省了带宽和能量。但在节点需要发送数据时，都要用 ADV 进行数据广播，在网络负载较大时，接近于洪泛协议中的广播行为。

2）DD

定向扩散（directed diffusion，DD）[27]，是专门为无线传感器网络设计的一种路由协议。汇聚节点周期性地通过洪泛方式向所有节点广播兴趣包启动路由建立过程，兴趣包用来表示用户对区域内感兴趣信息的查询任务。在兴趣包的广播过程中，协议逐跳地在各个节点建立从源节点到汇聚节点的梯度路径，节点则将采集到的数据信息沿梯度路径传输至汇聚节点。该过程可概括为兴趣广播、梯度建立和路径加强三个阶段。

3）GBR 协议

基于梯度的路由（gradient-based routing，GBR）协议[28]，对定向扩散协议中的梯度概念进行了扩展，用某个节点到达汇聚节点的最小跳数表示该节点的高度，用两节点间的高度差表示节点之间的梯度，数据则沿着梯度最大的路径进行传输[14]。具体可以分为 3 种方式：①随机转发：当节点之间的梯度值相等且都最大时，数据可随机转发给任何一个节点；②能量等级：当节点能量低于某些阈值门限时，可随着能量的逐渐降低多次提高自己的高度值，以减少该节点的转发任务；③负载分流：当数据沿某条路径发送时，参与转发的节点会通知相邻节点，其节点高度值已经提高，其他节点不能再使用该路径中的节点转发信息。

2. 分层路由协议

分层路由协议的基本思想是分簇，即将网络中的节点划分为大小不等的簇，每个簇包含一个簇头节点和多个成员节点，簇头节点负责管理和控制成员节点，处理簇内信息、转发簇间信息，以及与汇聚节点之间通信，比较适合较大规模的网络。

1）LEACH 路由协议

低功耗自适应成簇（low-energy adaptive clustering hierarchy，LEACH）路由协议[29]，提出轮（round）的概念，由初始化阶段和稳定阶段组成一轮。在初始化阶段，根据算法确定簇头节点并向网络广播簇头信息，其他节点则根据广播信号的强弱确定其要加入的簇，簇头节点收到成员节点的回应后，创建 TDMA 表为成员节点分配通信时隙。然后，进入稳定阶段，节点采集数据，并在给定 TDMA 时隙内使用最小能量将数据传输至簇头节点，融合后发送至汇聚节点。若无数据发送，节点可进入休眠状态降低能耗。稳定工作一段时间后，网络会进入下一轮初始化阶段并重新选择簇头。

协议利用簇头节点进行数据融合和传输，提高了网络的稳健性和可扩展性，定期轮换簇头的方式也使节点能耗均衡，延长了网络的生存时间。

2）TEEN 协议

阈值敏感的高效传感器网络（threshold-sensitive energy-efficient sensor network，TEEN）协议[30]，采用与 LEACH 路由协议类似的分簇算法。

在协议中，簇头节点选定后，除了广播一般属性信息，还同时向成员节点广播关于发送监测数据的硬、软 2 个阈值参数。硬阈值，监测被监测数据的绝对大小；软阈值，监测被监测数据的变化幅度范围。当监测数据第一次超过设定硬阈值时，向簇头传输数据，并将该监测数据设为新的硬阈值；然后，只有在监测数据变化反复大于软阈值时，节点才向簇头传输数据，同时将该监测数据设为新的硬阈值。通过硬、软两个阈值的合理设置，可以使网络在精度和能耗之间取得平衡。

3. 基于地理位置的路由协议

基于地理位置的路由协议，假设节点已知自身的地理位置信息以及目的节点或者目的区域的地理位置信息，以此作为依据选择路由，把数据信息按照一定规则转发给需要的目的节点，缩短数据传输的距离和范围。

1) GPSR 协议

无状态贪婪周边路由（greedy perimeter stateless routing，GPSR）协议[31]，结合了贪婪算法和图形算法的地理位置路由协议，有贪婪转发和周边转发两种模式。

在网络中，所有节点都知道自身的位置信息（统一编址）。贪婪转发模式下，发送数据依据贪婪算法尽量沿直线发出，接收到数据的节点查询相邻节点，下一跳路由应是与该节点相邻且距离目的节点最近的一个，以此方式连续不断地选择距离目的节点更近的节点直至目的节点；若不满足上述条件，贪婪算法失效，则切换至周边转发模式（类似图形周长算法）完成后续路由。由上述过程可知，协议选择了接近最短欧氏距离的路由，数据传输的时延较小，实时性得到了保障。

2) GEAR 协议

地理位置和能量感知路由（geographic and energy aware routing，GEAR）协议[32]，是一个基于能量感知的定位路由协议。

协议根据给定区域的地理位置，将节点（已知自己的位置信息）到该区域的距离和剩余能量作为路由选择代价，并通过 HELLO 消息交互知道所有相邻节点的位置和剩余能量信息，进行汇聚节点到该区域的路由优化，避免了洪泛方式，可减小路由建立阶段的能量开销。

协议的核心思想是将定向扩散消息只发送到某一个特定区域而不是全网范围，各节点可以保留更多的能量。由此协议分为两个阶段：第一阶段将数据转发至某个给定区域，采用类似 GPSR 协议的区域间转发方式；第二阶段则在该区域内转发，由于转发范围很小，可采用洪泛方式。

3) GEM 协议

图嵌入（graph embedding，GEM）协议[33]，是一种适用于数据中心存储方式的地理位置路由协议。其基本思想是将实际的网络拓扑结构映射到一个易于处理、由虚拟极坐标系表示的逻辑拓扑结构中，所有节点形成一个以汇聚节点为根的带环树来实现各节点之间的路由选择，树中的每个节点都用汇聚节点的跳数和角度范围来表示。协议采用虚拟极坐标映射的方式转换拓扑结构，不依赖于节点的精确位置，也不会改变节点间的相对位置。但实际拓扑结构发生变化时，带环树的调整过程会比较复杂，比较适合用在一些网络拓扑相对稳定的 WSN 中[16]。

8.6 本章小结

本章从介绍舰船战术通信网络的发展开始，围绕舰船战术通信网络总体结构，介绍了舰船战术移动 Ad Hoc 网络、Mesh 网络和无线传感器网络的体系结构和技术基础，重点介绍了其中的媒介访问控制协议、组网及路由技术。

参 考 文 献

[1] 于全. 战术通信理论与技术[M]. 北京：人民邮电出版社，2020.

[2] 王海，刘熹，王向东，等. 战术互联网[M]. 北京：国防工业出版社，2020.

[3] 王海，彭来献，牛大伟，等. 战场数据通信网[M]. 北京：国防工业出版社，2016.

[4] 蔡全旺，黄治华. 海上战术通信网络服务架构研究[J]. 舰船科学技术，2016，38（8）：95-99.

[5] 陈林星，曾曦，曹毅. 移动 Ad Hoc 网络——自组织分组无线网络技术[M]. 2 版. 北京：电子工业出版社，2012.

[6] 沙学军，何晨光，吴玮，等. 无线自组网组网与接入控制[M]. 哈尔滨：哈尔滨工业大学出版社，2016.

[7] 郑相全. 无线自组网技术实用教程[M]. 北京：清华大学出版社，2004.

[8] Perkins C E, Bhagwat P. Highly dynamic destination sequenced distance vector routing(DSDV)for mobile computer[J]. ACM SIGCOMM Computer Communication Review, 1994: 234-244.

[9] 张棋飞. 无线自组织网络路由及 MAC 协议关键技术研究[M]. 武汉：湖北人民出版社，2012.

[10] 柴远波，郑晶晶. 无线 Mesh 网络应用技术[M]. 北京：电子工业出版社，2015.

[11] Hossain E, Leung K K. 无线 Mesh 网络架构与协议[M]. 易燕，李强，刘波，等，译. 北京：机械工业出版社，2009.

[12] 张勇，郭达. 无线网状网原理与技术[M]. 北京：电子工业出版社，2007.

[13] Akyildiz I F, Wang X, Wang W, et al. Wireless mesh networks: A survey[J]. Computer Networks, 2005, 47 (4): 445-487.

[14] 何明利，范喜全，刘钢锋. 军用无线传感器网络设计[M]. 北京：国防工业出版社，2015.

[15] 刘传清，刘化君. 无线传感网技术[M]. 2 版. 北京：电子工业出版社，2015.

[16] 孙利民，李建中，陈渝，等. 无线传感器网络[M]. 北京：清华大学出版社，2011.

[17] 郑国强，李建东，周志立. 无线传感器网络 MAC 协议研究进展[J]. 自动化学报，2008，34（3）：305-316.

[18] Ye W, Heidemann J, Estrin D. An energy-efficient MAC protocol for wireless sensor networks[C]. IEEE INFOCOM 2002, New York, 2002.

[19] Dam T V, Langendoen K. An adaptive energy-efficient MAC protocol for wireless sensor networks[C]. The First Conference on Embedded Networked Sensor Systems, Los Angeles, 2003: 171-180.

[20] Rajendra V, Obraczka K, Garcia-Luan-Aceves J J. Energy-efficient, collision-free medium access control for wireless sensor networks[C]. The first Conference on Embedded Networked Sensor Systems (SenSys'03), Los Angeles, 2003: 181-192.

[21] Lu G, Krishnamachari B, Raghavendra C. An adaptive energy-efficient and low-latency MAC for data gathering in wireless sensor networks[C]. 18th International Parallel an Distributed Processing Symp (IPDPS'04), New Mexico, 2004: 224-230.

[22] Sohrabi K, Gao J, Ailawadhi V, et al. Protocols for self-organization of a wireless sensor network[J]. IEEE Personal Communications Magazine, 2000, 7 (5): 16-27.

[23] Guo C, Zhong L, Rabaey J M. Low-power distributed MAC for ad hoc sensor radio networks[C]. Proceedings of Internet Performance Symp (Globecom'01), San Antonio, 2001: 2944-2948.

[24] Akkaya K, Younis M. A survey of routing protocols in wireless sensor networks[J]. Ad Hoc Networks, 2005, 3 (3): 325-349.

[25] Heinzelman W, Kulik J, Balakrishnan H. Adaptive protocols for information dissemination in wireless sensor networks[C]. Proceedings of the 5th ACM/IEEE Mobicom Conference, Seattle, 1999: 174-185.

[26] Kulik J, Heinzelman W R, Balakrishnan H. Negotiation-based protocols for disseminating information in wireless sensor networks[J]. Wireless Networks, 2002, 8 (2): 169-185.

[27] Intanagonwiwat C, Govindan R, Estrin D. Directed diffusion: A scalable and robust communication paradigm for sensor networks[C]. Proceedings of 6th Annual International Conference on Mobile Computing and Networks (MobiCOM2000), Boston, 2000.

[28] Faruque J, Helmy A. Gradient-based routing in sensor networks[J]. Mobile Computing and Communication Review, 2003, 7 (4): 50-52.

[29] Heinzelman W R, Chandrakasan A, Balakrishnan H. Energy-efficient communication protocols for wireless microsensor networks[C]. Proceedings of the Hawaii International Conference on Systems Sciences, Hawaii, 2000: 908-918.

[30] Manjeshwar A, Agarwal D P. TEEN: A routing protocol for enhanced efficiency in wireless sensor networks[C]. Proceedings of the 1st International Workshop on Parallel and Distributed Computing Issues in Wireless Networks and Mobile Computing, Los Alamitos, 2001: 2009-2015.

[31] Karp B, Kung H T. GPSR: Greedy perimeter stateless routing for wireless sensor networks[C]. Proceedings of the 6th Annual ACM/IEEE International Conference on Mobile Computing and Networking, Boston, 2000: 34-46.

[32] Yu Y, Estrin D, Govindan R. Geographical and energy-aware routing: A recursive data dissemination protocol for wireless sensor networks[R]. Los Angeles: Computer Science Department, UCLA, 2001.

[33] Newsome J, Song D. GEM: Graph embedding for routing and data-centric storage in sensor networks without geographic information[C]. Proceedings of 1st ACM Conference on Embedded Networked Sensor Systems (SenSys'03), Redwood, 2003: 76-88.

第 9 章　基于软件无线电的认知通信技术

1992 年，美国科学家 Mitola 率先提出了软件无线电这种无线通信新概念，软件无线电是实现无线通信的新技术，用软件实现各种功能特性，是一种完全可编程的能力实现，包括可变信道接入方式、信道调制方式和纠错算法，它摆脱了面向使用的设计思想[1]。传统的硬件无线电通信设备只是无线通信的基础平台，软件无线电的重要价值在于打破了设备通信功能的实现只依靠硬件发展的格局。同时，通过软件无线电的重新编程，系统可以重新更新升级以适应不同的通信标准。

软件无线电的核心思想是基于开放、标准化、模块化的通用硬件平台，结合面向对象的标准化软件规范，通过改变软件的方式来改变设备的功能属性，降低设备的复杂性，具有优越的灵活性和可维护性。随着军事科技的不断发展与进步，软件无线电被广泛地应用于军事通信、导航系统、电子对抗以及天基信息系统中，并成为重要的行业标准。

在舰船通信中，由于舰船受到工作条件、运行环境等多方因素的制约，对于通信系统的要求相对较高，单一的通信电台无法满足战术通信工作需求，软件无线电技术的出现为舰船通信提供了最优选择，有效地提高了舰船通信的灵敏性、通用性。

本章主要介绍应用在舰船上基于软件无线电的认知通信技术。首先从软件无线电的核心信号处理架构入手介绍多种基于现场可编程逻辑门阵列（field programmable gate array，FPGA）的软件定义的无线电（software definition radio，SDR）架构，接着介绍以软件为中心的 SDR 平台架构，提出全软件无线电架构，结合硬件体系结构总结出 SDR 开发框架与流程。然后，介绍软件无线电发展过程中的重要组成部分——认知无线电，认知无线电的核心是认知引擎，其具有感知、分析、决策、推理和学习能力，在掌握舰船所在无线电环境信息后，通过对无线电硬件资源进行相关配置，实现完整的认知环。

9.1　软件无线电

9.1.1　无线电定义

在介绍软件定义的无线电前，首先简单介绍一下什么是无线电。在本章中无线电是指任意用于在 a 点和 b 点之间交换数字信息的设备。这个定义比无线电的标准概念要宽泛一些，无线电的标准概念包括有线和无线通信。天线的讨论只适用于无线链路，其中通用无线电的顶层图如图 9.1 所示，从图中可以看到，存在接收器的情况下，信号流是从左到右的。图中各部分介绍如下。

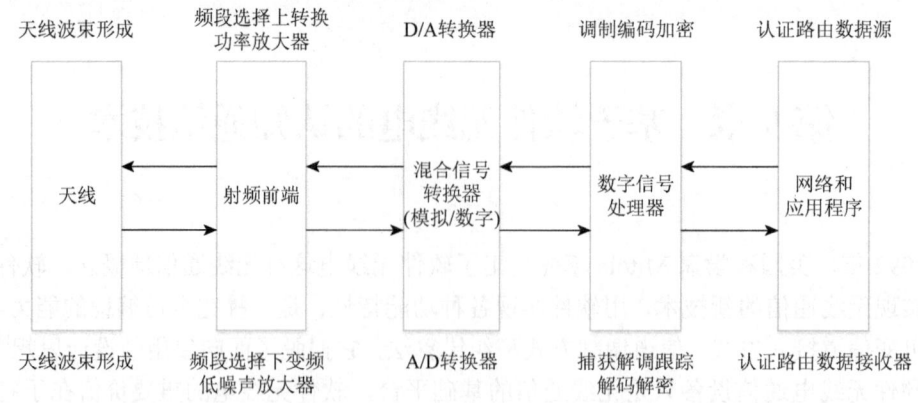

图 9.1 通用无线电的概念框图（发射路径在顶部，接收在底部）

1. 天线

电磁波对天线造成冲击并被转换成电信号，天线基本决定了无线电的整体性能，但也是最困难的组件之一，因为它影响了无线电的效率和适应性。天线的复杂程度可以从单一的金属片（如偶极子）到复杂的多元素阵列。在过去，天线是一个无源元件，任何适应都是在波被转换成电信号后进行的。

2. 射频前端

天线的电信号通常是由射频前端（radio frequency front-end，RFFE）调节的，电信号通常很微弱，甚至会被低水平的噪声所破坏。来自天线的环境噪声必须先过滤掉，然后在它做进一步操作前再放大信号。射频前端决定信噪比（signal noise ratio，SNR），无线电的其他部分必须与之协同工作。经典的射频前端由滤波器、低噪声放大器和混频器组成，将信号从射频转换为低频。

3. 混合信号转换器

射频前端输出的放大电信号可以数字化以作进一步处理。数字信号处理器（digital signal process，DSP）的速度和容量两方面指数级提高使 DSP 成为开发灵活无线电的最优选择。一种混合信号电路（模拟数字转换器）实现了接收信号的数字化。由于有限的精度和采样率，数字表示必然会丢失一些信息。在射频前端和混合信号转换器之间分配资源（功率、大小、成本等）是 SDR 中一个关键的权衡因素。

4. 数字信号处理器

DSP 用于将数字化电信号中包含的信息提取到用户数据中。DSP 部分可以简单地定义为从混合信号子部分接收数字化样本并输出解码数据位。解码后的数据位通常不是用户需要的最终输出，仍然必须转换成数据包、语音、视频等。DSP 部分的具体功能实现是由波形的细节决定的，大体包括以下几个部分。

（1）信号采集。发射机、信道和接收机都在预期信号参数和实际接收到的信号参数之间引入偏差。接收机必须首先获取发射信号，即确定这些偏差。

（2）解调。必须对信号进行解调，以将接收信号电平映射到发射符号。由于先前获得的偏移可能随时间变化，解调器可能需要跟踪信号以持续更新偏移。

（3）解码。大多数现代无线电中使用的前向纠错算法向用户数据增加了校验位（奇偶校验）。解码使用这些奇偶校验位来纠正被噪声和干扰损坏的位。

（4）解密。许多民用和大多数军用无线电都需要加密，以确保只有预期的接收方可以访问数据。解密是获得可用数据位前的最后一步。

5. 网络和应用程序

除了少数非常简单的点对点无线电外，大多数现代无线电都与网络或应用程序接口。SDR 通常要求无线电与更高层之间紧密耦合。

9.1.2 软件无线电概念理解

无线电是为处理特定波形而设计的。在已知的固定环境中运行的单功能、特定于应用的无线电很容易优化性能、大小和功耗。大多数无线电似乎功能单一，第一代蜂窝电话是一种可发送语音的设备，而 WiFi 基站则将这些设备连接到互联网。这两种设备实际上都非常灵活，可以支持不同的波形。通过上面的介绍，可以清楚地看出软件定义无线电的主要特点是它能够支持不同的波形。

通常的定义认为：软件无线电是一种无线电设备，其物理层的一些或所有功能都可以通过软件来实现和定义[2, 3]。根据定义的最严格解释，大多数无线电不是软件定义的，而是软件控制的。例如，现代的蜂窝电话可能同时支持全球移动通信系统（global system for mobile communications，GSM）（2G）和宽带码分多址（wideband code division multiple access，WCDMA）（3G）标准。由于用户不需要拨动开关或插入单独的模块来访问每个网络，标准的选择由手机上运行的软件控制。这将电话定义为一个软件控制的无线电。这种无线电的原理框图如图 9.2 所示。运行在微控制器上的软件选择一个可用的单功能无线电。

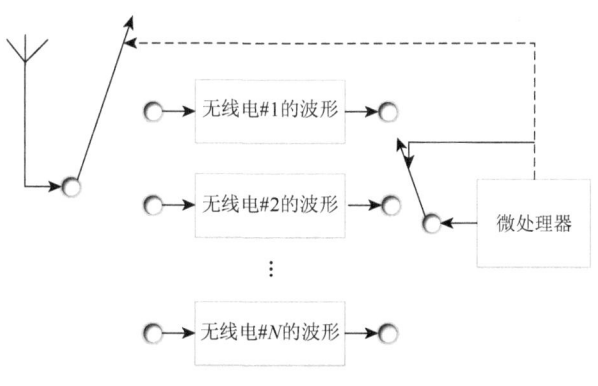

图 9.2　基本软件控制广播

理想的软件无线电如图 9.3 所示。用户数据在微处理器中被映射成所需的波形。然后，数字样本被直接转换成射频信号并发送到天线。发射信号通过天线进入接收器，经过采样和数字化处理，最后由通用处理器进行实时处理。与图 9.1 相比，理想的 SDR 没有 RFFE，微处理器取代了通用 DSP 块。理想的 SDR 硬件应该支持任何载波频率和任何带宽的任何波形。同时 SDR 具备互操作性、在不同条件下有效利用资源、机会频率复用（认知无线电）、减少过时（面向未来）、成本低以及研究和开发高灵活性等优点。

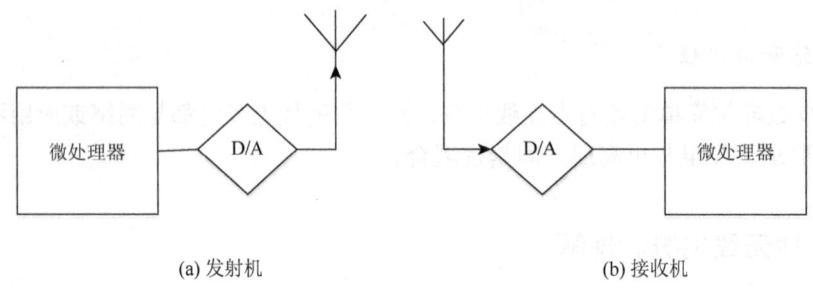

(a) 发射机　　　　　　　　　　　　(b) 接收机

图 9.3　理想软件无线电

实现这样的无线电架构，必须克服以下挑战。

（1）大多数天线是机械结构，很难动态调谐。理想的 SDR 不应限制波形的载波频率或带宽。天线应能捕捉从极低频（<1MHz）到极高频（>60 GHz）的电磁波。设计这种宽带天线，对 RFFE 和数字转换器提出了很高的要求。

（2）选择所需信号并抑制干扰（信道选择）是 RFFE 的一个关键特征。然而，实现信道选择所需的天线和滤波器通常是机电结构，很难动态调谐。

（3）如果没有 RF 前端来选择目标频段，整个频段必须数字化。根据 Nyquist 准则，信号必须以最大频率（2×60GHz）采样两次。

（4）捕获的频谱包含目标信号和大量其他信号，如图 9.4 所示。干扰信号可能比目标信号强得多，因此，120dB 的功率差是合理的。数字转换器必须有足够的动态范围来处理强信号和弱信号。一个理想的数字转换器每位分辨率可以提供大约 6 dB 的动态范围。然后数字转换器必须提供远超过 20 位的分辨率，才能将干扰信号和目标信号分辨出来。

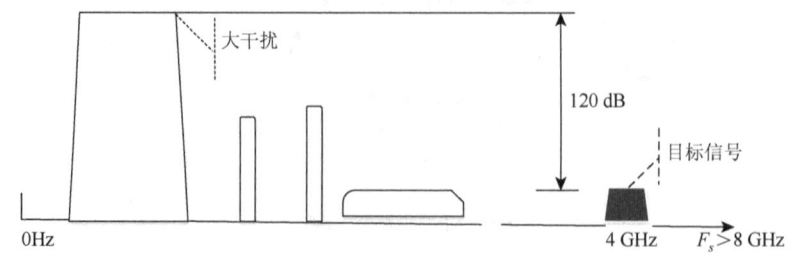

图 9.4　目标信号及邻近频带

（5）数字转换器必须是线性的。非线性会导致数字化频段中所有信号之间的互调，即使是强信号的高阶互调分量也能覆盖弱得多的信号。

假设所有这些技术问题都得到了解决，同样的无线电可以用来处理任何现有的和预期的未来波形。然而，这并不意味着对于给定的应用无线电是最合适的或者说是最好的。

一些最早的软件定义无线电不是无线的。在拨号上网时代末期使用的软调制解调器完全在软件中实现了复杂的实时信号处理。

9.2 SDR 体系结构及框架技术

软件无线电技术的通用性和信号灵敏性能够为舰船通信提供更好的服务，并进一步强化了通信系统的信号传输稳定性以及频率扩展。而且软件无线电技术的有效应用，可以充分发挥其参数测量、信号搜索、频谱监视等优势作用，将软件无线电技术应用于舰船的通信系统，需要实现多种关键性技术，如信号处理技术，该技术也是软件无线电技术设计必不可少的关键技术。而软硬件体系架构的功能作用在于实现对信号传输和处理的高速性，表现在实际应用过程中，需要设计出高效、简洁的软硬件架构才能最终实现良好的舰船通信功能效果。

9.2.1 SDR 硬件与信号处理架构

1. FPGA 的 SDR 架构

1）配置

高度并行的 FPGA 架构非常适合数据流处理，但不太适合控制密集型处理。控制器可以写入寄存器，加载完整或部分配置文件，或执行这些操作的某种组合。控制器几乎总是在通用处理器（general purpose processor，GPP）上运行的软件中实现。这种 GPP 和一个或多个 FPGA 的组合提出了以下一些计算机体系结构问题[4-10]。

（1）专用的 GPP 设备与 FPGA 一起使用。任何 GPP 都可以从非常广泛的选项中选择。由于 GPP 不进行信号处理，所以对它的要求相对较低。一个合适的设备属于微控制器而不是微处理器。

（2）利用可用的逻辑资源，可以将全功能微控制器嵌入 FPGA 中。然而这种架构提出了这样一个难题——在 FPGA 被编程前，微控制器是不存在的，因此不能对 FPGA 进行编程，加载初始配置需要外部配置源。嵌入式微控制器可对多波形和部分重构模式进行波形选择。嵌入式微控制器结合上面的选项，也可以在全重构模式下选择波形。

（3）FPGA 和专用 GPP 可以集成在一个器件上（如 Xilinx 的 ZYNQ）。与嵌入式微控制器不同，片内微控制器在上电时激活，不需要对 FPGA 进行编程。除单片集成外，设计考虑与（1）相同。

2）数据流

数据流架构可能是基于 FPGA 的 SDR 开发中最关键的决策。两个主要的选择是：

(1) 带流量控制的数据路径；
(2) 以总线为中心。

数据路径架构是最简单和最明显的选择。信号处理模块以连续流程图连接，密切反映系统级框图。一个模块一次对一个或多个输入样本数据进行操作，并将输出传递给流程图中的下一个模块。例如，在接收机中，A/D 数据块将样本数据传递给 DC 偏移抵消模块，后者又将数据传递给频率偏移补偿块。

最简单的实现方法是单向握手拉[图 9.5（b）]或推[图 9.5（a）]。在单向推握手中，上游块向下游块指示数据已准备好。下游块必须能够接收和处理数据。同样，对于单向拉握手，下游块从上游块请求数据。上游块必须能够在被请求时立即提供数据。单向推式握手可以非常成功地用于相对简单的接收器，而拉式握手可以用于发送器。

如果一个或多个模块不能在数据进入时立即处理数据，即使它可以处理平均吞吐量，那么单向握手也会失败。导致问题的块必须对数据进行缓存，以避免丢失数据。缓冲区先进先出（first in first out，FIFO）必须足够大，以容纳最长的突发数据块。专为 SDR 设计的 DSP 模块具有灵活性，可适用于各种波形。因此，最大突发大小可能是未知的，或非常大。在整个设计中要求这些"握手"缓冲区是低效的（和粗糙的）。经典的双向握手克服了这个问题。在双向握手中，上游块告诉下游块数据已经准备好，而下游块向上游块请求数据。数据只有在就绪和请求都是真实的情况下才会被传输[图 9.5（c）]。当使用双向握手[一个在源端，一个在宿端（收端）（sink）]时，可能仍然需要缓冲。

数据路径架构非常适用于高速设计，其中每个模块都以接近其最大吞吐量的方式工作。然而，这种架构使得在多个数据流之间共享数据模块变得很困难。

考虑一个支持 1 Mbit/s 和 2 Mbit/s 两个数据通道的接收机。前几个模块处理两个数据流的 A/D 采样。然而，经过信道转换器处理后，这两个数据流被分开。假设所有的模块平均能够处理 3 Mbit/s，那么在信道转换器后的模块应该能被共享。

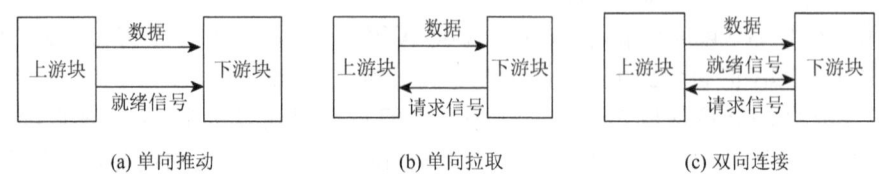

(a) 单向推动　　　　(b) 单向拉取　　　　(c) 双向连接

图 9.5　握手连接图示

简单的就绪/请求流控制不再被应用。此外，保留样本间内部状态的模块（如滤波器）必须设计为存储两个通道的状态，并在它们之间自动切换。

固定的流程图也限制了灵活性。考虑上面的例子，对于 1 Mbit/s 和 2 Mbit/s 通道使用不同的波形。对于其中一个信道，频率跟踪模块应该在匹配滤波器之前，而对于另一个信道，它应该在匹配滤波器之后。要在流程图中切换模块的位置，控制和路由逻辑就会变得相当复杂。

数据路径架构非常适合流波形数据（即符号连续传输）。然而，对于基于分组（分包）的波形来说，这是相当不方便的。对于基于分组的波形，发射器可以发送一个（相对短消息，接收器必须能够解调短消息。数据路径架构的问题在于传输信道（pipeline）中的数据。考虑一个用于脉冲整形的简单有限脉冲响应（finite impulse response，FIR）滤波器。滤波器有一定的存储功能（通常是 4~8 个符号），这意味着在消息的最后一个符号输入滤波器后，消息的最后几个符号仍然在滤波器内（图 9.6）。这会导致数据流的小延迟。消息完成后，留在滤波器内的符号将被下一条消息推出。但是，如果消息是不连续的，这些滞留的符号不会被传输，直到发送下一条消息。可以通过在每个消息后有意地插入一些填充零符号来解决这个问题。当然，这要求数据路径能够识别消息的边界以及消息之间是否有间隙。

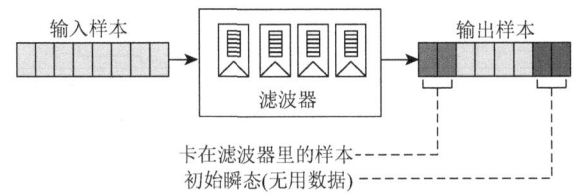

图 9.6　"卡"在滤波器内的符号（滤波器窗长为 4 个符号）

以总线为中心的架构用共享总线取代模块之间的点对点连接。这种架构也被称为以处理器为中心或片上系统架构。每个 DSP 模块都被视为中央处理器的外围设备。中央处理器（central processing unit，CPU）可以在低端嵌入式 GPP 甚至可以在专用的状态机上实现。一个简单的例子，如图 9.7 所示，接收到的样本块被缓冲在内存中（图 9.7：箭头 1）。然后 CPU 将样本块传输到第一个 DSP 模块（图 9.7：箭头 2）。DSP 模块的输出再次被缓冲到内存中（图 9.7：箭头 3）。DSP 模块的内部状态也可以保存到内存中，以便对多个数据流进行无缝处理（图 9.7 中的灰色模块）。一旦整个模块处理完毕，CPU 将输出模块传输到第二个 DSP 模块（图 9.7：箭头 4）。这个过程会持续进行，直到所有的处理都应用于数据。

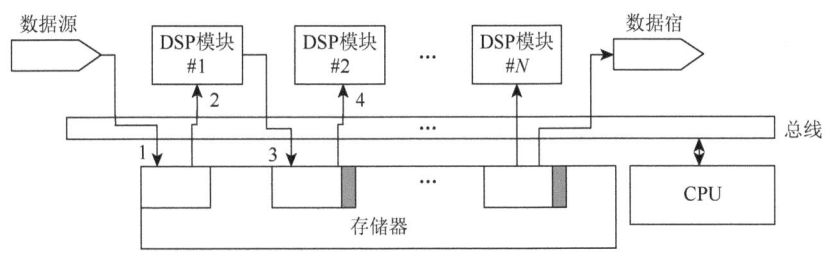

图 9.7　以总线为中心的基本架构

上述架构和数据流的一个主要问题是性能和吞吐量非常低。在任何给定时间，除了一个模块，所有的模块都是空闲的。该操作非常类似于执行串行（而不是多线程）软件。虽然它没有充分利用 FPGA 资源，但这种架构在不需要高吞吐量的情况下仍然可行。

高效的总线中心架构的关键是将数据在模块之间的实际移动从 CPU 转移到复杂的直接存储器访问（direct memory access，DMA）引擎。CPU 只负责跟踪可用的内存缓冲区和调度数据传输。实际传输由 DMA 引擎处理。多通道 DMA 引擎可以同时处理多个模块之间的数据传输。扩展图 9.7 中的例子：当模块 1 处理来自源的第一个块数据时（图 9.8：A），源正在将数据保存到一个新的缓冲区（图 9.8：B）；模块 2 处理模块 1 的输出（图 9.8：C），模块 1 处理"图 9.8：B"的数据。

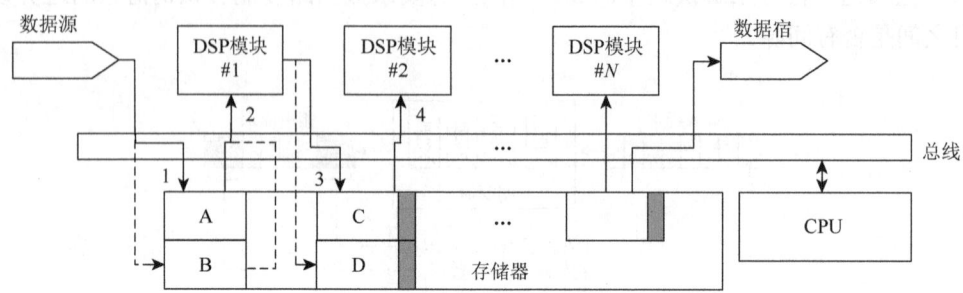

图 9.8　以流水线总线为中心的架构（虚线表示偶数模块时的数据流，而实线表示奇数模块时的数据流）

假设满足两个约束条件，所有模块在以流水线总线为中心的架构中会得到充分利用。

（1）总线吞吐量足以支持所有同时进行的数据传输。例如，一个有 10 个模块和标称采样率为 5 MS/s 的系统必须有一个能够持续吞吐量为 $2\times 10\times 5 = 100$ MS/s 的总线。如图 9.8 所示，传统共享总线拓扑结构不随着模块的数量而变化，并很快成为瓶颈。存储器吞吐量也是一个潜在的限制因素，因为它与总线吞吐量有相同的要求。

（2）所有的模块以相同的速率处理数据。总体吞吐量由最慢的模块的吞吐量决定。但以总线为中心的架构让复制缓慢的模块可以很容易地实现更高的吞吐量。

3）高级总线架构

至少可以应用三种不同的总线拓扑来缓解上述总线和存储器吞吐量的限制。然而，在考虑这些替代方案之前，限制条件也是一个问题。一个典型的无线电物理层由 15～30 个离散的 DSP 模块组成。假设每个模块以 16 位精度处理复数（complex）基带数据，采样频率为 X（MHz），此时总线吞吐量为 B，这时有

$$30 \text{ blocks} \times 2 \text{ samples/complex pair} \times X \times 2 \text{ read/write} = 240X \text{ MB/s}$$

现代 FPGA 可以支持 200 MHz 的 256 位数据总线，吞吐量为 6.6 GB/s。为了简单起见，假设 100% 的总线利用率，该总线可以支持 $X = 6.6\text{(GB/s)}/240\text{(MB/s)} \sim 25$ MHz。一个 25 MHz 的复数采样率支持 10～20 MHz 的信号带宽。这个带宽覆盖了目前使用的大多数商业标准，对于广泛的 SDR 应用可能是足够的。然而，宽带无线电（如 100 MHz 带宽）需要更高性能的总线。更高性能的总线最好通过分布式内存架构来实现。与其将内存和 DMA 集中化，不如让每个模块拥有自己的内存。

（1）如果数据流主要在连续的模块之间，环形拓扑是合适的[图 9.9（a）]。这种架构看起来非常类似于数据路径，因此也存在同样的问题，导致很难改变模块的顺序。

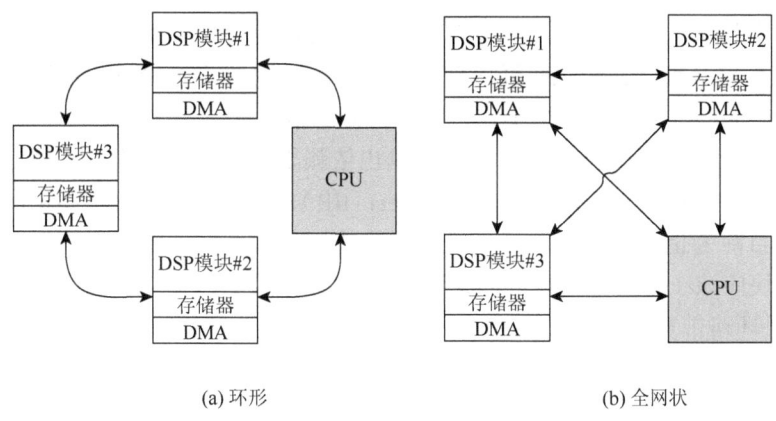

(a) 环形　　　　　　　　　　(b) 全网状

图 9.9　高性能总线架构

（2）相对最优的解决方案是一个完整或部分网格[图 9.9（b）]。CPU 仍然负责在每个模块中配置 DMA 引擎，但现在所有的数据传输都是点对点的。主要的缺点是连接的数量会随着模块数量的阶乘而增长。对于一些模块，信息发送变得不切实际了。部分网格删除了许多连接，使硬件更简单，但可能会降低灵活性。

FPGA 结构本身不能被重新配置以仅实现所需的连接，虽然 FPGA 本质上是一个具有可编程互联的逻辑门的海洋，可编程互联主要是局部的，用于连接相邻的逻辑门。路径选择的重大改变（如交换两个模块的位置）需要新的逻辑门布局。

网格架构的实现可以通过把每条总线路由连接到交换机的一个端口来完成。这种架构的扩展性不好，因为交换机很快就会变得太大。另外，可以通过分组模块来形成层次网格结构，这些模块可能需要互相传输数据。将总线的概念扩展到全交换网络的概念，也有助于为超大型 SDR 提供多器件和多电路板解决方案。

4）并行实现更高吞吐量

信号处理链中最慢的模块决定了最大吞吐量。提高吞吐量的经典解决方案是并行化。模块可以在内部并行化，因此看起来更快，或者多个模块可以被实例化。第一种方法不依赖于数据流架构，第二种方法要求 CPU 适当地调度每个复制的模块，这两种方法都不是最佳选择，因为它们仅仅是将实现的负担简单地转移了而已。但是，如果有问题的模块是一个黑盒（或一个不能修改的许可核心），那么只有复制是一个方法。四类有不同并行化方法的模块必须要考虑到。

（1）无记忆模块一次处理一个样本数据，没有内部状态。例如，上变频器，固定 DC 偏置抵消器。这些模块可以被简单地复制。

（2）有些模块一次处理一组固定的样本，然后重置到初始状态。例如，分组前向纠错（forward error correction，FEC）码（RS 码、Turbo 码、LDPC 码），终止卷积码，分组交织器，快速傅里叶变换。这些模块可以被简单地复制，CPU 确保一次处理一个或多个完整的组。

（3）内存有限的模块一次处理一个样本的数据，但具有内部状态。输出取决于当前和一些过去的输入。例如，FIR 滤波器，重采样器。这些模块更难并行化，因为对于不连续的输入，内部状态变得无效。一种解决方案是去重叠被每个模块的实例处理的数据。这 N 个重叠数据必须足够长来解释内部状态。每个实例的前 N 个输出将被丢弃。只要 N 相对于模块中的样本数量来说很小，开销就可以忽略不计。

（4）内存无限的模块具有内部反馈。输出依赖于所有过去的输入。例如，无限脉冲响应滤波器[11]（infinite impulse response fitter，IIR）、相位和符号跟踪环路、自动增益控制环路。到目前为止，这些模块是最难并行化的，必须根据具体情况进行考虑。如果可能，这些模块应该在内部并行化，以隐藏 CPU 的复杂性。例如，前瞻性计算可以用来加速 IIR。如果环路带宽相对于一次处理的样本模块的持续时间较小，用于跟踪和适应的反馈环路可以并行化。并行化技术显然不是特别适用于 SDR 的设计。

然而，相同的 SDR 硬件平台可用于支持小于 1 MHz 到数百兆赫的信号带宽，因此它确实出现了很多。对所有的应用重用相同的信号处理模块通常是可取的。如图 9.8 所示，第二个 DSP 模块处理一个数据块所需的时间是处理所有其他数据块的两倍。假设块级并行化是可行的，因为模块属于上面描述的前三个类。在图 9.8 的原始框图中增加了 DSP block #2 的另一个实例和一个相关的内存缓冲区，得到图 9.10。

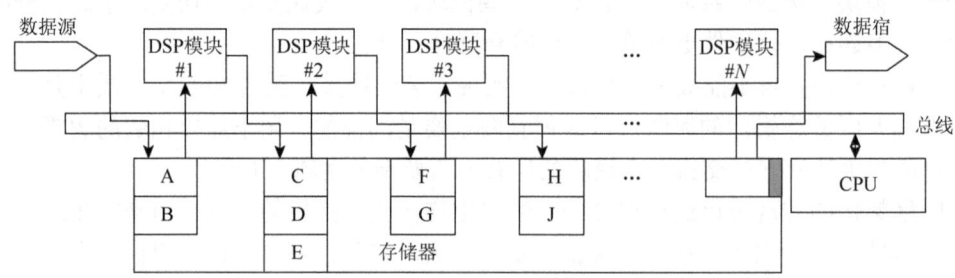

图 9.10 复制慢模块来增加吞吐量

流水线化和并行化架构的操作可以通过图 9.11 所示的时序图来解释。每条指示线表示特定功能模块使用的缓冲区。模块 2A 和模块 2B 每个都需要大约 $1\frac{3}{4}$ 个时隙来完成数据处理，而所有其他模块只需要一个时隙。这两个模块大约有 $\frac{1}{4}$ 的时间处于空闲状态，但允许流水线的其余部分在满效率下工作。CPU 执行的缓冲区管理稍微复杂一些。

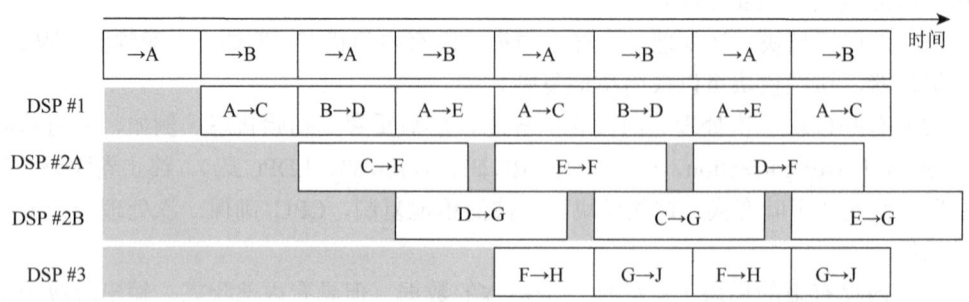

图 9.11 流水线并行架构的时序图

2. 混合和多 FPGA 架构

相对于 DSP，尤其是 ASIC，FPGA 的一个主要缺点是功耗非常高。与其他设备相比，FPGA 不处理任何数据（空闲）时的功耗仍然很高。

事实上，漏电造成的静态功耗能很容易地占总功耗的一半以上[12]。高端高性能 FPGA 的静态功耗要比低端版本差。然而，高端 FPGA 在空闲时将继续消耗大量的功率。功耗启动了多 FPGA 或混合 FPGA/DSP 架构[13]。

考虑一个支持多种波形的 SDR，包括一些扩频波形。如前所述，直接序列展频技术（digital sequence spread spectrum，DSSS）捕获和 FEC 解码通常是 SDR 中计算量最大的模块。这种特殊的无线电适用于相对低速率的通信（<1Mbit/s）。除了 DSSS 捕获之外，所有的信号处理都可以很容易地在 Spartan/Artix/Cyclone 等低功耗的 FPGA 或 DSP 上实现。单是捕获过程就需要比其他无线电部分多 10 倍的计算资源。如果扩频增益很大，扩展代码要么是不重复的，要么是长周期的。单个 FPGA 解决方案的平面图如图 9.12（a）所示。

流式（与基于包的）DSSS 波形的代码偏移必须在通信开始时捕获一次，然后由接收器中的符号速率处理跟踪。因此，当 SDR 接收流式 DSSS 波形时，捕获引擎大部分时间是空闲的。然而，专用于实现引擎的晶体管继续消耗待机功率。假设待机功率约为总功率的一半，空闲捕获引擎可以比 SDR 的活动部分多使用 $10 \times 0.5 = 5$ 倍的功率。对于低功率 SDR 来说，这显然是不可接受的。一个明显的解决方案如图 9.12（b）所示。不常用的模块被移到一个单独的 FPGA 上，而 SDR 的其余部分则在一个小且低功耗的 FPGA（或 DSP）上实现。当需要采集时，大型 FPGA 的电源由小型 FPGA 上的控制器启用，其余时间禁用。这种方法称为"功率岛"，被广泛应用于大型 ASIC。FPGA 拥有用户控制的功率岛只是一个时间问题，但在此之前，双 FPGA 解决方案可以大幅降低功耗。

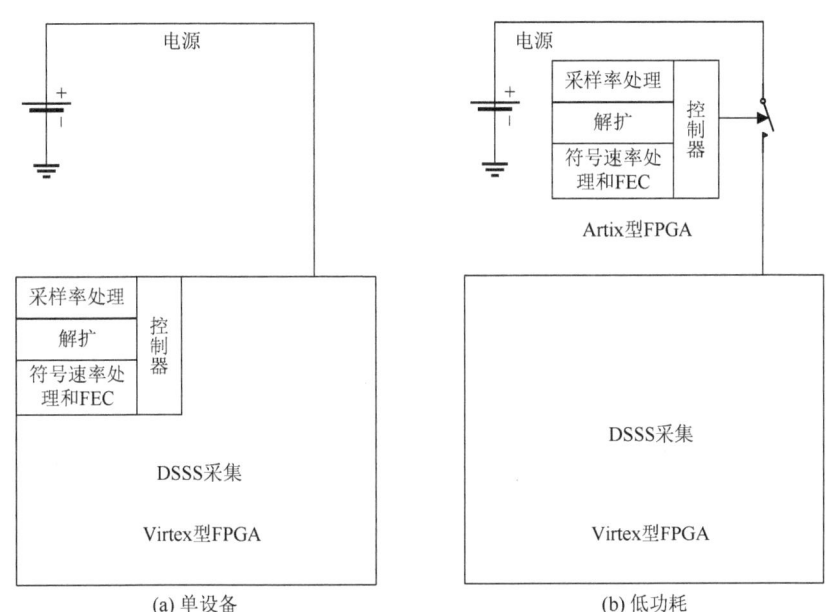

图 9.12 在 FPGA 上实现支持 DSSS 的 SDR

另一个例子是无线传感器网络中用于传感器的一种不同寻常的无线电。传感器测量特定化学物质的浓度,并定期传输结果。在极少数的情况下,传感器会定期接收更新。给定波形的解调器几乎总是比调制器复杂得多。总是在 FPGA 中加载接收器将是非常低效的,浪费待机功率。相反,只有当节点计划接收更新时,才会打开大型 FPGA 并配置接收器逻辑。

利用大部分时间处于低功耗模式的设备,同时保留"备用"信号处理资源的概念,并不是 FPGA 所特有的。然而,当应用于 DSP 或 GPP 时,就不那么有效了,因为这些设备已经在片上支持功率岛。漏电是一个较小的问题,功耗可以通过改变工作时钟频率或将设备置于各种低功耗模式来缩放。

接下来将对自研平台的硬件架构进行介绍,如图 9.13 所示。

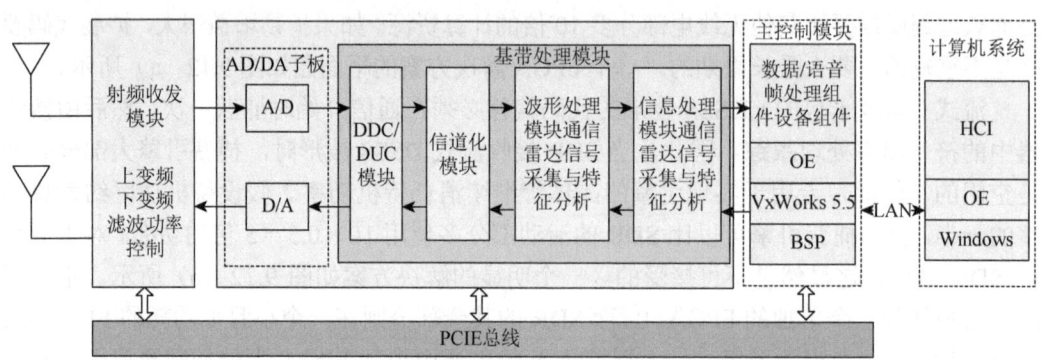

图 9.13 平台硬件架构

各部分功能如下所述。

(1)射频收发模块:把天线接收到的射频信号通过滤波、放大、变频等操作转变为数据处理模块要求的中频信号,其 FPGA 核心控制芯片完成对射频前端的控制,以及与主控模块之间进行通信。

(2)基带处理模块:采用 FPGA 夹层卡(FPGA mezzanine card,FMC)子板加载板的实现结构,由 FMC 子板和数据处理板组成,数据处理板包括 DSP 和 FPGA(芯片型号:XC6VLX240T\XC6VSX315T),DSP 用于实现复杂算法,FPGA 为协处理器,用来实现中频处理或预处理,DSP 与 FPGA 之间通过互连架构(interconnect architecture,RapidIO)进行数据传输。数据处理模块的主要功能是对前端输出的中频信号进行采样,然后利用 FPGA 对信号在数字域进行下变频、多速率、信道化等处理。最后将信道化后的子带信号发送给 DSP、GPP 等信号处理资源,根据用户对系统的参数配置,对接收的子带信号进行相应的信号处理等工作。

(3)主控制模块:运行 VxWorks 操作系统,其上加载软件定义无线电技术操作环境(software-defined radio technology forum operational environment,SRTF OE)和软件通信体系结构(software communication architecture,SCA)波形应用以及驱动程序。

(4)计算机系统:主要功能包括提供良好的用户接口,用户可以根据需求对系统参数进行动态配置；为系统提供协调与控制中枢，实现各个模块的初始化、参数传递、协调控制；对所需要的信息进行界面显示、回放等。

平台采用了基于模块化模型的设计流程，以提升波形的可移植性和可重用性；硬件平台是由通用的、标准总线（compact peripheral component interconnect，CPCI）、模块化的硬件板卡组成波形的实时重构及功能验证平台，以方便系统的升级与维护。

（1）SCA 波形设计采用波形模块化模型设计、SCA 兼容性测试、针对不同 OE 的自动代码生成。模型自动代码生成将产生波形的 SCA 框架容器代码。波形逻辑代码（数字信号处理代码）的开发，可以采用手写代码或 MATLAB/Simulink 自动代码生成的方式，通过将逻辑代码与框架代码集成，生成符合 SCA4.1 规范的波形。

（2）SRTF OE 是以 Java 对象请求代理（java object request broker，JORB）中间件为基础，与 SCA 完全兼容的高性能、低负载的波形实时运行环境，组件创建的配置平台，集成了 Java 数据分布服务（java data distribution service，JDDS）中间件、通用框架（common framework，CF）功能和应用接口。

（3）可重构一体化平台是覆盖多频段、多模式软件无线电平台，采用标准 CPCI 总线结构，模块化设计，包括了 RF 发射模块、RF 接收模块、中频模块、基带处理模块、主控制模块，并配备波形部署管理软件，其中波形处理模块、RF 模块可以根据需要配置多块，以支持更多频段（如卫星频段）、更多通道（如类似联合战术无线电系统（joint tactical radio system，JTRS）中的 4 通道硬件平台。

（4）提供符合 SCA4.1 规范的调频（frequency modulation，FM）、最小频移键控（minimum shift keying，MSK）、数字信号（digital signal，DS）/双相移键控（biphase shift keying，BPSK）和 DS/正交相移键控（quadrature phase shift keying，QPSK）波形，可用于平台演示和参考设计。FM 波形采用调频调制，可以与对讲机通信；MSK 是目前卫星数传系统应用的方案；DS/QPSK、DS/BPSK 波形采用扩频抗干扰模式，可以进行数据传输。

（5）提供符合 SCA4.1 规范的脉冲压缩雷达波形，可加载用于雷达功能演示等。脉冲压缩雷达可用于近或中距离目标探测，具有距离分辨率高的特点，多用于测高、防撞等。

硬件体系结构里充分体现实现系统的开放性、模块化。硬件平台里，采用了两种互联总线，虚线用于 RF 信号处理，实线用于系统控制，两者通过信息安全监控模块隔离，以确保信息安全，如图 9.14 所示。

（1）宽带一体化 RF 前端：完成 IF 与 RF 信号之间的转换。功能包括：滤波、放大、前置放大、混频、收发转换等功能。

（2）通用波形处理模块：完成模拟与数字信号之间的转换、调制和解调、前向纠错、干扰抑制、载波跟踪、帧处理等。

（3）信息安全监控模块：提供通信保密和传输保密，它拥有一个或多个加密处理模块，用以对基带数据加密生成传输保密位流。

（4）网络互联模块：包括网际互连协议（internet protocol，IP）信息包路由，提供对计算机接口（input/ouput，I/O）端口的访问，提供 I/O 数据桥接、网关和数据包路由选择。

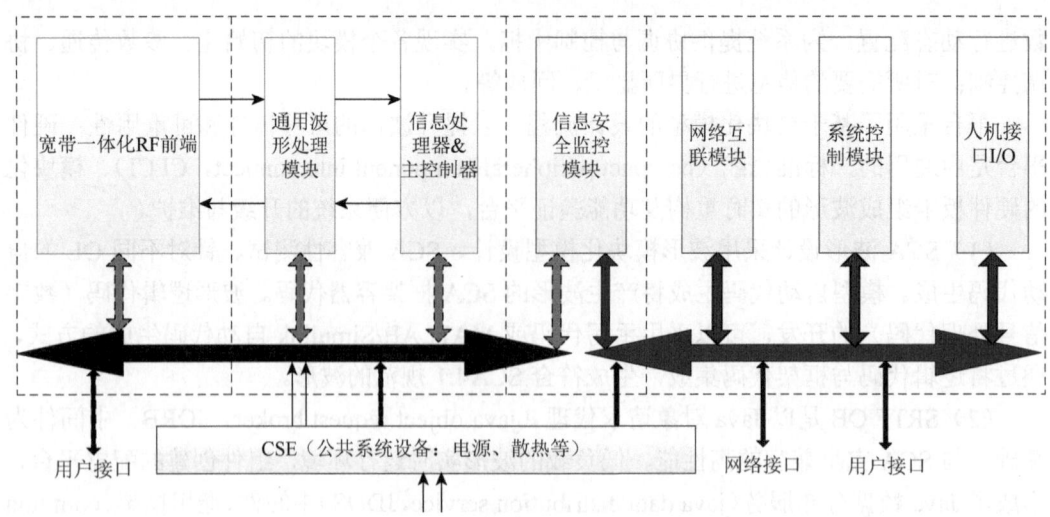

图 9.14 SCA SDR 硬件体系结构

（5）系统控制模块：产生初始化、操作和关闭系统的命令。例如，初始化包括对无线电的配置、路由器和 I/O 的设置、下载波形和算法、自检等。

（6）人机接口 I/O：提供系统级用户界面，提供本地或远程控制操作。

综上，自研平台在传统软件无线电平台的基础上进行了优化升级，平台采用了基于模块化模型的设计流程，以提升功能的可移植性和可重用性；由基于 CPCI 总线的通用模块化的硬件板卡组成功能实时重构的软件无线电平台，以方便系统后来的升级与维护。同时，使用 CPCI 总线将 FPGA、DSP、GPP 连接在一起，充分利用了 FPGA 高速并行数据流处理能力、DSP 高效算法处理能力、上位机灵活的界面操作能力以及现场可编程能力。自研平台能够做到随任务的增加与变化而及时设计配套软件（采用小颗粒重构思想，仅需在软件中添加、切换和新增任务小颗粒软件）并动态重构以满足任务需求，避免了重新更换硬件带来的高昂成本和烦琐的调试过程。

9.2.2 以软件为中心的 SDR 平台框架

GPP 的速度满足实用无线电的所有 DSP 任务。SDR 的开发最终希望实现全软件无线电。目前，对于 SDR 的开发较为成熟，考虑到软件无线电的软件功能离不开硬件设备，所以关于软件无线电的开发工具，可以分为三类。

（1）底层硬件的程序设计软件。该软件可以用于如 FPGA 开发 Xilinx ISE 设计套件软件、用于 DSP 开发的 TI CCS 软件以及 MATLAB/Simulink 等。

（2）基于特定自研平台的开发软件。这类工具开始具备软件无线电的性质，例如，基于通用软件无线电外设（universal software radio peripheral，USRP）的开源软件定义无线电（GNU radio）[14, 15]等。

（3）基于 SCA 的 SDR 开发工具。这是最接近软件无线电思想的开发工具，本节主要介绍第三类的 SCA SDR 开发工具。以哈尔滨工程大学基于 SCA 开发的一体化软件

第9章 基于软件无线电的认知通信技术

无线电自研平台为例，后面内容将以自研平台进行命名，我们将对自研平台进行详细介绍。

对于自研平台系统软件硬件架构的开发，主要任务是进行模块的划分，并把功能和性能指标分配给划分的模块，并清晰地定义各个模块之间的接口。在系统设计阶段，验证工作非常关键，以保证所进行的系统分割和功能分配对实现整个系统的功能是完备的。故其重点在实现各模块之间的接口关系、信息流等，可以比较清晰地了解系统对外部的功能、时间特性、通信规范等指标要求，然后在各自的相关平台中进行相应模块的开发。

SCA SDR 开发环境采用基于模型的设计流程，模型可以针对不同的目标平台生成代码框架，包括了基于模型的波形设计工具、高性能开发环境包括软件定义无线电技术论坛（software-defined radio technology forum，SRTF）核心框架和公共对象请求代理体系结构（common object request broker architecture，CORBA）中间件和波形实时验证平台，其结构关系如图 9.15 所示，计算机上运行波形开发工具，同时也运行用于开发的环境和针对该环境的编译连接工具。目标机上将运行针对硬件板卡和操作系统的开发环境（如针对 PPC/VxWorks 的开发环境），波形开发工具将提供针对开发环境的编译连接工具。目标机上运行的开发环境和计算机上运行的开发环境都是 SCA 兼容的，保证了开发的波形可以先在计算机上进行部署验证，然后下载到硬件平台上进行验证。

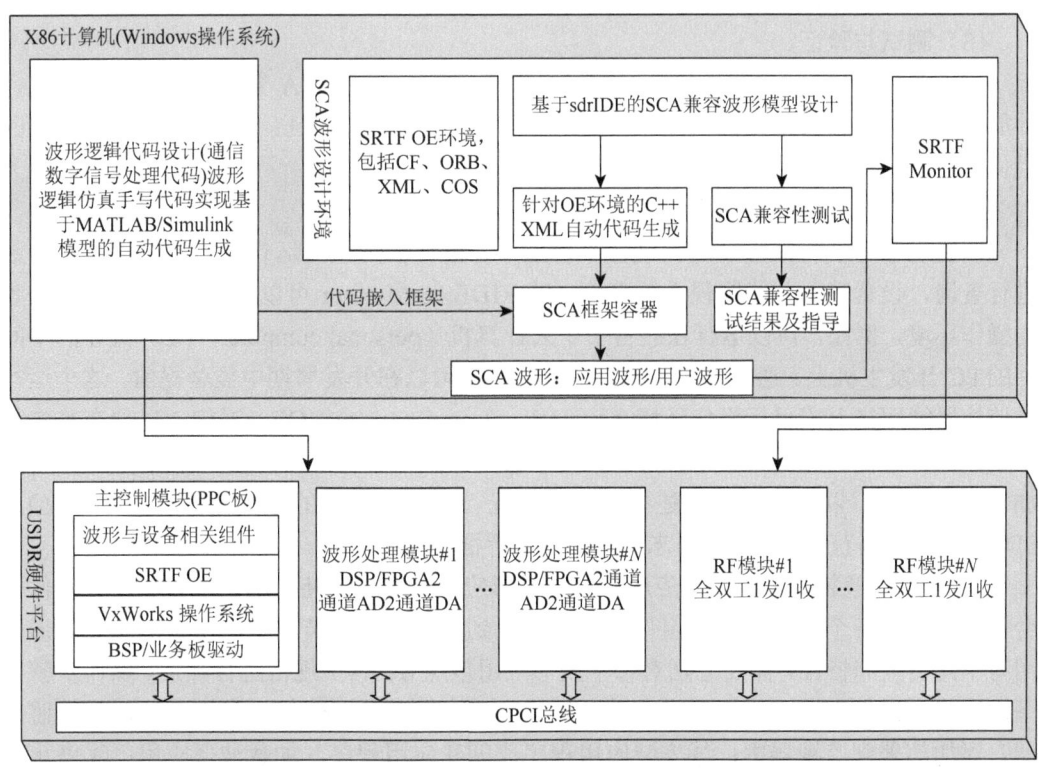

图 9.15　软件无线电开发平台软硬件结构逻辑关系

SCA SDR 波形开发验证平台中，计算机系统与硬件平台通过网络进行物理连接。由于平台中的开发环境包含了 SRTF 核心框架（CF）和 CORBA 中间件（jORB），由 CORBA 提供了一个分布式计算环境，通过 CORBA 的命名服务，计算机系统与硬件平台间采用 GIOP/IIOP（general inter-ORB protocol/internet inter-ORB protocol）协议进行通信。软件定义无线电集成开发环境（software defined radio integrated development environment，SDRIDE）集成开发环境包含以下工具。

（1）建模工具。

它为 SDR 开发人员提供高层抽象、易使用和图形化的建模工具，用于动态地设计波形和平台开发；帮助波形设计人员高效地建立平台独立、可移植的波形模型，并可以映射到不同的平台上。这些工具也能支持可插入的第三方工具，以支持完全的 SDR 工具链集成。

（2）源代码生成器。

SDRIDE 集成了特定语言组件源代码生成器、单元测试生成器等，为波形应用提供了一个完整的开发和测试环境。源代码生成器为 SDR 组件的针对特定语言代码、描述器和测试代码生成提供了高性能的无错工具。通过将域特定的 SDR 模型映射为一系列可执行的、语言特定的文件，这些文件包含了在开发环境中运行的所需要的所有功能。多语言、高效率的自动代码生成，从图形化模型生成源代码、描述器和测试代码。与手写代码相比，提高开发效率高达 50 倍（几个月的工作缩短到 1 天或更短的时间内完成），也使代码具有固有的标准兼容。

（3）测试与验证。

提供模型的 SCA 兼容性验证，能对组件或子系统进行 SCA 兼容性和功能的测试，并能提供部署后的实时测试。验证包括应用、平台、部署的验证：模型语法、语义验证；组件、应用、设备和节点的验证；完整 SCA 部署的验证等。

（4）波形部署监视器。

该监视器用于将波形部署到硬件平台上，并能在波形实时运行时，对波形组件参数进行查询、设置等，并能监视系统事件。SDRIDE 的 Monitor 可以链接到任何 SCA 兼容的操作环境，例如，可以运行在装备了个人计算机（personal computer，PC）兼容的中间件的 PC 开发主机上。通过这个特点，部署的测试可以在开发周期中显著提前。这个运行时监控器能跟嵌入式目标操作环境（operational environment，OE）通信，以便在真实目标上测试。监视器可以通过单击按钮的方式启动或终止多种应用。这样可在 SCA 平台上加载多种应用，以尽可能地描述要发生的情况（如组件属性的预设值可以随时修改）。SDRIDE 还能捕获 CF 产生的日志，并在用户界面中显示出来。

SCA SDR 能装配多种波形应用，每个波形应用实现一组特定的功能。在具备硬件平台的基础上，各个波形应用以组件的方式部署到系统的不同节点中。由于不同的波形应用有不同功能和特性，需要分别对每个波形应用依照 SCA4.1 规范进行开发。操作步骤如下：①启动硬件平台，启用节点，启动域管理器、设备管理器等；②打开波形部署监视器，添加部署到监视器中；③安装应用程序，创建应用程序，加载波形应用；④停止应用程序，释放应用程序，卸载波形应用；⑤可以重复步骤③、④，加载、卸载其他波形应用。用户按照步骤操作,可以完成波形部署。以 FPGA 器件为例,通过上位机操作软件配置不同功能的波形组件,可以完成底层 FPGA 代码功能的加载和重新加载,即完成通信功能的设置或变更,如由发射改为接收或者发射不同的调制信号;从操作人员主观上来看,我们只是修改了软件指定的功能,就完成了底层硬件的各种应用切换,用户层和底层得到了较好的隔离,这就体现出 SDR 的软件性质。我们通过软件升级来实现更多的功能,而不必考虑底层的硬件平台,工程师从硬件开发集中到了软件开发,有力地加速了应用开发;更有意义的是,这些软件波形应用对于 SDR 硬件平台具有完美的可移植性,避免了代码的重复开发,节省了时间、人力、财力、物力。

9.2.3 SDR 开发框架和流程

用于开发 SDR 的工具同样适用于具有大量 DSP 需求[16]的单功能无线电和其他复杂系统。所需的工具集和开发流程在很大程度上取决于硬件架构。FPGA、专用集成电路(application specific integrated circuit,ASIC)或 DSP 实现需要独特的工具。

图 9.16 显示了一个典型的 SDR 开发过程的高度简化的流程图。此流程图没有捕获开发过程中始终需要的任何优化/迭代循环(理想情况下,循环仅在邻近的等级之间运行。实践中,ASIC 物理层实施过程中遇到的难以解决的问题会影响需求,从而在流程图中引起一系列变化)。

第一步中定义的需求决定了架构选择。架构的选择决定了将采用图 9.16 中的哪个(些)分支。

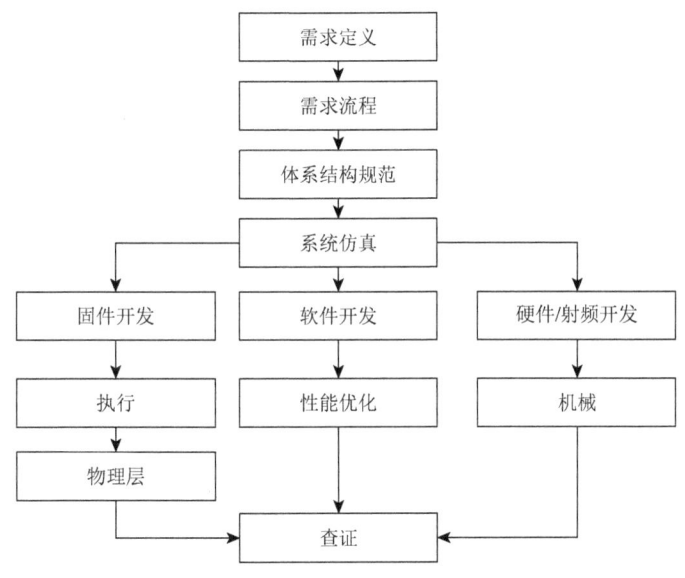

图 9.16 简化的 SDR 开发流程图

1. 需求捕获

需求定义是 SDR 开发中最重要的一步。限制 SDR 的功能并非易事,许多 SDR 的需求与单功能无线电的需求类似，但其需求是限制在几个给定的选项中的（例如，无线电应支持调制：QPSK、正交振幅调制（16 quadrature amplitude modulation，16 QAM）；数据速率：0.5~10 Mbit/s 等）。这些类型的需求往往会导致 SDR 设计不充分。事实上，最终产品确实支持所有选项，但可能不够灵活，无法支持细微的变化。例如，为了保证灵敏度，调制的需求更好地表述为"无线电应支持由复平面上的 2 点、4 点、8 点或 16 点描述的任意星座"。通常要求确保无线电能够支持 12/4 绝对相移键控（absolute phase shift keying，APSK）调制，这与 16QAM 略有不同。

一般地，许多 SDR 的需求应为"应能够支持 X…"而不是"应该支持 X…"。对于前者，开发人员必须估计支持 X 所需的硬件。对于后者，开发人员必须实际实现 X，并且实现 SDR 可以支持的所有可能的波形，这显然是不合理的。当然，这些要求更难验证。计划良好的 SDR 开发应该包括开始时的最小波形集和最小功能集，并预期未来会添加的新波形。因此，开发人员可以选择能够容易提供预期功能的架构，而不需要立即实现那些功能。

需求定义阶段的手续和文书工作量差别很大。用于实验室研发的 SDR 一般只有很少的真实需求和很多预期添加的功能。另外，用于军事领域的 SDR 必须符合严格的需求捕获流程。

除了最基础的需求捕获流程外，还建议使用专用的软件工具。这些工具的范围从高端的，如 IBM Rational DOORS（IBM rational dynamic object-oriented requirements system），到开源无线电管理工具（open source radio management tool，OSRMT）。这些工具中的许多都支持一种名为统一建模语言（the unified modeling language，UML）的图形语言[17]。UML 提供了图形符号技术来描述系统应该如何操作，然后可以将其转换为可操作的需求。例如，UML 可用于描述不同的用例、事件流程图或系统中各块之间的关系。

需求流程将高层需求分解为可执行的子需求。例如，"发射机应支持高达 100 MS/s 的符号率"的要求可以分解为以下子要求，并且每个子要求都必须可追溯到父要求：

（1）DAC 应支持至少 200MS/s 的采样率；
（2）功率放大器应具有至少 150 MHz 的带宽；
（3）DSP 子系统应支持至少 200MS/s 的连续采样率。

每个子需求都应与能够生成代码来满足需求的软件或固件文件相对应。高质量的需求捕获工具允许源代码和需求之间的动态链接。

2. 系统仿真

系统级仿真可以快速开发整个系统或选定关键组件的模型或原型。这使开发人员能够提前规划和测试总体架构、特性和设计参数，而无需过早投入到最终的实现细节中。系统级仿真用于在各种预期条件下验证所选算法的性能，例如信号采集用于在最差情况的频率偏移和定时偏移以及最差 SNR。

系统仿真工具分为两类（图 9.17）。

（1）基于代码的工具要求开发人员使用特定语言将算法描述为一组连续命令。仿真可以用 MATLAB、C++、Python 等语言编写。由于有大量的预定义函数库（工具箱），MATLAB 目前是大多数 DSP 工程师的首选工具。

（2）基于块的工具要求开发人员绘制框图来描述算法。目前流行的基于块的工具包括 Simulink、信号处理工作站（Signal Processing Workbench，SPW）和 SystemVue。其中 Simulink 是使用最广泛的。每个工具都附带一个预定义块库（和基于代码的工具的预定义函数相对应）。区分不同工具的最重要的一点就是其块的丰富性。可以通过组合现有块（分层设计）、在基于代码的工具（如 C++）中使用适当的包装器开发新块，或者从第三方供应商购买库来创建其他块。

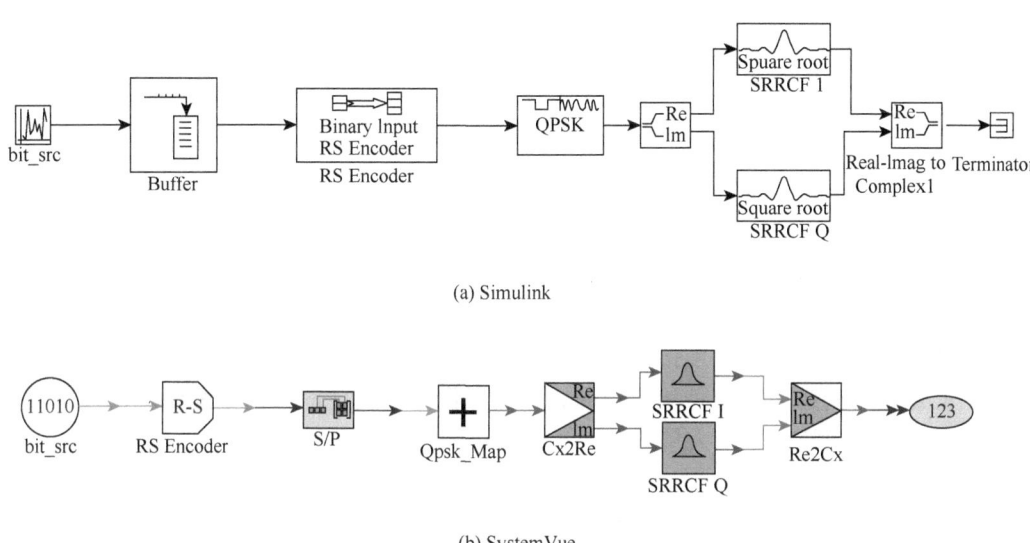

图 9.17　表示具有脉冲整形的 QPSK 调制器

基于代码的和基于块的之间的一个根本区别是数据流的处理方式。基于代码的工具期望开发人员管理函数之间的数据传输。基于块的工具隐式地提供块之间的缓冲区和流控制。在长时间的仿真中，差异是显而易见的。基于代码的工具的仿真不能分配足够的内存来同时保存仿真所需的所有数据。因此，开发人员必须创建一个循环，将较长的仿真分解为较小的块。保留每个块之间所有函数的内部状态是杂乱无章且容易出错的。另外，基于块的工具的仿真可以处理任意数量的数据，因为每个块都隐式保存自己的状态。如果基于块的工具的仿真一次仅处理一个样本，则仿真不能利用现代微处理器的矢量计算单元导致运行缓慢。因此，现代基于块的工具的仿真引入了"帧"的概念来处理小块中的数据。仿真的执行速度要快得多（但仍比基于代码的执行速度慢），但如果底层算法需要对样本进行反馈循环，则会变得更难控制。

尽管性能较低，但基于块的仿真器正变得越来越流行。支持者认为，框图比等效的函数调用更容易理解。模拟器框架能够照顾到许多细节，使设计人员更有效率。也许基于块的工具最有力的支撑是新出现的将模型转换为实现的功能。

Simulink 是最通用的基于块的商用模拟器，与广受欢迎的 MATLAB 的紧密结合使 Simulink 成为行业的领导者。

SPW 是最早的系统仿真工具之一。它是一个极其强大的工具，具有比 Simulink 更好的可视化和交互功能。SPW 可能是第一个能够从仿真转化为硬件实现的工具。SPW 提供的模块库是任何竞争对手都无法超越的（SystemVue 紧随其后），包括许多现代无线标准的完整解决方案。然而，SPW 的花费是 Simulink 的十倍以上，这使得只有财力雄厚的公司才能使用它。更重要的是，Simulink 有明显的上升势头。

SystemVue 比 Simulink 更容易使用。其专门针对通信系统设计，具有大量通信专用模块集。主要优势是数字基带和射频组件之间的清晰接口。它是唯一包含一套全面的基本仿真模块（例如，DAC 的微分非线性特性）的失真参数集的工具。SystemVue 的独特之处还在于它与安捷伦（Agilent）测试设备紧密集成（例如，仿真输出可以直接发送到信号发生器，可视化界面与矢量信号分析仪相同）。因此，从系统仿真到硬件调试的整个开发过程都可以使用相同的 GUI。

9.3 认知无线电

当今世界，随着无线技术的进步，无线设备的使用显著增加。在不久的将来，随着物联网的大规模应用，预计连接设备将显著增长。需要大量频谱来支持越来越多的无线设备。但是可用的频谱是一种稀缺资源。如果我们查看当前的频谱分配图表，很难找到免费频谱来支持即将到来的大量无线设备和移动数据流量。

认知无线电（cognitive radio，CR）是为解决即将到来的频谱紧缩问题而引入的概念。认知无线电的概念由 Mitola 于 1998 年在斯德哥尔摩皇家理工学院的一次研讨会上首次提出，这是无线领域的一种新方法通信，Mitola 后来将其描述为无线个人数字助理和相关网络在无线电资源和相关计算机到计算机通信方面具有足够的计算智能，可以根据使用环境检测用户通信需求，并提供最适合这些需求的无线电资源和无线服务。认知无线电被认为是软件定义无线电平台应该发展的目标：一种完全可以重新配置的无线收发器，可自动调整其通信参数以适应网络和用户的需求，它的核心是频谱感知与频谱的动态分配，它能够通过感知无线环境中的噪声、干扰等情况来实时地调整系统的参数从而实现对用户频谱的动态分配，提高频谱的利用率。

认知无线电技术的实现得力于 SDR 技术的发展，利用认知无线电的准则来实现软件无线电动态调整参数功能的方式，称为基于认知的软件无线电（cognitive radio-software defined radio，CR-SDR），基于认知的软件无线电在 SDR 硬件结构的基础上引入认知算法使得认知模型得以在无线通信中实现。它通过对软件无线电增加智能学习与决策的过程，动态地调整软件无线电的系统参数来适应不断变化的无线通信环境，从而有效地提高频谱利用效率，并且降低了用户之间的干扰。

舰船上装备的无线设备数量的不断增加和对高速率通信的巨大需求，推动了海上无线通信技术的发展。近年来，随着海上通信用户量越来越多，海上频谱资源越来越稀缺，而认知无线电恰好能够实现海上频谱资源的有效复用[18]。资源感知和分配都涉及频谱资源和功率资源的调度，从整体吞吐量和带宽利用率的角度来说，资源分配是决定海上认知无线电网络性能的关键问题。

9.3.1 认知无线电发展

自 1999 年 Mitola 首次提出认知无线电概念，认知无线电作为一种智能化的通信手段，在这 20 年间，其发展水平和受重视程度与日俱增。在认知无线电概念刚刚诞生的十年内，认知无线电的主要发展方向是半合作方式的频谱感知技术，其基本思想是从提高频谱利用率的角度，在不影响主用户正常通信的前提下，次用户主动感知当前频谱空穴，并根据统一的调度方案进行合理分配。

美国国防部高级研究计划局 (Defense Advanced Research Projects Agency, DARPA) 最早开始将认知无线电概念进行实际应用。2003 年，美国国防部高级研究计划局开始与从事高精尖军事设备开发的美国雷声公司共同开始推进下一代通信 (next generation, XG)[19]项目，其目标是全面解决随机频谱的访问和冲突问题，构建了全面的动态频谱认知框架。通过 XG 计划，美军将其频谱效率提高了 10~20 倍，该计划促进了认知无线电技术在军事通信领域的研究与应用。

紧随其后的是 IEEE 工作组和欧盟。IEEE 工作组于 2004 年成立了基于认知无线电技术的标准化组织 IEEE802.22，其目的是研究认知无线电的物理层、媒体访问控制层和空中接口，在避免对授权频段造成干扰的前提下，将空闲频段再分配，IEEE802.22 自 2006 年开始不断提交更新的标准草案，规范化认知无线电的通用基本标准；欧盟则是基于认知无线电的概念在 2004 年和稍晚些的时候提出了 DRiVE (dynamic radio for IP service in vehicular) 项目和端到端重配置 (end to end reconfiguration, E2R)。DRiVE 是利用认知无线电技术构建一个公共协调信道，完成频谱资源的动态共享；而 E2R 项目则开始引入人工智能算法进入认知无线电系统中，推动其系统的性能和效率。

随着官方组织的技术推动，彼时的欧美学术界也开始了关于认知无线电的研究方案：2004 年，德国卡尔斯鲁厄理工学院对频谱共享池技术进行了研究，提出了基于中心控制的集中式动态频谱接入频谱池系统。该系统首先将所有可用的无线频谱资源一起集中到频谱池后进一步划分成等带宽的子频道，最后集中调配；同年，美国加利福尼亚大学伯克利分校 Brodersen 教授研究组开发的 COVUS 系统，提出了以本地频谱监测为主，主用户监测和频谱分配并行的决策。

我国对于认知无线电的认识时间和起步速度要稍微落后于国外。2005 年，国家 863 计划首次支持了认知无线电相关技术的研究，随后国家越来越重视认知无线电技术，国家自然科学基金、国家 973 计划等都相继开始了对认知无线电相关项目的资助。2005 年，西安电子科技大学、成都电子科技大学、清华大学和北京邮电大学等高校先后开展了认知无线电相关技术的研究，主要研究方向是认知无线电的物理层和媒体接入控制层、协议结构、应用场景分析等。2006 年，国家自然科学基金委员会开始资助认知无线电项目。2008 年，该基金的信息科学部在认知无线电领域设立了重点项目群，主要研究内容包括：无线频谱环境认知理论与技术；基于认知无线电的通信抗干扰理论与技术；基于认知无线电的中继与协同通信；基于认知的无线资源动态管理与利用等。迄今为止，国家自然科学基金委员会一直在资助认知无线电相关技术的研究，包括认知传感器网络的研究、认知网络中波束成形技术的研究、基于干扰消除的认知无线 Mesh 化网络研究等。

9.3.2 认知无线电特征

认知无线电中认知能力的实现依赖于无线电磁环境的实时交互，用来确定适当的通信参数并适应动态的无线电磁环境。因此，认知无线电应具备以下两个特征。

1. 认知能力

认知能力是指无线电技术从其无线电环境中捕获或感知信息的能力。这种能力不能简单地通过监测某些目标频带的功率来实现，而是需要更复杂的技术来捕捉无线电环境中的时间和空间变化并避免对其他用户的干扰。通过这种能力，可以识别在特定时间或位置未使用的频谱部分。因此，可以选择最佳频谱和适当的操作参数。

认知无线电的认知能力能够与其环境进行实时交互以确定适当的通信参数并适应动态无线电环境。开放频谱中自适应操作所需的任务如图 9.18 所示，称为认知环路。认知环路包括三个主要步骤：频谱感知、频谱分析和频谱决策。

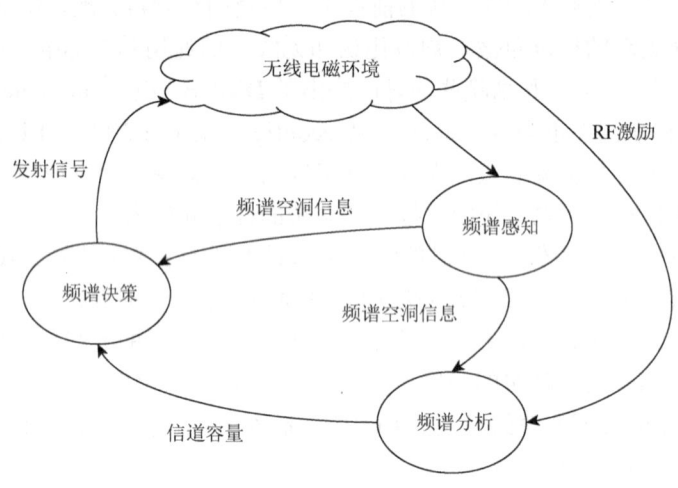

图 9.18 认知环路

频谱感知：认知无线电监控可用频带，捕获其信息，然后检测频谱空洞。

频谱分析：估计通过频谱感知检测到的频谱空洞的特征。

频谱决策：认知无线电确定数据速率、传输模式和传输带宽，然后根据频谱特性和用户需求选择合适的频带。

一旦确定了工作频段，就可以在该频段上进行通信。然而，无线电环境随时间和空间而变化，认知无线电应该跟踪无线电环境的变化。如果当前使用的频带变得不可用，将执行频谱移动功能以提供无缝传输。传输过程中的任何环境变化，例如，主要用户出现、用户移动或流量变化，都可能触发这种调整。

2. 重构能力

认知能力提供频谱感知，而可重构性使无线电能够根据无线电环境进行动态编程。更具体地说，认知无线电可以编程为在各种频率上发送和接收，并使用其硬件设计支持的不同传输接入技术。

可重构性是在不修改硬件组件的情况下即时调整传输操作参数的能力。这种能力使认知无线电能够轻松适应动态无线电环境。有几个可重新配置的参数可以合并到认知无线电中，具体如下所述。

（1）工作频率：认知无线电能够改变工作频率。根据有关无线电环境的信息，可以确定最合适的工作频率，并且可以在这个适当的工作频率上动态地进行通信。

（2）调制：认知无线电应重新配置调制方案以适应用户要求和信道条件。例如，在延迟敏感的应用中，数据率比错误率更重要。因此，应该选择能够实现更高频谱效率的调制方案。相反，对损耗敏感的应用侧重于误码率，这需要具有低误码率的调制方案。

（3）传输功率：传输功率可以在功率限制范围内重新配置。功率控制可在允许的功率限制内实现动态传输功率配置。如果不需要更高功率操作，认知无线电将发射机功率降低到较低水平，以允许更多用户共享频谱并减少干扰。

（4）通信技术：认知无线电也可用于提高不同通信系统之间的互操作性。

认知无线电的传输参数不仅可以在传输开始时重新配置，也可以在传输期间重新配置。根据频谱特性，可以重新配置这些参数，从而将认知无线电切换到不同的频段，重新配置发射机和接收机参数，并使用适当的通信协议参数和调制方案。

为了提供这些功能，CR 需要一种新的 RF 收发器架构。CR 收发器的主要组件是最初为软件定义无线电提出的无线电前端和基带处理单元，如图 9.19 所示。在射频前端，接收到的信号被放大、混合和模数转换。在基带处理单元中，信号被调制/解调。每个组件都可以通过控制总线重新配置，以适应随时间变化的射频环境。CR 收发器的新特性是宽带射频前端，它能够在很宽的频率范围内同时进行感应。该功能主要与射频硬件技术有关，例如，宽带天线、功率放大器和自适应滤波器。CR 的射频硬件应该能够调谐到大

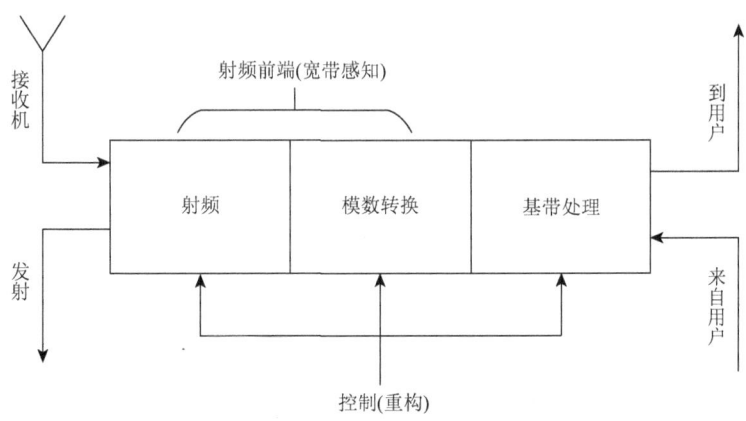

图 9.19 认知收发器架构

范围频谱的任何部分。然而，因为 CR 收发器接收来自不同发射器的信号，这些发射器在不同的功率水平、带宽和位置运行；RF 前端应具有检测大动态范围内的微弱信号的能力，这是 CR 收发器设计中的主要挑战。

9.4 认知关键技术

未来信息化海上联合作战是作战体系间的高强度对抗，水面舰船作为海战场的关键作战平台，承担的作战任务越来越重，面临的威胁也越来越多。而舰载通信设备作为水面舰船的信息作战装备，必须保障舰船在复杂电磁环境下全面掌握战场态势，为本舰及编队舰船武器系统提供精准的目标指示，迅速准确地进行电子进攻和防御，及时完成目标频谱监测，掌握战场信息主动权。上述需求推动了舰船战术无线电认知技术的发展，下面将重点介绍舰船基于软件无线电认知的三个关键技术。

9.4.1 频谱感知

海上认知无线电系统希望尽可能多地利用通信资源，因此系统必须具有良好的环境感知能力。CR 被设计成能够感知周围环境的变化，这使得频谱感知成为实现 CR 网络的重要要求。频谱感知使 CR 用户能够通过检测频谱空洞来适应环境，而不会对主网络造成干扰。这可以通过实时宽带传感能力来实现，以检测宽频谱范围内的弱初级信号。通常，频谱感知技术可分为发射机检测、协作检测和基于干扰的检测，如图 9.20 所示。

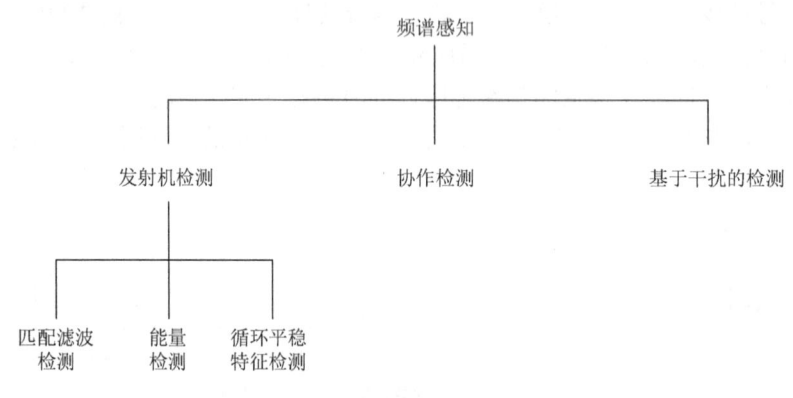

图 9.20 频谱感知技术分类

1. 发射机检测（非合作检测）

认知无线电应区分使用和未使用的频段。因此，认知无线电应该有能力确定来自主发射机的信号是否存在于某个频谱中。发射机检测方法是基于通过 CR 用户的本地观测检测来自主发射机的微弱信号。发射机检测的基本假设模型可以定义如下：

$$x(t) = \begin{cases} n(t), & H_0 \\ hs(t) + n(t), & H_1 \end{cases} \qquad (9.1)$$

式中，$x(t)$ 是认知用户接收的信号；$s(t)$ 是主用户的发射信号；$n(t)$ 是加性高斯白噪声（additive white Gaussian noise，AWGN）；h 是信道的幅度增益；H_0 是一个零假设，表明在某个频段内没有许可的用户信号；H_1 是备择假设，表明存在一些许可用户信号。发射机检测一般采用三种方案：匹配滤波器检测、能量检测和特征检测。

（1）匹配滤波器检测：当认知用户知道主用户信号的信息时，稳定高斯噪声中的最佳检测器是匹配滤波器，因为它使接收到的 SNR 最大化。虽然匹配滤波器的主要优点是由于相干性而需要更少的时间来实现高处理增益，但它需要主用户信号的先验知识，如调制类型和阶数、脉冲形状和数据包格式。因此，如果此信息不准确，则匹配滤波器的性能很差。然而，由于大多数无线网络系统都有导频、前导码、同步字或扩频码，这些都可以用于相干检测。

（2）能量检测：如果接收器无法收集到关于主要用户信号的足够信息，则最佳检测器是能量检测器。然而，能量检测器的性能容易受到噪声功率不确定性的影响。另一个缺点是能量检测器不能区分信号类型，只能确定信号的存在。因此，能量检测器容易出现由意外信号触发的错误检测。

（3）特征检测：一般来说，调制信号的特点是内置周期性或循环平稳性。这个特征可以通过分析谱相关函数来检测。特征检测的主要优点是它对噪声功率不确定性的鲁棒性。然而，它在计算上很复杂，需要很长的观察时间。

2. 协作检测

主发射机检测的假设是由于主用户和认知用户之间没有信令，主接收机的位置是未知的。因此，认知无线电应仅依赖于基于认知用户的本地观察的较弱的初级发射机信号。但是，大多数情况下，认知网络与主网络在物理上是分开的，因此它们之间没有交互。所以，通过发射机检测，认知用户由于缺少主接收机信息而无法避免干扰，如图 9.21 所示。此外，发射机检测模型不能防止隐藏终端问题。认知发射器可以对接收器具有良好的视线，但图 9.21（b）所示的阴影可能无法检测到发射器。因此，需要来自其他用户的感测信息来进行更准确的检测。

协作检测是指频谱感知方法中将来自多个认知用户的信息合并用于主要用户检测。协作检测可以以集中式或分布式的方式实施。在集中式方法中，认知基站的作用是收集来自认知用户的所有感知信息并检测频谱空洞。另外，分布式解决方案需要在认知用户之间交换观察结果。

非授权用户之间的协作检测理论上更准确，因为单个用户检测的不确定性可以最小化。此外，多径衰落和阴影效应是降低主要用户检测方法性能的主要因素。然而，协作检测方案允许减轻多路径衰落和阴影效应，从而提高在严重阴影环境中的检测概率。虽然协作方法提供了更准确的传感性能，但由于额外的操作和开销流量，它们会对资源受限的网络产生不利影响。此外，由于缺乏主接收机位置知识而导致的主接收机不确定性问题在协同感知中仍未得到解决。在下面基于干扰的检测这部分中，我们将解释旨在解决这些问题的方法。

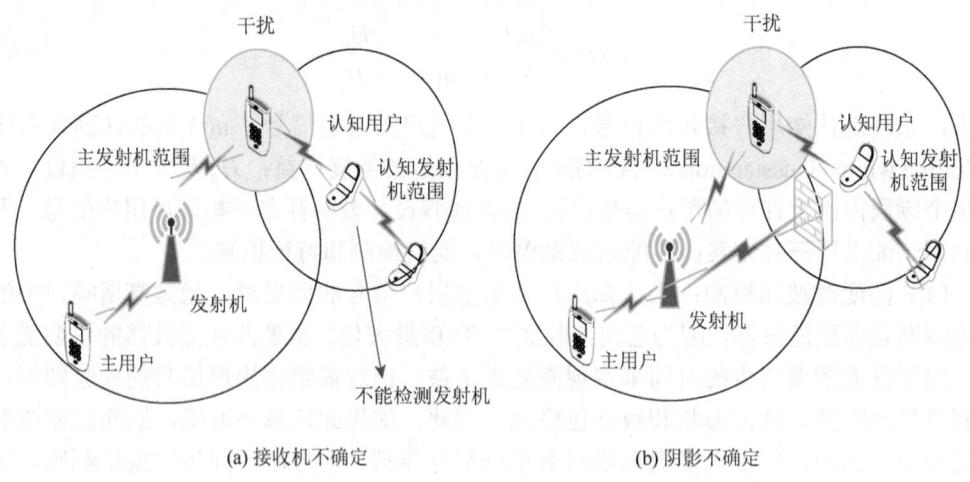

图 9.21　发射机检测问题

3. 基于干扰的检测

干扰通常用以发射机为中心的方式进行调节，这意味着可以通过辐射功率、带外发射和单个发射机的位置在发射机处控制干扰。然而，干扰实际上发生在接收机上，如图 9.21（a）和（b）所示。因此，美国联邦通信委员会（Federal Communication Commission，FCC）引入了一种新的干扰测量模型，即图 9.22 所示的干扰温度模型。该模型显示了无线电台的信号，该无线电台设计为在接收功率接近本底噪声水平的范围内运行。当出现额外的干扰信号时，服务区域内各个点的本底噪声会增加，如原始噪底上的峰值所示。与传统的以发射器为中心的方法不同，干扰温度模型通过干扰温度限制来管理接收器的干扰，干扰温度限制由接收器可以容忍的新干扰量表示。换言之，干扰温度模型考虑了来自多次传输的累积射频能量，并在它们的总水平上设置了最大上限。只要认知用户的传输不超过这个限制，他们就可以使用这个频段。

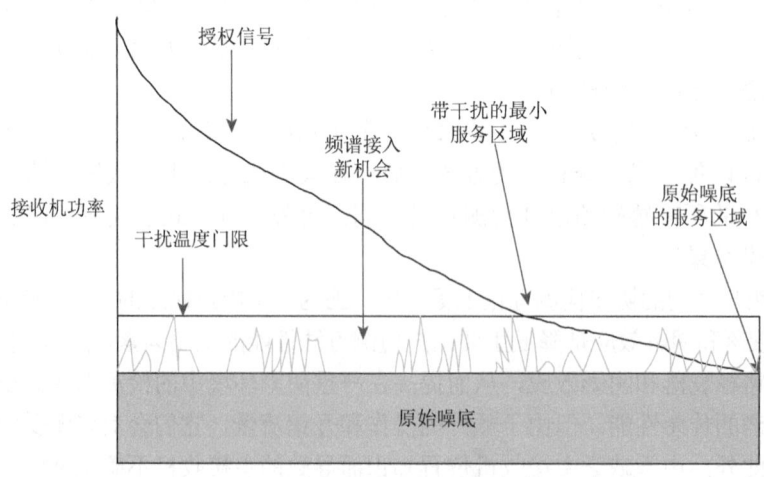

图 9.22　干扰温度模型

9.4.2 认知决策

认知无线电需要根据频谱感知得到的环境信息来决定如何使用频谱。其中，频谱利用策略应包括无线通信的各种软件和硬件参数。因此，频谱决策是一个复杂的过程，具有很强的灵活性。在进行频谱决策前，通常需要分析感知到的频谱信息，以此获得支持决策过程的信道估计。此外，学习作为认知无线电智能特性的体现，是决策过程中的关键步骤。

1. 频谱分析

在认知网络中，可用的频谱空洞显示出随时间变化的不同特征。认知用户配备了基于认知无线电的物理层，因此了解不同频段的特性非常重要。频谱分析能够表征不同的频谱带，可以利用这些特性获得适合用户要求的频谱带。为了描述认知网络的动态特性，每个频谱空洞的特征不仅应考虑随时间变化的无线电环境，还应考虑主要用户活动和频谱带信息，如工作频率和带宽。因此，必须定义干扰水平、信道错误率、路径损耗、链路层延迟和保持时间等可以代表特定频段质量的参数，具体如下。

（1）干扰：与其他频段相比，某些频段更加拥挤。因此，使用的频段决定了信道的干扰特性。根据主接收机的干扰量，可以推导出认知用户的允许功率，用于估计信道容量。

（2）路径损耗：路径损耗随着工作频率的增加而增加。因此，如果认知用户的传输功率保持不变，则其传输范围在较高频率时会减小。类似地，如果增加传输功率以补偿增加的路径损耗，那么会对其他用户造成更高的干扰。

（3）无线链路错误：根据调制方案和频谱带的干扰水平，信道的错误率会发生变化。

（4）链路层延迟：为了解决不同的路径损耗、无线链路错误和干扰，在不同的频段需要不同类型的链路层协议。这导致不同的链路层数据包传输延迟。

（5）保持时间：主要用户的活动会影响认知网络中的信道质量。保持时间是指认知用户在被中断之前可以占用许可频段的预期持续时间。显然，保持时间越长，质量越好。频繁的频谱切换可以减少保持时间，因此在设计具有较大预期保持时间的认知网络时应考虑先前的切换统计模式。

2. 频谱决策与分配

认知系统中的决策模块是将感知得到的特征映射为具体策略的过程。相比传统的无线电设备，决策模块的引入体现了认知系统学习电磁环境变化并且相应作出调整的能力。一旦确定了所有可用频带的特性，就应考虑服务质量（quality of service，QoS）要求和频谱特性[20]，为当前传输选择合适的工作频带。因此，频谱管理功能必须了解用户的 QoS 要求。根据用户需求，可以确定传输的数据速率、可接受的错误率、延迟界限、传输模式和带宽。然后，根据决策规则，可以选择一组合适的频谱带。最优决策是在多个认知用户之间形成协调的频谱使用策略，动态合理地将有限的频谱资源分配给有需求的认知用户,这就是频谱分配问题[21]。在频谱分配过程中,每个节点的决策都会对其他节点的决策结果产生影响,因此,博弈论是解决这类问题的重要方法。

为了描述 CR 网络的动态特性,提出了一个新的度量标准——主要用户活动,它定义为 CR 用户传输期间主要用户出现的概率。由于不能保证在 CR 用户的整个通信过程中某个频段可用,因此重要的是要考虑主用户在该频段上出现的频率。但是,由于主网的运行,CR 用户在很长一段时间内都无法获得可靠的通信信道。此外,CR 用户可能无法检测到任何单个频段来满足用户的要求。因此,多个不连续的频段可以同时用于 CR 网络中的传输。这种方法可以创建一个不仅具有高数据吞吐量,而且不受干扰和主要用户活动影响的信号。即使频谱切换发生在当前频带之一中,其余频带仍将保持当前传输。

3. 认知无线电学习

认知无线电主要体现在它的学习过程,这也是其与其他传统通信方式的重要的根本区别之一。认知无线电因为其出色的学习能力,显著提升了通信效率。认知无线电中的学习主要是机器学习,可以根据经验使通信功能适应不断变化的环境[22]。

机器学习是一门人工智能科学,主要研究通过计算机对经验数据进行分析获取规律性信息,从而提高算法的性能。自 1956 年在达特茅斯会议上正式确立了人工智能(artificial intelligence,AI)的名称和任务,机器学习一直是人工智能领域的一个重要研究课题。对于人脑来说,智能的最大体现就是学习能力,而机器学习的目标正是通过计算机来模拟人脑的学习能力。

通常,机器学习可以分为监督学习、无监督学习和强化学习等。监督学习的特点是有训练样本的指导,训练样本包含了特征数据和目标类别这些信息,即学习的输入和结果是同时给出的。学习程序基于训练样本的复杂性,不断改进自身算法,在一定条件下实现与训练样本的最佳匹配。当新的观测数据出现时,可以基于训练好的程序来计算样本的目标值。如果将监督学习看作一个函数,那么样本训练阶段就是函数的确定过程,而处理新数据则是函数的使用过程。常用的监督学习包括回归分析、统计分类等。

与监督学习不同,无监督学习中的训练样本不提供结果信息,而是在无指导的情况下依靠程序本身来完成学习。典型的无监督学习方法是聚类。值得注意的是,聚类和分类虽然都是将观察到的样本进行分类,但是二者有着本质的区别,分类中的类别标签是人为定义的,而聚类要求划分的类是未知的,由程序自身按照某个特定标准把相似的数据划分到一起,分割成不同的类或簇。

强化学习通过智能体与环境的交互,学习如何在某种特定环境下采取最优的行动来获得最大的奖励或实现特定目标的问题。

常用的机器学习算法主要有线性回归、逻辑回归、决策树、随机森林、支持向量机(support vector machine,SVM)、K-近邻算法、神经网络等。其中,神经网络在认知无线电领域有着非常重要的应用。神经网络是一种由大量相互连接的简单处理单元组成的计算系统,模仿动物神经网络行为特征,进行分布式并行信息处理,通过内部大量节点之间相互连接,实现对复杂信息的处理和学习。它是机器学习中的一种非常重要的算法,广泛应用于数据压缩、图像识别、自然语言处理等领域。

这些算法各有优劣，认知无线电面对复杂多变的外界环境，可以根据具体的问题和数据集的特点选择合适的算法，以适应更加不确定的应用场景。

决策和学习功能通常被称为认知引擎，它是认知无线电的智能核心。认知引擎的实现比上面的基本介绍更复杂，涉及计算机科学、认知科学、信息论、控制论、运筹学、语言学等多个领域[23]。具体相关认知引擎的内容会在9.5节详细介绍。

9.4.3 频谱共享

频谱共享是有效利用频谱资源和扩大无线通信技术应用范围的一个重要手段。对我国目前的无线通信技术发展和应用做分析可知，频谱共享是实践中被重点强调的内容，也是在无线通信体系建设中被重点研究和应用的内容。

频谱共享允许获得频谱的认知用户同其他用户共享频谱，共享策略取决于是否干扰授权用户的通信。频谱共享的目的是让尽可能多的认知用户获得所需的频谱，同时又希望能够保证用户在共享过程中的公平性。频谱共享技术是认知无线电网络中开放式频谱策略的主要挑战之一。在现有研究中动态频谱共享模型分为如下几种：公共开放接入、频谱租赁、动态频谱接入和分级频谱共享等。四种动态频谱共享模型如图9.23所示。

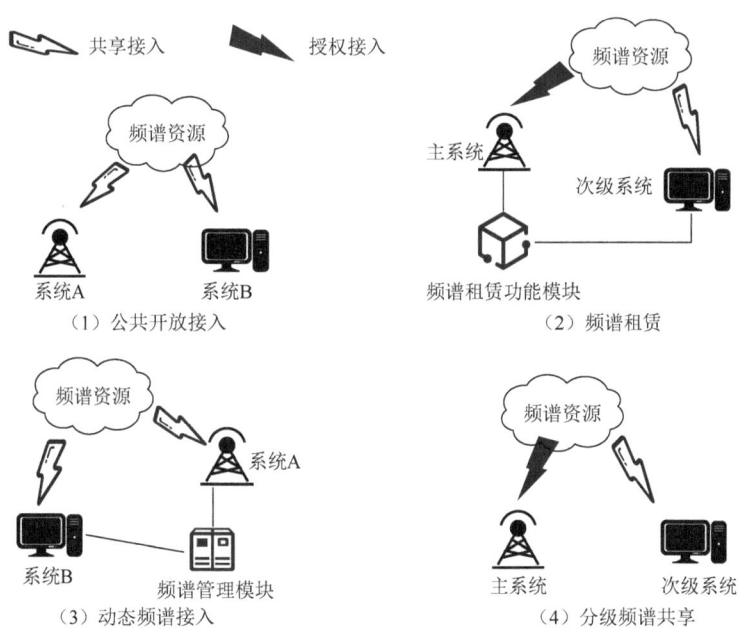

图 9.23　四种动态频谱共享模型

1. 公共开放接入

在公共开放模式中，使用频谱的系统之间没有主要或次要的区别，所有系统都有平等的机会获得频谱，接入和使用频谱的机会是相等的，但不是所有的系统用户都能使用。

在这种方式中，通过限制系统用户的发射功率来满足频谱资源的受压能力[24]。这种接入方式是最简单和最广泛使用的接入方式，如蓝牙和 WiFi 等系统的应用。由于发射功率较小，为了避免系统用户之间的相互干扰，适合小距离范围内的通信。

2. 频谱租赁

频谱租赁接入模式是一种已经具备分层模式雏形的接入方式。这种方式是指频谱所有者通过频谱租赁的方式将闲置的频谱租给有需求的次级用户，从而衍生出频谱拍卖模型，通过市场竞价获得频谱资源的高效利用。在这种方式中，需要增加具有频谱租赁功能的设备，以更加合理的方式进行频谱拍卖，这将对现有网络设施造成影响[25]。

3. 动态频谱接入

在动态频谱接入方式中，访问频谱资源的系统也属于一种平等的关系。然而，与公共开放接入方式不同，该方式中所有的频谱资源由统一的频谱资源管理系统进行管理，通过分析接入系统所需要的功率和干扰等信息，预测所需的频谱，并根据预测结果分配资源。这种方式显著提高了频谱资源的利用率，但是在频谱资源管理模块中，改变了原有的频谱分布结构，对无线系统的设备、网络结构以及频谱管理模块都做了改变，增加了实施难度[26]。

4. 分级频谱共享

分级频谱共享是基于主用户和次用户系统之间的频谱使用优先策略而提出的分层频谱共享模型。在使用频谱资源时，主系统用户享有更高的接入优先级，次级系统用户需要在不影响主用户正常通信的前提下，才能接入主用户系统所属的频谱进行通信。这种模型能够有效地提高频谱资源的利用效率，同时也保证了主用户系统的正常运行。

在实现频谱共享的过程中，物理层技术发挥着重要作用，因此有必要重视对物理层技术的分析和研究。通过对物理层技术的深入研究，可以利用频谱监测等手段获取频谱使用情况，从而实现测量与反馈机制、信道和参考信号等方面的设计。对于射频技术，随着多模多频芯片成为市场的主流，分析未来支持频谱共享技术的新型射频可以支持更宽的频率范围，有效处理同时在多个信道工作时的相互干扰，支持灵活的带宽射频，支持在不同系统接入相同频谱时的灵活调制，并通过多通道检测或压缩感知等方式的宽频谱检测等功能来寻求射频参考结构与参数。

9.5 认知引擎设计

9.5.1 基本概念

认知引擎（cognitive engine，CE）是认知无线电的核心，是赋予 SDR 平台人工智能特性的关键模块，是 CR 的"大脑"。作为 CR 的核心模块，CE 具有感知、分析、决策、推理和学习能力的同时，支持和处理相关算法，如频谱感知算法、频谱接入、波形分类算法和网络路由规划等。CE 的本质在于掌握外部无线电环境信息后，通过配置相关无线电硬件资源，以实现完整的认知环。

认知无线电技术是软件无线电技术和认知相关技术的有机结合。在软件无线电技术中，通常会结合 SCA 以模块的形式对通信系统中各个功能进行封装。SCA 定义了如何定义、创建、连接波形组件，以及它们的运行环境，该标准是以软件为中心的观点开发的。在 SCA 框架下，CE 也可以抽象为一个与通信系统底层应用相分离的应用组件。在软件无线电平台中，CE 是一个集分析、处理、推理、决策、执行和学习功能于一体的组件。CE 通过其软件无线电平台感知模块的相应接口来获取无线电环境信息，然后通过感知信息作出相应决策并触发其内部需要改变无线电资源配置的相应进程，以结合系统中对应接口执行资源配置，实现对软件无线电平台硬件资源的灵活配置，从而达到充分利用频率和功率等资源的目的，满足了用户对于无线链路的要求，成为无线电环境和终端设备之间的桥梁。

CE 将观察（observe）、判断（orient）、计划（plan）、决策（decide）、行动（act）和学习（learning）（OOPDAL）环路中的各个阶段整合在一起，然后将它们抽象出来并构建成 CE 模块中对应的功能接口，进而实现了认知无线电设备的对应功能。因此，在软件无线电平台上，认知引擎的子模块包括感知模块、推理模块、知识库、决策模块等，它们共同协作以实现对环境的理解、推断和行动决策。

无线电环境认知和认知引擎决策是认知通信的过程中两个最重要的环节，因此这两个环节通常被抽象为信道认知引擎和决策引擎实现。信道认知引擎的功能实现是通过对无线电环境的感知以获取当前信道状态信息，以此确保高效准确的搜索频谱空洞，准确构建信道状态参数。认知决策引擎根据信道认知引擎传递来的信道状态信息，以及知识库中的相关知识，结合 CE 内部的人工智能算法，获得与当前信道相匹配的最佳传输策略，并加以实施[27]。

9.5.2 认知引擎架构设计

1. 技术支撑

认知引擎是集成了感知、决策、学习等功能的智能系统。要实现认知引擎的多种认知功能需要依靠许多相关技术作为支撑，而多种技术的整合需要构建一个灵活、可扩展的认知引擎功能架构。

在基于 SCA 的软件无线电平台上，CE 被抽象成独立的功能组件，主要关注于处理多目标优化等问题。CE 利用无线电环境感知数据和人工智能算法，自主做出最优决策并优化软件无线电平台的硬件资源配置，以适应无线电环境提供可靠服务。因此，CE 的具体实现主要包含以下关键技术[28]。

1）信息表示技术

信息表示是一种将现实世界中的相关信息抽象为计算机可识别的数据结构的方法。

信息的表示方法通常分为陈述性信息和过程性信息。陈述性信息主要以描述事实性相关信息为主，例如，在通信系统中的信道信噪比、无线电工作参数和网络相关参数信息等。过程性信息则主要用以描述规则性和控制性信息，在通信系统中，如在认知通信终端特定区域内的动态波形参数配置和规划等。信息表示技术是 CE 中基础支撑技术之一，它主要用于 CE 中知识库的构建。

2）机器推理技术

机器推理技术是一种源自人工智能发展早期的技术，旨在让计算机了解现实世界的运作方式以及各种事物之间的相互关联，以便成功地探索现实世界。1984 年，世界上持续时间最长的人工智能项目 Cyc 启动，该项目的重点是建立全面的常识知识库和经验法则知识库，并利用机器推理技术探究现实世界的运作方式。Cyc 本体使用知识图来构建不同概念之间的关系，并使用推理引擎进行事实推理。CE 与 Cyc 类似，CE 中也包含知识库和推理引擎。推理引擎选择与知识库中的短期知识相匹配的长期知识（包括规则和案例知识），并将生成的中间结果存储在知识库中，反复推理以获得最终结果。知识库和推理引擎是一个完整的机器推理系统的不可或缺的组成部分。推理引擎使用知识库中的内容可实现基于规则和基于案例的推理。而基于规则和案例推理、神经网络和遗传算法等是目前 CE 常用的机器推理算法。

3）机器学习技术

机器学习是一种数据分析技术，通过分析数据并从中获得经验，让计算机做对人类和动物自然发生的事情。机器学习算法不需要预设相关的模型，而是通过对数据集学习，提取数据特征构建相应模型。此外，随着可用于学习的样本数量的增加，算法性能也能够自适应地提高。认知无线电与软件无线电的区别就在于前者具备从经验中学习的能力。关于机器学习相关算法已在 9.4.2 小节简单介绍过。

2. 功能架构

通用认知引擎是由多个部分构成的，包括认知核、功能模块、用户接口、传感器接口和网络接口，其结构如图 9.24 所示。认知核是整个认知引擎的核心，主要由数据库、学习机、推理机和优化器四部分组成，包括多种人工智能技术。功能模块可通过调用多种技术实现各种认知功能，并完成特定场景下的特定任务；用户接口提供用户域的信息，以提供良好的用户体验；传感器接口收集信道状态等无线域的信息；网络接口收集网络性能等网络域信息。

在认知引擎的工作过程中，功能模块可以调用认知核中的相应组件实现认知环路中不同的需求。认知环路中各阶段的实现都离不开认知核中相应功能的调用。

9.5.3 典型的认知引擎

最初对于 CE 的研究和具体实现主要集中在物理层和数据链路层等底层应用。其中，比较经典的有美国弗吉尼亚理工大学无线通信中心和美国国防部的通信科学实验室提出的认知引擎。

第 9 章 基于软件无线电的认知通信技术

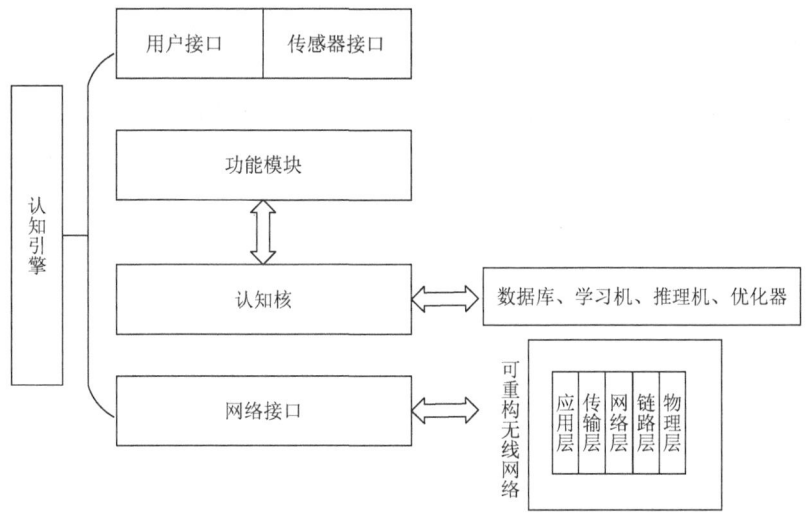

图 9.24 认知引擎结构

1. 美国弗吉尼亚理工大学无线通信中心提出的认知引擎

美国弗吉尼亚理工大学无线通信中心提出的认知引擎 VT-CWT，是一种较为通用的模型结构。它将输入部分主要分成了用户级信息、无线环境信息和政策信息三个部分。VT-CWT 认知引擎是一种综合了视觉、听觉和触觉等多种感知方式，并融合了知识表示、机器推理和机器学习等多种人工智能技术，控制整个无线系统的运行。其目的是模仿人类的认知过程，能够感知外界信息并进行分析和决策，以达到更加智能化的应用需求。弗吉尼亚理工大学的 Rieser 设计了以遗传算法为主要手段的认知引擎内部结构[29]。其内部功能目标类似于 Haykin 提出的无线场景分析、信道估计预测、动态频谱管理这三方面功能的实现。VT-CWT 内部结构如图 9.25 所示，主要由无线信道遗传算法（wireless channel genetic algorithm，WCGA）模块、无线系统遗传算法（wireless system genetic algorithm，WSGA）模块和认知系统监控（cognitive system monitor，CSM）模块三部分组成。

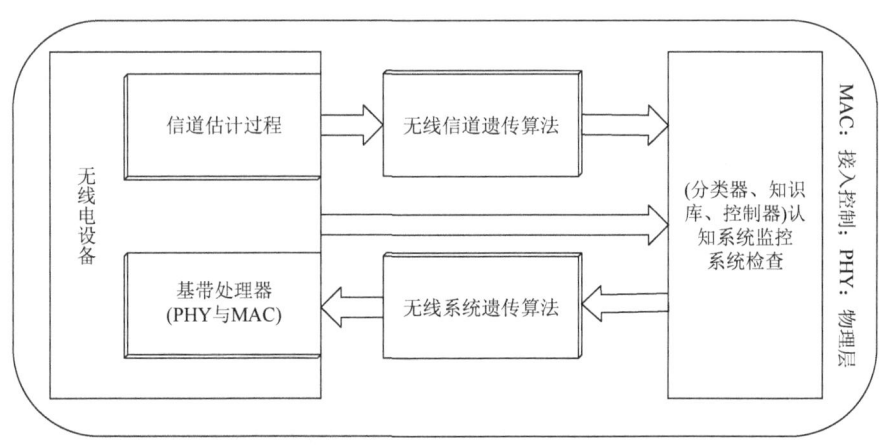

图 9.25 VT-CWT 认知引擎内部结构

2. DoD-LTS 认知引擎

DoD-LTS 认知引擎是美国国防部的通信科学实验室提出的。其目标是通过综合不同领域的知识和技术,构建一个能够支持多任务决策、学习和适应的认知引擎系统。并且将认知引擎按照功能划分为学习机、推理机、知识库等,之后很多认知引擎设计都以此作为标准,该系统的主要特点是具备高度的自主性和可扩展性,能够根据不同任务的需求和环境的变化进行智能的决策和行动。具体的引擎设计如图 9.26 所示。

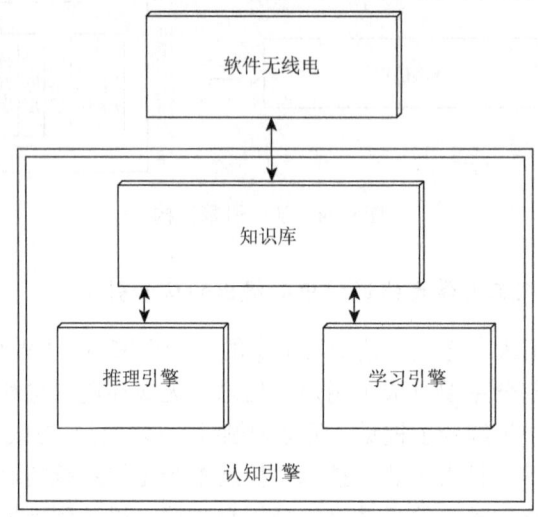

图 9.26 DoD-LTS 认知引擎结构

9.6 智能无线电

随着通信技术的发展,出现了越来越多的信号形式和各种各样的无线通信系统及标准,通信行业出现了空前的繁华。伴随着这些系统和标准的发展也出现了两大问题,针对这两个问题,智能无线电技术被提出并得到了广泛探讨。

9.6.1 问题分析

不同通信系统间的协同工作、无缝连接、多标准及多模式兼容成为一大难题[30]。例如,在大规模普及的无线移动通信中,随着各种新标准、新协议的不断发布,无线系统制造商和通信服务提供商不得不通过系统升级,融入先进的技术,不断为用户提供高质量的通信服务。但是,从 1G 到 5G 的发展过程中,暴露出一些体制升级带来的严重问题。对系统的反复重新设计和硬件的不断更新换代,不仅消耗昂贵的成本,而且浪费了很多资源,同时给终端用户也带来诸多不便。为此,越来越多的服务提供商和用户都开始关注能经得起时间考验的无线通信系统,而不是像现在的系统,随着技术的发展,处在不断地面临被淘汰、废弃的尴尬境地。当然，这些问题并非仅存在于移动通信中，而是一直普遍存在于各类通信形式中。在这样的背景下，人们在无线通信系统设计中提出了一种经得起时间考验的系统设计方法——软件无线电。

无线通信中的另一个重要问题是频谱资源的有效利用率低[30]。目前对于频谱资源管理，国际上采用的通用做法是实行授权和非授权频率管理体制，对于授权频段，非授权者不得随意使用。美国联邦通信委员会的研究表明，在大部分时间和地区，授权频段的平均利用率在 15%～85%。另外，开放使用的非授权频段占整个频谱资源的很小一部分，而在该频段上的用户却很多，业务量拥挤，无线电频段已基本趋于饱和。静态的频谱分配原则导致频谱资源利用极不均衡。显然，真正的问题不是频谱资源的匮乏，而是我们目前采用的固定频谱分配制度，该制度是一种频谱利用率极其低下的分配制度。如何对不可再生的频谱资源合理再利用并实现频谱共享，已成为目前全球性的研究热点。为解决频谱资源的有效利用问题，智能无线电技术应运而生了。

智能无线电是一种利用人工智能和软件定义无线电等技术来实现自适应调制、天线选择、功率控制等无线电参数的优化的无线电通信系统。智能无线电可以感知、学习和适应无线电环境，动态调整无线电参数和协议，实现更高的频谱利用效率和通信质量。实现频谱资源的优化利用和干扰的最小化[31]。

人工智能和软件定义无线电都是当前通信技术发展的前沿方向。它们的结合可以产生强大的协同效应，实现更智能和灵活的无线通信系统。在软件无线电技术中，数字信号处理技术被广泛地应用于无线电通信，使得无线电设备可以通过软件编程实现多种信号处理算法，如数字滤波器、信号调制、解调、编码、解码等。这些算法可以通过 FPGA、DSP 等嵌入式硬件来实现，同时也可以通过软件程序来实现。而人工智能技术则可以将机器学习和人工智能算法应用到软件无线电中，使得无线电设备具有自主感知、智能学习和自适应调整的能力。例如，利用支持向量机和深度神经网络等机器学习算法，可以实现无线电信道预测和信道估计；利用强化学习算法，可以实现动态功率控制和频谱分配；还可以利用自然语言处理和推荐系统等技术对无线电频谱进行智能管理和优化，以实现更加高效、安全、可靠的无线通信。

9.6.2 智能无线电的技术特点

智能无线电是一个复杂的交叉学科，涉及通信技术、数字信号处理、机器学习、人工智能与认知科学等诸多领域。它被视为下一代无线通信技术，有望彻底改变无线电谱资源的利用方式，实现更高效、更智能、更灵活的无线通信体系[32]。智能无线电具有以下主要特征。

（1）频谱感知：频谱感知是实现认知无线电中动态频谱访问的关键技术，可以发现并利用空闲的频谱资源，提高频谱利用率和效率，它可以监测许可频段和未许可频段的利用情况，检测到闲置频谱资源和潜在的干扰源。频谱感知需要用到宽带的频谱扫描和高精度的频谱检测技术。

（2）频谱分析：频谱分析是对无线电信号的频谱特征进行分析的一种技术手段，通常通过数字信号处理、傅里叶变换、小波分析、能量谱、功率谱等方法来实现。频谱分析可以帮助我们了解信号的成分、特征、周期性、调制等信息，它可以分析频谱环境，提取频谱特征参数，判断不同频段的利用机会和质量。频谱分析需要用到先进的频谱信号处理和机器学习算法。

（3）频谱决策：频谱决策指的是在感知到可用的频谱资源后，根据用户的通信需求和质量要求，选择最合适的频段进行通信，同时避免对授权用户造成干扰。频谱决策涉及频谱特征的分析、频谱选择的优化、认知无线电的重构等方面，频谱决策的方法主要有基于优化理论、博弈论、拍卖理论、图论等数学工具的模型驱动方法，以及基于机器学习、深度学习、强化学习等人工智能技术的数据驱动方法。它可以根据频谱分析结果，选择最适宜的工作频段和通信参数。频谱决策是智能无线电的核心部分，直接影响着系统的频谱效率、业务质量与用户体验。这是一个复杂的优化过程，需要综合考虑许多因素。

（4）频谱适应：频谱适应是智能无线电根据环境变化，主动调整工作参数的能力。它利用时频分析方法来调整信号的频谱特性，可以根据频谱决策结果，动态地改变系统的工作频率、发射功率、调制方式等，以实现最优的频谱利用和通信质量。频谱适应使无线电系统具备环境感知与主动适应的能力。更高级的频谱适应技术可以实现工作参数的精细自动优化，最大限度地提高系统的频谱效率、抗干扰能力与业务质量。

（5）学习与更新：智能无线电系统通过观测历史频谱数据和交互反馈，可以持续学习和更新环境模型，从而做出更精确的频谱决策。这需要强大的机器学习能力。

（6）频谱共享：频谱共享是一种利用同一频段内的空闲或闲置的频谱资源，为不同的用户或制式提供通信服务的技术。频谱共享可以提高频谱利用率，缓解频谱资源的紧张状况，促进无线通信的发展。它允许不同的无线电系统在同一时间和频率共存工作，显著提高了频谱时间和空间的复用率。频谱共享需要高级的协作机制和干扰管理。

（7）灵活性和可扩展性：由于采用软件定义无线电技术，智能无线电系统具有很强的灵活性和可扩展性，可以实现多用户并行接入、快速网络部署、动态频谱管理等操作，同时也兼容各种无线电通信标准和协议，可以根据需求快速重新配置射频和基带处理单元，实现不同的物理层协议和频段间的切换。

（8）高效性和可靠性：智能无线电通过机器学习算法可以进行无线电链路质量的预测和优化，提高数据传输的速度和准确性，具有高效性和可靠性，同时还可以保证通信安全性。

（9）节能和环保：智能无线电可以通过自动化限制无线电功率、频率和带宽等参数，降低无线电的能耗，减少对环境的污染和对电池寿命的损耗。

9.6.3 智能无线电的应用场景

智能无线电有多种应用场景，例如，在物联网领域，可以通过智能无线电技术实现设备连接、数据传输、智能控制等[33]；在智慧城市中，可以通过智能无线电技术实现智能交通、城市照明、环境监测、公共安全等[34]；在军事领域，可以通过智能无线电技术实现雷达探测、电子干扰、情报收集、作战指挥等[35]；除此之外，还可以应用在卫星通信、广播等领域。智能无线电为无线电通信系统提供了更加智能化、高效化和灵活化的解决方案，是无线电通信技术发展的必然趋势，也是 6G 通信和认知无线电的重要技术支撑[36]。

智能无线电目前还主要处于研究阶段，但已在一些应用得到初步验证，如电视白空频段的利用、军事无线电的频谱管理等。随着相关技术的成熟，未来智能无线电将得到更加广泛的应用。

9.7 本章小结

本章主要介绍应用在舰船上基于软件无线电的认识技术，首先对于软件无线电与认知无线电的基本概念及内涵做出了说明，对软件无线电从其体系结构与技术框架进行自中心向外发散的梳理。随着软件无线电的发展，认知无线电成为其中的重要组成部分，认知无线电的核心是认知引擎，其具有感知、分析、决策、推理和学习能力。智能无线电被视为下一代无线通信技术，有望彻底改变无线电谱资源的利用方式，实现更高效、更智能、更灵活的无线通信体系。

参 考 文 献

[1] Grayver E. Implementing Software Defifined Radio [M]. Heidelberg：Springer，2013.
[2] Wireless Innovation Forum. Driving the future of radio communications and systems worldwide[R]. California，2011.
[3] Zimmermann H. OSI reference model—the ISO model of architecture for open system interconnection[J]. IEEE Transactions on Communications，1980，28（4）：425-432.
[4] Valles E L，Tarasov K，Roberson J，et al. An EMWIN and LRIT software receiver using GNU radio[J]. Aerospace Conference，IEEE，2009：1-11.
[5] Feng W，Balaji P，Baron C，et al. Performance characterization of a 10-gigabit ethernet TOE[J]. Symposium on High-Performance Interconnects，2005：58-63.
[6] Hughes-Jones R，Clarke P，Dallison S. Performance of 1 and 10 Gigabit Ethernet cards with server quality motherboards[J]. Future Generation Computer Systems，2005：469-488.
[7] Schmid T，Sekkat O，Srivastava M B. An experimental study of network performance impact of increased latency in software defined radios[C].The 13th Annual International Conference on Mobile Computing and Networking，Montreal Quebec，2007：59-66.
[8] Xilinx.Xilinx platform flash XL[R/OL].（2011-01-01）[2024-10-22]. https://www.amd.com/en/search/site-search.html#q = Xilinx%20platform%20flash%20XL.
[9] Altera.Parallel flash loader megafunction[R/OL].（2023-04-03）[2024-10-22]. http://www.altera.com/literature/ug/ug_pfl.pdf.
[10] Xilinx. Zynq-7000 extensible processing platform[R/OL].（2011-03-01）[2024-10-22]. http://www.xilinx.com/products/silicondevices/epp/zynq-7000/index.htm.
[11] Parhi K. VLSI Digital Signal Processing Systems：Design and Implementation[M]. New York: Wiley-InterScience, 1999.
[12] Hussein J，Klein M， Hart M. Lowering power at 28 nm with Xilinx 7 series FPGAs[R/OL].（2011-07-13）[2024-10-22]. https://fpga.eetrend.com/files-eetrend-xilinx/download/201109/2078-3850-wp389loweringpowerat28nm.pdf.
[13] Altera. Reducing power consumption and increasing bandwidth on 28 nm FPGAs[R/OL].(2010-01-01) [2024-10-22]. https://www.techonline.com/tech-papers/reducing-power-consumption-increasing-bandwidth-on-28-nm-fpgas/.
[14] Intel. Integrated performance primitives（IPP） [R/OL]. (2011-01-01) [2024-10-22]. https://www.intel.com/content/www/us/

en/developer/tools/oneapi/ipp.html.

[15] Lu Z. How GNU radio core works—An analysis of GNU radio 3.3.0 sources[R/OL].（2011-11-19)[2024-10-22]. https://www.cnblogs.com/nickchan/archive/2011/11/19/3104453.html.

[16] OSRMT. Open source requirements management tool. (2019-07-07) [2024-10-22]. http://sourceforge.net/projects/osrmt/.

[17] Lamsweerde A. Requirements Engineering：From System Goals to UML Models to Software Specifications[M]. New York：Wiley，2010.

[18] 王能军，曹永恒. 认知无线电技术在舰艇编队频谱监测中的应用研究[J]. 舰船电子工程，2024, 44（2）：86-90.

[19] Akyildiz I F, Lee W Y, Vuran M C, et al. A survey on spectrum management in cognitive radio networks[J]. IEEE Communications Magazine，2008，46（4）：40-48.

[20] Akyildiz I F, Lee W Y, Vuran M C, et al. Next generation/dynamic spectrum access/cognitive radio wireless networks：A survey[J]. Computer Networks，2006，50（13）：2127-2159.

[21] 朱达祥. 认知无线电中频谱感知与频谱共享技术研究[J]. 通信电源技术，2020，37（6）：204-205.

[22] 吴利民，王满喜，陈功. 认知无线电与通信电子战概论[M]. 北京：电子工业出版社，2015.

[23] 杨金星，高月红，杨大成. 认知无线电中的频谱共享技术[J]. 现代电信科技，2011，(7)：33-36.

[24] Sun D W, Zheng B Y. A novel sub-carrier and power joint allocation algorithm for multi-user cognitive OFDM[C]. Proceedings of IEEE 10th International Conference on Signal Processing，Beijing，2010：1458-1462.

[25] Kai Z，Li G，Kai N，et al. Joint uplink user scheduling and power allocation in cognitive MIMO system[C]. Proceedings of 2011 IET International Conference on Communication Technology and Application，Beijing，2011：589-593.

[26] 汪李峰，魏胜群. 认知引擎技术[J]. 中兴通讯技术，2009，15（2）：5-9.

[27] MacKenzie A B，Reed J H，Athanas P，et al. Cognitive radio and networking research at virginia tech[J]. Proceedings of the IEEE，2009，97（4）：660-688.

[28] 董旭，李颖，魏胜群. 认知引擎功能架构设计与实现[J]. 科学通报，2012，57（12）：1067-1073.

[29] Rieser C J. Biologically inspired cognitive radio engine model utilizing distributed genetic algorithms for secure and robust wireless communications and networking[D]. Virginia：Virginia Polytechnic Institute and State University，2004.

[30] 王静远. 基于软件无线电结构的扩频通信系统研究[J]. 舰船电子工程，2010，30（3）：96-98.

[31] 沙地克. 软件无线电技术在调频发射机设计中的应用探讨[J]. 数字通信世界，2017，(2)：232-233.

[32] 廖天亮. 浅析新一代移动通信无线技术[J]. 中国新技术新产品，2012，(11)：108-109.

[33] 叶永平. 基于软件无线电和云计算技术的无线电监管体系[J]. 中兴通讯技术，2012，(3)：155-156.

[34] 张威虎，杨延宁，张富春. 软件无线电技术的现状与发展趋势[J]. 现代电子技术，2006，29（13）：29-31.

[35] 刘晓平. 基于软件无线电技术的雷达系统应用研究[J]. 信息与电脑，2018，(11)：110-112.

[36] Mei J，Wang X，Zheng K. An intelligent self-sustained RAN slicing framework for diverse service provisioning in 5G-beyond and 6G networks[J]. Intelligent and Converged Networks，2020，1（3）：281-294.

第10章　舰船通信对抗效果评估理论与技术

随着信息技术、通信技术和计算机技术等现代高科技的迅猛发展，现代战争已转变到信息电子战等现代武器的战争，海军舰船通信及通信对抗也包括在其中。在舰船通信对抗过程中，干扰机是攻击者使用的主要设备之一，用于发射有害的电磁波，干扰通信信号，从而破坏通信系统的正常运行。准确评估干扰机性能对于攻击的有效性、高效性以及隐蔽性具有重要意义。因此对通信干扰效果的评估是通信对抗效果评估中不可或缺的环节。

舰船通信对抗中，语音通信是一种非常重要的通信手段，通常用于军队内部的指挥、调度、联络以及与外部通信等方面。语音通信具有实时性强、信息传递效率高、易于使用等特点，尤其是在复杂的作战环境中，语音通信对指挥决策和作战效果的影响非常大。在舰船通信对抗过程中，通信系统输出的语音质量是评价受扰或干扰效果的关键因素。通过通信受扰语音的质量评估，来评估干扰设备的干扰效果，可以对干扰设备的性能参数进行测量和分析，如干扰信号的波形、频率、带宽、功率等参数；可以对干扰设备的实际效果进行评估；可以对干扰设备的设计进行优化，评估结果可以帮助干扰设备的设计者了解干扰设备的不足之处，从而针对性地进行优化和改进；可以指导干扰设备的使用。

总之，通信语音干扰效果评估在军用领域对干扰设备的定型具有重要作用。通过评估可以确定干扰设备的性能参数、评估干扰设备的实际效果、优化干扰设备的设计和指导干扰设备的使用，从而提高军方抵御干扰的能力和干扰作战的效果。

本章主要讲述通信语音干扰效果评估，从主观评估到客观评估，从传统机器学习到深度学习，实现更智能、更可靠、部署更灵活的干扰效果评估模型，为舰船通信对抗中干扰设备的定型提供重要依据。

10.1　通信语音干扰效果评估概述

通信干扰是利用无线电干扰设备辐射出的电磁波能量，削弱甚至阻断敌方信息网络体系的一项通信对抗技术。通信干扰形式多种多样，随着新技术的不断发展，其方式和手段更是层出不穷。如何有效地评估干扰效果也成为该领域的一大研究热点。除已有的评估标准[如误码率（probability of error，Pe）、干信比（jamming signal ratio，JSR）]外，在军事通信领域按照表 10.1 中的评估标准对数字通信系统的受扰等级进行划分。

表 10.1　语音数码读音标准

误码率	干扰强度	干扰等级
$0.2 \leqslant Pe$	强干扰	三级
$0.12 \leqslant Pe < 0.2$	中度干扰	二级

续表

误码率	干扰强度	干扰等级
0.05≤Pe＜0.12	轻度干扰	一级
Pe＜0.05	几乎未受到干扰	无效干扰

通信干扰强度的评定方式，是在长时间的理论研究与工程实践中得出的结论，具有简明实用、可操作性强的特点。

在语音通信系统中，待传输的语音信号叠加了人为干扰，同时受到信道及噪声的影响，使得接收端的语音质量发生劣化。因此，可以通过分析接收到的语音信号对当前的通信质量进行评估。

评估方法主要分为主、客观两种。主观评估方法通常为绝对等级评定（absolute category rating，ACR），通过测听人员对语音打分的高低反映语音质量，打分范围为1~5，分数越高表明语音质量越好。虽然主观评估能够准确反映人耳的感知情况，但这种方法成本较高，需要消耗大量的时间和人力。因此，利用计算机等非人工手段的客观评价方法逐渐成为主流。通过对语音信号进行特征提取，并以此进行质量评估。这种评价方法较主观评价更为便捷、稳定并且准确。

10.2 语音质量主观评估方法

10.2.1 诊断押韵测试法

《汉语清晰度诊断押韵测试（DRT）法》（GB/T 13504—2008）自发布实施之日起对我国通信事业的发展起到至关重要的作用。

该标准规定的测试法基于音韵学的区别特征原理，按汉语辅音的六大区别特征（浊音性、鼻音性、送气性、低沉性、紧密性、持续性），采用押韵的测试体制及测试项的字前辅音仅靠单一的区别特征相区别的原则，形成按本标准执行的测试用字表。此外，该标准也被尝试运用在军用通信设备中，为通信对抗效果的评估提供主观依据。其主要内容包括字表的编制、发音材料的录音及制作、听音人的选择及训练、听音环境的控制、测试及记录、DRT（diagnostic rhyme test）清晰度的计算六个部分。

1. 字表的编制

发音字表由基本字表派生而成。基本字表由两张各108对押韵字组成，每对字以六种特征辅音为声母，分别由出现频率较高的九个韵母组成。每一对字为一项，每两项为一组，每种特征有九组。从两张基本字表每种特征的九组押韵字中随机各选一项，每项中任选一字作为被测的发音字，每张发音字表有54个字，两张基本字表各产生2~3张发音字表，记录字表表号与发音字表表号相一致。

2. 发音材料的录音及制作

选用真人现场发音和磁带送音两种方式。发音人先报发音表表号，然后按发音表顺序发音，发音速度为汉语连续语言 3 字/s，整句读音约 2 s，然后共 4 s。每个被测字只发一次音，发音的声级控制在 94 dB（A）左右。

3. 听音人的选择及训练

听音人由初中以上文化程度、能根据汉语拼音正确听辨普通话的 10 名 18～35 岁男女各半的中青年担任。训练时先熟悉两张基本字表的正确读音，然后测试 2～3 张非正式的测试字表，并记录成绩，反复练习直至达到 100% 正确。

4. 听音环境的控制

测试受话器时，耳机频率响应至少在 80～5000 Hz 内，不均匀度应为 ±2 dB，耳机的声压级应为 72 dB 左右，环境噪声为被测装备所使用的环境噪声声级。测试送话器时，听音区声场的不均匀度应控制在 ±3 dB 内，听音人所在位置的声压级应为 65 dB 左右，背景噪声低于 40 dB（A）。

5. 测试及记录

测试时，听音人对所测试的内容独立回答。记录时，听音人根据听到的内容，依次在记录表中相应的测试项上明显地圈出听到的那个字，对每个测试项都必须作出回答并记录。全部测试完成后要对所有的记录表进行核对。

6. DRT 清晰度的计算

（1）计分，DRT 清晰度的得分用如下公式计算：

$$A = \frac{R-W}{T} \times 100\% \tag{10.1}$$

（2）区别特征计分。

① 计算第 k 张记录表第 i 个听音人的第 j 类特征得分：

$$A_{ijk} = \frac{R-W}{T} \times 100\% \tag{10.2}$$

② 计算第 i 个听音人的第 j 类特征得分：

$$A_{ij} = \frac{1}{M} \sum_{k=1}^{M} A_{ijk} \tag{10.3}$$

③ 计算全体听音人的第 j 类特征得分：

$$\langle A_j \rangle = \frac{1}{N} \sum_{i=1}^{N} A_{ij} \tag{10.4}$$

同时采用 95% 的置信度计算第 j 类特征得分的真值。

(3) DRT 清晰度总得分的计算。

将各区别特征得分平均,即得到总的清晰度得分。

(4) 分别计算男女发音人的得分值。

10.2.2 平均意见得分法

此外,平均意见得分(mean opinion score,MOS)也被广泛应用于主观评价中。评分细则如表 10.2 所示,其具体过程是让用户对听到的语音文件进行打分,并对结果进行加权平均,以此划分出五个失真等级。

表 10.2 MOS 法评分细则

音频级别	MOS 值	评价标准
优	4.0~5.0	很好,听得清楚;延迟小,交流流畅
良	3.5~4.0	稍差,听得清楚;延迟小,交流欠流畅,有点杂音
中	3.0~3.5	还可以,听不太清;有一定延迟,可以交流
差	1.5~3.0	勉强,听不太清;延迟较大,交流需要重复多遍
劣	0~1.5	极差,听不懂;延迟大,交流不通畅

在语音通信系统中,在 4.0~5.0 分的 MOS 值通常称为网络质量,即在这种情况下语音文件能够达到长途电话网要求的质量标准;在 3.5 分左右的 MOS 值通常称为通信质量,在这种情况下,测听人员对语音效果的感受就是话音质量明显下降,但可以基本满足通信系统的使用要求;MOS 值在 3.0 分以下常称为合成语音质量,该等级语音在自然度及受话人可识别程度等方面表现很差。通常情况下认为较高的语音质量的文件的 MOS 值应该在 3.0 分以上。

语音质量评价方法中,主观评价被认为是最有效且最直接的方法。但是,组织一场对语音文件的主观评估试验需要较高的成本和较烦琐的试验过程,使得在应用主观方法时,试验的时效性和可重复性都受到了极大的制约。

10.3 语音质量客观评估方法

ITU-T 作为通信领域的权威机构,其在 ITU-T P.861-P.863 三份标准中依次定义了三种客观评估方法,分别为感知语音质量测量(perceptual speech quality measure,PSQM)、感知语音质量评估(perceptual evaluation of speed quality,PESQ)、感知客观听觉质量分析(perceptual objective listening quality analysis,POLQA)。

10.3.1 感知语音质量测量

ITU-T 在 1996 年公布了感知语音质量测度 PSQM 方法。该方法将语音信号转换成符合人听觉机理的物理表现形式,通过比较输入和输出语音差异来评估语音质量。但值得注意的是,PSQM 方法只对高速率编码语音的质量评估效果较好,且要求在没有传输比特误码、帧丢失(如在无线移动通信中)或信元丢失[异步传输(asynchronous transfer mode,ATM)网中]的信道降级等条件下才能使用该方法进行客观评估。

1. PSQM 的原理

PSQM 通过比较失真语音和参考语音来评估失真语音的质量。

客观语音质量评估方法都是建立在语音信号特征参数分析提取的基础上的,计算失真信号和参考模板信号之间的差别。其原理框图如图 10.1 所示,失真信号是接收端的语音信号,参考模板信号是发射端的测试信号。PSQM 和以往的语音质量客观评估算法相比最显著的特点是模拟了人耳对语音信号的处理过程,通过提取接收信号与参考信号之间的差异,得到接收信号的质量的评估结果。PSQM 将信号幅度转化成响度单位,在声学主观试验结果的基础上建立了认知模型,模拟高级神经系统对声音的处理过程。

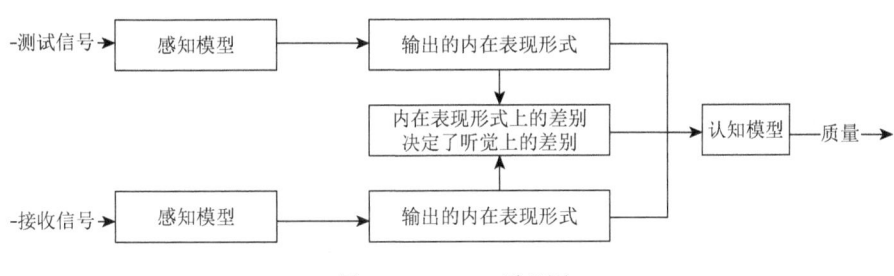

图 10.1　PSQM 原理图

2. PSQM 算法

PSQM 算法框图如图 10.2 所示。PSQM 值表示接收信号相对于测试信号主观质量降级的程度,因而在无须评估主观质量时,PSQM 值就可以作为参考,但在 VoIP(voice over internet protocol)系统测试中,经常需要得到主观评估结果,PSQM 值需要变换为 MOS

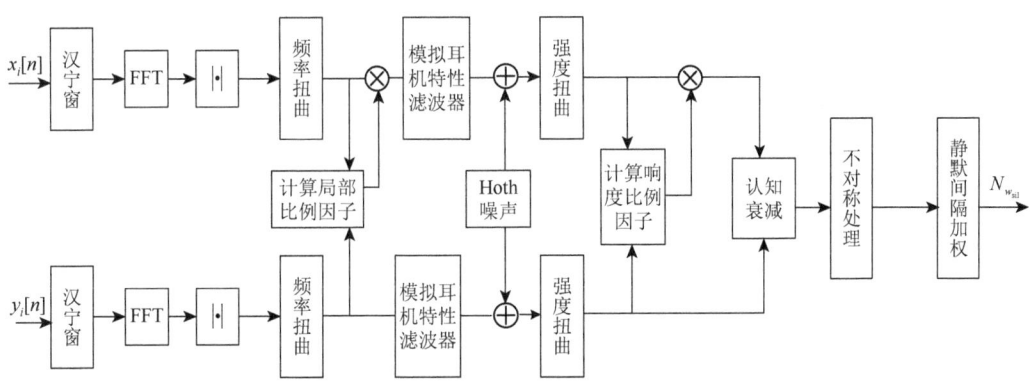

图 10.2　PSQM 算法框图

分值。对于不同的语言,MOS 和 PSQM 值之间的关系不一定相同,因而实际应用中需要针对具体语种确定变换函数。

10.3.2 感知语音质量评估

PESQ[1]算法是由英国电信和荷兰的 KPN 研究机构共同开发出来的,并在 2001 年被 ITU 采纳为 P.862 规范。它对声源信号和退化信号进行比较,并给出一个类似人工听力评估测试的 MOS 分值,属于侵入式算法。它有着强大的功能,不仅能测试像解码器这样的网络单元的效果,也能测量端到端的声音质量;同时,能着重针对不同的信号劣化原因,如编解码失真、丢包、延时等给出测试结果。

1. PESQ 的原理

PESQ 的模型框架如图 10.3 所示,其总体思路是首先将参考语音信号和失真语音信号的电平调整到标准听觉电平,再用输入滤波器模拟标准电话听筒进行滤波。再将两个信号在时间上对准,并进行听觉变换,这个变换包括对系统中线性滤波和增益变化的补偿和均衡。两个听觉变换后的信号之间的不同作为干扰度(即差值),分析扰动曲面提取出两个失真参数,在频率和时间上累积起来,映射到对主观平均意见分的预测值。PESQ 得分范围在-0.5~4.5,得分越高表示语音质量越好。

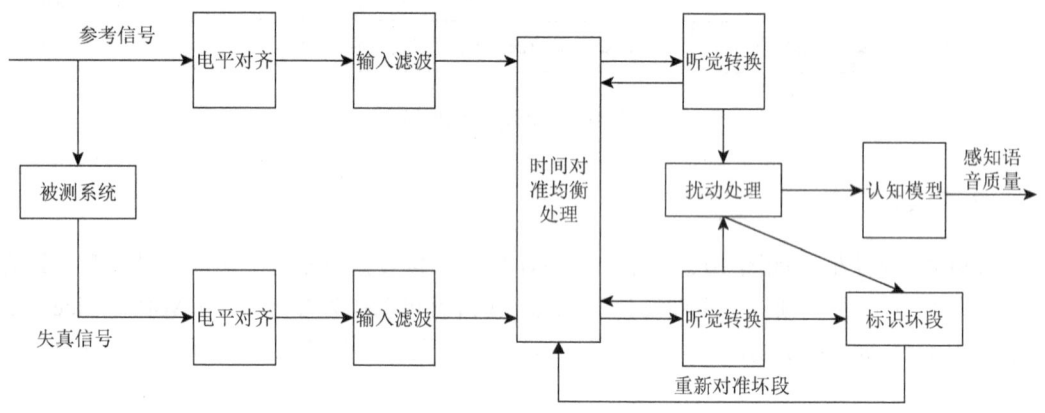

图 10.3 PESQ 模型框架

1) 时间对准

PESQ 假设系统的时延是分段恒定的。时间对准程序有以下步骤:①对整个参考语音和退化语音使用基于包络的延时估计;②把参考信号按话语分成段;③对每一段进行基于包络的延时估计;④对每一段话语进行基于柱状图的互相关的延时验证;⑤对于说话中的延时改变重新进行话语分解和定位。

2) 听觉变换

PESQ 中的听觉变换是一个听觉感知模型,它把信号变换到时频可感知的响度表达,包括巴克谱、频率补偿、增益变化的补偿均衡、响度映射等步骤。

3）扰动处理和认知模型

参考信号与失真信号间的绝对差值给听觉误差一个测度。在 PESQ 中，进行时间和频率上非线性平均之前要经过删除、掩蔽效应和非对称处理。

4）时频扰动失真的累加

按照局部的误差决定感知效果的原则，PESQ 在不同的时-频尺度上使用 Lp 范数进行非线性累加干扰。流程如下：①扰动先在频率尺度上按 Lp 范数累加，给出每帧的可感知的失真测度；②在 20 帧（320 ms）的时间间隔上对帧扰动进行 Lp 范数平均累加失真；③在整个语音文件的时间长度上对第二步得到的失真测度再一次用 Lp 范数进行平均累加。整个累加计算使用了 3 个不同的 p 值的 Lp 范数将扰动失真映射到一个数值。

5）对坏段的重定位

在某些情况下，时间对准可能没有正确地确定延时的变化，这样由于错误的延时估计导致大的计算误差。通过标记坏帧（对称干扰值超过 45），将坏帧连接成坏段。对每个坏段重新定位，计算扰动失真值。互相关是用来计算新的延时估计值的。如果重新定位后的扰动失真值变小，则使用新值。在重新定位以后再总计整个失真测度。

6）计算客观得分

最终，PESQ 算法客观评价得分是平均对称干扰度和平均非对称干扰度的线性组合。

$$\text{PESQ}_{\text{MOS}} = 4.5 - 0.1\text{disturbane}_{\text{systemmetic}} - 0.0309\text{disturbane}_{\text{systemmetic}} \quad (10.5)$$

2. PESQ 的应用

PESQ 模型能够提供比 PSQM 等早期模型与主观评价意见更高的相关度，它能够在很广泛的条件下对主观意见给出很精确的预测，包括背景噪声、时延变化或模拟滤波。PESQ 模型更适合于现场和模拟网络的端到端的语音质量评价。ITU 相关资料表明 PESQ 可应用于表 10.3 中的场合。

表 10.3 PESQ 模型应用场景

测试因素	编码/网络技术	测试应用
编码失真 传输/包丢失 多次变换编码 背景噪声 可变延时	波形编码（如 G.711、G.726、G.727） 混合编解码（如 G.728、G.729、G.723.1） 移动编解码（如 GSMFR、HR、AMR、CDMA、EVRC、TDMA、ACELP、VSELP、TETRA）	现场网络的测量 编解码器性能评价 设备选择 编解码器性能优化 设备性能优化

PESQ 算法既考虑了端到端时延，可以评估不同类型的网络，又采用了改进的听觉模型和认知模型技术，对通信延时、环境噪声等有较好的鲁棒性。同时 PESQ 也存在一定的局限性：只适用于窄带和宽带（2005 年 P.862.2 Wide-band Extension）音频；只用于测量单向语音的失真和噪声；对于响度降低、时延、回声等方面和双边交互相关的，都无法评测；多数情况下评分比较符合主观标准结果，但部分场景下和主观测试结果有一些差距。评分结果的分布聚合性一般。P.862.2 标准明确表明，PESQ 不能代替主观测试，它只是一个具备参考意义的近似主观体验的客观评价标准。

10.3.3 感知客观听觉质量评估

POLQA 法[2]是新一代语音质量评估标准,适用于固网、移动通信网络和 IP 电话中的语音质量评估。POLQA 被 ITU-T 用以替代和升级 2001 年发布的 PESQ。

相比于 PESQ,POLQA 法具有以下优点:增加对宽带和超宽带语音质量评估的能力,支持宽带（48kHz）;支持最新的语音编码和 VoIP 传输技术,针对现有的 Opus、SILK 编码器进行过特殊优化;支持多语言环境,各国语言都支持。POLQA 消除了参考输入信号中的低水平噪声,优化了音色。

1. POLQA 算法概述

POLQA 算法框架如图 10.4 所示,该算法的输入是由两个包含 16 位脉冲编码调制（pulse code modulation,PCM）样本的数据向量表示的波形。POLQA 算法由一个时间对齐块、一个采样率转换器的采样率估计器（用于补偿输入信号的采样率的差异）和执行 MOS 计算的实际核心模型组成。首先,确定两个输入信号之间的延迟,并估计两个信号相对于彼此的采样率,采样率估计基于由时间对准计算出的延迟信息。如果采样率相差 1%以上,则采样率较高的信号将被向下采样。在每个步骤之后,将结果与平均延迟可靠性指标一起存储,该指标是对延迟估计质量的度量。最后选择了重采样步骤的结果,该结果产生了最高的总体可靠性。一旦确定了正确的延迟并对采样率差异进行了补偿,信号和延迟信息就会传递到核心模型中,核心模型会计算出感知能力以及失真带来的差异,并将其映射到 MOS 刻度上。

1）时间对齐

时间对齐的目的是将信号分割为帧,以计算每一个帧的时延。时间对齐包括 5 个模块,即滤波、预对齐、粗略对齐、精确对齐和部分组合。

2）采样率预估

由于失真,采样率是不同的,这可能导致延迟变化的分离,因此需要估计采样率以补偿播放的参考信号和衰减信号的感知无关差异。采样比率的检测是基于每帧向量和每个语音信号中探测到的活跃部分的延迟所得出的。

3）感知模型

感知模型参考信号和衰减信号都转换为内置表示。处理过程中其细节如下:

（1）首先设定窗口长度和语音的起止点,将音频通过快速傅里叶变换（FFT）变换到频域,然后音高功率振幅被归一化到频率为 1 kHz 的正弦波,声压等级为 40 dB SPL（sound pressure level）的基准刻度;

（2）语音信号从频域映射到巴克域音高功率密度的计算;

（3）计算频率响应、噪声和室内混响的指标;

（4）对参考信号和劣化信号进行电平、噪声等方面的补偿;

（5）响度密集度计算,主要将音高的功率密度转换为听觉的响度密度;

(6) 内部感知差异的计算,并根据相关结果计算响度扰动密度,用于认知模型评分。

4) 认知模型

认知模型基于感知模型输出的扰动密度、客观性指标(频率响应指示、噪声指示、混响指示)以及 6 个补偿性指标计算出原始 POLQA 值,用一个三阶多项式再映射为 MOS-LQO(mean opinion score–listening quality objective)值。在窄带模式下,MOS-LQO 分值最大为 4.5,在超宽带模式下,MOS-LQO 分值最大为 4.75。

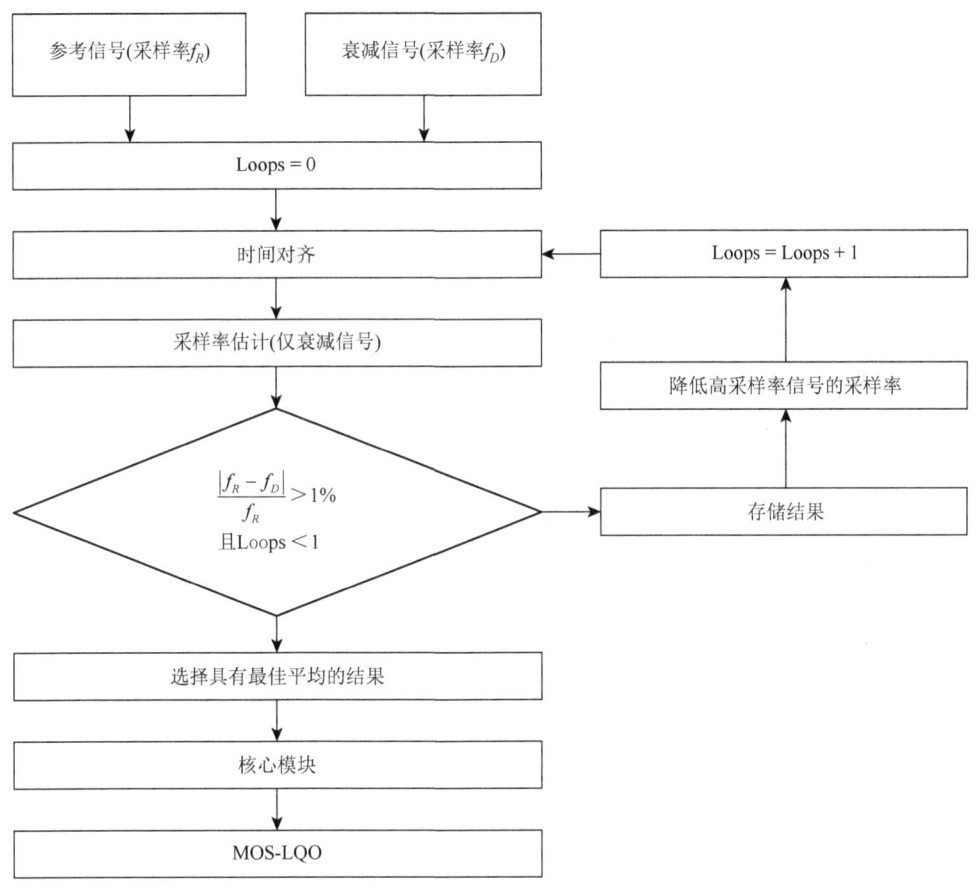

图 10.4 POLQA 算法框架图

2. POLQA 应用

POLQA 将为新型宽带 4G/LTE 和 5G 网络测试提供即时、强有力的支持,提供高质量的高清语音服务。POLQA 评估期间进行的测试包括未来技术,例如,统一通信、下一代网络和 4G/LTE(long term evolution)及 5G 网络,它们可能支持高清语音,即 7 kHz 和 14 kHz 频率范围的"宽带"和"超宽带"电话。高清语音功能的到来将标志着传统有限带宽电话感知指标的消失。

10.4 利用机器学习的语音质量评估方法

得益于机器学习算法的不断发展，将机器学习算法与语音质量评价相结合，使评价算法的应用场景、评价精确度、灵活度等方面都得到了改进。整个过程主要包括两个步骤：特征提取和模型训练。

10.4.1 受扰语音特征提取

1. 梅尔频率倒谱系数（Mel frequency cepstral coefficients，MFCC）

从人类听觉感知角度来看，人耳就像一组滤波器，只关注某些特定的频率分量。这组滤波器的分布并不均匀，在低频区分布比较密集，在高频区分布比较稀疏。MFCC[3]就是根据人类听觉的特点，将线性频谱映射为梅尔非线性谱。MFCC 的特征提取流程如图 10.5 所示。

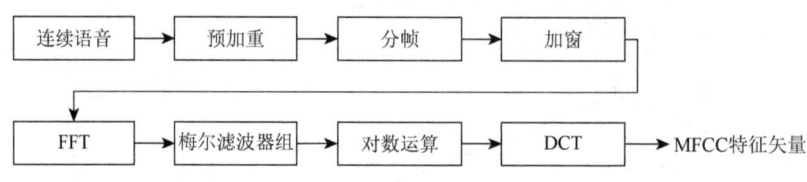

图 10.5　MFCC 特征提取流程图

预加重，即将语音通过一个高通滤波器，增强高频部分。语音是短时平稳信号，为了方便处理，通常将语音信号进行分帧，分帧后进行加窗操作以增加连续性。对每帧语音进行快速傅里叶变换，将语音从时域转换到频域，得到语音信号的频谱。梅尔滤波器组，将 FFT 处理后的信号通过梅尔滤波器组，将频谱映射到梅尔谱上，各中心频率之间的间隔随着频率的增加而增大，如图 10.6 所示。

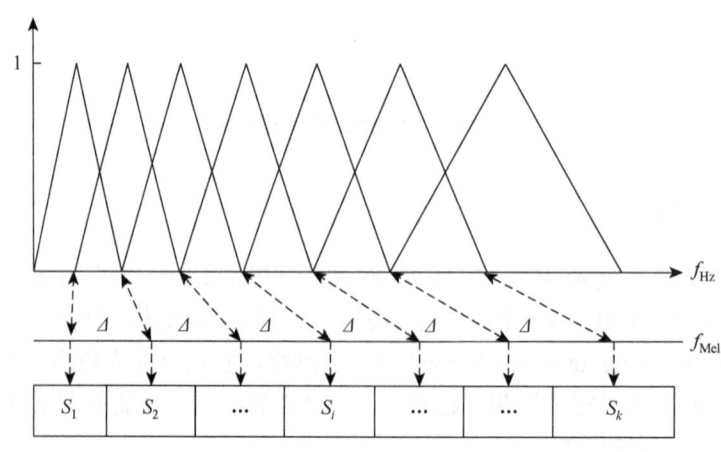

图 10.6　梅尔频率滤波器组

对数运算和离散余弦变换（discrete cosine transform，DCT），即对得到的梅尔频谱进行倒谱分析，先进行对数运算，再进行离散余弦变换，经过变换可将能量集中到低频部分。提取动态差分参数，对得到的 MFCC 参数做一阶差分和二阶差分，与原始的 MFCC 参数共同描述语音动态和静态特征。

梅尔倒谱系数是在梅尔标度频率域提取出来的倒谱参数，梅尔标度描述了人耳频率的非线性特性，它与频率的关系可用式（10.6）近似表示：

$$\text{Mel}(f) = 295 \times \lg\left(1 + \frac{f}{700}\right) \tag{10.6}$$

式中，f 为频率，Hz。

2. FBank 特征

滤波器组系数（filterbank，FBank）特征的提取方法与 MFCC 特征基本一致，只是不进行离散余弦变换。从计算量来讲，MFCC 是在 FBank 的基础上进行的，所以 MFCC 的计算量更大。从特征区分度来讲，FBank 特征相关性较高（相邻滤波器组有重叠），MFCC 具有更好的判别度。从信息量来讲，FBank 特征的提取更多的是希望符合声音信号的本质，拟合人耳接收的特性。MFCC 做了 DCT 去相关处理，因此 FBank 包含比 MFCC 更多的信息。

3. 感知线性预测系数（perceptual linear predictive coefficients，PLP）

PLP 特征的提取方法如图 10.7 所示，与提取 MFCC 相同，也要经过预加重、分帧、加窗、快速傅里叶变换等步骤得到语音信号频谱，接下来的步骤则与 MFCC 特征不同。下面对语音信号转换到频谱后的步骤做简单的介绍。

临界频带是指耳蜗构造形成的听觉滤波器的频带宽度，人耳构造能在 24 个频率点产生共振，信号有 24 个临界频带，分别从 1 到 24，这就是 Bark 尺度；临界频带分析，即用一组 Bark 滤波器将频谱映射到 Bark 尺度，得到临界频带听觉谱，有模仿人耳听觉感知的效果；用模拟人耳大约 40dB 等响曲线对上一步的输出进行等响度预加重；通过强度-响度转换，近似模拟人耳感知的声强与响度之间的非线性关系；经过傅里叶逆变换后，进行线性预测分析，其思想是在 p 阶上能通过若干个语音采样信号的线性组合逼近原始信号，这里采用自回归全极点模型，用莱文森-德宾（Levinson-Durbin）算法预测，求得一组预测系数，即为 PLP 特征。

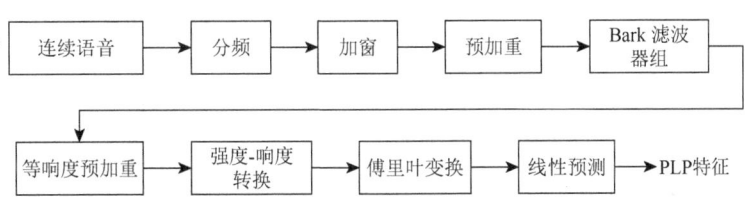

图 10.7 PLP 特征提取方法

10.4.2 测度计算

时间序列数据存在多种相似或距离函数，其中最突出的是动态规整算法。动态时间规整（dynamic time wrap，DTW）在 20 世纪 60 年代首次被引入语音识别领域进行探索[4]，把未知量伸长或缩短（压扩），直到与参考模板的长度一致。DTW 是一个典型的优化问题，它用满足一定条件的时间规整函数 $W(n)$ 描述测试模板和参考模板的时间对应关系，求解两模板匹配时累计距离最小所对应的规整函数。

在图 10.8 中，存在两个时间序列，每个时间序列由一系列点组成。每条竖线将一个序列中的点连接到其他时间序列中的具有类似值的点。如果两个时间序列相同，那么每条竖线都是垂直的，不存在弯折，且刚好两个序列中的点一对一连接。弯折距离则是弯折后每对点之间的距离之和。动态时间弯折的原理是动态比较两个特征，并通过计算它们之间的最小距离进行相似性的度量。

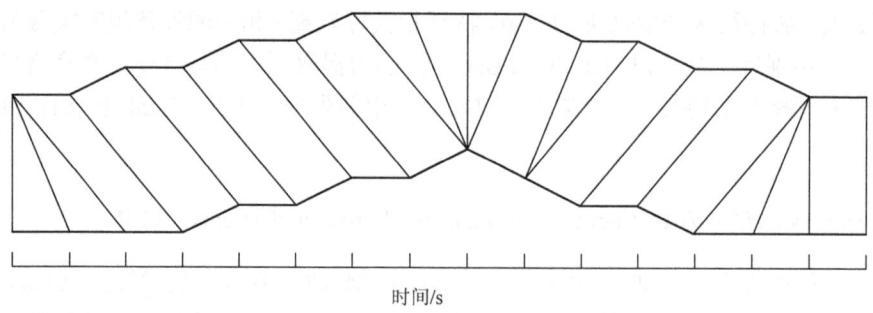

图 10.8 时间序列的弯折

动态时间规整技术的引入，将测试语音映射到标准语音时间轴上，使长短不等的两个信号最后通过时间轴弯折达到一样的时间长度，进而使得匹配差别最小，结合距离测度，得到测试语音与标准语音之间的距离。而后，评估问题可以看作已知特征距离，对信息损伤级进行回归的问题。

10.4.3 单一测度的评估方法

测度计算完成后，对干扰效果的评估实际上就是给定样本集 $S = \{x_i, y_i\}_{i=1}^{n}$ 的回归问题。其中，$\{x_i, y_i\}$ 对应于测度（信息损伤级）。本节主要介绍 BP 神经网络、支持向量机回归和最小二乘回归这三种经典回归方法来进行测度到信息损伤级回归。

1. BP 神经网络

BP（back propagation）神经网络是由输入层、隐含层和输出层构成的阶层型前向人工神经网络，相邻层节点之间由权重连接，但各层内的节点之间相互独立。BP 神经网络能学习和存储大量的输入-输出模式映射关系，而无须事前揭示描述这种映射关系的数学方程。该类型的神经网络模型主要应用于优化计算、函数逼近、图像处理和数值预测等多个领域，是目前应用最广泛的神经网络模型之一。图10.9为BP神经网络反向传播原理图。

x为网络输入，y为目标输出，对于分类，输出将是类概率的向量，由single hot编码表示，如(0,1)表示目标输出为第二类。C为目标函数。对于分类任务，目标函数通常是交叉熵，而对于回归任务则通常是平方误差损失。l为层数，$W^l = w_{jk}^l$为$l-1$层与l层之间的权重，其中w_{jk}^l是第$l-1$层中第k个节点与第l层第j个节点之间的权重，f为第l层的激活函数。

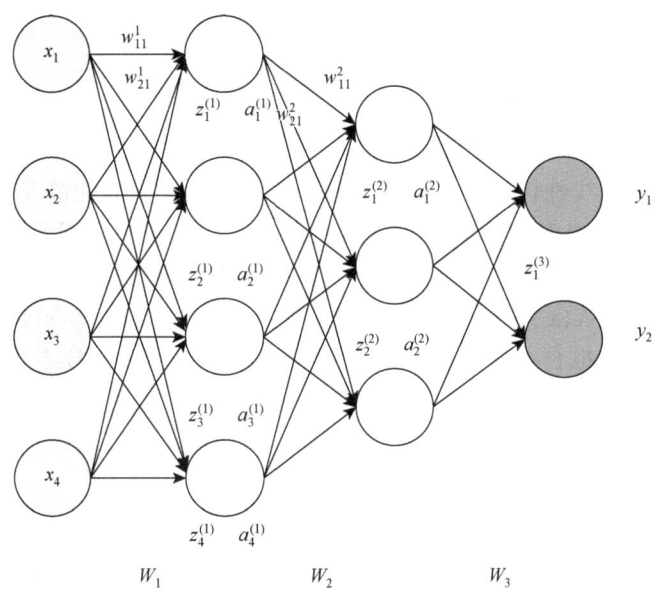

图 10.9　反向传播算法示意图

那么整个网络可以看作符号函数和矩阵乘法的组合：

$$g(x) = f^l(W^l f^{l-1}(W^{l-1} \cdots f^1(W^1 x) \cdots)) \quad (10.7)$$

假设训练集由多组输入输出对(x_i, y_i)构成。对于训练集中的每个输入输出对(x_i, y_i)，该对模型的损失是预测输出$g(x_i)$与目标输出y_i之间的差值$C(y_i, g(x_i))$。

在模型推理时，权重是固定的，输入是变化的，目标输出可能是未知的，网络以输出层结束。在模型训练时，输入-输出对是固定的，而权重是变化的，网络以目标函数结束。

2. 支持向量机回归

在用于回归估计的支持向量机回归（support vector machine for regression，SVR）学

习算法中，学习的目的在于构造一个回归估计函数 $f(x)$，使它与目标值的距离小于 ε，同时函数的 VC 维（Vapnik-Chervonenkis dimension）最小，从而将线性或非线性函数 $f(x)$ 的回归估计问题，转化为一个具有线性等式约束和线性不等式约束的二次规划问题，可以得到唯一的全局最优解。同时它还具有许多优越性，例如，以可控的精度逼近非线性函数、良好的泛化能力等。

与分类问题不同的是回归的样本点只有一类，所寻求的最优超平面不是使两类样本点分得"最开"，而是使所有样本点离超平面的"总偏差"最小，这时样本点都在两条边界线之间，求最优回归超平面同样等价于求最大间隔。

当把支持向量机推广到回归问题建立新的回归算法——支持向量回归机时，则需要引入合适的损失函数来保证这个重要性质的存在条件。SVR 采用 ε ——不灵敏函数作为误差函数（即误差小于 ε 时视为无误差）：

$$c(x, y, f(x)) = |y - f(x)|_\varepsilon \tag{10.8}$$

式中，$|y - f(x)|_\varepsilon = \max\{0, |y - f(x)| - \varepsilon\}$，这里 ε 是事先取定的一个正数。

下面重点研究非线性情形。与模式分类一样，通常在非线性情况下，可以把样本 x 通过非线性映射 $\varphi(x)$ 映射到高维特征空间 H，并在 H 中求解最优回归函数。这样，在高维空间中的线性回归，就对应于低维空间中的非线性回归。因此，在最优回归函数中采用适当的核函数 $K(x_i, x)$ 代替高维空间中的向量内积 $\varphi(x_i) \cdot \varphi(x)$，就可以实现某一非线性变换后的线性拟合，而计算复杂度却没有增加。当个别样本点到所求超平面的距离大于 ε 时，引入松弛变量 ξ_i（图 10.10），构造容错惩罚系数 C，此时最优化问题转化为

$$\min \frac{1}{2} \|w\|^2 + C \sum_{i=1}^{n} |\xi_i| \tag{10.9}$$

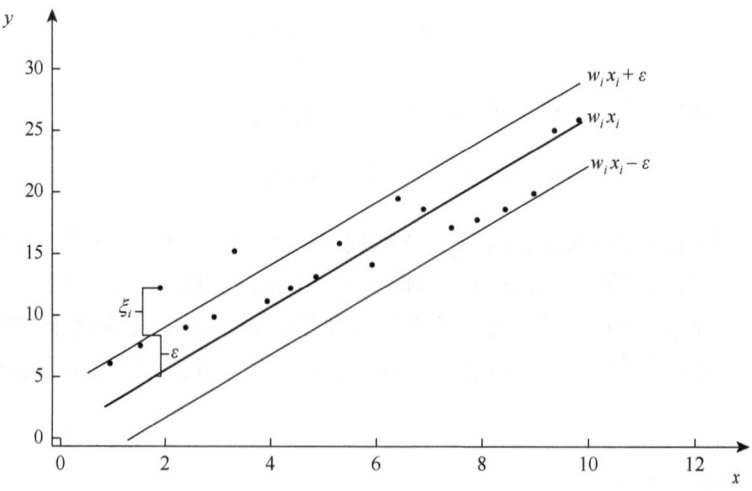

图 10.10 考虑松弛变量的 SVR 原理图

此时的约束为

$$|y_i - w_i x_i| \leqslant \varepsilon + |\xi_i| \tag{10.10}$$

目标函数引入超参数，惩罚参数 C 表示决策边界外点的容忍程度。随着 C 的增加，对决策边界外的点的容忍度也会增加。当 C 接近 0 时，容差为 0。

3. 最小二乘回归

最小二乘法是一种常用的线性回归的方法。假如样本集中测度与信息损伤级的点对集合 $S = \{x_i, y_i\}_{i=1}^n$ 能够通过如下的线性函数表示：

$$Q(x) = a_0 + a_1 x \tag{10.11}$$

那么此线性函数在某样本 x_i 的值为 $\hat{y}_i = a_0 + a_1 x_i$。最小二乘回归的目的是，寻找参数 a_0、a_1 使得误差平方和最小。误差平方和具有如下形式：

$$\sum_{i=1}^n (y_i - (a_0 + a_1 x_i)) = R(a_0, a_1) \tag{10.12}$$

若误差平方和 R 最小，则有如下偏微分方程：

$$\begin{cases} \dfrac{\partial R}{\partial a_0} = -2 \sum_{i=1}^n (\hat{y}_i - a_0 - a_1 x_i) \\ \dfrac{\partial R}{\partial a_1} = -2 \sum_{i=1}^n (\hat{y}_i - a_0 - a_1 x_i) x = 0 \end{cases} \tag{10.13}$$

可以解得

$$a_1 = \frac{n \sum_{i=1}^n x_i y_i - \sum_{i=1}^n x_i \sum_{i=1}^n y_i}{n \sum_{i=1}^n x_i^2 - \left(\sum_{i=1}^n x_i\right)^2}$$

$$a_0 = \frac{\sum_{i=1}^n y_i}{n} - a_1 \frac{\sum_{i=1}^n x_i}{n} \tag{10.14}$$

实际中，样本点之间的关系可能不是简单的一元线性回归关系，而需要多项式回归。

10.4.4 多测度融合评估方法

10.4.3 小节中的评估方法缺陷在于评估时只利用到单一特征，而单一特征都从某个方面表示了语音信号的本质特征，存在各自的不足。例如，MFCC 特征不能很好地反映语音信号的动态特性。为了得到更全面的表征，需进行测度的融合。将所有的测度合并为一个测度向量，利用随机森林（random forest，RF）算法可以得到一个多测度模型。

随机森林算法是一个非参数非线性的分类回归算法，如图像分类、语音信号处理，在实际使用中具有很高的效率。

如图 10.11 所示，当计算好各特征的失真测度后，将其与标注的信息损伤级组成训练集 $S=\{(D_{i1}, D_{i2}, \cdots, D_{iM}), y_i\}_{i=1}^{N}$。接着按如下过程进行多测度融合与评估。

（1）利用 Bootstrap 方法对训练集重采样，随机产生 T 个训练集；

（2）使用每个训练集生成对应的决策树，在内部节点上选择测度属性时，从 M 个测度属性中任意抽取 m 个属性为当前节点的割裂属性集，并以这 m 个属性好的割裂方式对该节点进行分裂；

（3）每棵树都完整地发展，不进行剪枝；

（4）对于样本 X，利用每个决策树进行测试得到相应类别；

（5）采用投票的方式，将 T 个决策树中输出最多的作为测试集样本 X 所属类别，完成预测。

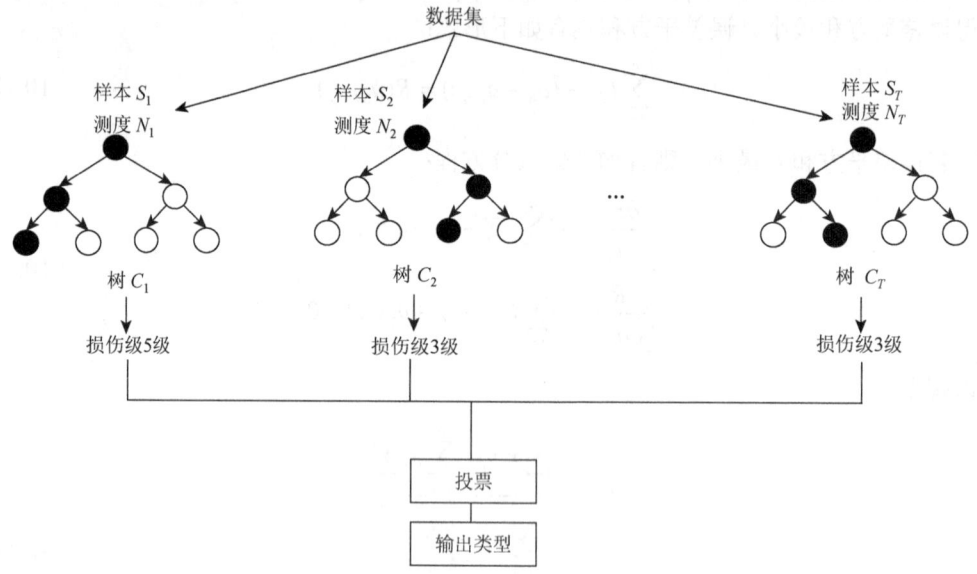

图 10.11　多测度融合算法原理图

10.4.5　性能评价标准

为了评估回归性能，采用了皮尔逊相关系数来判断主观信息损伤级与预测信息损伤级之间的相关性，以及估计误差的均方根误差（root mean square error，RMSE）来评估准确性。皮尔逊相关系数定义如下：

$$\rho(y,\hat{y})=\frac{\operatorname{cov}(y_i,\hat{y}_i)}{\sqrt{\operatorname{var}(y_i)\operatorname{var}(\hat{y}_i)}}=\frac{\sum_{i=1}^{n}(y_i-\bar{y})(\hat{y}_i-\bar{\hat{y}})}{\sqrt{\sum_{i=1}^{n}(y_i-\bar{y})^2\sum_{i=1}^{n}(\hat{y}_i-\bar{\hat{y}})^2}} \quad (10.15)$$

式中，y_i 是在测试集中的强干扰环境中接收的第 i 个语音样本测听人员标注的质量分数；

$\hat{y}_i$ 表示算法估计的质量分数;$\bar{y}$ 和 $\bar{\hat{y}}$ 分别是 y_i 和 $\hat{y}_i$ 的平均值;$\rho \in [-1,1]$ 中,$\rho=-1$ 表示完全负相关,$\rho=1$ 表示完全正相关,$\rho=0$ 表示没有线性相关。

估计误差的均方根误差定义如下:

$$\text{RMSE} = \sqrt{\frac{1}{n}\sum_{i=1}^{n}(y_i - \hat{y}_i)^2} \qquad (10.16)$$

RMSE 越小,算法对质量分数的估计也就越准。

10.5 利用深度学习的语音质量评估方法

实际情况下干扰语音由于干扰方式不同、电磁干扰难以控制等其他不确定因素,无法通过提取特征计算测度的方法来有效地反映受扰语音质量。随着深度学习的发展,神经网络在学习数据的隐含表示、语音处理和数据分析等方面具有显著的效果。因此,利用神经网络对存在强烈通信干扰情况下的语音受干扰效果进行评估也是一种可行的干扰效果评估方法。

《语音通信干扰效果评估准则》(GJB 4405B—2017)[5]将信息损伤级作为干扰效果的指标。根据这个指标,语音的受干扰程度被分为五级,1~5 等级越高,意味着接收方无法辨识的内容也越多。在非参考的情况下,干扰效果评估可以看作一个序列分类问题:

$$f: \hat{y} \in \mathbf{R}^{T(\hat{y})} \to D \in \mathbf{R}^1 \qquad (10.17)$$

式中,给定长度为 $T(\hat{y})$ 的受干扰语音 $\hat{y}$,寻找一个到损伤级 D 的映射。本节主要介绍了将受干扰语音转换成语谱图的形式,利用卷积神经网络来自动学习语谱图中隐含特征并进行干扰效果评估的方法。

10.5.1 受扰语音的图像表示

对于通信系统,外界的干扰随时间的变化而变化,不同时刻语音的被干扰程度不同,而且人耳对语音的感知是高度非线性的。考虑到受扰语音信号本身的非平稳特性,对于受干扰的语音信号,首先将其转换成对数梅尔倒谱图。

将受扰语音转换到图域的过程和 MFCC 的计算类似。在得到对数梅尔谱后,与 MFCC 接下来进行离散余弦变换相比,在深度学习中,采取了不同的预处理方式。在预处理时,将其映射到 RGB 色彩空间的图片中。对数梅尔倒谱图是语音信号的一种时频表示。

图 10.12 从左到右。从上到下依次展示了未受干扰的语音,以及五个信息损伤级分别为 1、2、3、4、5 的受扰语音样本的对数梅尔谱图。从左上未受干扰的语音图中,可以看到清晰的共振峰和安静的黑色背景。而随着干扰强度的提高,通信过程中产生的干扰使得语音原本的结构被噪声掩盖而变得越来越模糊,强干扰情况下,接收机无法正常工作,导致最终接收的语音信号出现残缺(如右下角的对数梅尔谱图所示)。这表明,在极端的干扰情况下,大多数的通信内容都丢失了。

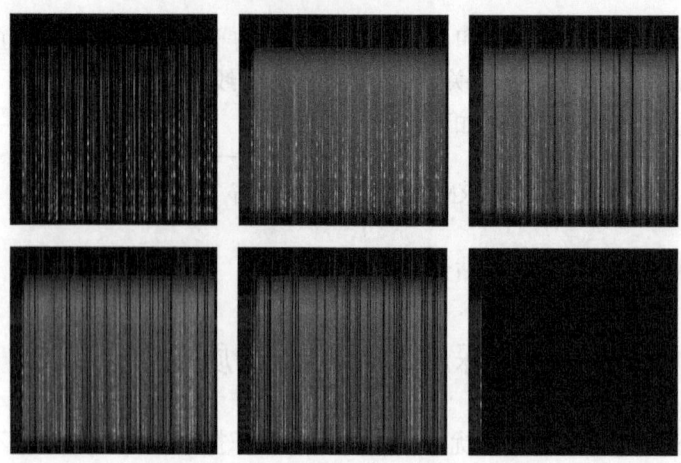

图 10.12 对数梅尔谱图的示例

10.5.2 卷积神经网络

卷积神经网络（convolutional neural network，CNN），是一种专门用来处理具有类似网格结构数据的神经网络。例如，时间序列数据和图像数据。

1. 卷积神经网络的基本原理

卷积神经网络本质上是一种输入到输出的映射网络，不需要输入和输出之间精确的数学表达式，用已知的模式对 CNN 加以训练，CNN 就具有输入输出之间的映射能力。CNN 执行的是有监督训练，所以其样本集由形如输入向量，理想输出向量的向量对构成。在开始训练前，所有的权重都应该用一些不同的小随机数进行初始化。小随机数用来保证神经网络不会因权重过大而进入饱和状态，从而导致训练失败，权重不同用来保证神经网络可以正常地学习。CNN 结构中包含了卷积层、池化层和全连接层。

卷积层（conv）：卷积层的处理就是卷积运算。卷积运算相当于图像处理中的"滤波器运算"。卷积层将输入的原始图像或者上层的输出特征图和可学习的卷积核进行卷积，再通过激活函数 f 得到输出特征图 X_j^l。每一个输出特征图是组合卷积多个输入特征图的值：

$$X_j^l = f\left(\sum_{i \in M_j} X_i^{l-1} * k_{ij}^l + b_j^l\right) \qquad (10.18)$$

式中，M_j 表示选择的输入特征图的集合（一般都采用多个通道，因此输入的特征图都是多个的）；X_i^{l-1} 表示输入的 $l-1$ 层中第 i 个输入的特征图；k_{ij}^l 和 b_j^l 分别表示卷积核和偏置；X_j^l 表示输入的 l 层中第 j 个输入的特征图，多个卷积核产生多个输出特征图，多个特征图组成该层的神经元，该层神经元之间共享权重。卷积层需要设置如下参数：卷积核大小、滑动步长、边界扩充、输出通道数。

特征池化层（pool）：特征池化层又称为子采样层或下采样层，是一种降采样的操作，其目的在于降低运行所需的参数并扩大感受野。特征池化层的核心内涵是当有 N 个输入特征层时，就有 N 个输出特征层，只是每个输出特征层都变小了：

$$X_j^l = \text{down}\left(X_j^{l-1}\right) \tag{10.19}$$

式中，down(·)表示下采样函数。特征池化层在使特征层变小的同时，其对应的感受野在增加，这样的操作有利于图像分类。特征池化层设置如下参数：池化核大小；步长，定义遍历图像的步幅；边界扩充，定义特征池化层处理边界的方式。

全连接层：全连接层就是传统的神经网络，当数据经过几个卷积层和子采样层处理后，高层的语义特征是通过全连接层进行输出的。

2. 卷积神经网络模型

卷积神经网络可以较好地识别数据中的简单模式，从而生成更复杂的模式，是一种监督学习的判别模型，其具有局部连接、权重共享、下采样的特点。卷积神经网络主要由输入层、卷积层、池化层、全连接层和输出层组成。

卷积层由多个滤波器组成，学习输入数据的特征表示，不同大小的卷积核可提取出不同的特征信息，而权重共享的方式减少了模型的复杂度，减少了过拟合的风险，提高了模型的泛化能力。池化层一般连接在卷积层后，对特征进行降维，常用的方法包括最大池化和平均池化。全连接层通过反向传播算法对网络中的参数进行训练，来最小化损失函数。损失函数常使用交叉熵函数。引入 Dropout 技术，减轻网络过拟合，减小训练模型计算量。

图 10.13 的二维卷积神经网络是对受干扰语音数据集进行学习的基线网络模型。网络的训练是通过最小化多分类交叉熵的目标函数进行的。

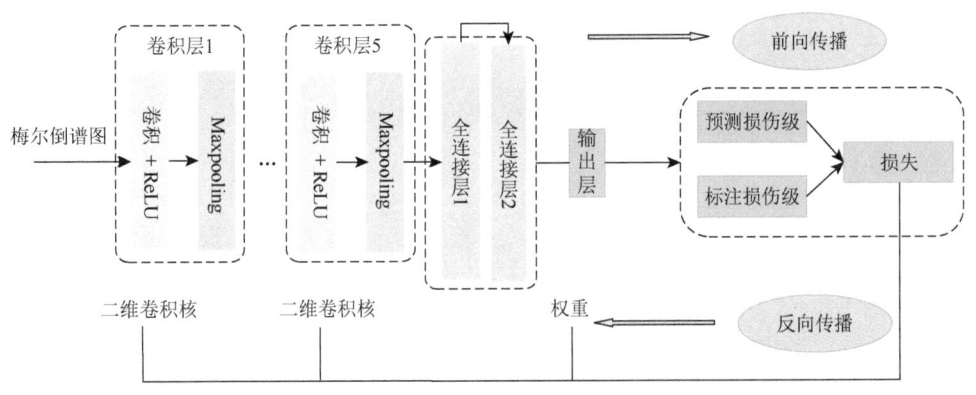

图 10.13　语音质量评估二维卷积神经网络模型[6]

多分类交叉熵目标函数如下：

$$\mathcal{L}(d, \hat{d}) = -\sum_{j=0}^{M}\sum_{i=0}^{N}\left(d_{ij} \times \log\left(\hat{d}_{ij}\right)\right) \tag{10.20}$$

式中，M 是类别数目；N 是受干扰语音样本的数目；$\hat{d}_{ij}$ 是样本 i 属于 j 类的预测概率；d_{ij} 是给定的二分类标签。

10.6 本章小结

本章介绍了语音质量评估的常用标准方法，以及随着特征工程、深度学习的发展而研究的基于机器学习、深度学习的评估方法。受扰语音质量评估也变得更加高效、准确和智能，更准确地反映了干扰设备的干扰效果，也为舰船通信对抗中干扰设备的定型提供更准确可靠的依据。

参 考 文 献

[1] ITU-T. Perceptual Evaluation of Speech Quality（PESQ）：An Objective Method for end-to-end Speech Quality Assessment of Narrow-Band Telephone Networks and Speech Codecs[S]. Geneva：International Telecommunication Union，2001.

[2] ITU-T. Perceptual Objective Listening Quality Assessment（POLQA）[S]. Geneva：International Telecommunication Union，2011.

[3] Davis S，Mermelstein P. Comparison of parametric representations for monosyllabic word recognition in continuously spoken sentences[J].IEEE Transactions on Acoustics，Speech，and Signal Processing，1980，28（4）：357-366.

[4] Bellman R，Robert K. On adaptive control processes[J]. IRE Transactions on Automatic Control，1959：1-9.

[5] 中央军委装备发展部. 语音通信干扰效果评估准则（GJB 4405B—2017）[S]. 北京：国家军用标准出版发行部，2017.

[6] Wang S，Lin Y，Hao M，et al. Interference quality assessment of speech communication based on deep learning[J]. IEEE Transactions on Reliability，2022，71（2）：1011-1021.